U0492836

中国旅游安全行政治理研究

谢朝武　著

图书在版编目(CIP)数据

中国旅游安全行政治理研究 / 谢朝武著. -- 北京：社会科学文献出版社，2024.6

国家社科基金后期资助项目

ISBN 978-7-5228-3601-0

Ⅰ.①中… Ⅱ.①谢… Ⅲ.①旅游安全-安全管理-研究-中国 Ⅳ.①F592.6

中国国家版本馆 CIP 数据核字（2024）第 086051 号

国家社科基金后期资助项目

中国旅游安全行政治理研究

著　　者 / 谢朝武

出 版 人 / 冀祥德
组稿编辑 / 任文武
责任编辑 / 陈　荣　郭　峰
责任印制 / 王京美

出　　版 / 社会科学文献出版社 · 生态文明分社（010）59367143
　　　　　地址：北京市北三环中路甲 29 号院华龙大厦　邮编：100029
　　　　　网址：www.ssap.com.cn
发　　行 / 社会科学文献出版社（010）59367028
印　　装 / 三河市龙林印务有限公司

规　　格 / 开　本：787mm × 1092mm　1/16
　　　　　印　张：21.5　字　数：340 千字
版　　次 / 2024 年 6 月第 1 版　2024 年 6 月第 1 次印刷
书　　号 / ISBN 978-7-5228-3601-0
定　　价 / 98.00 元

读者服务电话：4008918866

国家社科基金后期资助项目
出版说明

后期资助项目是国家社科基金设立的一类重要项目，旨在鼓励广大社科研究者潜心治学，支持基础研究多出优秀成果。它是经过严格评审，从接近完成的科研成果中遴选立项的。为扩大后期资助项目的影响，更好地推动学术发展，促进成果转化，全国哲学社会科学工作办公室按照“统一设计、统一标识、统一版式、形成系列”的总体要求，组织出版国家社科基金后期资助项目成果。

全国哲学社会科学工作办公室

前　言

统筹发展与安全是我国的国家战略，夯实旅游安全是旅游业发展的生命线。受旅游安全风险全球化、国际国内公共安全形势复杂化和我国旅游业转型发展格局等因素的影响，我国旅游安全形势呈现复杂化态势，旅游安全行政治理工作备受挑战。尤其在当前阶段，破坏性旅游安全事件的常态化爆发严重影响了旅游产业的运作和发展，冲击了旅游安全行政治理结构，影响了旅游市场的繁荣与稳定。在此背景下，旅游行政管理部门在安全治理上负重前行。在中国式现代化和高质量发展的背景下，构建和优化旅游安全行政治理体系应成为推动我国旅游业可持续发展的重要战略工程。

旅游安全行政治理是国家履行公共安全治理职责、提供公共安全服务的重要组成部分，是突出旅游业自身特点和产业特殊性前提下政府行业安全管理意志和治理模式的具体体现。旅游安全行政治理既涉及旅游安全治理体制、机制、法制和预案等基础治理要素的建设，也表现为各级人民政府、旅游主管部门、旅游安全相关职能机构和旅游行业组织等治理主体综合运用行政、法律、教育和服务等治理手段所开展的治理行动。提升中国旅游安全行政治理能力、建设平安稳定的旅游发展环境，既是国家总体战略下的具体任务要求，也是现阶段我国旅游业发展的重大实践需求。

本书基于中国旅游产业快速发展和旅游安全治理形势日益复杂的时代背景，探索和验证了中国旅游安全行政治理的基础体系和机制成效，并尝试系统地构建和优化中国旅游安全行政治理体系。本书通过现状梳理、实证探索、策略构建和理论总结等四个阶段的研究，既对中国旅游安全行政治理的理论发展、目标框架、基本模式、监管边界和旅游主管部门的安全职能进行了结构化的探索，也以中国31个省份各级旅游行政人员和世界遗产地武夷山为研究对象，对旅游安全行政治理行动逻辑的成效结构和成效机制进行了验证。本书还对中国旅游安全行政治理的优化路径、体系框架和理论机制进行归纳和总结。

（1）旅游安全行政治理面临复杂的转型趋势和安全形势，也面临着综合性的挑战因素。在我国旅游产业持续演进的转型发展趋势下，旅游安全行政治理工作既要面对市场规模、产业要素、产品体系、企业形态和旅游者观念等层面的挑战，也要面对安全风险来源复杂化、安全风险范围全域化和安全风险影响全球化等综合困境。同时，我国旅游安全事故呈现规模庞大、类型庞杂、成因复杂等特点，具有较强影响力的旅游安全事件也呈规模化增长，使旅游安全行政治理面临着越来越艰巨的挑战。对转型时期中国旅游安全行政治理的背景、基础结构和理论发展进行探索、解释和验证，是构建中国旅游安全行政治理体系的必要前提。

（2）中国旅游安全行政治理在目标框架、基础要素、基本模式、监管边界和职能任务等方面呈现体系化的行政治理结构和行政治理框架。总体上，旅游安全行政治理工作应致力于实现保障旅游者安全旅游、旅游经营者安全运营和旅游产业安全发展等综合目标。但同时，旅游安全行政治理面临涉及范畴广、涉及部门多、监管边界模糊、执法手段有限、任务体系复杂等突出的体制机制问题。对此，在顶层法律制度上，《行政许可法》和《安全生产法》等法律、法规确定了“谁审批、谁监管，谁主管、谁监管”的治理依据，《安全生产法》中明确了“管行业必须管安全，管业务必须管安全，管生产经营必须管安全”的治理导向，《旅游法》也明确了“由县级以上人民政府统一负责旅游安全工作”的基本导向，由此形成了政府统一负责、部门分工监管、旅游经营者具体负责、旅游者自我保护相结合的旅游安全治理体系。

（3）根植于我国独特的政治结构和治理安排，中国旅游安全行政治理的行动逻辑既有中央层面的治理愿景和法规努力，也有地方的治理行动和激励机制。中央治理行动与地方治理行动的成效机制具有类别差异和路径差异。其中，中央治理行动对个体工作投入和组织绩效具有显著的促进作用，但对地区旅游安全事故的减缓作用存在治理漏损。地方治理行动对组织绩效具有促进作用，对地区旅游安全事故发生水平具有减缓作用。宏观愿景导向下的综合治理有助于直接降低旅游安全事故发生水平，工作激励、平台建设等地方治理行动则通过个体工作投入和组织绩效的中介效应来影响旅游安全事故的发生水平。中央治理行动与地方治理行动是中央和地方对旅游安全治理意志和治理方略的具体表现，共同构成了中国旅游安全行政治理的基础架构。

（4）旅游安全顶层法制建设是旅游安全行政治理的基础工作，为旅游行政机构的安全治理活动提供了良好的制度环境和成效基础。其中，《旅游安全管理办法》既对旅游安全治理平台建设绩效、旅游机构绩效具有正向影响，又对旅游安全事故具有显著减缓作用。《旅游法》仅对旅游安全治理平台建设绩效、旅游机构绩效具有正向影响。不仅如此，旅游安全顶层法制成效存在“旅游安全治理平台建设绩效→旅游行政机构安全绩效→旅游安全事故水平”的传导机制，且不同区域水平下旅游行政机构对于顶层法律制度规制压力的响应结构和响应程度存在差异，即顶层法律制度成效呈现由东向西逐级递减的演进关系。

（5）中国旅游安全行政人员具有复杂的动力结构，在不同时间尺度下的需求期望呈现差异化的激励成效机制。具体来说，旅游安全行政人员既存在追求利益回报、绩效奖金、娱乐休闲等与短期目标相关的短期期望满足，也存在追求中长期职业发展等综合利益的中长期期望满足，还存在追求具有长期价值属性的发展愿景的长期期望满足。同时，旅游安全行政人员的激励效应存在“行政激励感知→工作投入→工作绩效→工作满意度”的传导机制和综合效应。

（6）中国旅游安全行政治理的基层机构是旅游安全行政治理的主要执行机构，是落实顶层旅游安全治理思想、贯彻各级旅游安全治理要求的主体机构。武夷山风景名胜区是兼具行政机构身份和企业经营职责的复合型基层治理机构，它既要履行旅游安全行政治理职责，也要积极响应上级旅游行政管理部门的旅游安全行政治理要求。武夷山风景名胜区通过建立完善的旅游安全治理体系，确立科学的旅游安全治理方针，实施常态化的旅游安全投入，形成有效的旅游安全治理格局，推动了武夷山风景名胜区的旅游安全发展。

（7）中国旅游安全行政治理体系可从法制优化、体制机制优化、激励优化等层面进行体系优化，并面向重大危机推动旅游安全治理的转型升级。其中，法制优化是旅游安全行政治理的基础保障，体制机制优化是旅游安全行政治理的核心支撑，激励优化是旅游行政人员行为的动力条件。中国旅游安全行政治理应当形成以法制为基础、体制机制为支撑、激励为动力的“三位一体”的安全治理优化架构，这是新时期中国旅游安全行政治理体系建设的发展趋势。面对频发的重大危机的综合挑战，旅游主管部门应该提升统筹发展与危机治理的基础能力、优化旅游重大危机事件的治理机制、强化旅游重大危机治理的协作能力、提升旅游重大危机治理的保障水平、加强面向重大危机应对的公共安全教育。

（8）中国旅游安全行政治理应当形成“行政治理任务设计→行政治理体系完善→行政治理策略优化”的逻辑演绎路径，建立起以治理结构、体系框架和建设流程为核心的旅游安全行政治理的理论框架。具体来说，应当建立由治理对象、治理主体和治理原则组成的行政治理结构，确立以体制、机制、法制和预案为核心，以预防、预警、处置和恢复为导向的行政治理任务架构和管理架构，并规范中国旅游安全行政治理体系的建设机制。本书还提出，旅游安全行政治理体系研究是对治理理论在行业性具体治理领域的拓展和延伸，有助于推动旅游安全行政治理理论与实践的创新发展，有利于从理论层面指导中国旅游安全行政治理实践的发展。

除前文所述外，本书进一步提出以下几种观点。

（1）旅游安全行政治理的理论研究还有待于学界重视。旅游安全行政治理必然与旅游业的发展协同演进，并在旅游业发展的不同阶段、不同政策和不同主体等情境下呈现差异化的行政治理需求。对中国旅游安全行政治理理论进行系统的探索和梳理，是支撑转型时期中国旅游业安全发展的重要理论需求。

（2）旅游安全行政治理存在复杂的目标需求、监管边界和任务结构，不同层级、不同主体的治理行动存在不同的协同逻辑和整合效应，不同区域的行政治理实践也可能存在差异。因此，更系统地构建和解释这些驱动机制，对于更好地构建旅游安全行政治理体系，具有重要的理论意义和实践价值。

（3）展望未来，学术界需要持续关注环境、资源、技术和人员等基础要素对于旅游安全行政治理产生的综合影响，并探索在动态条件下中国旅游安全行政治理的体系结构和理论机制。建立体系完备、系统健全、行动有效的旅游安全行政治理体系，是中国旅游业可持续发展的重要前提和基础。

目　录

第一章　中国旅游安全行政治理的时代背景 …… 1
　第一节　旅游业转型发展的主要趋势 …… 1
　第二节　旅游业转型发展中的安全风险 …… 10
　第三节　旅游业转型发展中的安全事故 …… 16
　第四节　旅游安全行政治理面临的综合挑战 …… 42

第二章　中国旅游安全行政治理的研究述评 …… 51
　第一节　旅游治理理论的发展 …… 51
　第二节　旅游行政治理理论的发展 …… 56
　第三节　旅游安全行政治理理论的发展 …… 62

第三章　中国旅游安全行政治理的发展结构 …… 78
　第一节　旅游安全行政治理的目标框架 …… 78
　第二节　旅游安全行政治理的基础要素 …… 88
　第三节　旅游安全行政治理的模式特征 …… 105
　第四节　旅游安全行政治理的监管边界 …… 112
　第五节　旅游主管部门的安全治理职能 …… 127

第四章　中国旅游安全行政治理的行动逻辑 …… 136
　第一节　实证研究背景 …… 136

第二节　理论基础…………………………………………………………… 138
第三节　研究假设与模型构建……………………………………………… 142
第四节　研究设计与数据收集……………………………………………… 149
第五节　旅游安全行政治理的行动逻辑检验……………………………… 152
第六节　研究小结…………………………………………………………… 158

第五章　中国旅游安全顶层法制的治理作用……………………………… 163
第一节　实证研究背景……………………………………………………… 163
第二节　理论基础…………………………………………………………… 165
第三节　研究假设与模型构建……………………………………………… 167
第四节　研究设计与数据收集……………………………………………… 170
第五节　旅游安全顶层法制的作用机制检验……………………………… 172
第六节　研究小结…………………………………………………………… 180

第六章　中国旅游安全行政人员的动力结构……………………………… 184
第一节　实证研究背景……………………………………………………… 184
第二节　理论基础…………………………………………………………… 186
第三节　研究假设与模型构建……………………………………………… 189
第四节　研究设计与数据收集……………………………………………… 194
第五节　旅游安全行政人员的动力机制检验……………………………… 195
第六节　研究小结…………………………………………………………… 201

第七章　中国旅游安全行政治理的基层样本……………………………… 205
第一节　研究背景…………………………………………………………… 205
第二节　研究方法…………………………………………………………… 206
第三节　武夷山风景名胜区的经验体系…………………………………… 207
第四节　研究小结…………………………………………………………… 234

第八章　中国旅游安全行政治理的体系优化……237

第一节　法制导向的旅游安全行政治理优化……237

第二节　体制机制导向的旅游安全行政治理优化……242

第三节　激励导向的旅游安全行政治理优化……254

第四节　面向重大危机的旅游安全行政治理优化……260

第九章　研究结论与展望……270

第一节　研究结论与发现……270

第二节　研究局限与展望……284

参考文献……287

后　记……330

第一章

中国旅游安全行政治理的时代背景

安全是旅游业可持续发展的基础，而旅游安全治理水平则是旅游业发展水平的重要标志。建立体系完备、系统健全、行动有效的旅游安全行政治理体系，是我国旅游业走向现代化、我国由旅游大国成为旅游强国的重要基础。21 世纪以来，受转型格局和国内公共安全形势的综合影响，我国旅游业面临的安全风险体系日益复杂化，旅游安全管控难度不断加大。同时，国际旅游市场面临的安全风险影响也呈全球化态势。在这种背景下，我国旅游安全事件规模逐渐增大，重大出境旅游安全事件频发，旅游安全议题逐渐成为产业和社会关注的重要议题。因此，从战略层面加速推动我国旅游安全行政治理体系建设，重视旅游安全管理人才教育、旅游安全技术研发、旅游安全观念培育等，具有重要的时代意义和战略意义，这是有效应对转型期我国旅游业安全挑战的基础。

第一节　旅游业转型发展的主要趋势

改革开放以来，我国旅游业从对外开放的前沿产业逐渐发展为规模巨大的民生产业，进而成为国民经济新的增长点，并最终定位为国家战略性支柱产业。我国旅游业在 40 多年的迅速发展中不断变革转型，旅游业的市场规模、产业要素、产品体系、企业形态以及旅游者的旅游观念等都发生了巨大的变化，这给旅游安全治理工作带来了巨大的挑战。可见，积极面对旅游业的转型趋势，深刻认识转型发展中的安全挑战和安全需求，对于推动旅游业的安全发展具有重要的基础意义。

一 旅游市场规模的转型趋势

我国旅游业正呈现国内旅游、入境旅游和出境旅游等三大旅游市场并行发展的战略格局。其中，国内旅游市场持续快速增长，入境旅游市场在波动中保持平稳增长，出境旅游市场也保持快速发展态势，国内旅游市场、入境旅游市场、出境旅游市场等三大旅游市场不断扩容（见表 1-1）。

表 1-1 2009~2023 年我国旅游人次统计

单位：亿，%

年份	国内旅游人次	同比增长率	入境旅游人次	同比增长率	出境旅游人次	同比增长率
2009	19.02	11.1	1.26	-2.7	0.48	4.0
2010	21.03	10.6	1.34	5.8	0.57	20.4
2011	26.41	13.2	1.35	1.2	0.70	22.4
2012	29.57	12.0	1.32	-2.2	0.83	18.4
2013	32.62	10.3	1.29	-2.5	0.98	18.0
2014	36.1	10.7	1.28	-0.5	1.17	18.7
2015	40	10.5	1.34	4.1	1.28	9.7
2016	44.4	11	1.38	3.5	1.22	4.3
2017	50.0	12.8	1.39	0.8	1.30	7
2018	55.39	10.8	1.41	1.2	1.50	14.7
2019	60.06	8.4	1.45	2.9	1.55	3.3
2020	28.79	-52.1	—	—	—	—
2021	32.5	12.8	—	—	—	—
2022	25.3	-22.1	—	—	—	—
2023	48.9	93.3	0.82	—	1.01	—

资料来源：历年《国民经济和社会发展统计公报》。

进入 21 世纪，我国国内旅游一直保持蓬勃发展的态势。我国国内旅游人次从 2008 年的 17.12 亿增长到 2019 年的 60.06 亿，国内旅游收入则从 2008 年的 8749 亿元增长到 2019 年的 5.73 万亿元。随着国民经济的发展和人民可支配收入的增加，国内旅游市场规模将进一步扩容。

入境旅游在我国旅游业中一直占据重要地位。2000 年，我国入境旅游人次为 8344 万，2008 年快速增长到 1.3 亿。自 2008 年开始，受世界金融危机等不利因素的冲击，我国入境旅游市场开始呈现波动状态，入境旅游市场规模长期围绕 1.3 亿人次的规模上下浮动。2019 年，我国入境旅游人次达 1.45 亿，实现国际旅游收入 1313 亿美元。

出境旅游是我国旅游业的重要板块，也是广受国际旅游业关注的客源板块。近年来，我国出境旅游市场在三大旅游市场板块中增长速度最快。我国出境旅游人次从 2008 年的 0.46 亿增长到 2019 年的 1.55 亿。根据世界旅游组织的数据，我国 2019 年出境旅游消费规模达到 0.255 万亿美元，稳居世界第一大出境旅游客源国地位。

受公共卫生危机影响，2020~2022 年我国国内旅游、入境旅游和出境旅游均受到较大程度的冲击与影响，2023 年则实现了快速恢复和发展。从长期趋势来看，中国将依然保持稳定的经济增长速度，我国的国内旅游、入境旅游和出境旅游也将呈现并行发展的良好态势，预计中国将依然拥有位居世界第一的国内旅游市场和世界前列的出入境旅游市场。在这种背景下，我国旅游者的出游版图将非常庞大，所面临的旅游安全风险也会越来越复杂。我国需要同时对三大旅游市场的安全议题进行回应和治理。不仅要面向国内旅游者和入境旅游者加强国内旅游安全治理工作，也需要面向出境旅游者增加安全保障资源的投放，以全方位提升我国旅游业的安全治理水平。在“一带一路”倡议背景下，强化出境旅游安全治理工作已成为越来越重要的议题。

二　旅游产业要素的转型趋势

当今社会是一个移动互联网时代，旅游市场大众化和旅游需求个性化的融合特征不断彰显，旅游餐饮、住宿、交通、游览、购物和娱乐等旅游要素产业的产品体系越来越多元化，与互联网要素的融合发展趋势也不断加快。旅游产业在快速发展的同时，各要素分支产业也呈现一些新的安全隐患和风险来源，旅游要素企业的安全环境也随之变得更为复杂，成为我国旅游安全治理面临的新问题和新挑战。

我国旅游餐饮业正不断走向集成化创新阶段。为适应互联网时代的变革要求和旅游者消费需求的急速变化，旅游餐饮业在商业模式、营销模式、服务模式上不断谋变创新。在商业模式上，高档餐饮向上、下两端市场分化转型，并不断谋求多元化跨领域发展，例如，一些高端餐饮企业继续向高端奢华餐饮进军；也有部分餐饮企业不断调整产品结构，向中端市场靠近，并谋求向海外市场拓展；还有一些星级饭店企业在挖掘各地品牌美食的同时积极打造本土特色餐饮名店。在营销模式上，旅游餐饮企业不断为自身注入“互联网+”基因，实现饮食产品的在线销售、在线支付和在线反馈。在服务模式上，旅游餐饮业既更加注重游客体验，也不断拓宽服务领域，如与特色美食伴手礼、旅游美食产品网店、房车旅游餐饮等业态进行融合发展，使旅游餐饮服务突破了既有的时空限制。在安全风险表现上，饮食预订平台与生产平台的分离将使消费者面临更大的安全风险。

我国旅游住宿业的业态结构日益丰富。酒店不仅为旅游者提供住宿服务，也向旅游者提供餐饮、休闲、娱乐等多种综合性服务，因此它在旅游要素产业中具有重要地位。长期以来，星级酒店是旅游住宿企业的典型代表。近年受市场因素影响，非星级高端酒店、经济型酒店、民宿和各种非标准住宿产品纷纷涌现，以应对旅游主体类型的多样化。受中产阶层崛起影响，酒店市场孕育产生了不少文化型轻奢酒店，处于瓶颈期的经济型酒店因绩效低下则面临较大的转型升级压力。市场由此发生了结构性变化：一方面，我国传统酒店和经济型酒店的边界不断消失，我国酒店业正处于从“哑铃型”分布向“橄榄型”分布的过渡时期；另一方面，酒店总体转型趋势是从标准化向多元化、特色化、个性化过渡。各类精品酒店、文化酒店、主题酒店等受到中产阶层、小资白领阶层和年青一代旅游者的青睐。酒店业产品类型不断分化，单体酒店的可持续发展需注入文化灵魂和不断创新的血液。总体上，非标准住宿产品和各类创新型住宿产品面临安全监管不足的困境，强化各类住宿产品的安全治理工作成为重要的安全任务。

我国旅游交通业的基础体系日益完善。同时，旅游交通业的智慧化转型趋势明显。随着技术条件的完善，很多旅游目的地建立了智慧化的交通信息系统，对旅游交通流进行精密监测，并通过有效的媒体手段适时发布旅游交通流信息，进行交通风险警示，使旅游交通管理不断趋向智能化。各地逐渐形成了由旅游公路、铁路、航空等三大交通系统组成的综合性旅游交通网络格局，旅游专列、高铁、航班、旅游客车、城市旅游公交的开通和使用极大促进了旅游交通的便捷性。景区通过提高周边道路建设水平、建立旅游交通集散中心、推动人流与交通流分流、设立景区游览线路智能解说系统等措施使景区交通疏导更趋科学化。另外，景区内部交通代步设施、体验设施、娱乐设施也在不断更新，品类不断丰富。但是，旅游道路交通和景区内部交通的安全风险长期存在，需要持续加强基础安全管理工作。

游览观光的全域化从根本上改变了旅游产业的运作模式。旅游吸引物正从封闭型空间向开放型全域空间转变。传统的景区经营模式主要表现为"围地收票"的门票经济模式，而现在的"大景区""全域旅游"理念越来越受到人们的重视，这种理念强调全域游览空间建设，把旅游地、旅游城市当作景区来看待，沿重要旅游线路进行全域景观建设，拉长旅游线路、增加游览节点、提供更全面的旅游供给，吸引旅游者体验参与，进而带动目的地的旅游产业经济。同时，旅游者的游览范围越来越广泛，游览产品体系也越来越丰富。随着时代发展和科技进步，旅游空间已突破了常规的旅游景区范畴，冰雪覆盖的南北极和世界第一高峰珠穆朗玛峰等地都已留下了探险旅游者的足迹，太空旅游一度成为人们热议的话题，也是科技和旅游界等关注的议题。此外，景区智慧化成为景区发展的重要趋势。旅游城市和旅游景区通过智慧化建设来改变传统的服务模式、管理模式和营销模式，实现了与旅游者的实时互动、旅游信息的智能感知、旅游服务信息的高效传递、旅游营销和管理的智能决策。需要指出的是，游览空间的全域化也将带来安全风险的全域化，需要旅游地从全域安全的角度进行综合治理。

旅游购物行业面临巨大的转型压力。长期以来，旅游购物行业饱受诟病，"零负团费"、强迫购物等是社会对旅行社与购物行业的固有印象。为此，2013 年 10 月实施的《中华人民共和国旅游法》（以下简称《旅游法》）对此类现象的治理提出了明确的规范和要求，极大减少了零负团费和旅游购物欺诈现象的发生。但是，此类不正常现象依然在极个别地区存在，对旅行社和旅游购物行业造成了严重的负面影响。在互联网科技的影响下，旅游购物行业的信息化、平台化趋势也逐渐显现，旅游地的购物店变成了体验店，网络平台则变成了销售的主战场。同时，旅游购物商品也不断丰富化，具有个体化和互动性的旅游电子购物商品不断涌现。总体上，旅游购物行业存在的价格欺诈、强买强卖等现象需要长期治理。

旅游娱乐产业的业态结构趋于多元化。其中，大型游乐项目在一线、二线城市主要以主题公园（乐园）的形式运营，并形成了集商业、旅游、娱乐等于一体的大规模、综合性旅游娱乐综合体，实现了产业链的延伸运作。中小型游乐项目则向二线、三线城市的各类节庆、集会活动寻求市场，而在这种集会式的流动经营中，因管控力度不够、风险意识不足等因素的影响，小型游乐设施的安全风险较高。同时，各类高风险游乐项目日益受到新生代旅游者的青睐，这类游乐项目满足了新生代旅游者寻求刺激、挑战和冒险的心理需求，但对安全经营和管理则提出了更高要求。

旅行社行业面临巨大的变革压力。旅行社是旅游行业的龙头，是旅游要素的整合组织，对推动旅游业发展具有重要作用。近年来，以携程为代表的线上旅游公司（OTA）发展迅速，极大地分割了原本属于传统旅行社的市场份额。同时，旅游者群体的散客化趋势日益明显，旅游者所需求的碎片化要素产品主要被 OTA 企业瓜分。除此之外，面向小众旅游者、小规模团队的定制型旅行社企业不断涌现，这类企业的成长壮大将改变旅行社的市场格局。因此，旅行社行业的业态格局正面临急剧分化。2018 年发生的泰国普吉岛沉船事件表明，OTA 企业和新业态类型的初创企业的安全管理体系尚不健全，此类企业的安全责任也存在争议和分歧，需要在法制上予以厘清和明确。

三 旅游产品体系的转型趋势

旅游市场需求的多元化推动旅游产品体系的多元化。近年来，我国三大旅游市场全面发展，旅游者的群体结构日益多元化，由此推动旅游需求结构和旅游产品体系的多元化发展。除了长期占主导地位的观光旅游产品，休闲度假旅游产品、探险旅游产品、赛事参与类旅游产品、文化深度体验型旅游产品等不断产生，呈现商、养、学、闲、情、奇等各类旅游产品繁荣发展的格局。

“商”主要表现在以下三个方面：一是以商务活动为目的的商务旅游、会议会展旅游、企业奖励旅游等商务旅游市场的兴起；二是旅游与地产、大型综合商场等商业产业的联合发展；三是旅游地更加重视特色旅游商品的精深加工。“养”是指养生旅游、养老旅游、养心旅游、康体健身旅游等新兴旅游产品的出现。“学”指以提升知识、技能或获得某方面经历、经验为目的的旅游活动，不仅包括研学旅游，还包括夏令营和冬令营的拓展活动、各类技能培训、摄影和绘画等素材采集、景区规划等资源考察、写作音乐等题材采风等各种形式的活动。“闲”是指以休闲度假旅游产品为主导。“情”是指以传达、沟通感情和满足精神需求为主题的各类旅游产品，如婚庆旅游、蜜月旅游、亲子旅游和宗教朝觐旅游等新的旅游业态蓬勃发展。“奇”主要是指各类满足旅游者求奇、求新和探险、探秘欲望的旅游产品，如极地摄影旅游、黑色探秘旅游等新的旅游要素。

旅游产品体系的丰富化既满足了旅游者群体的多元化旅游需求，也推动了旅游业态结构的衍生发展，对于推动我国旅游产业的繁荣发展起到了积极作用。旅游产品体系的创新发展往往孕育着新的安全风险因素，如探险类旅游产品的开发、玻璃类景观设施的打造等，都存在缺乏监管主体或监管主体不明、安全责任难以厘清等困难，这是我国旅游产业产品体系创新发展中面临的重大安全挑战。

四　旅游企业形态的转型趋势

资本力量和技术力量推动着旅游企业形态的转型变革，规模化、集团化成为旅游企业的重要发展方向。例如，华侨城集团是中国最早的主题公园企业，它在发展中逐渐实现了产品业态的多样化，并形成了有效的集群优势，提出了“文化+旅游+城镇化”和“旅游+互联网+金融”等创新发展模式，目前在全国运营和管理景区近80家，位列全球主题公园集团第三、亚洲第一。中国旅游市场的发展前景被普遍看好，因此商业地产资本、保险资本等不断介入旅游产业的经营发展，推动了大规模旅游企业集团的出现。例如，万达、融创、富力等商业地产企业陆续介入文化旅游产业，在酒店、旅行社、旅游文化综合体等方面不断投入资本力量进行原始投资和兼并收购。大规模旅游企业集团的出现使旅游业务活动不断趋于集中，这会增强旅游集团进行安全风险管控的实力，但也可能会削弱旅游者在安全议题中的议价能力。

与大规模旅游集团业态的发展相反，个体化、个性化旅游需求的增长也推动着旅游工作室、乡村民宿等小型旅游业态的发展，小规模定制化旅游越来越热。与传统的观光型包价旅游产品不同，小规模定制化旅游提倡3~6人的小规模旅游，通过深入文化旅游地点来体验原生的文化生活方式，熟悉当地文化、掌握当地资源的小规模工作室在经营此类产品方面具有独特优势。乡村民宿、单体精品酒店是越来越受欢迎的一种住宿体验产品，它小型化、生活化、体验化的消费风格迥异于经济型连锁酒店，成为旅游创新创业中的重要项目形态。当然，这种小型旅游业态缺乏资金实力，因此在安全投入、安全设备配置、安全人员配置等方面存在明显缺陷，可能对旅游者的旅游体验造成风险伤害。

移动互联网技术既改变了当今社会的技术基础，也改变了旅游产业的企业形态。当前，旅游企业线上、线下不断融合，以获取来自对方的经营资源或客户资源。互联网尤其是移动互联网极大地推动了在线旅游的发展，它们在拉升在线旅游移动端市场方面显示出较大的推动力。而在线旅游移动端市场的高速发展为旅游线上到线下（O2O）市场的转型提供了坚实基础，进而促使旅游产业结构线上、线下不断融合。旅游O2O模式实现了单一OTA模式、垂直搜索模式、单一点评网站模式的整合，并促进了线下旅游产业链的延伸以及线下旅游企业产品和服务理念的更新升级。在安全方面，在线旅游企业的不实宣传、虚假资源、网络欺诈等可能使旅游者的在线交易得不到保障。同时，在线旅游企业对实体旅游产品的把控不足，可能导致旅游业务活动过程的安全风险得不到有效管控。

五　旅游者旅游观念的转型趋势

旅游者的旅游观念转型与旅游群体的转变息息相关。我国旅游者呈现以中青年旅游者为主体的结构现状，旅游者群体根据其年龄结构和行为特征可以分为四个类别，不同的旅游者群体在旅游观念上存在较大差异，且群体间呈现分化发展的趋势。

中国的儿童旅游者群体在迅速增长。《儿童权利公约》界定的儿童是指18岁以下的任何人，这一群体虽然缺乏自主经济能力，但他们在旅游决策中的发言权越来越大。儿童旅游中占主体的类型属于“小手牵大手”型的亲子旅游。为了让孩子能够增长知识、开阔视野，中国中产阶层家庭普遍都会给孩子安排种类繁多的旅游活动，既有由学校推荐或组织安排的各类研学旅游活动，也有家长自己策划组织的家庭旅游活动，这是推动暑期和重要节假日成为中国旅游旺季的重要原因。在某种程度上，以儿童为中心的旅游活动决定了中国节假日旅游活动的类型和走向。显然，面向儿童的旅游产品强调低风险、高保障。

青年旅游者群体的年龄为18~44岁。他们既包括在校大学生，也包括刚走上工作岗位的年轻一族。虽然经济能力不同，但是这个群体普遍具有创新意识，强调独立自主，崇尚自由旅游，向往说走就走的旅行。有相当比例的青年旅游者喜欢追求个性、刺激、惊险和被认同，他们喜欢参加各类自助旅游、自驾旅游、探险旅游等个性化旅游活动，他们喜欢志同道合的参与者。对于旅游者的风险因素，青年旅游者会因为自身经验、观念的不同而采取不同的行为态度。总体上，青年旅游者的安全素质普遍需要提升和强化，驴友群体的安全素质更是缺乏专业训练。

中年旅游者群体的年龄为45~59岁。这一群体的经济能力好于青年旅游者群体，他们通常有丰富的人生阅历、有明确的旅游喜好。这一群体的行为特征分化严重，他们既可能接受团队旅游等传统旅游方式，也可能接受自助旅游、自驾旅游等新兴旅游方式。他们的旅游诉求目标也较为多元化，商务、休闲、探亲、度假等都有可能成为其旅游目标。中年旅游者群体是极具经济价值的消费群体，围绕这一群体的文化旅游产品、深度体验型旅游产品等也不断涌现。总体上，这一群体喜欢休闲、舒适、有品质的旅游氛围。

老年旅游者群体是指年龄在60岁及以上的群体。中国已经进入老龄化社会，老年旅游者群体数量越来越大，这一群体在旅游消费上较为谨慎，许多旅行社围绕康体、养老、保险等主题开发面向老年旅游者的旅游产品，部分“零负团费”产品也专攻老年旅游者人群。客观而言，老年旅游者的体能体力有限，面对风险情景时的自救能力较弱，因此需要较为可靠的旅游产品。例如，2015年长江沉船事件共造成442人遇难，其中绝大多数为老年旅游者。

总体上，我国的儿童旅游者群体和老年旅游者群体在旅游市场上将扮演越来越重要的角色，全主体型旅游市场格局将逐步形成，各类年龄群体都将越来越常态化地拥抱旅游。在产品偏好上，传统的年龄标签虽然存在，但各类旅游者群体的跨界观念、跨年龄段观念在不断强化，各类旅游产品在不同年龄段都可能存在。在消费理念上，有钱才旅游的观念逐渐落伍，有钱富游、没钱穷游正在成为时尚。在行为特征上，中国人从属于东方文化属性的总体偏内敛的行为性格在群体上逐渐改变，追求刺激、时尚、体验成为新一代旅游者的明确追求。显然，这些改变必然为旅游产业和企业的安全运作带来了新的议题和挑战。

第二节 旅游业转型发展中的安全风险

旅游是建构在自然环境和社会环境中的行为活动，自然环境风险与社会环境风险的复杂化必然会带来旅游风险的复杂化，并导致旅游安全事件的来源风险和结果风险多样化。由于社会经济的转型发展，我国旅游安全的主导性风险也呈现从自然性风险向社会性风险迁移的趋势，全球化趋势则使各类旅游安全风险在爆发后表现出产业影响的扩散性特征。

一 旅游安全风险体系的复杂化

旅游产业发展受到各类宏观风险因素和微观风险因素的综合影响。宏观风险既包括国际政治形势波动、安全格局改变、经济金融危机等国际层面的风险因素，也包括国内社会、政治、经济面临的矛盾和冲突等风险因素，还包括自然环境风险和各类重大突发事件及其带来的宏观影响等风险因素。微观风险主要指旅游企业业务运行过程中存在的各类风险因素，包括业务活动领域的风险、企业员工层面的风险、旅游者层面的风险和安全管理层面的风险。

宏观风险因素对旅游安全具有整体性影响。第一，我国经济体系与全球经济日益接轨，并逐渐对全球经济产生主导性影响。这强化了中国与世界旅游业的联系，但国际经济与金融危机也可能对我国的入境旅游产生深刻影响，如1997年亚洲金融危机、2008~2009年国际金融危机等，都对我国入境旅游产生了负面影响。第二，随着我国经济的崛起，受以中美为主导的国际关系的影响，对我国出境旅游、入境旅游的发展可能带来不利影响。第三，因受境内外恐怖分子、民族分裂分子等影响，我国旅游者也面临着恐怖袭击的风险。第四，借助跨国旅游渠道，疾病在全球的传播和扩散速度加快，对旅游业造成剧烈影响。如 2019 年底发生的新冠疫情重创了全球旅游业，登革热疫情、中东呼吸综合征、寨卡病毒等都对区域性旅游活动造成了严重的负面影响。第五，一些重大安全事件和自然灾害的后果也不再局限于始发地承担，与其有旅游联系的区域和国家都有可能因其遭受巨大的影响，如马航 MH370 失联事件、日本核泄漏事件、尼泊尔地震等都使我国旅游业发展面临更加复杂的风险形势。

微观风险因素对旅游安全具有直接的影响效应。第一，由于个体化旅游、个性化旅游、高风险旅游等旅游活动的兴起，旅游业务活动中的微观安全风险趋于复杂化，风险类型趋于多样化。第二，我国旅游企业员工的安全素质还有待提高。我国旅游院校的学生普遍缺乏旅游安全专业训练，相当比例的旅游企业不对员工进行安全培训。同时，部分特种岗位人员缺乏上岗资质，“黑导游”“黑车”等现象仍在一定范围内存在。旅游从业人员安全素质不高、安全观念不强可能导致执业过程中的失误操作，可能导致安全处置不当和救援不力等严重问题，从而成为旅游安全风险的重要来源。第三，我国旅游者整体安全素质也有待提升，在旅游活动过程中出现一些“明知山有虎，偏向虎山行”的不安全行为，对旅游者自身生命安全带来严重的威胁。如一些旅游者在旅游过程中选择走险路导致迷路被困、在险要环境中拍照丧生、女性旅游者随意搭乘黑车被绑架等事例不胜枚举。另外，一些旅游者在旅游过程中的不文明行为，不仅损害自身的生命财产安全，也可能危及其他旅游者，甚至影响国家形象。第四，我国旅游安全治理的体制、机制、法制体系还有待进一步健全，旅游市场秩序还不尽规范，一些企业对自身安全责任还不明确，旅游安全设施设备还有所欠缺，旅游安全应急救援体系还不健全，旅游保险保障水平较低等，这些制约因素将成为我国旅游安全治理的重要挑战。

二　旅游安全风险类型的多样化

旅游安全风险是旅游者在旅游中发生某些危险情况的可能性及其后果的组合。旅游安全风险可以从来源风险、表现风险和结果风险等维度进行分类。受各类综合因素影响，旅游安全风险具有多样化的成因结构和风险表现，也具有多样化的风险结果。

旅游安全的来源风险可以划分为人员风险、环境风险、设施风险、管理风险四大类。第一，人员风险在来源上主要包括两个方面：一是旅游者自身缺乏安全常识，以及由于个人体质问题、个人疾病、个人主观故意等原因，最终导致自身或他人发生受伤事故和财产损失；二是旅游从业人员由于缺乏安全常识、缺乏专业技能、疏忽大意等最终造成旅游者受伤事故和财产损失的发生。第二，环境风险来源包括游览环境风险、大气环境风险、道路环境风险、社会治安环境风险等方面。游览环境风险是自然因素和人为因素的综合体现，具体包括承载涉水事故的各类水体环境风险；由悬崖、瀑布、深沟、峡谷、洞穴、原始森林等构成的特殊游览景观风险；由高空缆车、高空铁索桥、热气球等构成的高空环境风险；由滑坡、泥石流、塌方等构成的地质环境风险；在沙漠、雪地等探险背景下的极端环境风险；等等。大气环境风险主要指影响旅游安全的风、雨、雷、电、冰、雪及高原天气等气候环境风险。道路环境风险是融合了人为、自然和多种地理环境风险要素的综合，各要素共同作用引发的交通安全事故与道路环境风险具有很强的关联度。社会治安环境风险易引发盗窃、抢劫、绑架、凶杀、黄赌毒等旅游安全事故。第三，设施风险一般是在旅游活动中由于操作人员操作失误、设施经营者缺乏专业条件、旅游设施设备不符合安全保障标准等原因引起的设施故障。第四，管理风险是指受管理者素质、组织结构、企业文化、管理过程等制约因素的限制，造成旅游经营管理者判断失误、管理不善和信息不对称等，进而给企业和旅游者带来的安全风险。

旅游安全事故或事件是因旅游安全风险爆发而具体表现出来的结构形态。根据《突发事件应对法》，旅游安全事件风险可分为自然灾害风险、事故灾难风险、公共卫生风险和社会安全风险。自然灾害风险主要是指各类可能导致自然灾害事件的风险因素，它主要表现为自然环境中的地质因素、地震因素、气候因素等环境类风险。事故灾难风险是指各种可能导致事故灾难的风险因素，它主要表现为旅游交通事故风险、火灾爆炸风险、设施设备事故风险、节庆活动事故、探险事故风险、业务活动事故风险等风险类型。公共卫生风险主要是指可能导致公共卫生事件的风险类型，主要包括疾病疫情、食物中毒、群体性不明原因疾病等风险类型。社会安全风险是指各类可能导致社会安全事件的风险类型，主要表现为刑事治安风险、恐怖袭击风险、群体性事件风险、金融与经济安全风险等。旅游安全事故还包括达不到突发事件级别的一般安全事故和旅游业务活动过程中产生的旅游业务安全事故。

旅游安全的结果风险是指风险爆发具体导致的伤害结果，它一般可划分为人身安全风险、财产安全风险、活动安全风险、精神安全风险四大主要类别。第一，人身安全风险是指对旅游者、旅游从业人员等其他人员的生命安全造成伤害的旅游安全风险结果，具体表现为受伤或失去生命两种结果。第二，财产安全风险是指会造成旅游者等人员财产损失的旅游安全风险结果，具体表现为财物遗失、财物被盗、财物被抢、财物被骗和购物过程中遇到的价格欺诈等。第三，活动安全风险是指受客观环境、政府政策等因素影响，致使旅游活动中止或取消的旅游安全风险结果。第四，精神安全风险是指在旅游活动中由于受惊吓、刺激或不当行为等导致旅游者精神健康受损、名誉形象受损等安全风险。

旅游安全风险的来源、表现和结果在旅游业转型发展过程中日趋复杂化，并呈现很多新的特点。例如，旅游安全风险爆发的结果不仅可能导致旅游者遭受不利影响，也可能导致旅游地生态和资源遭到破坏。随着全球化趋势加深和跨境旅游的发展，一些旅游安全事件的综合影响越来越广泛，如 2014 年的马航 MH 370 事件不仅导致马来西亚旅游业受损，还使我国旅游、航空、保险等旅游产业的股票大幅下跌。同时，随着人们时间观念的增强，旅游者对旅游活动过程中的时间风险越来越重视，因旅游从业人员失误等原因造成的旅游者时间延误很难获得旅游者的宽容。

三　旅游安全主导性风险的迁移性

旅游业的转型发展是社会经济整体转型发展的缩影，在宏观的社会经济转型过程中，旅游安全的主导性风险有从自然性风险向社会性风险迁移的趋势。长期以来，自然性风险是阻碍旅游业发展的主要安全隐患。一地的自然环境决定了旅游活动的基础环境风险，它们是影响旅游者和旅游活动安全的主要成因，各地自然环境的差异性决定了该地区所分布的旅游环境风险的差异性。从我国各地自然环境的总体分布水平来看，各地都存在对应的自然环境风险因素。例如，我国西南地区是自然环境风险的高发地区，该地区自然环境复杂，海拔高，易受地震、滑坡、泥石流等地质灾害影响；高原反应、冰雪灾害等大气环境风险高；在复杂的地形地势等自然环境综合影响下，西南地区同时面临较高的道路环境风险。华北和西北地区沙漠景观分布较为典型，沙漠环境中缺水、高低温、易迷失方向等风险因素高发。华中和华东地区的涉水风险因素较为常见。东北地区的冰雪环境和森林型景区存在低温、道路湿滑等安全风险。华南地区湖泊海洋环境较为典型，涉水风险和海洋灾害风险较为常见。

随着时代发展和科技进步，人类已经掌握了丰富的预测和预防自然灾害的科技和知识，利用先进的科学技术手段可以预测旅游活动中存在的自然灾害风险并提前做好预防预备、适时监测和预警信息发布工作。旅游者可以据此调整旅游活动行程，这在一定程度上可以规避这些自然性风险带来的损害。而相对于自然性风险的可预测性，如恐怖袭击等社会性风险更加难以预测，其发生的时间、地点往往具有不可控制性。同时，社会性安全事件的成因往往具有更高的复杂性，如旅游从业人员操作失误、旅游者自身的不安全和不文明行为、旅游目的地治安状况不佳、旅游设施设备故障、旅游目的地安全管理不到位等，都可能成为旅游安全风险的来源。此外，社会性风险对旅游目的地造成的负面影响更为恶劣，不仅严重影响旅游目的地形象，且在短时间内难以取得安全治理成效。例如，2015 年的“青岛大虾事件”重创了山东旅游形象，一起几千元的价格虚高事件冲击了山东花费巨资打造的“好客山东”品牌。再如，每当旅游地发生的重大社会治安事件被曝光，该地可能会长期被贴上“社会治安差”的标签。可见，一旦某地旅游业受到金融或经济安全事件的影响，其带来的损失一般都是长期的，且旅游目的地往往难以采取有效的应对措施。因此，相对于自然性风险而言，旅游安全事件面临的社会性风险因素有更广泛的来源、更高的发生频率，旅游业和旅游者也容易面临更严重的损害结果。

四　旅游安全风险及其影响的扩散性

社会经济体系的转型发展使旅游业面临的安全风险日趋复杂化，全球化环境则使旅游安全风险的分布及其影响范围更加广泛，旅游安全风险的发生、表现和结果具有越来越强的扩散化特征。全球化不仅包括政治的全球化、经济的全球化、文化的全球化、科技的全球化，还意味着风险体系的全球化，这不仅指风险因素分布的全球化，还指风险事件在爆发后所产生影响的全球化。当今社会，安全风险及其影响的扩散性在旅游行业的表现特别明显，疫情等安全风险都可能借助旅游业的媒介作用在全球扩散，这种扩散性往往具有规律性弱、风险过程难以预测、管控难度大等特点。随着网络信息科技的发展，旅游信息可以实现无阻延传递，旅游危机事件能够经舆情传播后迅速向全球扩散，给旅游目的地安全形象造成重大影响。

旅游安全风险分布的全球化正日益改变全球风险格局。全球性安全风险可能向局部区域渗透，区域性安全风险也可能向全球蔓延。例如，经济金融活动的全球化使得一地的经济金融危机可能波及全球，进而影响全球旅游市场的发展。1997 年的亚洲金融危机、2008 年的美国次贷危机和其后逐渐显现的欧债危机等致使全球旅游市场遭受动荡，严重影响了全球旅游市场的繁荣发展。近年来，全球恐怖袭击活动频繁发生，并逐渐呈全球分布态势。恐怖袭击事件不仅在发展中国家发生，也在欧洲等发达国家发生。例如 2015~2016 年泰国曼谷、法国巴黎、比利时布鲁塞尔等城市接连发生恐怖袭击事件，2020 年法国尼斯、奥地利维也纳等城市接连发生恐怖袭击事件。恐怖袭击事件既严重影响了当地的旅游活动，也影响了国际旅游业的发展。

安全风险因素可以借助旅游业的媒介作用在全球范围内扩散分布。例如，2003 年非典疫情发生后，由于部分旅游者的空间移动，疫情从广东向全国进行扩散。2015 年 5 月，一名到中东地区出差的韩国商务旅行者感染中东呼吸系统病毒，引发了韩国中东呼吸综合征疫情事件，造成近 200 名民众死亡，重创了韩国的国家形象和旅游产业。2019 年底发生的新冠疫情迅速蔓延至全球，旅游者成为新冠疫情传播的重要载体，持续几年的疫情危机重创了全球旅游业。在疾病疫情的传播过程中，旅游活动成为重要的传播渠道，而旅游产业又成为疫情事件的主要受害者，不仅事发地需要面对事件影响，客源地也会连带产生综合性影响。

旅游安全风险扩散的全球化放大了风险的灾难性后果。受益于科学技术和制度机制的发展，人员、物资、资金在全球范围内的流动已经成为常态，这同时也使灾难风险及其负面影响向全球扩散。近年来，自然灾害风险的全球化扩散趋势日益明显。例如，2010 年 4 月，冰岛埃亚菲亚德拉火山喷发，火山灰借助风力扩散到欧洲乃至全球，欧洲地区不得不采取“禁飞”措施予以应对，其规模类似 2001 年“9·11”事件后的禁飞行动。2013 年，日本福岛核电站因地震发生核泄漏，放射性污水随着海水环流逐渐扩散到周边海水体系。这些环境污染事件不仅影响了当地的旅游与经济活动，也影响了周边乃至全球的旅游活动。

技术手段的增强加剧了旅游风险事件的伤害结果。科技的进步增强了我们应对突发灾难的能力，但也可能导致负面伤害结果的扩大和扩散。例如，2001 年的美国“9·11”恐怖袭击事件在短短的数十分钟内造成巨大的人员伤亡，给当地旅游业发展带来的负面影响长期存在。这类恐怖袭击事件往往事先难以预测、事中管控难度大、事后损伤结果严重且负面影响极广。2014 年的非洲“埃博拉”疫情、2015 年的中东呼吸综合征疫情、2019 年开始的新冠疫情都出现跨区域传播，对事发地区和疫情蔓延地区的旅游业都带来巨大损失。新冠疫情成为全球性疫情，对全球旅游业的发展都带来了严重的负面影响。可见，有效应对旅游安全风险的扩散化发展、应对全球范围内的风险流动，是旅游安全治理面临的重大挑战。

第三节　旅游业转型发展中的安全事故

旅游安全事件是指在旅游活动中或旅游经营场所发生的，造成或可能造成旅游者、旅游从业人员或旅游机构人身伤亡或财产损失，导致该旅游活动或有关活动中止或永久终止的意外事件。旅游安全事件的发生水平、所产生的影响后果等与旅游目的地的社会发展水平息息相关。较高的社会发展水平一般具有较强的安全治理能力，因而能较好地预防和应对旅游安全事件。

一 我国旅游安全事件分布特征

1. 我国旅游安全事件的总体形势

以旅行社责任保险统保示范平台为数据来源，以2012~2019年我国31个省、自治区、直辖市（不含新疆生产建设兵团及港澳台）旅游企业上报的出险案例为案例数据，从中筛选出39394起旅游安全事件作为样本开展分析。同时，本书对旅游安全事件案例进行信息的解构与编码。信息的解构变量主要包括事件类型变量、宏观时间变量（年份、季度、月份等）和微观时间变量（时间段与具体时间点），信息编码主要是对事件发生的结果和原因进行编码处理。在旅游安全事件的类型划分上，主要参考《突发事件应对法》《旅游突发公共事件应急预案》以及谢朝武等学者的相关研究，将旅游安全事件分为事故灾难、自然灾害、公共卫生事件以及社会安全事件4个大类和27个小类，具体如表1-2所示。

表1-2 出险案例的信息解构变量与编码

变量	编码内容
事件类型	事故灾难、自然灾害、公共卫生事件、社会安全事件
宏观时间	第一季度(1~3月)、第二季度(4~6月)、第三季度(7~9月)、第四季度(10~12月)
微观时间	凌晨(0~6时)、上午(6~12时)、下午(12~18时)、晚上(18~24时)

2012~2019年我国旅游安全事件分布如图1-1所示。由图1-1可以发现，在所统计的样本年份期间，我国旅游安全事件总体保持平稳状态、但年份间呈现动态起伏的变化特征。这种变化态势既与旅游安全治理形势有关，也与团队游客的人员规模有关。近年来，我国散客旅游群体不断扩大。相应地，团队游客群体的比例有所下降，与团队游客有关的旅游安全事件因此也呈波动状态。同时，我国《旅游法》和《旅游安全管理办法》分别于2013年和2016年颁布，旅游安全治理的力度不断强化，这对各地的旅游安全形势产生了积极影响。因此，我国团队旅游安全责任险的出险事件有逐步下降的态势。

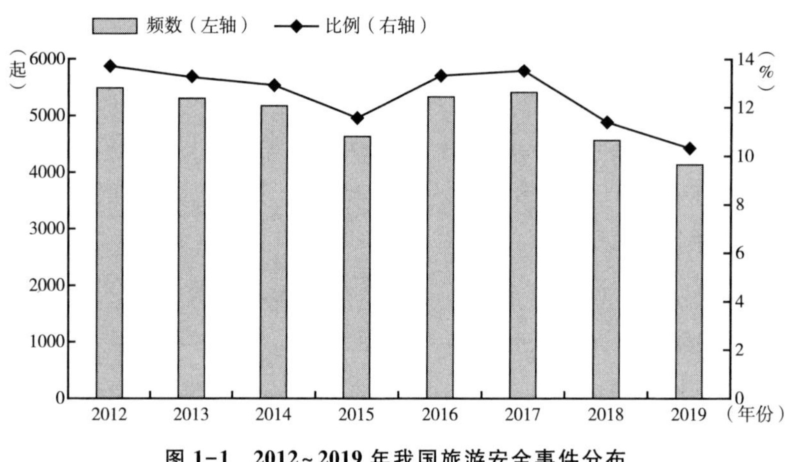

图 1-1　2012~2019 年我国旅游安全事件分布

但是，由于旅游市场的快速发展，游客群体规模不断扩大，高风险旅游产品的层出不穷，游客消费方式与行为理念的不断变化，相关旅游安全风险问题较为突出，导致旅游安全事件的发生率依然保持较高水平，旅游业发展所面临的风险形势仍然较为严峻。旅游安全事件的发生无论是对旅游者还是旅游目的地都具有较大的负面影响。从事故结果来看，旅游者可能遭受身体上或者财产上的损害，旅游目的地也可能因此遭受旅游形象的破坏和旅游收入的降低，进而影响目的地的可持续发展。总体而言，当前我国旅游业发展面临的安全形势依然严峻，需要相关部门不断完善和强化旅游安全管理体系，夯实旅游业发展的安全基础，切实提高旅游安全管理水平以及旅游突发事件的应急能力，保障游客的人身安全。

2. 我国旅游安全事件类型分布

为探究 2012~2019 年我国旅游安全事件类型的结构特征，本书对事件所属类型进行了统计与分析。从事件大类来看，2012~2019 年，我国旅游安全事件主要以事故灾难为主，占整体事件的 72.17%；其次为公共卫生事件，占整体事件的 16.90%；自然灾害占比则为 9.38%；社会安全事件相对较少，占比仅为 1.56%（见表 1-3）。

表 1-3　旅游安全事件主要类型分布

事件大类	事件亚类	事件频次	占同类型事件的比例(%)	占整体事件的比例(%)
自然灾害	气象灾害	3208	86.82	8.14
	地质灾害	438	11.85	1.11
	海洋灾害	47	1.27	0.12
	其他自然灾害	2	0.05	0.01
事故灾难	一般意外事故	17326	60.94	43.98
	交通事故	6264	22.03	15.90
	高风险项目事故	1938	6.82	4.92
	设施设备事故	1700	5.98	4.32
	生物袭击	618	2.17	1.57
	踩踏事故	147	0.52	0.37
	火灾爆炸	130	0.46	0.33
	涉水事故	307	1.08	0.78
公共卫生事件	个人疾病	3606	54.15	9.15
	食物中毒	1926	28.92	4.89
	高原反应	696	10.45	1.77
	猝死	312	4.69	0.79
	中暑	70	1.05	0.18
	病毒疫情	41	0.62	0.10
	其他公共卫生事件	8	0.12	0.02
社会安全事件	盗窃	393	64.43	1.00
	群体性事件	135	22.13	0.34
	抢劫	55	9.02	0.14
	自杀/凶杀	16	2.62	0.04
	性骚扰	4	0.66	0.01
	恐怖主义威胁	3	0.49	0.01
	诈骗	2	0.33	0.01
	其他社会安全事件	2	0.33	0.01

从事件亚类分布来看，事故灾难大类下的事件亚类最为丰富和复杂，主要包括8种事件亚类。其中，分布数量最多的为一般意外事故。一般意外事故是游客在外出开展旅游活动过程中最易出现的安全事故，主要包括游客在旅游过程中的意外摔伤、意外扭伤、意外跌伤、意外碰伤、意外撞伤、意外磕伤、意外刮伤、意外烫伤、意外砸伤、意外夹伤等一般性意外事故。交通事故是在事故灾难大类中排名第二的亚类事件。交通安全事故

的发生水平既与我国交通发展的整体水平有关，也与旅游交通中的特殊风险成因和环境条件有关。此外，高风险项目事故、设施设备事故、生物袭击、踩踏事故、火灾爆炸及涉水事故等事件亚类的分布数量也较多。公共卫生事件主要表现为7种事件亚类，分别为个人疾病、食物中毒、高原反应、猝死、中暑、病毒疫情、其他公共卫生事件，其中个人疾病、食物中毒和高原反应的占比较高。自然灾害主要表现为气象灾害、地质灾害和海洋灾害，其中气象灾害的占比较高。社会安全事件虽然分布较少，但事件类型结构较为复杂，主要表现为盗窃、群体性事件、抢劫、自杀/凶杀、性骚扰、恐怖主义威胁、诈骗等事件亚类。

本书进一步对以上27种事件亚类进行聚类分析，以探究事件内部的结构层次特征。通过调用SPSS26.0中的K均值聚类分析（K-Means）模块，将聚类结果分为高频、较高频、中频、较低频、低频等5个事件等级。经过2次迭代后，聚类分析的ANOVA分析结果表明，聚类的F值为1735.941，对应的p值为0.000，具有较高的显著性水平，表明聚类结果具有统计学意义，详细结果如表1-4所示。

表1-4　2012~2019年我国旅游安全事件主要类型ANOVA分析

项目	聚类		误差		F值	p值
	均方	自由度	均方	自由度		
类别	79018051.024	4	45518.858	22.000	1735.941	0.000

K均值聚类结果显示，高频事件有1类，较高频事件有1类，中频事件有2类，较低频事件有3类，低频事件有20类。其中，一般意外事故（43.98%）为高频事件亚类；交通事故（15.90%）为较高频事件亚类；个人疾病（9.15%）和气象灾害（8.14%）为中频事件亚类；高风险项目事故（4.92%）、食物中毒（4.89%）、设施设备事故（4.32%）为较低频事件亚类；高原反应（1.77%）、生物袭击（1.57%）、地质灾害（1.11%）、盗窃（1.00%）、猝死（0.79%）、涉水事故（0.78%）、踩踏事故（0.37%）、群体性事件（0.34%）、火灾爆炸（0.33%）、中暑（0.18%）、抢劫（0.14%）、海洋灾害（0.12%）、病毒疫情（0.10%）、自杀/凶杀（0.04%）、性骚扰

(0.01%)、诈骗 (0.01%) 等事件类型属于低频事件亚类。可以发现，高频事件类型的分布比例为40%以上，较高频事件类型的分布比例为10%以上，中频事件类型的分布比例为8%~10%，较低频事件类型的分布比例为4%~5%，而低频事件类型的分布比例都在2%以下。不同类型事件的分布比例进一步表明，我国旅游安全事件类型具有较强的集中性和差异性。同时，我国旅游安全事件类型结构也存在较为明显的“长尾”分布特征。

从旅游安全事件的年份分布趋势以及事件类型结构来看，我国旅游安全事件治理面临着复杂和严峻的风险挑战。2012~2019年，全国旅游安全事件基本呈现高发态势，2019年旅游安全事件发生频率有所下降。历经三年的公共卫生危机后，2023年我国旅游业进入复苏发展期，旅游安全事件的发生量呈反弹态势。如何有效强化旅游安全事件治理，是当前我国旅游安全行政治理面临的重要考验。从旅游安全事件类型结构来看，我国旅游安全事件具有成因复杂、治理难度较高等特点。在我国，自然灾害、社会安全事件、事故灾难以及公共卫生事件等各类型旅游安全事件并存，加大了治理难度。交通事故、高风险项目事故、抢劫、盗窃等事件类型具有安全风险高、事故防范难度大等特点，在治理上更需要多部门之间的协同一致，治理主体需要更加多样化。一般意外事故和个人疾病在旅游安全事件亚类中占据较高比例，表明旅游安全事件的预防与治理也应着重提高游客的安全风险认知与安全防范技能。此外，虽然多数旅游安全事件亚类发生比例相对较低，但从事件的绝对数量来看，其依然对旅游者人身安全和旅游业安全发展带来重大威胁和挑战。

3. 我国旅游安全事件的时间分布

(1) 宏观时间分布

在旅游活动中，宏观的季度时间和月份时间与旅游目的地的大气因素、景观因素、游览舒适性等条件密切相关，这使得旅游活动呈现明显的淡旺季差异特征，即旅游活动的季节性。同时游客数量在时间分布上的不均衡性，引起的游客规模数量上的压力是旅游安全事件发生的重要原因。

从宏观时间的季度分布来看 (见图1-2)，我国旅游安全事件主要分布在第二季度和第三季度，事件占比分别为27.89%和34.53%，超过季度平均水平。第一季度和第四季度旅游安全事件占比相对较低，分别为

17.34%和20.24%，低于季度平均水平。这表明我国旅游安全事件在宏观时间分布上呈现明显的季节性变化特征，安全事件主要发生在夏季和秋季等我国传统的旅游旺季，这两个季度的旅游安全事件总体占比高达62.42%。从宏观时间的月份分布来看（见图1-3），我国旅游安全事件的月份分布具有明显的时间差异性，其中7月和8月是我国旅游安全事件高发月份，占比分别为13.19%和13.45%。此外，旅游安全事件占比超过8%的月份还包括3月（8.89%）、4月（11.45%）、5月（8.74%）以及10月（8.37%），这些月份的事件比例都超过月份平均水平；6月、9月、11月等月份的旅游安全事件比例则为7%~8%，事件发生频率属于中等水平；1月、2月以及12月的事件发生频率相对较低，为4%~5%。

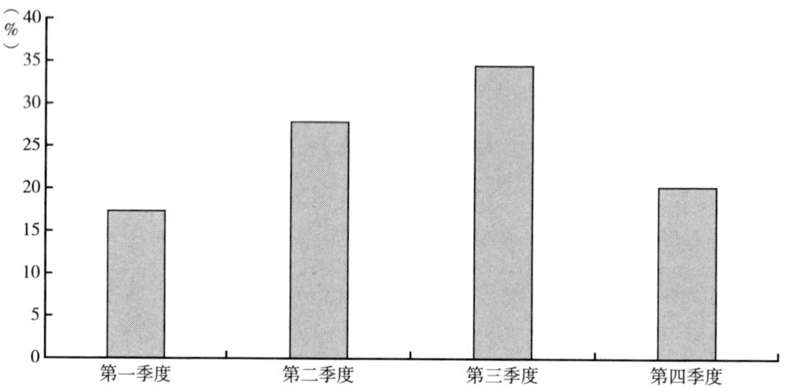

图1-2 旅游安全事件季度分布

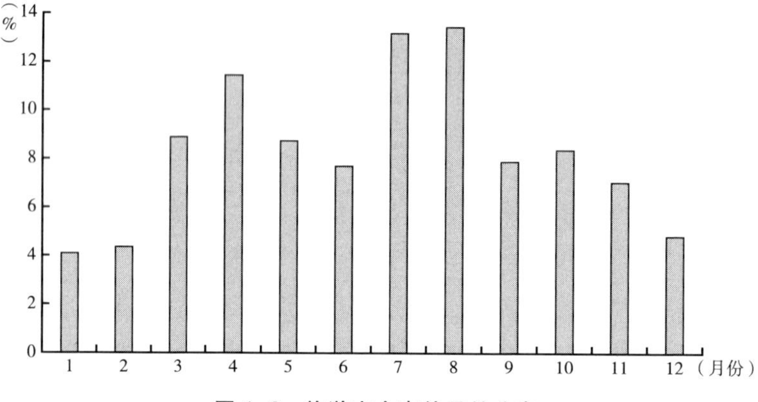

图1-3 旅游安全事件月份分布

可以看出，我国旅游安全事件高发月份主要集中在假期较多的月份，该阶段亲子游、自驾游、组团游等各类旅游活动火热，游客出游规模群体较大。同时，这些月份中包含清明、“五一”“十一”等公共假期，在该阶段选择外出旅游的游客较多，而游客扎堆出游进一步造成旅游交通运输紧张、景区景点爆棚、设施设备运转超负荷、安全管理难以落实等问题的出现。此外，游客在短期内大量涌入目的地，也会造成目的地旅游承载力不足、游客与当地居民关系紧张等问题，这些综合压力进一步导致旅游安全事件高发。

下面进一步借助季节强度指数来衡量我国旅游安全事件在月份分布上的均衡性。季节强度指数可用于衡量某要素在时间分布上的集中性。季节强度指数越接近于0，表明该要素在时间分布上越均匀；季节强度指数越大，表明该要素在时间分布上越集中。通过计算，发现我国旅游安全事件季节强度指数为3.005，表明安全事件在12个月份中变化幅度较大，季节差异性显著，有明显的事件高发月份和事件低发月份，在时间分布上呈现不均衡性。

（2）微观时间分布

从微观时间段的分布来看（见图1-4），35.78%的旅游安全事件发生在上午时段（06：00~12：00），36.37%的旅游安全事件发生在下午时段（12：00~18：00），17.27%的旅游安全事件发生在晚上时段（18：00~24：00），10.58%的旅游安全事件发生在凌晨时段（0：00~06：00）。上午和下午时段二者总体占比达72.15%，而晚上时段事件比例则相对较低，凌晨时段则处于旅游安全事件的沉寂期，事件比例最低。可以发现，旅游安全事件在一天内的时间段分布与游客在一天内的旅游活动特征存在明显的关联性：上午时段以及下午时段是游客出游的主要时间段，游客规模压力相对较大，相关旅游安全风险较多；晚上时段也是旅游活动的一个主要时间段，特别是近年来夜间经济的不断发展，夜间旅游活动在各地不断兴起，但夜间旅游也存在诸多风险隐患；而凌晨时段则属于旅游活动的沉寂期，因而相关旅游安全事件的发生率也相对较低。

研究进一步以旅游安全事件发生的整点时刻作为统计单元，分析

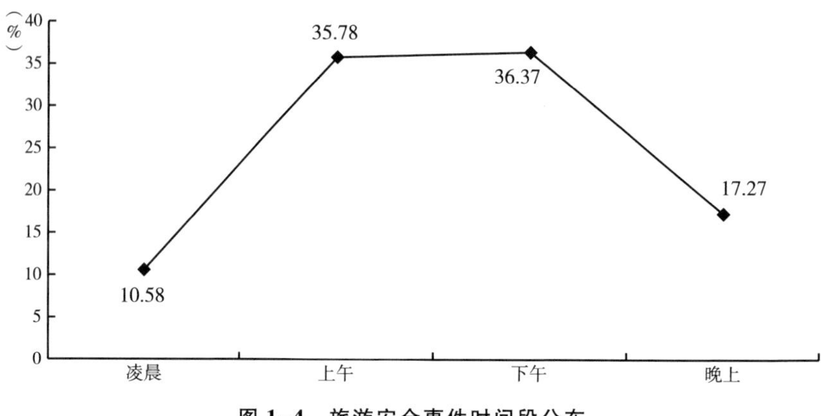

图 1-4　旅游安全事件时间段分布

旅游安全事件在 24 小时内的分布特征与变化趋势（见图 1-5）。从微观时间点的分布来看，旅游安全事件在 24 小时内大致呈现抛物线分布，事件发生比例整体呈现先递增后递减的变化特征，同时事件发生比例曲线存在双峰分布特征。具体来看，10：00 以及 15：00 是旅游安全事件的高发时间点，事件占比分别为 7.91%和 7.54%。4 时则是全天旅游安全事件发生比例最低的时间点，占比仅为 1.09%。从时间的连续性来看，从 8：00 一直到 17：00，旅游安全事件发生比例都超过了 5%，是全天旅游安全事件的高发时间阶段，同时该时间段也是一天内旅游活动的主要时间段；而从 18：00 一直到 22：00，旅游安全事件发生比例都为 3%～5%，也是安全事件发生比例较高的时间段，该时间段同时也是夜间旅游活动的主要时间段；而从 23：00 到次日 6：00，旅游安全事件的发生比例都低于 3%，该时间段内旅游安全事件数量相对较少，同时该时间段也是旅游活动的沉寂期，因而旅游安全事件的发生率相对较低。

从时间分布来看，我国旅游安全事件具有明显的时间集聚性。传统假期以及旅游旺季不仅游客数量较为集中，而且旅游安全事件也较为集中，旅游安全事件发生率与游客出游率存在明显的耦合性和关联性。特别是春节、五一、国庆等假期是我国游客出游的高峰期，游客在短时期的集中出游容易造成旅游景区、旅游酒店、旅游交通、游览等场所的承

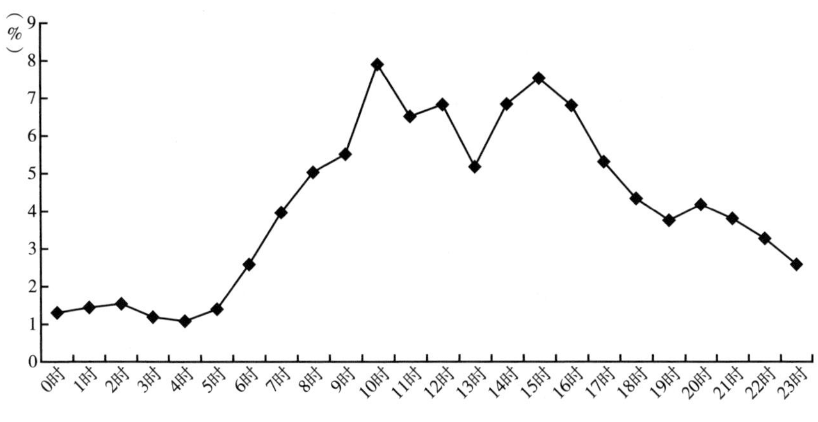

图 1-5　旅游安全事件时间点分布

载压力增大，设施设备的运载负荷和需求增加，旅游安全风险也随之增多，容易导致旅游安全事件高发。此外，近年来随着夜间经济的快速发展，夜间旅游安全事件也应引起重视，夜间时段也是旅游安全事件发生的小高峰期。游客在夜间开展旅游活动时，容易出现摔倒、磕伤等一系列意外事故，同时由于夜间人员流动性相对较小，抢劫、盗窃等社会安全事件发生率相对较高。此外，部分在户外景区开展游览活动的游客，更面临着迷路、野生动物威胁、地质灾害、气象灾害等风险。因此夜间旅游安全治理也是旅游安全行政治理的重要内容。总体上，分析旅游安全事件的时间分布特征，明确旅游安全事件的发生机制，有助于提升旅游安全事件治理的针对性。

4. 我国旅游安全事件的空间分布

（1）区域尺度分布

参考相关文献的研究成果，将研究区内的 31 个省（自治区、直辖市）分为七大地理区域，分别为华北地区（包括北京市、天津市、河北省、山西省、内蒙古自治区），东北地区（包括辽宁省、吉林省、黑龙江省），华东地区（包括山东省、江苏省、上海市、浙江省、安徽省、福建省、江西省），华中地区（包括河南省、湖北省、湖南省），华南地区（包括广东省、广西壮族自治区、海南省），西北地区（包括陕西省、甘肃省、青海省、宁夏回族自治区、新疆维吾尔自治区），西南地区（包括重庆市、四川省、贵州省、云南省、西藏自治区）。

从旅游安全事件的地理区域分布来看（见图 1-6），西南地区是我国旅游安全事件分布最多的区域，占比高达 30.37%，处于事件发生比例的第一梯度；其次为华东地区和华南地区，旅游安全事件占比分别为 22.71%和 15.87%，事件发生比例都超过了整体平均水平，处于事件发生比例的第二梯度；华中地区和华北地区的旅游安全事件占比较为接近，分别为 10.18%和 9.88%，处于事件发生比例的第三梯度；东北地区和西北地区的旅游安全事件占比相对较低，事件发生比例分别为 5.49%和 5.51%，处于事件发生比例的第四梯度。

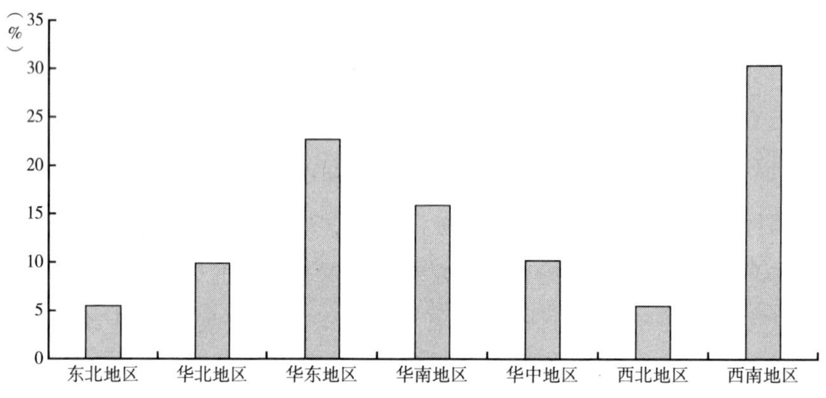

图 1-6　旅游安全事件地理区域分布

（2）省域尺度分布

采用洛伦兹曲线衡量我国旅游安全事件在省域尺度分布的集聚性。洛伦兹曲线通常用于探究地理要素在空间分布上的均衡性特征，本书通过绘制洛伦兹曲线来判断旅游安全事件在空间分布上的集聚特征。通过观察洛伦兹曲线可以发现（见图 1-7），旅游安全事件的实际分布线与平均分布线之间的离差较大，洛伦兹曲线表现出明显的下凹特征，表明我国旅游安全事件在省域尺度上具有较大的集聚性。

利用系统聚类方法进一步探究旅游安全事件省份分布的层次结构性特征。调用 SPSS26.0 中的系统聚类分析模块，聚类方法采用瓦尔德法，测量区间采用欧式距离、Z-score 标准化的方法，生成旅游安全事件省份分

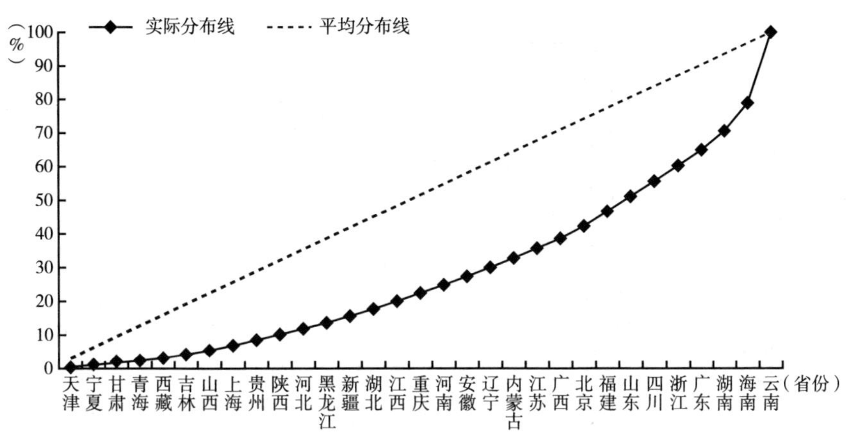

图 1-7　旅游安全事件省份分布洛伦兹曲线

布系统聚类谱系图（见图 1-8）。从图中可以发现，各省份旅游安全事件发生水平被划分为 4 个类别层级：高水平层级、较高水平层级、较低水平层级和低水平层级。其中，高水平层级发生省份为云南省 1 个省份，云南省由于旅游安全事件比例占据绝对优势（21.13%），单独占据 1 个类别。较高水平层级包括 7 个省份，分别为浙江省（4.65%）、广东省（4.66%）、山东省（4.48%）、四川省（4.49%）、福建省（4.39%）、湖南省（5.65%）、海南省（8.30%）。较低水平层级包括 11 个省份，分别为新疆维吾尔自治区（1.97%）、湖北省（2.11%）、江西省（2.33%）、重庆市（2.37%）、河南省（2.42%）、安徽省（2.50%）、江苏省（2.89%）、广西壮族自治区（2.91%）、内蒙古自治区（2.80%）、辽宁省（2.66%）、北京市（3.66%）。低水平层级包括 12 个省份，分别为陕西省（1.67%）、河北省（1.69%）、贵州省（1.63%）、黑龙江省（1.77%）、上海市（1.47%）、吉林省（1.06%）、山西省（1.20%）、天津市（0.53%）、宁夏回族自治区（0.56%）、甘肃省（0.62%）、青海省（0.68%）、西藏自治区（0.74%）。通过系统聚类方法可以发现，我国旅游安全事件的省域分布具有明显的结构层次性，可以清晰地划分为高水平、较高水平、较低水平以及低水平等四个层次结构，各层次结构之间具有显著的差异性。

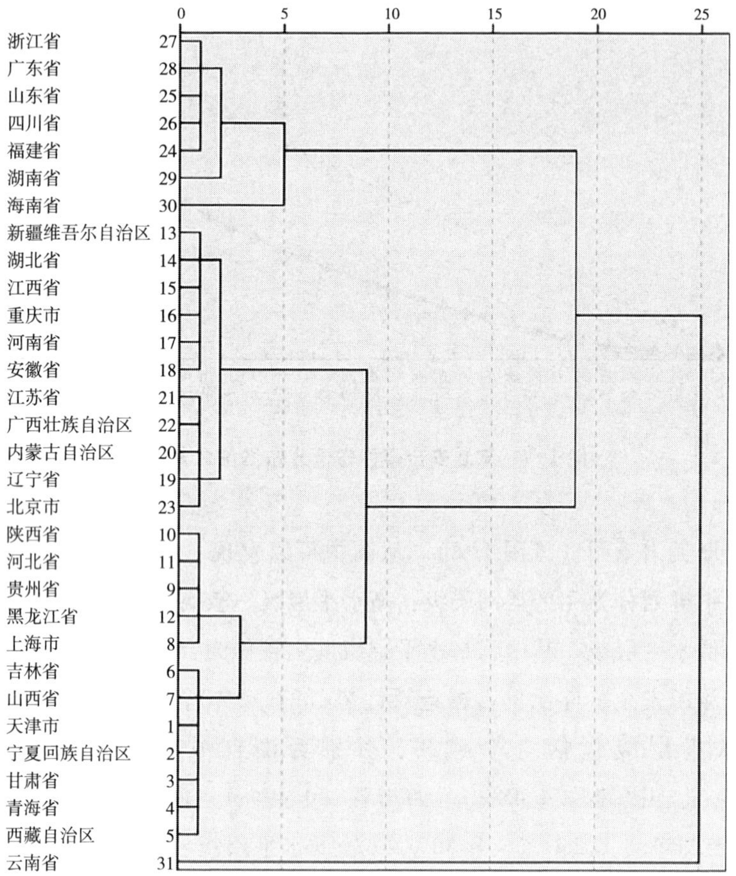

图 1-8 旅游安全事件省份分布系统聚类谱系图

（3） 市域尺度分布

对旅游安全事件的市域尺度进行分析，排名前 20 的旅游安全事件高发城市如图 1-9 所示。排名前 3 的城市分别为昆明、三亚以及丽江，事件占比分别为 6.88%、6.08%和 5.78%，处于旅游安全事件高发城市的第一梯度水平。北京和厦门的旅游安全事件占比分别为 3.66%和 2.23%，事件发生比例也相对较高，处于旅游安全事件高发城市的第二梯度水平。大理（1.97%）、杭州（1.81%）、桂林（1.79%）、长沙（1.77%）、阿坝州（1.69%）、张家界（1.67%）、黄山（1.60%）、西双版纳（1.36%）、海口（1.33%）、广州（1.27%）、哈尔滨（1.20%）、大连（1.17%）、成都

(1.13%)、青岛(1.07%)、西安(1.00%)等城市的旅游安全事件占比都为1%~2%，处于旅游安全事件高发城市的第三梯度水平。

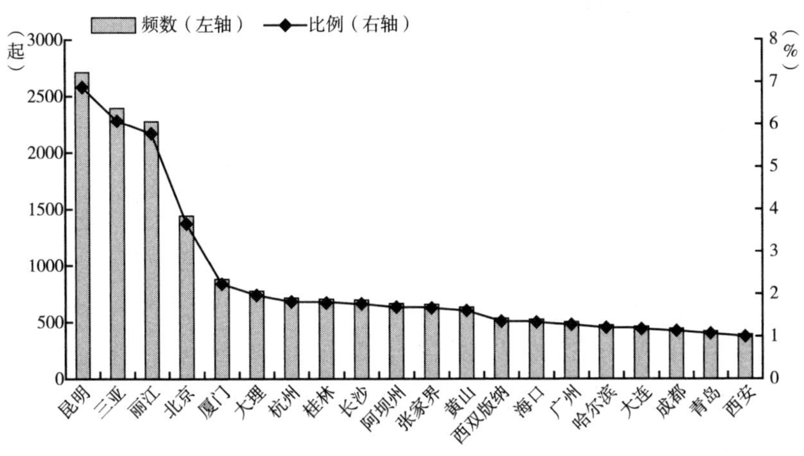

图 1-9 旅游安全事件主要城市分布

从排名前20的城市所属的省份来看，旅游安全事件高发城市主要分布在云南、海南、湖南、四川等省份；从城市所属的地理区域来看，旅游安全事件高发城市涉及我国七大地理区域，其中西南地区所属的城市最多，有6个；其次为华东地区和华南地区，分别有4个；再次为东北地区和华中地区，分别有2个；华北地区和西北地区则各有1个。

从空间分布来看，我国旅游安全事件具有一定的空间异质性规律，安全事件空间分布范围较广，风险结构类型复杂。其中，西南地区的省份是我国旅游安全事件高发区域。西南地区多高山、峡谷等地形，自然地理环境复杂，加之部分景区景点的交通条件和基础设施相对落后、可进入性差、安全风险隐患较多，因此相关安全事件也较多，如交通事故、意外跌落摔倒等较为多发。同时，西南地区地势较高，游客在该地区开展旅游活动面临高原反应等一系列安全风险。此外，西南地区气候多变，山区地带多短时强降雨、山体滑坡、泥石流等自然灾害，因此相关自然灾害也较为多发。华东地区省份的旅游安全事件也较为频发，主要原因在于，华东地区是我国经济最为发达区域，人口密度大，旅游资源相对集中，旅游设施设备种类较为多样，因此相关旅游安全事件也较为频发，如高风险项目事故、交通安全事故、踩踏事故等事件类型。同时，华东地区每年在夏、秋两个季节容易受台风影响，台风、大风、暴雨等自然灾害多发。此外，部分景区安全管理水平相对较低，安全管理不规范、安全意识欠缺，也是旅游安全事件发生的重要原因。

二 旅游安全事件类型与时空因素的关联特征

旅游安全事件的发生具有特定的时空背景，挖掘背后的时空关联因素是预防和治理旅游安全事件的重要基础和前提。本研究采用列联表卡方检验的方法进一步探究旅游安全事件类型与时空因素的关联特征。卡方检验是一种以卡方分布为基础的非参数检验方法，通常与残差分析结合进行，在卡方值具有统计显著性的前提下，再通过残差分析来检验各单元格的状况。卡方检验常用于检验一定显著水平上多个样本之间的差异度，其 χ^2 值的计算公式为

$$\chi^2 = \sum \sum \frac{(f_0 - f_e)^2}{f_e}$$

式中，f_0为观察次数，f_e为期望次数。若样本含量小于 40 或单元格的理论频数 T<1 或 T<5 的格子数超过 20%时，则应考虑采用 Fisher 精确概率法。同时，本研究结合残差分析结果确定导致引致因素差异的来源。一般而言，调整后残差（adjusted residual，AR）高于 1.96 或低于-1.96 时，表明该分类在 0.05 的水平上具有显著差异，显著高于或低于期望水平，说明其是造成显著差异的主要因素。

1. 旅游安全事件类型与时间要素的关联特征

季度和月份等宏观时间因素所反映出来的环境风险可控性较差，具有一定的模糊性，而时刻或时间段等微观时间因素所反映出来的人员行为及活动因素较为可控，因此研究采用列联表卡方检验的方法对旅游安全事件类型与微观时段因素进行相关性检验，以进一步分析二者之间的关联关系。统计分析显示，列联表 T<5 的格子数不超过 20%，因此研究使用 Pearson 卡方进行相关性检验。如表 1-5 所示，Pearson 卡方检验值为 837.207（p=0.000），对称度量 Cramer's V=0.084（p=0.000），表明旅

游安全事件与时间因素的相关性在 $p<0.01$ 的水平上显著成立，即不同时间段内的自然灾害、事故灾难、公共卫生事件、社会安全事件等旅游安全事件的分布水平存在显著的组间差异。

本研究结合卡方检验的残差结果来探究安全事件类型在时间段分布上的差异性。根据表 1-5 所示的残差检验结果可知，在凌晨时间段，公共卫生事件（16.6%，AR=17.4）和社会安全事件（23.4%，AR=10.4）的发生概率要显著高于事故灾难（9.5%，AR=-11.3）和自然灾害（6.0%，AR=-9.5）。其中，事故灾难和自然灾害的发生概率要显著低于期望水平。在上午时间段，事故灾难（36.6%，AR=5.7）的发生概率要显著高于自然灾害（36.8%，AR=1.3）、社会安全事件（31.3%，AR=-2.3）和公共卫生事件（32.0%，AR=-7.0）。其中，公共卫生事件、社会安全事件的发生概率要显著低于期望水平。在下午时间段，事故灾难（38.5%，AR=14.0）的发生概率要显著高于自然灾害（35.9%，AR=-0.7）、社会安全事件（25.9%，AR=-5.4）和公共卫生事件（28.6%，AR=-14.4），其中，公共卫生事件、社会安全事件的发生概率要显著低于期望水平。在晚上时间段，公共卫生事件（22.8%，AR=13.1）和自然灾害（21.4%，AR=6.9）的发生概率要显著高于社会安全事件（19.3%，AR=1.4）和事故灾难（15.4%，AR=-15.8），其中，事故灾难的发生概率要显著低于期望水平。

表 1-5　旅游安全事件类型与时间因素的卡方检验分析

事件大类		时间段				总计
		凌晨	上午	下午	晚上	
公共卫生事件	计数	1103	2132	1906	1518	6659.0
	期望计数	704.4	2382.7	2421.6	1150.3	6659.0
	占事件总量的比例(%)	16.6	32.0	28.6	22.8	100.0
	占时间段的比例(%)	26.5	15.1	13.3	22.3	16.9
	调整后残差	17.4	-7.0	-14.4	13.1	
社会安全事件	计数	143	191	158	118	610.0
	期望计数	64.5	218.3	221.8	105.4	610.0
	占事件总量的比例(%)	23.4	31.3	25.9	19.3	100.0
	占时间段的比例(%)	3.4	1.4	1.1	1.7	1.5
	调整后残差	10.4	-2.3	-5.4	1.4	

续表

事件大类		时间段				总计
		凌晨	上午	下午	晚上	
事故灾难	计数	2699	10414	10937	4380	28430.0
	期望计数	3007.3	10172.9	10338.8	4911.1	28430.0
	占事件总量的比例(%)	9.5	36.6	38.5	15.4	100.0
	占时段的比例(%)	64.8	73.9	76.3	64.4	72.2
	调整后残差	-11.3	5.7	14.0	-15.8	
自然灾害	计数	222	1359	1325	789	3695.0
	期望计数	390.8	1322.1	1343.7	638.3	3695.0
	占事件总量的比例(%)	6.0	36.8	35.9	21.4	100.0
	占时间段的比例(%)	5.3	9.6	9.2	11.6	9.4
	调整后残差	-9.5	1.3	-0.7	6.9	
总计	计数	4167	14096	14326	6805	39394.0
	期望计数	4167.0	14096.0	14326.0	6805.0	39394.0
	占事件总量的比例(%)	10.6	35.8	36.4	17.3	100.0
	占时间段的比例(%)	100.0	100.0	100.0	100.0	100.0
卡方	Pearson χ^2 = 837.207(df = 9, p = 0.000)					
对称度量	Cramer's V = 0.084(p = 0.000)					

2. 旅游安全事件类型与空间要素的关联特征

不同地理区域的风险结构不同，导致旅游安全事件的空间存在一定的差异性。本研究进一步采用列联表卡方检验的方法分析旅游安全事件发生类型与地理区域的关联关系。统计分析显示，列联表 T<5 的格子数不超过 20%，因此研究使用 Pearson 卡方进行相关性检验。如表 1-6 所示，Pearson 卡方检验值为 954.371（p=0.000），对称度量 Cramer's V=0.090（p=0.000），表明我国旅游安全事件与空间因素的相关性在 p<0.01 的水平上显著成立，即不同地理区域内的自然灾害、事故灾难、公共卫生事件、社会安全事件等旅游安全事件的分布水平存在显著的组间差异。

本研究结合卡方检验的残差结果来探究安全事件类型在地理空间分布上的差异性。根据表 1-6 残差检验结果可知，在东北地区，公共卫生事件（7.2%，AR=6.9）的发生概率要显著高于社会安全事件（2.8%，

AR=-3.0）、事故灾难（5.2%，AR=-4.4）和自然灾害（5.2%，AR=-0.9），其中，社会安全事件和事故灾难的发生概率显著低于期望水平。在华北地区，事故灾难（10.6%，AR=8.0）的发生概率要显著高于公共卫生事件（8.5%，AR=-4.1）、社会安全事件（4.6%，AR=-4.4）和自然灾害（7.4%，AR=-5.2），其中，公共卫生事件、社会安全事件和自然灾害的发生概率都显著低于期望水平。在华东地区，自然灾害（34.4%，AR=17.8）的发生概率要显著高于公共卫生事件（19.3%，AR=-7.3）、社会安全事件（16.1%，AR=-3.9）和事故灾难（22.1%，AR=-4.4），其中，后三类旅游安全事件的发生概率显著低于期望水平。在华南地区，社会安全事件（32.1%，AR=11.1）和自然灾害（17.5%，AR=2.8）的发生概率要显著高于公共卫生事件（13.6%，AR=-5.5）和事故灾难（15.8%，AR=-0.3），其中，公共卫生事件的发生概率显著低于期望水平。在华中地区，事故灾难（11.1%，AR=10.1）的发生概率要显著高于公共卫生事件（6.5%，AR=-10.9）、社会安全事件（9.0%，AR=-1.0）和自然灾害（9.7%，AR=-1.0），其中，公共卫生事件的发生概率显著低于期望水平。在西北地区，各类型旅游安全事件的发生概率差异性较小，仅有事故灾难（5.6%，AR=1.4）的发生概率高于期望水平。在西南地区，公共卫生事件（39.6%，AR=17.9）的发生概率显著高于社会安全事件（31.8%，AR=0.8）、事故灾难（29.5%，AR=-6.2）、自然灾害（20.4%，AR=-13.8），其中，事故灾难和自然灾害的发生概率要显著低于期望水平。

表1-6　旅游安全事件类型与空间因素的卡方检验分析

事件大类		地理区域							总计
		东北	华北	华东	华南	华中	西北	西南	
公共卫生事件	计数	482	568	1285	907	432	351	2634	6659
	期望计数	365.5	658.1	1512.2	1056.6	678.0	366.6	2022.0	6659.0
	占事件总量的比例(%)	7.2	8.5	19.3	13.6	6.5	5.3	39.6	100.0
	占地理区域的比例(%)	22.3	14.6	14.4	14.5	10.8	16.2	22.0	16.9
	调整后残差	6.9	-4.1	-7.3	-5.5	-10.9	-0.9	17.9	

续表

事件大类		地理区域							总计
		东北	华北	华东	华南	华中	西北	西南	
社会安全事件	计数	17	28	98	196	55	22	194	610
	期望计数	33.5	60.3	138.5	96.8	62.1	33.6	185.2	610.0
	占事件总量的比例(%)	2.8	4.6	16.1	32.1	9.0	3.6	31.8	100.0
	占地理区域的比例(%)	0.8	0.7	1.1	3.1	1.4	1.0	1.6	1.5
	调整后残差	-3.0	-4.4	-3.9	11.1	-1.0	-2.1	0.8	
事故灾难	计数	1472	3022	6293	4503	3166	1594	8380	28430
	期望计数	1560.3	2809.5	6456.2	4511.2	2894.7	1565.3	8632.8	28430.0
	占事件总量的比例(%)	5.2	10.6	22.1	15.8	11.1	5.6	29.5	100.0
	占地理区域的比例(%)	68.1	77.6	70.3	72.0	78.9	73.5	70.1	72.2
	调整后残差	-4.4	8.0	-4.4	-0.3	10.1	1.4	-6.2	
自然灾害	计数	191	275	1270	645	358	202	754	3695
	期望计数	202.8	365.1	839.1	586.3	376.2	203.4	1122.0	3695.0
	占事件总量的比例(%)	5.2	7.4	34.4	17.5	9.7	5.5	20.4	100.0
	占地理区域的比例(%)	8.8	7.1	14.2	10.3	8.9	9.3	6.3	9.4
	调整后残差	-0.9	-5.2	17.8	2.8	-1.0	-0.1	-13.8	
总计	计数	2162	3893	8946	6251	4011	2169	11962	39394
	期望计数	2162.0	3893.0	8946.0	6251.0	4011.0	2169.0	11962.0	39394.0
	占事故总量的比例(%)	5.5	9.9	22.7	15.9	10.2	5.5	30.4	100.0
	占地理区域的比例(%)	100.0	100.0	100.0	100.0	100.0	100.0	100.0	100.0
卡方		Pearsonχ^2 = 954.371(df = 18, p = 0.000)							
对称度量		Cramer's V = 0.090(p = 0.000)							

综合来看，我国旅游安全事件近年来大致呈现高发态势，旅游安全事件的时空分布具有较强的时间导向性和空间异质性。从时空关联视角来看，我国旅游安全事件类型与不同的时空因素具有较强的关联性，旅游安全事件的治理面临着复杂的风险结构，旅游安全治理难度正在不断加大。进入2023年，我国旅游市场逐渐走向复苏，随着旅游市场规模的快速发展和不断扩大，旅游安全事件的发生频率也会迎来一个新的高峰期，这也使得新时期旅游安全治理变得更加复杂。此外，我国地域辽阔，地区差异性较大，旅游安全事件的治理也涉及诸多利益相关者主体，跨地区合作、跨部门协同也对旅游安全行政治理不断提出新的挑战与考验。

三 重大旅游安全事件的发生特征

从近年的发展情况来看，我国重大旅游安全事件表现出规模逐渐增大、业内与业外交错发展、管控难度增大、影响复杂等特征。我国旅游业将持续面对旅游安全事件带来的挑战。

1. 重大旅游安全事件规模逐渐增大

我国旅游业正处于快速发展期，旅游业发展需要安全的旅游环境作为支撑。但是，当前我国整体上仍处于工业化中期，是安全事故高位波动的阶段，我国民众在安全生产、社会生活、旅游休闲、野外探险等领域面临的安全风险较大，因此各类旅游安全事故和事件规模逐渐增大，这既与我国社会整体安全风险水平有关，也与我国三大旅游市场规模不断增长的形势有关。

近年来，我国重大旅游安全事件呈现以下特点。第一，我国重大旅游安全事件的类型分布较为复杂。重大旅游安全事件涵盖自然灾害、事故灾难、社会安全事件和公共卫生事件等各种突发事件，其中火灾、交通事故、施工事故、沉船事故等灾难时有发生，在重大安全事件中所占比例较高。此外，部分事件属于复合型事件，它们在成因上属于自然灾害，而在结果上则属于事故灾难，如东方之星沉船事件。第二，我国重大旅游安全事件导致的人员伤亡规模越来越大。例如，2014 年上海外滩踩踏事件造成 36 人遇难，2015 年东方之星游轮在长江中发生的沉船事件造成 442 人遇难，2018 年普吉岛沉船事件造成 47 人遇难，2021 年甘肃白银山地马拉松事故造成 21 人死亡、8 人受伤。在某种程度上，旅游安全事件的致死规模呈上升态势，旅游业已成为规模性致死安全事件的高发行业。第三，我国重大旅游安全事件的发生频率趋高。全国旅行社责任保险统保示范项目的统计数据显示，我国每年旅游责任险出险案例在 10000 起以上。同时，导致规模性游客死亡的旅游安全事件的发生频率有趋高的态势。第四，涉及中国旅游者的重大旅游安全事件的分布区域广泛。2020 年前，我国出境旅游业发展迅速，出境旅游人次和消费规模均位居世界第一，但中国旅游者所去之处存在许多风险水平较高的旅游地或旅游项目，因此境外地区也常发生涉及中国旅游者的重大安全事件。如泰国四面佛爆炸案件、韩国中东呼吸综合征疫情事件、泰国普吉岛沉船事件等安全事件，都造成中国旅游者的伤亡或影响中国旅游者的旅游活动。2010 年以来重大旅游安全事件举例如表 1-7 所示。

表 1-7 2010 年以来重大旅游安全事件举例

事件名称	发生时间	事件类型	损伤情况	事故原因
台湾苏花公路塌方重大事故	2010 年 10 月 21 日	自然灾害	20 名大陆游客死亡	受台风"鲶鱼"影响，暴雨导致公路塌方
温州动车追尾事件	2011 年 7 月 23 日	事故灾难	40 人死亡，172 人受伤	强烈雷击使列控中心设备保险管熔断，列控中心输出错误信号
武汉市东湖生态旅游区重大建筑施工事故	2012 年 9 月 13 日	事故灾难	19 人死亡	施工升降机两个连接螺栓无效；超载（核载 12 人，实载 19 人）
香格里拉古城重大火灾	2014 年 1 月 11 日	事故灾难	造成直接经济损失 8983.93 万元	直接原因：客栈经营者不当使用取暖器。 间接原因：消火栓被冻住，消防系统瘫痪；古城内通道狭窄，大型消防车辆无法通行；等等
西藏尼木县特大交通安全事故	2014 年 8 月 9 日	事故灾难	44 人死亡，11 人受伤	大客车制动性能不良，下坡路段超速 60%以上；越野车违法占道，上坡路段超速 20%以上；大客车未作出安全应对
上海外滩踩踏事件	2014 年 12 月 31 日	事故灾难	36 人死亡	对重大节庆活动人员集聚安全风险重视不够；对活动变更信息宣传严重不到位；风险预防预备工作不到位；应对处置失当；人流风险监测预警工作缺失；等等
台湾复兴航空坠河事件	2015 年 2 月 4 日	事故灾难	43 人死亡，15 人受伤。其中，大陆游客 28 人死亡，3 人受伤	双发动机失效
泰国曼谷四面佛爆炸案件	2015 年 8 月 17 日	社会安全事件	20 人遇难、其中 7 名中国公民	恐怖分子策划的恐怖袭击案件

续表

事件名称	发生时间	事件类型	损伤情况	事故原因
东方之星长江沉船事件	2015 年 6 月 1 日	事故灾难	包括船员在内442 人遇难	从南京驶往重庆途中突遇罕见的强对流天气,东方之星游轮在长江中游湖北监利水域沉没;其主要原因为船长及当班大副对极端恶劣天气及其风险认知不足,在紧急状态下应对不力。船长在船舶失控倾覆过程中,未向外发出求救信息并向全船发出警报
四川白龙湖沉船事件	2016 年 6 月 4 日	事故灾难	15 人死亡,3 人受伤	突发局地强对流天气带来的强风骤雨并伴大浪导致重大沉船事故
7·5 泰国普吉岛游船倾覆事故	2018 年 7 月 5 日	事故灾难	47 人遇难	突遇特大暴风雨;船体在设计、建造等多方面不合格
甘肃白银山地马拉松事故	2021 年 5 月 22 日	事故灾难	21 人遇难,8 人受伤	极限运动项目百公里越野赛在强度最高、难度最大赛段遭遇大风、降水、降温的高影响天气，赛事组织管理不规范、运营执行不专业，导致重大人员伤亡
福建漳浦游客溺水事件	2021 年 8 月 14 日	事故灾难	11 人死亡	福建省漳州市漳浦县前亭镇江口村附近一海滩突发意外事故，17 名外地游客在海滩游玩时不慎落水
四川成都彭州山洪事件	2022 年 8 月 13 日	自然灾害	7 人死亡、8 人受伤	四川成都彭州市龙门山镇后山下雨，引发龙漕沟区域山洪，造成在此休闲玩耍的游客被洪水卷走

2. 业内与业外重大旅游安全事件交错发展

旅游安全事件根据其来源性质可以分为业内旅游安全事件和业外涉旅安全事件。业内旅游安全事件是指事件源于旅游行业内部，或者直接发生在旅游行业内部，其发生直接对旅游者、旅游企业等产生破坏性影响的安全事件，主要表现为由人员因素和设施因素等引发的各类事故灾难和直接以旅游者作为加害对象的社会安全事件等。业外涉旅安全事件是指事件源于旅游行业外部，且主要以间接方式对旅游行业产生综合影响的各类安全事件，其发生常常改变旅游行业发展的宏观背景或客源市场，从而影响到旅游行业发展的基础条件（谢朝武，2013）。近年来，源于旅游行业内部的安全事件和源于旅游行业外部、对旅游行业造成重大影响的安全事件交错发展，极大地增强了旅游安全工作的复杂性和旅游安全管理的挑战性。

业内旅游安全事件的风险源头在旅游行业内部，是由于旅游行业内部人员、设施、环境或管理等风险因素造成的意外事件。如台湾阿里山小火车翻覆事故、5·1吉林通化如家快捷酒店火灾、台湾复兴航空坠河事件、东方之星长江沉船事件、四川白龙湖沉船事件等，都直接造成旅游者的伤亡和财产损失。业外涉旅安全事件主要是对旅游行业具有间接影响的宏观安全事件，如经济金融危机、自然灾害、疾病疫情等。例如，2009年开始爆发的欧洲债务危机（以下简称“欧债危机”）影响了我国入境旅游市场的发展速度，中国的雾霾天气影响了境外旅游者来中国的旅游意愿，2015年韩国发生的中东呼吸综合征疫情事件严重影响了当年中国旅游者赴韩国旅游的意愿。相关案例如表1-8所示。

表1-8　重大涉旅安全事件举例（部分）

事件名称	发生时间	事件类型	主要影响
欧债危机	2009~2010年	经济危机事件	2009年，我国旅游业受全球金融危机的负面影响还未消除，伴随而来的欧债危机加大了全球金融危机复苏的不确定性且进一步刺激国际金融市场持续动荡，同时使我国入境旅游业增速极大减缓。2011年，欧债危机对我国旅游业的负面影响逐渐加深，致使中国入境旅游人次和入境旅游收入持续出现负增长，我国旅游外汇收入增速大幅回落。2012年，我国入境旅游人次同比增长-2.2%；2013年，这一数据下降至-2.5%
埃及政局动荡	2011年	社会安全事件	我国近2000名团队游客滞留埃及境内，国内部分预期出游埃及的旅游团队纷纷取消行程
日本“3·11”大地震	2011年	自然灾害	我国200多个赴日旅游团队、5416名团队游客受到此次地震影响

续表

事件名称	发生时间	事件类型	主要影响
中国雾霾天气	2012~2015 年	自然灾害	我国在经济发展进程中存在忽视生态环境的情况，2012 年以来，北京等大城市雾霾天气日益严重，对中国的国家形象和旅游吸引力造成了一定的负面影响。外媒借此对我国环境问题持续宣传报道，致使国外游客放弃出游中国
新冠疫情	2019~2022 年	公共卫生事件	全球旅游受到重大冲击

由于风险体系的复杂性和扩散性，业内旅游安全事件与业外涉旅安全事件经常呈交错发展态势，从而增强了旅游安全事件预防处置的难度。如东方之星长江沉船事件是“一起由突发罕见的强对流天气（飑线伴有下击暴流）带来的强风暴雨袭击导致的特别重大灾难性事件”，其直接原因属于自然灾害的气象因素。但同时，“船长及当班大副对极端恶劣天气及其风险认知不足，在紧急状态下应对不力。船长在船舶失控倾覆过程中，未向外发出求救信息并向全船发出警报”。可见，这是一起复合型成因的旅游安全事件。旅游行业发生的安全事件也可能影响客源地和目的地之间的宏观关系。例如，2018 年泰国普吉岛沉船事件发生后，中国民众普遍认为泰国救援不力且政府官员新闻回应不当，这一事件极大地影响了民众对泰国的好感，不少民众发出了抵制泰国的声音，有相当比例的旅游者选择退订赴泰国旅游的行程。可见，旅游安全事件可能影响客源地与目的地之间的宏观关系，这又可能进一步导致旅游地民众和旅游者之间的个体冲突。

业外涉旅安全事件通常属于宏观事件，其产生的综合影响较为广泛，所形成的影响力较为持久，对旅游市场格局的冲击往往属于战略层面的冲击。要应对和恢复业外安全事件造成的影响，往往需要通过长期和短期相结合的综合策略，既要通过长期策略减缓宏观事件带来的持续间接冲击，也要通过短期策略提振市场信号。例如，2008 年的汶川地震重创了四川的旅游产业，面对举步维艰的旅游市场，四川既积极开展基础设施的恢复重建，也通过大量的营销活动逐步激活本地市场、周边市场和国际市场，从而实现了旅游市场的恢复与振兴。2019~2022年公共卫生危机（新冠疫情）发生期间，局部地区旅游业面临间歇性暂停的特殊形势，部分地区在危机缓和期通过减免门票、发放消费券等方式刺激旅游市场。

3. 重大旅游安全事件管控难度增大

我国旅游市场极为庞大，旅游人次规模增长迅速，因此重大旅游安全事件导致规模性伤亡的概率较高。同时，我国旅游安全事件的风险成因较为复杂，宏观风险因素和微观风险因素往往交错存在。此外，我国旅游安全事件的发生通常需要考虑跨区域的风险因素和体制机制难题，而出境旅游的发展又增加了这一问题的复杂性。这些因素的存在，使得我国旅游安全事件的管控难度增大，旅游安全治理挑战加剧。

旅游安全事件管控难度增大，主要表现在以下几方面。第一，随着时代变迁和经济发展，我国已经进入大众旅游时代，出游人数迅速增长，出游路径和范围日趋广泛，旅游者个性要求日益突出，冒险和寻求刺激成为年青一代旅游者彰显个性的重要体现。同时，我国部分旅游者存在安全意识淡薄、安全素质低下的特点，这给我国旅游安全事件的管控提出了极大的挑战。第二，为适应市场需求，我国旅游产品体系日益分化，高风险旅游项目层出不穷。同时，我国旅游业所面临的宏观和微观的旅游安全环境风险体系日益复杂化。而我国旅游业安全管理还处于探索阶段，市场监管存在空白、安全管理体系不健全、从业者安全素质亟须提升，这些因素为我国旅游安全事件管控工作带来了极大的阻碍。第三，在全球化趋势下，跨国金融危机、疫情疾病、重大自然灾害事件都能通过国际旅游渠道影响我国旅游业的持续健康发展。这些宏观的业外涉旅安全事件一般波及范围较广、负面影响持久、造成的损失较为惨重，而此类事件在潜伏期难以监测、爆发期难以防范、蔓延期难以控制。因此，全球化既是经济的全球化，也是风险的全球化，这给我国旅游业应对国外涉旅安全事件带来了极大的挑战。第四，我国旅游安全资源配置不合理现象广泛存在，旅游领域的安全保障资源普遍不足，旅游应急工作在部分地区没有进入地方的应急工作体系，旅游安全资源的配置范围、配置方式、配置机制等都需要优化提升。

4. 重大旅游安全事件舆情影响复杂

我国信息科技发展迅速，以智能手机为代表的智能移动终端越来越普及。民众既可以依托智能手机完成旅游预订等旅游消费行为，开启“说走就走”的旅行，也可以依托智能手机等移动平台进行即时信息交流，分享旅游途中的心情。其中，微信、微博、网络论坛等各种新媒体平台在移动互联网时代得到极大程度的普及和应用，包括旅游者在内的民众可以极为方便地进行信息传输，包括传播旅游安全类的新闻信息和个体遭遇。在移动互联网时代，个体发布的旅游安全信息可能受到大众的广泛关注，从而改变民众在旅游安全事件中的力量背景。

与传统媒体相比，网络新媒体打破了报纸、广播和电视等传统媒体“一对多”的霸权式传播，让受众拥有了参与信息传播和评论的机会，形成了受众与传媒之间“多对多”的传播格局。即时性和互动性成了新媒体时代舆情传播的两大特性。但是，我国新媒体发展还不规范，一些新闻媒体专业精神缺失导致报道失实，突发事件带来的危机感和紧迫感易引起公众的非理性情绪，同时网络媒介匿名发布讨论和评价的方式致使网民社会责任感弱化和个人责任分散，在高度同质化的网络空间易形成网民群体极化情结。此外，一些标新立异者可能将网络造谣当作言论自由，甚至一些不法分子利用网络新媒体散布谣言、刻意激化社会矛盾。在这种复杂的网络舆情环境中，一旦发生舆情危机事件，旅游行政部门和旅游行业的舆情回应将面临巨大的挑战。

互联网时代下的新媒体环境要求能对旅游安全舆情进行快速回应。随着互联网技术的发展，网络新媒体已成为网民获取、解读、重新编码和传播舆情信息最为有效的便捷渠道，抖音等短视频软件又加速了短视频新闻的传播潮流，提升了舆情的传播速度和影响力。在这种背景下，旅游安全事件必然成为社会大众关注的焦点，其发展成为舆情事件的概率也极大增加。面对舆情事件，部分旅游地和旅游行政机构表现出不敢说、不愿说、不屑说和不及时说等种种问题，对部分事件的回应存在应对方法不当、面对公众屡屡犯错、回应效果适得其反等现象，这可能引起舆情扩散、衍生、升级甚至井喷，进而导致旅游地形象受损、旅游者出游心理发生变化，最终可能发展成客源地市场危机。例如，2018 年 7 月 9 日，泰国普吉岛沉船事件中 47 名中国游客不幸罹难，这影响了中国赴泰旅游市场的发展。可见，具备快速有效的舆情回应能力成为旅游企业和旅游行政部门的重要需求。

第四节　旅游安全行政治理面临的综合挑战

旅游产业的安全发展是旅游业健康、可持续发展的必然要求和重要途径，明确旅游安全发展中面临的挑战和阻碍，是保障我国旅游业走可持续发展道路和实现旅游强国梦的重要基础。当前，我国旅游产业拥有庞大的市场规模和复杂的产品体系，旅游安全领域需要面对复杂的风险结构和治理形势，需要有效的旅游安全制度、丰富的旅游安全人才、可靠的旅游安全技术、科学的旅游安全观念和完善的旅游安全资源等予以支撑。显然，上述层面的建设工作依然任重而道远。

一　旅游安全行政治理面临的制度挑战

法律、法规等法律文件是旅游安全行政治理的法制基础，对于规范旅游安全工作的路径和方向具有重要作用。对于安全行政治理工作，国家层面拥有《安全生产法》《突发事件应对法》等基础法律，并确立了“谁主管，谁负责；谁生产，谁负责”“管行业必须管安全、管业务必须管安全、管生产经营必须管安全”等基础治理原则。经过长期努力，我国形成了《旅游法》（设有“旅游安全”专章）、《旅游安全管理办法》等顶层旅游安全制度体系，并要求“县级以上人民政府统一负责旅游安全工作”。这是我国旅游安全领域的主要法律治理框架。依托这一框架，我国基本建立起责权明晰的旅游安全制度基础。但是，我国旅游安全行政治理依然面临下列挑战。

第一，基础的旅游市场监管制度需要优化。我国旅游产业发展速度极快，旅游市场要素转型革新力度较大，新兴的旅游市场要素不断产生，很多新的旅游市场行为难以快速纳入监管范围。同时，由于导游管理体制的惯性、旅游团队商业模式难以破局以及地区利益的存在，旅游产业中的“零负团费”、过度及虚假宣传、旅游购物中的假冒伪劣产品、价格欺诈、强买强卖等现象长期存在，这些旅游市场中的不正当行为破坏了旅游市场的正常运行秩序，广大旅游者对旅行社团队旅游产品和旅游要素产品缺乏信任感，旅游市场面临较为严重的产品信任危机。不仅如此，不正常的旅游市场运行方式也会加大旅游活动中的风险隐患，增加旅行社与旅游者发生冲突的概率，加大旅游安全事件的发生规模，给旅游安全治理工作带来更多困难。因此，优化旅游市场监管制度应成为推动旅游安全工作的基础制度行为。

第二，旅游安全制度责任需进一步明确。旅游项目涉及特种设备、体育项目、航空项目、涉水项目、交通项目等各类项目，每一类项目都需要专业部门实施专业的安全监管。但是，应急管理部门、市场监督管理部门、交通运输部门、体育部门和旅游部门等对各自安全监管职责的认知仍然存在分歧，一些新出现的没有纳入特种设备范围和高危项目目录的旅游项目往往处于监管盲区，相关部门的旅游安全监管职责需要在顶层制度上予以进一步明确。例如，近年各大景区纷纷投资兴建玻璃桥、玻璃栈道等玻璃类旅游项目，但是这类项目应由哪个部门来实施安全监管却存在巨大的认知分歧。同时，一些达不到特种设备标准（如运行速度低于 2m/s 和运行高度低于 2m）的小型游乐项目也缺乏明确的监管部门，这些小型游乐项目从生产、营业、流动经营到现场运行，一般缺乏可靠的安全标准和运作规范。但是，这些项目在中小城市的集会活动中却较为流行，导致的安全事故也较为频繁。例如，2015 年 4 月 6 日，河南新乡市长垣县铜塔寺商业街庙会上，一个临时搭建的游乐设施项目“太空飞碟”发生故障，导致 1 人重伤，18 人轻伤。又如，2015 年 4 月 14 日，浙江苍南县矾山镇天湖景区举办旅游文化节期间，一个尚未正式运营的户外拓展攀爬设施发生坍塌，导致攀爬人员 2 人死亡 48 人受伤。

第三，旅游安全法律、法规的配套制度建设需强化。2013 年 10 月，《旅游法》开始施行，该法初步明确了政府机构、旅游经营者及从业人员、社会有关机构和组织、旅游者等利益主体的安全责任。2016 年 12 月，《旅游安全管理办法》开始施行，该办法进一步规范了旅游主管部门和旅游经营者的安全责任。2021 年 6 月，第三次修正的《安全生产法》颁布，自 2021 年 9 月 1 日起施行。为了贯彻实施《安全生产法》《旅游法》《旅游安全管理办法》，地方性的旅游安全法规需要进行针对性调整，旅游企业也应该建立相应的配套制度。其中，高风险旅游项目的安全管理、旅游安全预警管理、旅游救援管理等专项安全任务缺乏明确的实施细则，需要通过配套制度建设予以明确和强化。《旅游法》颁布以后，各省份普遍对地方的旅游条例进行了修订，但是针对旅游安全管理权责的制度普遍还不明确，因此需要通过配套制度的建设予以确认。此外，旅游企业是旅游安全的重要责任主体，其应根据《旅游法》和《旅游安全管理办法》的要求建立对应的旅游安全管理制度、机制和预案体系，这是强化旅游安全治理的重要制度基础。

第四，跨区域旅游安全合作机制需要强化。我国旅游安全事件实行属地管理制度，由事发地负责旅游安全事件的具体处置。但是，旅游活动通常是跨区域活动，在旅游安全事件的预防、监测预警、处置和善后等各个环节都需要客源地和事发地保持密切合作。从现状来看，我国旅游安全领域的区域合作更多表现在事发后的善后阶段，事前的预防管理、事发的监测预警、事中的应急处置等重要环节却缺乏有效的信息交流与行动配合。因此，有必要强化区域间的旅游安全合作意识和机制，将合作行动从事后提前至事前，以减少旅游安全事件的发生。不仅如此，中国出境旅游者数量规模越来越大，从国家层面加强中国与出境国家和地区之间的安全合作，强化中国出境旅游者的安全保障，面向中国旅游者提供充足的安全保障资源，是中国出境旅游发展中的长期战略任务。

二 旅游安全行政治理面临的人才挑战

旅游产业的安全发展需要丰富的旅游安全人才支撑。随着我国旅游产业的不断发展，旅游人次规模将呈持续增长状态，旅游产品体系的创新和分化将会成为常态。同时，全球传统和非传统的涉旅安全问题越来越复杂，高风险旅游项目层出不穷。而旅游者对旅游安全的要求会越来越高，旅游产业对安全人才的需求将越来越迫切。在这种背景下，旅游安全人才的重要性将日益突出，加强旅游安全人才的培育和储备将成为旅游安全行政治理的基础性工作。

从旅游安全业务的发展趋势来看，我国旅游安全工作的重心将从事后应急处置型任务导向转向全链条型安全任务导向，旅游安全预防预备、监测预警、处置救援和善后恢复等各个环节都需要专业人才予以支撑。从当前的需求环境来看，我国旅游安全人才层面面临如下挑战。

第一，旅游危机与应急人才缺乏。由于重大安全事件频发，旅游企业和旅游地面对危机与应急情景的概率不断提高，有效处置重大安全事件及其带来的舆情冲击，是旅游危机与应急人才需面对的重要任务。从我国历史上诸多重大旅游安全事件的处置来看，各地旅游危机与应急处置的能力还较为薄弱，例如，“青岛大虾事件”重创青岛和山东的旅游形象，“雪乡宰客事件”重创东北的旅游形象。近年来，旅游产业遭受了长周期危机的负面影响，在危机中实现韧性成长成为旅游企业的共同需求，具有危机变革和韧性创新能力的人才需求持续增加。

第二，高风险旅游项目的安全人才缺乏。在我国，高空、高速、水上、潜水、探险等高风险旅游项目种类繁多，发展迅速，年青一代的旅游者对高风险旅游项目也越来越青睐，高风险旅游项目将继续迎来市场规模的扩容。从安全管理的视角来看，高风险项目需要专业的安全人才予以支撑，部分特种设备岗位甚至需要持证上岗。但是，有相当比例的高风险旅游项目没有设置安全专员，经营运作也缺乏专业安全人才，这是高风险旅游项目安全事件频发的重要原因。

第三，旅游安全救援人才缺乏。旅游安全救援是一个专业性、技术性较强的工作，涉水、山地、沙漠等不同场景需要不同类型的救援人才。旅游产业的发展必然伴随旅游救援需求的成长。但长期以来，我国各类救援活动过于依赖公共救援力量，志愿者救援组织发展较为缓慢，其可持续发展面临发展经费、专业能力等多方面的困难，而商业救援组织的市场化程度则有待提升。在这种背景下，专门从事旅游安全救援工作的专业人才较为稀缺，这是未来旅游安全救援工作的重要挑战。

第四，旅游从业人员的专业安全素质较为缺乏。旅游产业是一个业态丰富、要素众多、岗位众多的行业，它需要直接面向顾客提供服务产品。因此，旅游产业不仅需要专业的安全技术人员和管理人员，也要求每个从业人员具备岗位所要求的安全技能。但是，我国有相当比例的企业并不重视员工安全素质的培育和训练，一线从业人员缺乏安全激励，造成我国旅游从业人员的安全素质普遍不高。

我国旅游产业的快速发展对旅游安全服务人才、技术人才和管理人才提出了全方位要求，对旅游安全人才的资质和结构也提出了更高的要求。当前，扩大旅游安全人才队伍、建立和完善旅游安全人才的培育制度、建设专业的旅游安全专家团队、培育应对多元风险的旅游安全人才队伍、优化旅游安全治理的综合性人才结构体系，是我国旅游行政管理部门和旅游企业需要面对的重要挑战。

三　旅游安全行政治理面临的技术挑战

旅游产业正经历以技术发展为驱动的历史时期，旅游安全行政治理体系越来越离不开科学技术的支撑（见图 1-10），科学技术的应用水平已经成为影响旅游应急管理体系和能力现代化、旅游安全与应急管理效率的重要因素。在旅游产业的转型发展阶段，我国旅游安全行政治理面临的技术挑战主要有以下三个方面。

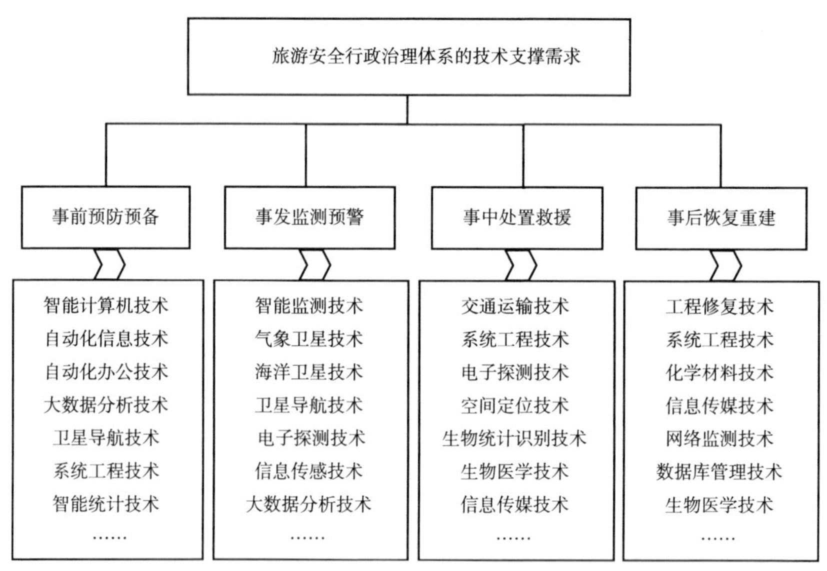

图 1-10　旅游安全行政治理体系的技术需求结构

第一，大众旅游的发展需要安全技术与产品的有效支撑。我国已进入大众旅游时代，国内旅游接待人数和出境旅游人次都迅速增长，“世界这么大，我想去看看”成为年轻一代旅游者的流行语。随着互联网技术的发展和旅游电商平台的崛起，了解旅游信息和自助预订旅游要素产品越来越便捷，这极大地推动了散客自助旅游的发展，旅游市场上散客比例已经远远超过团客比例。与团客的有组织旅游行为相比，散客的旅游行程更松散、旅游版图更广，其所面临的风险因素更多，因此更需要现代化安全技术产品与应用软件的支撑。但现实情况是，自助旅游者的安全事故层出不穷，面向自助旅游者的专业安全分析、监测预警类的技术产品与应用软件亟须得到量与质的双重提升。

第二，我国旅游安全领域的专用产品与技术研发不足。我国是科技大国，科学技术水平发展迅速，但是旅游安全领域专用产品和技术研发长期得不到重视，专门从事旅游安全技术与产品研发的企业数量较少，缺乏相关的技术人员，难以支撑旅游安全技术产品市场的发展。从应用范围来看，旅游活动需要饮食、住宿、交通、游览、购物、娱乐等各类要素企业的产品和服务支撑，各类旅游要素场所和产品需要专门的安全设施设备。同时，旅游安全管理涉及事前预防预备、事发监测预警、事中处置救援和事后恢复重建等任务环节，这同样需要专门的安全设施设备予以支撑。目前，我国安防产品市场正处于发展阶段，消防安全等通用性的安全技术与产品较为成熟，但是面向特定旅游企业和特定任务要求的定制安防技术与产品的开发尚未形成潮流。总体上，科技发展对旅游安全治理的贡献水平有待提升。

第三，旅游主管部门与旅游企业的安全技术应用水平偏低。虽然我国旅游安全治理工作已经逐渐得到重视，但是旅游主管部门对旅游安全工作的投入水平仍然较低，对旅游安全智能监测、分析、决策技术平台的应用水平也较低。同时，我国旅游企业类型丰富、数量众多，中小型的旅游企业大都缺乏足够的安全预算，甚至部分旅游企业没有专门的安全预算科目。即使是大型旅游企业，也存在安全预算投入不足、安全设施技术水平跟不上时代发展的现象，这主要表现在企业不重视旅游安全设施设备的投入，对于安全预警、安全监测、智慧安防等新的技术产品缺乏预算投入，常规设施设备的采用缺乏安全考量，且安全设施设备的淘汰更新不及时。旅游企业的安全技术需求是驱动旅游安全技术研发与市场发展的基础，而旅游企业的投入不足则不利于旅游安全技术的创新发展。

四　旅游安全行政治理面临的观念挑战

科学的安全观念是推动旅游产业安全发展的基础。在我国旅游产业规模不断扩增、市场不断扩容、业态不断丰富的转型发展过程中，旅游安全行政治理所面对的产业背景和风险形势不断发生变化，旅游者和旅游企业的安全观念对旅游安全行政治理的有效开展将形成持续的挑战。

随着经济发展和时代进步，旅游者群体的旅游观念不断分化，他们的旅游方式、旅游偏好等发生了较大的变化。马斯洛的需求层次理论很好地解释了这一现象，换言之，人们会随着生活水平的不断提高去追求更高层次需求的满足。在大众旅游时代，旅游成为满足人们需求的重要方式，人们的出游意愿因此不断加强。在旅游过程中，旅游者的饮食、睡眠等生理需求和安全需求是基础层级的需求，以满足旅游者归属需求和尊重需求为目的的小规模团队旅游、私人定制旅游等旅游产品开始盛行。为了挑战自我、超越自我，旅游者开始涉足更广阔的旅游空间、探索更奇险的旅游环境、参加更刺激的旅游项目。这既是旅游者旅游观念与旅游方式的演变与进步，也是旅游产业转型与升级的重要表现。旅游方式的迭代变化需要更为可靠、更为全面的安全保障，但我国的旅游者显然还没有形成足够的安全意识与安全素质，他们要么忽视旅游安全，要么对风险隐患认识不足，要么对风险环境缺乏完整的认知，以至于把冒险当作探险的事例比比皆是，这表明我国旅游者群体还没有构建起科学的旅游安全观念。

旅游产业的转型升级是一个整体工程，旅游企业安全生产系统的建设是其中的重要一环，这是旅游安全治理精神得以践行的重要基础。同时，在我国高质量发展的国家战略下，旅游企业的高质量运行成为重要的时代使命。为此，旅游企业应该立足于安全生产系统，加大对安全人员、安全技术、安全设施设备等安全资源的投入，积极打造安全可靠的旅游环境，为旅游者的安全旅游提供全面的安全保障，这是旅游企业应该具备的底线意识。从现状来看，我国旅游企业安全投入观念还有待提升，它们对安全投入存在“无用论”、“无效论”和“应付论”等不科学的观念。“无用论”认为企业在安全方面的投入没有用，也是没有必要的。“无效论”认为在安全方面的投入并不能为企业带来经济效益，甚至可能增加企业的运营成本，降低企业的经济效益。“应付论”则认为企业的日常安全工作只是为了应付安全监管部门的检查，日常安全管理是一种纯粹的形式主义。

显然，这三类不科学的旅游安全投入观念影响了我国旅游企业安全生产工作的开展，限制了我国旅游安全微观环境的营造，是我国旅游安全治理面临的重要观念挑战。

五 旅游安全行政治理面临的资源挑战

旅游安全资源是开展旅游安全治理工作的基础，建立与时俱进的旅游安全资源体系，发展类型丰富、数量充足、质量上乘的旅游安全资源，是有效开展旅游安全治理工作的重要基础。但当前，我国的旅游安全行政治理资源建设还处于起步阶段，面临着安全资源类型体系不丰富、结构待优化、建设机制待健全等重要挑战。

第一，旅游安全资源的类型体系有待进一步丰富。旅游安全治理需要专业人员、专项资金、救援物资、安全信息和专业技术等各类专业资源的支持，做好旅游安全人员队伍建设、专项资金立项、救援物资储备、安全信息共享、专业技术配置等工作是提升旅游安全治理能力的重要保障。对于旅游主管部门和旅游企业而言，根据各自的需求建立起丰富的旅游安全资源，是有效应对旅游突发事件、做好旅游安全治理工作的基础。从目前来看，我国旅游安全治理还存在类型缺失、数量不足等基础问题。例如，旅游行业领域的专业安全人员存在结构缺失，政府机构能向旅游者提供的安全信息较为有限，旅游企业储存的安全物资较为有限，重大灾害发生时旅游安全救援物资的调度较为困难。这些普遍存在的现象表明我们面临着旅游安全资源类型体系有待丰富的挑战。

第二，旅游安全资源的结构有待进一步优化。根据性质，旅游安全资源可分为公共旅游安全资源、商业旅游安全资源和公益旅游安全资源。公共旅游安全资源是政府及相关公共机构无差别提供给普通游客的安全资源，它强调基础性、保障性和公平性。丰富公共旅游安全资源，对于在整体上提升旅游安全治理水平具有重要意义。商业旅游安全资源是商业公司有偿提供给游客的旅游安全产品与服务，它强调针对性、专业性和高质量性，有利于优化旅游安全资源供给结构，并能提供直升机救援等需要支付高昂成本的旅游安全资源。我国商业旅游安全资源还不成熟，需要进一步推进市场扩容。公益旅游安全资源是公益组织面向社会大众提供的旅游安全资源，它强调公益性、互助性和互补性。我国公益旅游安全资源的建设缺乏足够的资金支持和激励机制，需要社会各界进一步支持，持续推动公益旅游安全资源的夯实。总体上，我国公共旅游安全资源、商业旅游安全资源和公益旅游安全资源在结构上还有待进一步优化。

第三，旅游安全资源的建设机制有待进一步健全。在企业层面，我国旅游企业的安全资源建设长期得不到重视和保障，企业对此缺乏足够的资金投入和评价激励，由此进一步导致旅游安全资源市场的需求匮乏，不利于旅游安全技术产品市场的发展与成熟。因此，推动企业重视旅游安全资源体系的投入和建设，是推动旅游安全资源市场发展的基础。在政府层面，虽然旅游安全与应急工作已逐渐得到重视，但是政府在旅游安全领域的资源投入仍然明显不足，旅游安全资源体系和平台建设还有很长一段路要走。在区域层面，不同省份之间缺乏旅游安全资源的协作供给以及能够快速响应的旅游安全协作平台和机制，不利于旅游安全应急工作的有效开展。在社会层面，旅游行业缺乏有效的平台和机制来动员和整合社会层面的人、财、物等各类资源。总之，我国需要充分发挥企业、政府、区域和利益相关者等各类主体的作用，建立协同化的旅游安全资源建设机制，以推动旅游安全资源的协同优化。

第二章
中国旅游安全行政治理的研究述评

改革开放以来，我国旅游业的发展取得了巨大成就。其中，旅游业推动了国民经济的增长，旅游产品逐渐成为民众幸福生活的必需品，旅游活动也成为衡量人们获得感、幸福感和安全感的重要标志。旅游发展水平与旅游行政治理水平息息相关，我国旅游产业的飞速发展显示了我国旅游行政治理水平的不断进步。因此，以总结我国旅游行政治理经验、解决旅游行政治理问题为导向的旅游行政治理研究逐渐受到关注。其中，以预防和解决旅游安全事故、强化旅游安全保障为导向的旅游安全行政治理研究也逐渐受到重视。梳理旅游安全行政治理的理论发展，对于认知我国旅游安全行政治理工作具有重要意义。

第一节　旅游治理理论的发展

一　国外旅游治理研究进展

西方旅游治理研究最早可以追溯到20世纪八九十年代。墨菲（Murphy）在1985年出版 *Tourism：A Community Approach* 一书，第一次从社区角度去看待旅游发展过程中的社区居民参与性问题。随后，美国旅游规划专家甘恩（Gunn）将其引入旅游发展治理过程中，强调可持续旅游必须与社会和经济发展规划相协调，让更多的合作与协作参与其中。“旅游治理”正式进入旅游学研究视野之中则是以Hall在2004年出版的专著 *Tourism and Transition：Governance，Transformation and Development* 为标志，Hall不仅在书中正式提出了“旅游治理”这一概念，还分别以波兰和中国湖南省为例探讨了政府在旅游发展中的重要作用。Laws 等（2011）从旅游目的地治理面临的挑战、治理案例、决策过程以及治理方法等方面对旅游目的地治理研究进行了系统性回顾。尽管关于旅游治理的概念尚未达成一致，但学界普遍认为旅游治理呈现三个方面的特征：第一，旅游治理区别于旅游管理，是关于指导和制定规则的更广泛概念；第二，旅游治理意味着更少的政府管控和更多的不可预测性；第三，旅游治理涉及与特定项目相关联的多元利益相关者。

国外旅游治理研究主要集中在旅游目的地治理和可持续发展与旅游治理。*Tourism Review*、*Journal of Sustainable Tourism* 等旅游类学术期刊对旅游治理研究的发展起到了重要的推动作用。*Tourism Review* 在 2010 年推出“目的地治理”（destination governance）研究专题，希望帮助读者更加深入地了解目的地治理这一重要的研究领域。其中，Ruhanen 等（2010）对政治学研究领域以及企业管理研究领域中的治理文献进行了系统回顾，指出目的地治理应加强基础概念层面研究，避免“目的地治理”概念流于泛化。旅游目的地治理过程中涉及多元利益主体，因此利益相关者理论在治理过程机制中发挥着重要作用（Presenza & Cipollina，2010），Baggio 等则进一步探究了复杂网络理论在目的地治理利益相关者网络中的应用并指出，中心度、聚类系数、效率指数等复杂网络指标能够对目的地利益相关者网络中的重点节点及合作进行有效的科学测度。*Journal of Sustainable Tourism* 在 2011 年连续推出两期“旅游治理”（tourism governance）研究专题，指出专门且有效的治理是实现旅游业可持续发展的关键需求，它不仅可以加快民主进程，而且可以为实现可持续发展提供策略指导（Bramwell & Lane，2011）。其中，Dredge 和 Whitford（2011）提出，在会展旅游治理中应加强公私合作，积极协调利益相关者，从而促进旅游可持续发展；Sofield 和 Li（2011）从宏观视角分析了中国自改革开放以来旅游政策、旅游规划及旅游开发等内容，解释了过去 30 年来推动中国旅游业发展背后独特的政治因素和经济因素。研究指出，中国政府对旅游发展和旅游治理高度重视，旅游业在经济发展中发挥着支柱性产业作用，中国传统文化和哲学在当代中国旅游治理和规划中发挥了“协调”作用。尽管关于旅游治理的有效模式尚未形成普遍共识，但既有研究普遍指出旅游治理能够推动目的地管理模式优化。

通过对西方旅游治理研究文献的回顾，可以窥见国外在旅游治理方面取得的研究进展及在研究过程中所出现的问题。不仅如此，国外研究也主要围绕旅游治理模式（Qian et al.，2017）、旅游治理网络和权力结构（Wan，2013；Volgger & Pechlaner，2014）、旅游市场治理（Jamal & Camargo，2018）、遗产旅游资源与环境治理（Wang & Bramwell，2012）和跨境旅游治理（Blasco et al.，2014）等议题展开分析和讨论。随着全球旅游规模不断扩大而引发的部分旅游地“过度旅游”（Maingi，2019）、风险的日益常态化（Musavengane et al.，2020）以及新冠疫情的大流行（Robina-Ramírez et al.，2022）等，旅游业发展面临着新的问题，这对当前全球旅游治理提出了新的挑战与要求，未来旅游治理仍是旅游研究中的核心议题与重要方向。

综上所述，进入21世纪，随着西方全球联系的日益紧密，西方旅游治理研究也得到了迅速发展，研究热点主要集中在旅游目的地治理和可持续旅游与旅游治理等方面。同时，对于中国旅游业的快速发展现象，越来越多的西方学者表现出浓厚的兴趣，希望能够发现中国旅游业迅速发展背后的深层次原因。

二　国内旅游治理研究进展

国内旅游治理研究起步于20世纪90年代，与国外旅游治理研究相比，我国旅游业具有起步较晚，但发展速度较快的特点。旅游产业在发展中涌现出诸多市场难题和管理挑战，这些问题不断推动着我国旅游管理体制的变革，我国逐步由政府单一主体实施管理的“旅游管理”时代过渡到多主体共同努力的“旅游治理”时代（刘庆余，2014；刘梦华、易顺，2017）。在旅游治理实践的推动下，国内旅游治理研究的理论文献也不断增多。

从宏观层面来看，我国不断推动社会管理体制走向社会治理体制。1993年，党的十四届三中全会通过了《中共中央关于建立社会主义市场经济体制若干问题的决定》，该文件首次使用了“社会管理”的概念；

2013年11月，党的十八届三中全会通过了《中共中央关于全面深化改革若干重大问题的决定》，这个重要的历史性文件将以往使用的“管理”改为“治理”，明确了全面深化改革的总目标是“完善和发展中国特色社会主义制度，推进国家治理体系和治理能力现代化”；随后，党的十九大进一步提出了“打造共建共治共享的社会治理格局”的治理理念；党的十九届四中全会提出建立“共建共治共享”的社会治理制度，充分调动各方力量参与社会治理的积极性、主动性和创造性，形成人人有责、人人尽责、人人享有的社会治理共同体。从“社会管理”走向“社会治理”，反映了我国社会管理体制和管理理念的巨大变化。我国的社会治理工作也由此走向多主体时代，不仅政府行政机构在社会治理中发挥着重要作用，参与社会治理的主体也开始延伸到社会组织、社区组织、企事业单位和公民本身（俞可平，2018），进一步反映了国家向社会、公众放权以及激发社会参与活力的发展趋势（李建伟、王伟进，2022）。2017年10月，习近平总书记在党的十九大报告中指出，要推动国家治理体系和治理能力的现代化建设。2022年10月，党的二十大报告再次强调要推进国家治理体系和治理能力现代化，这对包括旅游治理在内的治理体系和治理能力现代化具有重要的指导意义和支撑价值。尤其在当前，我国正面临百年未有之大变局，需要持续推进社会治理模式创新（刘琼莲，2020），需要创新社会治理理念、提升社会治理能力，促进国家和社会的持续良性互动，实现社会治理现代化（李建伟、王伟进，2021）。

从产业治理来看，我国旅游管理体制随着社会管理体制的完善和旅游业的发展不断进步，并逐渐进入旅游治理时代。改革开放初期，为了发展入境旅游业，政府对旅游企业采取直接管理模式。然而，政企不分的旅游管理体制弊端开始暴露，1982年，中国旅行游览事业管理总局正式更名为中国国家旅游局。2013年，《旅游法》颁布实施，这部法律既是对已有产业发展经验的系统总结，也为我国旅游业进一步发展提供了法律支撑，更为我国传统旅游行政治理体系改革提出了指南和方向（吴真松等，2014）。旅游产业具有广泛的产业链条，其众多要素具有较强的综合性和公共性，因此有学者提出应建立“旅游发展委员会”，以推动旅游主管部门更好地发挥管理、协调、监管和服务等行政职能（刘庆余，2014）。实践中，海南省率先于2009年将“旅游局”改为“旅游发展委员会”。在国家旅游局的鼓励下，北京、云南、广西等省份也先后于2014年成立了旅游发展委员会。2015年，国家旅游局推出“1+3”内容，即鼓励各地踊跃成立旅游委员会，设立旅游警察、旅游巡回法庭、工商旅游分局等涉旅职能机构。这些措施的推出进一步凸显了旅游行政治理在社会公众中的显示度。2016年，我国旅游业开始进入全域旅游时代，2017年的政府工作报告首次提出全域旅游发展战略，国家旅游局宣布2018年为“美丽中国—全域旅游年”。为推动各地重视全域旅游发展，2018年国务院又印发并实施了《国务院办公厅关于促进全域旅游发展的指导意见》。在全域旅游发展背景下，旅游业的发展重心和关键领域发生了转变，政府的旅游行政管理职能也相应发生了转变。在某种程度上，旅游行政管理体制改革成为全域旅游发展的重要任务和关键议题（王静，2018；戴学锋、杨明月，2021）。文旅融合背景下，旅游治理更是成为推动我国文化与旅游深度融合、旅游业高质量发展的重要抓手（张洪昌，2019），从国家部委到地方文旅部门也在不断加强旅游治理的顶层设计与具体实践。其中，2021年，文化和旅游部印发的《“十四五”文化和旅游市场发展规划》提出，要“提升文化和旅游市场治理体系和治理能力现代化水平”；2022年，国务院印发《“十四五”旅游业发展规划》，提出要“建立现代旅游治理体系”，积极加强旅游信用体系建设，依法落实旅游市场监管责任，健全旅游市场综合监管机制，提升旅游市场监管执法水平，同时积极参与全球旅游治理体系改革和建设，为全球旅游业发展贡献中国智慧、中国方案。可见，随着文化与旅游的深入融合，旅游治理在我国旅游业发展过程中扮演着越来越重要的角色。

随着旅游业发展模式的不断转变，“治理”理念被引入旅游研究之中，并逐渐成为旅游研究的一个重要课题。在相关研究中，旅游治理的内涵、特征、作用及模式得到了分析。刘庆余（2014）认为，治理理念有利于旅游行业管理和政策制定的科学化、执行方式的人性化，有利于各相关利益主体发挥协同作用。刘梦华、易顺（2017）在文献分析的基础上，提出了旅游治理的三个特征：一是治理主体的多元化；二是治理主体之间责任界限的模糊性和相互依赖性；三是多元化治理主体间权力依赖与合作关系的稳定性。他在对国内关于旅游治理文献梳理与分析的基础上指出，国内学者在旅游景区治理结构、景区经营模式、旅游业发展利益相关者、旅游治理的多主体参与、旅游治理模式等方面取得了一定的研究成果。张凌媛、吴志才（2011）从权力、利益和信任三个层面建构了乡村旅游社区的多元主体治理网络模型，为政府部门的旅游治理、精准旅游扶贫和制度优化提供了理论指导。杨兴柱等（2022）提出了政府、企业、旅游者、社区居民和媒体等“五元主体”参与治理的概念性框架和可持续发展治理网络。随着互联网、数字经济的快速发展，大数据与旅游治理逐渐引起了学界重视。张洪昌、舒伯阳（2018）指出，旅游治理应借鉴大数据应用的成功经验，引进大数据技术以整体提升旅游协同治理水平，从传统的旅游行业管理上升到社会化综合治理。宋瑞（2022）指出，面对大数据“杀熟”、数据孤岛、“数字鸿沟”等问题，需要建立多元协同治理机制，推动数字技术赋能政府管理，修订完善行业竞争规则，推进数据整合和开发共享，缩小并消弭“数字鸿沟”，以优化旅游治理体系与治理方式，从而推动旅游治理现代化。可以看出，随着时代发展与技术进步，旅游产业面临着不断涌现的新挑战和新问题，旅游治理体系也需要不断更新其内容和方式。

第二节　旅游行政治理理论的发展

一　旅游行政治理的主体与客体研究

旅游行政治理具体表现为政府机构实施与旅游相关的法律、法规和政策制度。狭义的旅游行政治理主要指以政府机构为主体的旅游治理活动，广义的旅游行政治理则指有政府机构参与的旅游治理活动。Eagles（2009）认为行政治理（administrative governance）、政治治理（political governance）和经济治理（economic governance）属于旅游治理的三类治理行动，它们在治理方式上相互交织、相互依赖。因此，要明确地区分旅游行政治理和旅游治理是困难的。

旅游行政治理主体是指实施旅游行政工作的机构或组织，它通常以

“各级政府的旅游管理职能机构为核心主体，以旅游相关职能部门为延伸主体，旅游社会团体也是旅游行政治理主体的重要补充”（张俐俐、刘丹萍，2007）。其中，核心主体主要指国家和地方各级旅游主管部门，旅游相关职能部门主要指涉及旅游行政管理业务的发展改革、应急管理、公安、生态环境、住房和城乡建设、国土和文物等相关部门，旅游社会团体主要指旅游中介机构和行业组织。旅游行政治理客体是指旅游行政工作行为所面向的对象，一般包括为旅游者提供旅游服务或产品的旅游经营者及其所构成的行业体系，而广义的治理客体则还包括其服务对象、旅游行政机构的下属机构及其内部业务体系（张俐俐、刘丹萍，2007；李秀娜，2011）。

随着《旅游法》的颁布实施，我国传统的旅游行政治理的主体和客体的范围表现出扩大化现象。主体层面，部分治理任务直接交由县级以上人民政府承担，而不仅仅是由各级政府的旅游主管部门承担。客体层面，在《旅游法》的界定范畴中，旅游经营者不仅包括旅行社和景区，还包括为旅游者提供交通、住宿、餐饮、购物、娱乐等服务的经营者。旅游者则包括了团队旅游者和散客旅游者等（吴真松等，2014）。因此，《旅游法》范畴中的旅游经营者和旅游者都是广义的概念，它要求政府机构在开展旅游行政治理需采用广义的客体范畴。

国外对旅游行政治理主体的研究主要以政府为核心，并以此为基础扩展了旅游行政治理主体的范畴。在主体问题研究上，Eagles（2009）认为旅游治理的主体不仅包括国家（state），还应该包括企业（corporations）、非政府组织（non-governmental organizations）和旅游者个人（individuals）等。Wright 和 Wright（1999）认为旅游目的地的政策制定需要多元化参与主体。在客体问题研究上，Byrd（2007）站在旅游业与可持续发展的角度认为，利益相关者是目的地治理客体的重要组成部分，并且从管理和公众参与的角度对旅游业的可持续发展进程进行了思考，最终确定了四类利益相关者群体，分别为当前旅游者（present visitors）、未来旅游者（future visitors）、当前东道主社区（present host community）以及未来东道主社区（future host community）。Jamal 和 Camargo（2018）指出，旅游网络治理的关键任务在于协调社会经济体系和有效社会动员，以协调多元利益相关主体背后的资本与资源。

二 旅游行政治理的内容研究

旅游行政治理内容是旅游行政治理研究的重要方向，这一领域的研究具有鲜明的问题导向，解决治理实践中存在的问题是该领域研究的主要取向。在旅游行政治理实践中，旅行社、导游及其存在的诸多问题成为学者探讨的焦点。其中，作为旅游行业重要一线操作人员，导游人员的薪酬、合法利益保障及其违规操作行为备受学界和业界关注（杨雪兰，2009；罗正雄、董耀武，2020）。此外，旅行社监管、旅游者合法权利保障也成为学界关注的重要议题，相关研究还从旅游购物后悔权、多层次旅游投诉处理机制建构（傅林放，2012）、“零负团费”问题（王惠静，2016；程民选、白晔，2017）和旅游市场秩序评价（刘亦雪、姚延波，2021）等方面进行了探讨。景区作为旅游者的重要活动场所，景区协同治理问题和社区参与高质量景区创建也受到学者关注（陈芳，2006；王湉、邝家麒，2022）。除了上述以旅游企业及其员工为导向的治理研究外，旅游地跨界治理（白如山、王晓文，2012）和旅游公共服务（张新成，2021）等问题也引起学界重视，通过法制建设来保障旅游行政服务职能的供给（刘劲柳，2006；熊文钊、陈成，2014）、建构完整的旅游公共服务体系（余斌，2012）等议题得到研究和探讨。何彪等（2021）对目的地旅游行政治理能力的测度指标进行了建构，为旅游行政治理能力的量化研究作出了有益探索。总体来看，旅游行政治理主要包括旅游业发展规划管理、旅游市场规范、旅游质量标准、旅游公共服务、旅游人力资源、旅游法制建设、旅游安全管理等业务内容（吴真松等，2014）。

国外旅游行政治理内容的研究也具有较强的问题导向。其中，旅游行业治理（Qu et al.，2005）和旅游景区治理（Ritchie，1999；Qian et al.，2017）是国外旅游行政治理研究的重点。目的地的管理和规划在旅游研究中起着重要作用，且可持续发展也与旅游治理密切相关，因此旅游目的地治理（Ali，2016）、旅游治理与可持续发展（Beaumont & Dredge，2010）、旅游环境治理（Mihalič，2000；Erkuş-Öztürk & Eraydın，2010）是国外旅游行政治理的重点研究内容。例如，Nordin 等（2019）以瑞典、加拿大、意大利三个国家中的滑雪目的地为例，对目的地治理转型进行了探讨，他们发现，旅游目的地治理是一种随着时间变化而不断进行的自适应现象，但这种变化及适应现象目前并没有统一的模式。

三 旅游行政治理的模式研究

采用何种治理模式一直是学界和业界都关心的话题。2007 年，王延川就倡导行业自律与他律相结合的治理模式，以改变传统以强制性行政规范为基本手段的治理模式，这样有助于适应旅游市场的发展需要。刘梦华、易顺（2017）对旅游治理模式进行了梳理，并归纳了经济建设型、守夜人型、企业管理型、社团组织型、多元政体型和社会崇拜型等六种类型的治理模式。黄伟林等（2007）对市场主导的“阳朔模式”进行了分析。Zhang 和 Xiao（2014）对政府主导的“张家界模式”展开研究，描述了当地政府的政策和机构职责在张家界发展历程中扮演的重要角色。蒋海萍等（2009）对皖南古村落西递和宏村旅游开发历程进行了深入调查，揭示了社区主导的“西递模式”和企业主导的“宏村模式”，为古村落型世界遗产地的可持续发展提供了经验模式与借鉴范式。杨兴柱等（2022）探索了千岛湖风景区多元主体参与的治理模式并发现，中心湖区形成了政府“管委会—国企”治理模式，进贤村形成了整体租赁治理模式，屏湖村形成了社区主导型治理模式。陈晓芳、薛兵旺（2022）认为，文旅融合背景下的旅游市场行政治理需要建立政府、司法、行业与社会内外部的协同治理模式，发挥各部门优势，优化旅游市场环境。总体上，围绕不同行动者和治理主体的互动机制，治理模式可以归纳为“以政府为主导自上而下决策”的层级模式、“以资本为主导”的市场模式、“强调自下而上治理”的社区模式和“强调公私合作伙伴关系”的网络模式四种类型（杨昀、保继刚，2018）。同时，由于旅游地在不同的发展阶段存在不同的发展问题，杨昀、保继刚（2018）认为从旅游参与期过渡到大发展期，政府有必要提前干预并引导旅游地建立应对秩序，培育“学习型”的响应系统。总体而言，不论采用何种治理模式，政府行政机构及其影响力都起着基础性作用，相关治理行动都是依托相关法律、法规开展的治理实践和努力。

尽管学界对于旅游治理的有效模式尚未达成共识，但普遍认为旅游治理能够促进多元利益主体在目的地空间内的协同增效，继而促进旅游的可持续发展（Presenza et al.，2015；Benedetto et al.，2016）。目前，自然保护区、历史文化遗迹、国家公园等具备保护和开发性质的旅游景区及其周边社区的治理模式得到学者的重点探讨。例如，Graham 等（2003）提出了针对旅游保护区的四种管理模式：政府管理（government management）、多方利益相关者管理（multi-stakeholder management）、私人管理（private management）和传统社区管理（traditional community management）。其中，政府管理模式是指采取国家、省、州或市政府机构直接管理或者政府委托其他机构代为管理的模式；多方利益相关者管理模式涉及政府、企业、社区等多个利益相关群体间的协作管理（collaborative management）和联合管理（joint management）；私人管理模式表现为个人（individuals）管理、非营利组织（non-profit organizations）或者营利公司（profit corporations）管理；传统社区管理模式主要发生在原住民（indigenous peoples）和当地社区（local communities）之中。Beaumont 和 Dredge（2010）对目的地治理模式的有效性进行了研究并指出，一个良好的治理模式应该包括六个方面的内容：第一，积极的文化，建设性的沟通，积极的社区参与；第二，问责制与制度透明；第三，愿景与领导力；第四，具有多样性、公平性与包容性；第五，发展知识、学习以及分享技能；第六，参与者责任的明确以及清晰的网络结构运作流程。

近年来，国外学者愈加关注社区和居民参与在旅游目的地治理中的重要作用。例如，Malek 和 Costa（2015）强调，旅游社区居民参与是实现旅游业有效治理的关键主体和“必要工具”。Qian 等（2017）也指出，社区参与旅游治理能够促进社区民生的发展。此外，Islam 等（2018）也将“适应性共同管理”（adaptive co-management）这一新的治理模式引入到旅游目的地治理之中，并强调“沟通与合作”（communication and collaboration）、“社会学习”（social learning）、“共享权利、责任、决策”（shared rights，responsibility and decision-making）、“自适应性和自恢复性”（adaptive capacity and resilience）等是适应性共同管理的主要原则。Ruhanen 等（2010）对旅游治理的文献进行了回顾，他们发现，目的地治理通常可分为两种经典模式，一种是传统的“市场—层级—网络”（market-hierarchy-network）模式，另一种则是“公司—社区”（corporate-community）模式。

四　《旅游法》与我国旅游行政治理体系研究

改革开放以来，我国旅游业在国家政策的支持和引导下取得了迅速发展。但是，我国旅游业起步较晚，相对薄弱的旅游法制基础难以与快速发展的旅游产业相匹配，因此在旅游业的发展过程中便出现了如旅游市场监管机制不健全、旅游景区管理混乱等诸多乱象与问题，造成我国的旅游业发展质量一直难以得到系统提升。由于缺乏完善的旅游法律体系，我国旅游行政治理体系缺乏有效的法律支撑。在这种背景下，旅游学界和业界一直呼唤能制定一部完善的旅游法，为旅游业发展创造良好的法治环境。

我国自 20 世纪 80 年代开始启动旅游法的制定工作。经过长期的努力和波折历程，《旅游法》最终在 2013 年得以颁布实施。在《旅游法》颁布实施前，众多学者围绕《旅游法》的调整对象和范围（赵林余，1997）、《旅游法》的立法体系和构成（王莉霞，1998）、《旅游法》的立法原则（刘洪鹏，2006）、《旅游法》对旅游服务和旅游经营者的外延界定（李秀娜，2011）等议题进行了丰富的探索和分析。随着《旅游法》的颁布实施，学界对《旅游法》实施后对旅游行政治理体系的影响也做了相应的研究。例如，吴真松等（2014）在综述分析旅游行政治理研究和《旅游法》研究的基础上，对《旅游法》颁布实施之前我国传统旅游行政治理体系进行了总结，并从我国旅游行政治理的主体和客体、职能目标和理念、手段和内容等结构层次，对《旅游法》实施后旅游行政治理体系的变革进行了系统分析。吴艳、罗小燕（2016）指出，《旅游法》直接或间接地增加和细化了酒店经营者的法定义务，并通过对责任保险、连带责任、违约责任和追偿责任等的设计强化了酒店的民事责任，但其在法条表述、规制领域和规制措施的设计上还存在不足。汤静（2020）强调，在新时代背景下《旅游法》的实施应当顺应社会、政治和经济发展的需要，并据此阐述了《旅游法》实施机制创新的理论逻辑和现实路径。总之，《旅游法》为我国旅游行政治理提供了重要的参考依据，而围绕《旅游法》的实施效果及分支行业在行政治理中面临的问题，也不断涌现出新的文献（陈琦，2020；刘波，2021；郭昌滨，2021），推动了我国旅游行政治理体系的不断完善。

第三节 旅游安全行政治理理论的发展

一 旅游安全行政治理的主体研究

旅游安全是推动旅游业发展的前提和基础。随着我国综合国力的提升，人民物质生活水平显著提高，我国社会的主要矛盾也由人民日益增长的物质文化需要同落后的社会生产之间的矛盾转变为人民日益增长的美好生活需要和不平衡不充分的发展之间的矛盾，良好的公共安全环境是人民美好生活需求的题中应有之义。随着我国城市化进程和现代化进程的不断加快，社会多元化、系统复杂性、技术不可控等因素对我国公共安全提出新的挑战（高小平、刘一弘，2018）。此外，新冠疫情等公共安全风险也给我国国家安全治理体系提出了新的挑战（姜长云、姜惠宸，2020；朱雷、高文胜，2020）。在此背景下，迫切需要提升我国国家安全治理体系建设，推动应急管理体系和能力现代化。

旅游安全行政治理是国家安全治理体系的重要组成部分（谢朝武、张江驰，2022）。在概念上，旅游安全行政治理是以旅游安全为目标和导向的行政治理工作的统称，是行政治理体系中的专项业务治理体系。从国家层面来看，加强安全行政治理能力建设是我国当前的基础任务，是增强民众获得感、幸福感和安全感的必要基础；从产业层面来看，加强安全行政治理能力建设，不仅是防范化解产业重大风险隐患的坚实根基，也是实现经济高质量发展的内在要求和确保经济稳定安全的重要基础。而加强旅游安全行政治理能力建设是我国“总体国家安全观”战略和旅游业安全发展战略的基本要求。在我国，面向专项安全业务的行政治理研究主要集中在食品安全行政治理、网络安全行政治理、教育安全行政治理和交通安全行政治理等领域，它们与旅游安全行政治理具有相同的时代背景和治理导向。例如，肖萍、杨彬（2021）指出，食品安全风险治理应当将多阶性、参与性和协商性作为食品安全行政程序变革的方向，并围绕食品安全风险治理框架建立起相应的行政程序。杨馥萌、刘亚娜（2021）认为，意识形态安全治理应当以技术直击要害、以法律牢固防线、以行政治理全面支撑，从而为网络强国建设提供保障。韩月（2016）对学校体系的安全行政治理进行了研究并指出，法律体系的健全、责任分担制度的多元化、风险预警的制度化对于教育安全行政治理具有重要作用。

旅游安全行政治理的研究受到旅游安全行政治理实践的推动。从实践来看，《安全生产法》确立了“谁主管、谁负责”的治理原则，《旅游法》明确了“由县级以上人民政府统一负责旅游安全工作”，同时我国还建立了“管行业必须管安全，管业务必须管安全，管生产经营必须管安全”的治理导向。可见，我国的旅游安全行政治理工作具有相对明确的治理主体和法制依据。在实践中，突发事件及其处置的不确定性和复杂性增加，因此加强组织间的合作治理变得越来越重要（邹永广，2018），跨部门合作成为旅游突发事件处置的重要基础（何月美、邹永广，2019），由于跨区域旅游突发事件的不断增加，我国省际旅游安全合作的规模和频率也呈逐年上升态势（赖思政等，2021）。同时，新冠疫情的大流行，也要求各地区必须加强城市间及城市内部的旅游安全合作。相关研究还表明，国家和地方等不同层级主体的治理导向和绩效存在显著差异（谢朝武、张江驰，2022）。此外，我国出境旅游规模不断扩大，出境旅游安全事故呈频发态势，加强跨境旅游安全协作逐渐成为出境旅游安全重要的研究议题，当前研究主要集中在中国与边境地区（田里，2022）、“一带一路”地区（谢朝武等，2019）、东盟地区（黄锐等，2022）等区域的旅游安全合作，以及中越（梁福兴、罗丹，2016）、中泰（郑向敏、邹永广，2013；侯志强、殷杰，2019）等具体国家的旅游安全合作。

在西方国家，涉及安全的具体业务通常由公共安全部门、交通运输部门等专业部门来负责，旅游部门和旅游行业协会一般承担旅游安全信息发布等公共服务工作。这种治理方式使得旅游学界对旅游安全行政治理的相关探索并不丰富，相关研究一般是从旅游地管理模式（Graham et al.，2003）、旅游地可持续发展及其治理（Byrd，2007）、旅游公共政策制定（Hall，2011）等视角来开展，基于政府行政治理视角探索治理主体及其行动的研究有待进一步强化。

二 旅游安全行政治理的客体研究

旅游安全行政治理的主要目的是预防风险、减少事故、降低损失，以保障旅游者的人身和财产安全，治理过程既涉及被处置的旅游安全风险、旅游安全事故和旅游危机事件等处置对象，也涉及旅游企业和不同层级的旅游主管部门。因此，狭义上的旅游安全行政治理客体是指旅游安全风险、旅游安全事故和旅游危机事件等处置对象，而广义上的治理客体则还包括旅游企业、从业人员以及旅游行政机构。

作为旅游安全行政治理的狭义对象，旅游安全风险、旅游安全事故、旅游危机事件及其治理得到了学界的广泛重视。旅游风险是可能导致旅游安全事件的隐患因素，学界对中国国内旅游安全风险和出境旅游安全风险的类型及其时空分布进行了系统探索。在国内旅游安全风险上，研究发现，旅游地的游览环境风险、大气环境风险和道路环境风险等环境风险因素对旅游安全事件具有显著影响（谢朝武、申世飞，2013），旅游地脆弱性风险因素对旅游安全事件的影响存在门槛效应（黄倩等，2020）。总体来看，国内旅游安全风险主要包括人员风险因素、环境风险因素、设施风险因素以及管理风险因素（谢朝武、张俊，2015；程云、殷杰，2020）。在出境旅游安全风险上，研究发现中国出境旅游安全风险结构复杂、类型多样，特定区域往往承载着特定类型的风险隐患（谢朝武等，2018），主要受安全风险、安全保障、旅游流和游客行为四大因素影响。其中社会治安风险、交通安全风险、经济发展水平、基础设施水平、出境旅游流量、游客出游时间特征是事故分布的主要影响因素（黄锐、谢朝武，2019）。在以中国赴东盟旅游安全事故风险作为对象的组态研究中发现，旅游安全事故发生一般是多源风险因子耦合作用的结果（黄锐、谢朝武，2021）；刘逸等（2022）从地理学视角探究了中国游客赴泰旅游安全事故的成因机制发现，地理环境、惯常非足迹环境和旅游流动性等三个因素是安全事故的重要影响因素。从宏观来看，公共安全资源、属地旅游安全资源和市场化旅游安全资源供给不足是出境旅游面临的重要管理风险和挑战（谢朝武等，2019）。

在旅游风险研究领域，国外学者较为关注高风险旅游项目的安全行政治理，其主要包括探险旅游和高风险体育旅游等旅游活动。国外学者较早从安全管理视角来审视探险旅游活动，这些研究大都是基于探险事故展开的统计分析研究（Bentley & Page，2001；Bentley & Page，2008），以探索各类高风险旅游项目的风险引致因素。具体来说，Callander 和 Page（2003）从法律赔偿的视角综合分析了新西兰的事故赔偿法和探险旅游伤害赔偿判例，他们认为，现有法律并不能保障所有探险旅游伤害案件，并强调了法律在探险旅游保障中的重要作用。Bentley 和 Page（2008）对探险旅游进行了长期研究，并提出了针对探险旅游的风险管理模型，他们认为，设计因素、管理因素和环境因素是最主要的潜在风险来源。

旅游安全事故和事件是已经爆发并造成伤害后果的各类意外情况。旅游安全事件一般可以分为自然灾害、事故灾难、公共卫生事件和社会安全事件等主要类型（谢朝武，2022）。近年来，国内旅游安全和出境旅游安全面临的挑战均受到重视，冰雪旅游安全事故、内河游轮旅游安全事件、漂流旅游安全事故、海洋旅游安全事故等以旅游安全事故和事件为研究对象的文献不断涌现（谢朝武、章坤，2020；黄锐等，2021；方雪等，2022；王璐等，2022）。研究发现，中国出境旅游安全事故呈现异质性和高度凝聚的分布态势，各类型旅游安全事故具有集中性、差异性的频次分布特征和空间聚集特征。此外，在风险社会背景下，随着旅游安全事件的频发，目的地旅游安全事件逐渐呈现聚合形态与群落形态，目的地旅游安全集群也是当前学术研究涌现的热点议题。

旅游危机事件是旅游安全事件的发展形态之一，是严重性程度较高的安全事件类型，也是旅游安全行政治理的重要对象。根据危机来源，旅游危机可以分为源自旅游业外部因素的业外旅游危机和源自旅游业内因素的业内旅游危机（李树民、温秀，2004）。其中，业外旅游危机根据危机性质又可以分为政治危机、经济危机、社会文化危机和安全危机等四大类（谢朝武，2008）。根据旅游地承担危机责任的大小，旅游危机可以分为受害型危机、意外型危机和可预防型危机等（Coombs，2007），旅游地应当根据危机责任采取相应的治理策略（蔡礼彬、朱晓彤，2019）。旅游地对危机的敏感性和脆弱性引起了众多学者的兴趣，这使旅游危机管理逐渐成为旅游研究中的重要领域（Faulkner，2001；Alegre & Sard，2015；

Cruz-Milan et al., 2016)，学界对“9·11”恐怖袭击事件、非典疫情、埃博拉（Novelli et al., 2018）、MERS（Shi & Li, 2017）、汶川大地震、欧洲恐怖袭击等不同时期的旅游危机事件展开了丰富的探索。于2019年底发生的新冠疫情危机，给我国旅游业发展带来了巨大的挑战（夏杰长、丰晓旭，2020），同时也对我国旅游安全行政治理提出了更高的要求（戴斌，2020），这一全球性的危机事件引起了学界广泛的关注和重视，围绕新冠疫情的影响及其治理产生了大量文献（Zhang et al., 2020；Hu et al., 2021；Xie et al., 2022）。

三 旅游安全行政治理的机制研究

治理机制是旅游安全行政治理的基础支撑，相关研究主要围绕旅游安全行政治理体系的机制构成及其成效进行探索。重大突发事件及灾难事件、危机事件的治理通常由政府主导，基于突发事件、灾难事件和危机事件的治理机制成为研究的焦点。其中，西方文献一般使用旅游灾难事件、旅游危机事件等描述具有重大影响的涉旅安全事件，国内文献则同时使用旅游突发事件等多种学术概念。

1. 旅游应急机制研究

2007年，《突发事件应对法》正式实施，对我国旅游安全行政治理的理论与实践产生了重要影响，学界围绕旅游安全突发事件应急体系以及预防与准备机制、监测与预警机制、应急与救援机制、恢复与重建机制等核心机制的运作进行了丰富的研究，相关学术文献不断增多。谢朝武（2013、2022）在《旅游应急管理》一书中，对旅游安全管理的体制、机制、法制和预案体系在我国的发展历程进行了系统的回顾与述评，并对旅游应急管理的预防预备、监测预警、处置救援和恢复重建等应急机制的内容体系和机制结构进行了较为全面的建构和分析。张永领等（2016）对我国旅游突发事件应急管理机制进行了尝试性构建。罗景峰（2017）对旅游警务的动力机制、服务机制、协调机制、监督机制、保障机制等运行机制进行了深入研究。皮常玲、郑向敏（2018）从域变视角对全域旅游安全管理体系进行了分析。此外，针对具体旅游突发事件以及城市案例研究，邹永广（2018）指出，在突发旅游公共卫生事故的应急处置过程中，政府部门需要建立协同治理体系并加强信息公开机制，旅游企业应当建立紧急救援机制，社区居民应当积极参与公共治理，共同完善善后处理机制和建构有序的紧急救援机制。叶鹏等（2017）认为，在大数据时代背景下，旅游突发应急管理决策从传统的应对决策转变为预测决策，并从预警子系统、控制子系统、恢复子系统等方面对旅游突发事件应急管理系统进行了构建。

预防与准备机制是旅游突发事件发生前的治理机制，相关研究主要围绕安全教育、安全规划、风险预防、预案编制与应急演练等方面展开。①旅游安全教育。安全教育主要包括对旅游地从业人员的安全教育、对旅游地居民的安全教育以及对游客的安全教育（郑向敏、范向丽，2007；邹统钎等，2009；刘霞、严晓，2011；张捷雷，2019）。②旅游安全规划。安全规划研究主要以旅游景区为载体，相关内容包括对风险的分级分类（詹丽等，2017；王珺等，2019）、安全标识和风险警示牌等安全设施规划（蒋贵川，2008；黄炜等，2016；邹永广，2020）、自然灾害评估与应对（梅诗婧等，2019；张琪，2019；窦梓雯，2020；李蔚、杨洋，2022）、景观的生态保护（汤傅佳等，2018；魏小衬、李陇堂，2021；朱润苗、陈松林，2022；李锦宏等，2022；郑可君等，2022）等方面。③旅游风险预防。风险预防是指各级政府及主管部门为应对旅游突发事件应设置软硬件设施、建立风险预防基金、推广安全保险等相关措施和行为的总称（李文中，2003；孟维娜，2006）。随着旅游业态的不断丰富，散客游与自驾游的兴起，旅游安全预防也面临更高的要求（张捷雷，2019）。在出境旅游安全风险预防上，魏冉（2019）指出，通过高层互访议程、增设领事机构、运用法律手段、建立"线上线下""动静结合"的领事保护预防机制可以维护中国公民出境旅游安全，未来还需要不断提高安全提醒效力、深化安全合作、加强分类事故预防、强化安全意识等。④预案编制与应急演练。这是预防与准备机制的核心环节，完善的应急预案以及高效的应急演练能够有效提高抵御旅游突发事件的应对能力，提高旅游突发事件的处理能力（王伟，2015）。应急预案编制主要涉及应急预案的总则、组织指挥体系及职责、预警和预防机制、应急响应、后期处置、保障措施、附则以及附录等内容（闪淳昌、薛澜，2020）。唐承财等（2022）提出，构建由政府层级统筹、管理部门驱动、行业组织协调的疫情应对组织响应体系，以及目的地层级、连接层级和网络层级的空间响应机制，从而加强旅游业应对新冠疫情的多维主体协同联动，增强旅游部门的疫情应对能力。

监测与预警机制是旅游突发事件发生时的治理机制，相关研究主要集中在旅游安全预警体系和信息技术下的旅游安全监测预警两个方面。①旅游安全预警体系。部分学者从政府宏观层面、行业中观层面、企业微观层面等探讨了预警系统的构建（李树民、温秀，2004；刘明广，2010）。也有学者对不同类型旅游活动的安全预警系统进行了构建，如城市旅游安全预警系统（任学慧、王月，2005；张捷雷，2019）、节事旅游安全预警系统（潘瑞成、李斌，2019）、山地旅游安全预警系统（胡善风等，2013；王金莲等，2014）、沙漠旅游安全预警系统（宋小龙等，2019）等。一般认为，旅游突发事件预警系统包括信息管理子系统、风险评估子系统、预测预警子系统、预警决策子系统（刘明广，2010）。谢朝武（2010）对我国旅游安全预警体系进行了整体框架建构，提出了包括突发事件预警、环境污染预警、旅游容量预警以及旅游业务预警在内的四大预警模块，同时从出境旅游安全预警体系、全国性旅游安全预警体系、区域间旅游安全预警体系以及区域内旅游安全预警体系等四方面对我国旅游安全预警体系的运行机制进行了分区域、多层次的设计。②信息技术下的旅游安全监测预警。叶鹏等（2017）从预警理念等方面探讨了大数据驱动的旅游应急管理体系。随着互联网的快速发展，旅游网络舆情事件逐渐增多，网络舆情的发酵可能会引发“二次传播危机”（Luo & Zhai，2017），导致目的地形成新的危机，从而对目的地旅游业发展造成重大影响。因此，针对网络舆情事件的旅游安全行政治理是近年来的重要研究议题。学界围绕2015年的“青岛天价虾”事件、2016年的“丽江女游客被打”事件、2017年的“8·8九寨沟地震”事件、2018年的“泰国沉船事件”以及2020年的“钻石公主号邮轮疫情事件”等突发网络舆情事件展开了一系列探索。研究发现，旅游主管部门应高度重视网络舆情事件，重视舆情信息传递过程，及时监测舆情走势并处理舆情事件，防止网络舆情危机的纵深发展和横向扩散。相关管理部门应预先构建全方位预警机制，以有效应对突发网络舆情事件（李勇等，2019；张薇等，2019；吴仁献等，2019；陈岩英等，2020；张江驰等，2022）。

应急与救援机制是旅游突发事件发生中的治理机制，相关研究主要集中在应急处置以及救援体系构建、专项救援以及重大突发事件处置救援的案例探讨等方面。应急处置是对旅游突发事件进行紧急响应的核心过程（谢朝武，2013；2022），旅游突发事件的应急响应过程大体相当于旅游危机处置的核心过程，它和旅游救援难以截然区分。在救援体系构建上，郑向敏、卢昌崇（2003）指出，旅游安全救援系统是为实施旅游救援而建立的工作体系，它由旅游救援指挥中心、旅游救援机构、旅游安全救援的直接外围机构以及旅游安全救援的间接外围机构等四部分组成（张进福，2006）。翟向坤（2008）从参与主体视角分析了一个由政府组织主导、汇集多元参与者的旅游救援体系。谢朝武（2010）进一步指出，我国在长期发展过程中逐渐形成了一个以公共救援为主、以商业救援为辅、以公益救援为新生力量的结构性发展框架。黄燕玲（2012）基于功能性视角对旅游安全救援服务系统进行了分析。在专项旅游救援研究中，部分学者围绕旅游景区（韩学伟，2015）、旅游目的地（李东和等，2011）等进行了旅游救援系统的专项研究。基于特定事件的处置救援案例也得到了关注，不少学者基于2008年的汶川大地震（翟向坤，2008）、2012年的苏州太湖快艇事件（牛玉、汪德根，2013）等对旅游处置救援系统进行了解析。邹永广等（2022）基于泰国普吉岛游船倾覆事故的处置救援案例发现，华人华侨在出境旅游安全救援网络中发挥着重要作用。

恢复与重建机制是旅游突发事件发生后的治理机制，相关研究具有较强的事件驱动性和地域倾向性。非典事件后，不少学者开始反思非典后旅游经济如何尽快恢复重建（石培华等，2003）。俞金国、王丽华（2005）对后SARS时期中国入境旅游人数的恢复评估进行了研究。汶川地震后，旅游业的恢复重建受到学界的高度重视，相关成果主要集中在灾后旅游资源的保护与开发（刘世明，2009；刘明等，2010；陈向红，2010；唐勇等，2010）、旅游业的影响评估（宋旭光等，2008；魏小安、曾博伟，2008；王彩萍、徐红罡，2009；马丽君等，2010；孙根年等，2011；李向农、延军平，2014；傅蕴英等，2019）、旅游市场的恢复与重建（张广瑞，2008；杨振之、叶红，2008；姜科等，2009；李敏等，2012）、旅游地的恢复重建规划（贾建中等，2008；吴其付、庞君，2011；李柏槐，2011；杨振之等，2013）、灾后恢复模式（贾斌韬，2010；郑柳青、邱云志，2011；沈苏彦，2012）等相关议题。此外，2017年九寨沟地震后的旅游恢复与重建工作也引起了学者的关注（刘大均等，2021）。从地域分布来看，旅游恢复与重建研究的案例地主要集中在北川（王大悟，2009）、汶川（郑柳青、邱云志，2011；吴其付、庞君，2011）、都江堰（姜科等，2009）、九寨沟（李宜聪等，2016）等遭受重大自然灾害的地区。发生于2019年底的新冠疫情给旅游业带来巨大冲击，加大了旅游企业的生存压力，但同时也为旅游产业的结构性调整带来了新的机遇（陈岩英、谢朝武，2021）。相关学者呼吁政府部门应加强顶层设计和政策引领，提升旅游业在公共卫生事件上的应变能力（田里、马玉，2021），同时应强化政策支持力度，做好多预案、分区域、分市场的应急准备（夏杰长、丰晓旭，2020），并做好常态化疫情防控下的旅游治理工作，共同引导旅游业渡过难关，推动旅游业恢复振兴与高质量发展（戴斌，2020）。

旅游安全保障机制也较受学界重视。学界围绕不同旅游活动类型、不同旅游者群体以及不同区域尺度的旅游安全保障机制展开了一系列研究。从旅游活动类型来看，旅游安全保障研究涉及奥运旅游（郑向敏、谢朝武，2003）、探险旅游（邹统钎等，2009）、自助旅游（李映洲、房亮，2008）、野外露营（焦玲玲、章锦河，2009）、高风险旅游（谢朝武，2011；汪全胜、张奇，2019）、乡村旅游（罗景峰，2017）、海岛旅游（兰晓原，2018）、研学旅游（张楠，2019）、夜间旅游（成汝霞、黄安民，2021）、全域旅游（邹永广，2018；陈岩英、谢朝武，2021）等旅游活动类型的安全保障问题。例如，罗景峰（2017）运用界壳理论对乡村旅游安全保障体系进行了构建分析；邹永广（2018）提出应重视建立共建共治共享的全域旅游安全保障体系；兰晓原（2018）提出要构建海岛旅游安全保障服务体系。陈岩英、谢朝武（2021）则认为，应从旅游安全治理机制创新、旅游安全服务机制创新、旅游安全支撑机制创新、旅游安全协作机制创新等四个方面推进全域旅游安全保障的机制创新。从旅游者群体来看，旅游安全保障涉及不同年龄、性别和职业的群体，如老年群体（吴巧红，2015）、儿童群体（张绍琛，2017）、女性群体（郑向敏、范向丽，2007；2008）、大学生群体（翟向坤、韩玉灵，2017）、“驴友”群体（邹永广等，2014）等不同旅游者群体的安全保障问题。随着我国出境旅游人数的增多，出境旅游安全保障体越来越受到学界关注。从区域尺度来看，相关研究既探索了宏观的全球性出境旅游安全保障问题（谢婷，2011；戴林琳，2011；谢朝武等，2018；谢朝武等，2019；黄锐、谢朝武，2019），也探索了区域性旅游安全保障问题，如大陆游客赴港澳台旅游安全保障（王新建等，2011；方旭红、戚丹丹，2011；谢朝武、杨松华，2014；邹巧柔，2014；邹雅真、谢朝武，2016；沈阳、谢朝武，2016）、中国游客赴东盟地区国家旅游安全保障（马超、张青磊，2016；黄锐、谢朝武，2021；黄锐等，2022；李涛、林汉东，2022）、中国游客赴“一带一路”地区国家旅游安全保障（许培源、刘雅芳，2020；谢朝武、黄锐，2018；朱尧等，2020），以及中国游客赴越南（何战、张磊，2016）、马来西亚（何月美等，2019）、泰国（郑向敏、邹永广，2013）、日本（张宏博，2018）等国家的旅游安全保障等。例如，马超、张青磊（2016）对中国与东盟国家的旅游安全合作进行了探究；谢朝武（2017）对两岸四地旅游应急合作的机制结构和策略方案进行了系统分析，并结合“一带一路”倡议下对中国出境游客的安全保障机制进行了剖析（谢朝武等，2019）。

2. 旅游风险治理机制研究

在英文文献中，旅游风险、旅游灾难、旅游危机等特定对象的治理机制受到学界的广泛重视。第二次世界大战后，相对和平的国际环境为全球出境旅游的发展创造了良好的契机，这一时期欧洲和美洲接待的国际旅游者占绝对比重（Crouch，1995；Coshall，2000），出境旅游的发展既推动了城市旅游的快速发展，也催生了以城市为载体的旅游安全研究。20世纪七八十年代，西方发达国家开始出现逆城市化现象，许多目的地城市的中心城区出现了不同程度的经济衰退以及拥挤、盗抢、犯罪等负面问题（Hall，1984），这些风险因素成为国际旅游者的重要威胁，促使学界思考如何对旅游风险进行治理（McPheters & Stronge，1974；Mansfeld &

Pizam, 2006)。

20世纪90年代，冷战结束及全球化推动了出境旅游的蓬勃发展，涌现出大量关于旅游风险分析及治理的研究文献（Cossens & Gin, 1995; Walle, 1997; Wilks et al., 1999）。随着旅游者需求的多样化，包括蹦极、高空、登山、漂流、洞穴探秘等在内的具有较高风险的探险旅游逐渐引起旅游者的兴趣（Weber, 2001; Kim et al., 2008; Swarbrooke et al., 2012; Sand & Gross, 2019）。学界围绕探险旅游活动中的风险因素及治理展开了丰富研究（Morgan & Fluker, 2006; Morgan & Dimmock, 2006; Cater, 2006; Buckley, 2011; Clinch & Filimonau, 2017），例如，Bentley 等（2001）利用事故因果连锁理论对新西兰的探险旅游安全事故进行了分类，并建立了探险旅游致因机制分析框架，他们认为，探险旅游事故的发生在很大程度上并不是单一因素的结果，而是人员因素、环境因素、设施设备因素以及管理因素两两之间或两种以上相互作用的结果。Cater（2006）的研究表明，探险旅游参与者并不是寻求危险，他们只是寻求一种对风险的体验，因此探险旅游经营者可以将这种风险状态商品化。在观潮旅游中，Wang 等（2019）面向参与观潮活动的旅游者展开调查发现，风险担忧是影响他们采取自我保护行为的重要因素，但也受到风险寻求等相关特质的影响，这能够为旅游地制定风险沟通策略、引导旅游者采取自我保护行为提供策略指导。

在基础理论上，海因里希提出的事故因果连锁理论为旅游安全行政治理提供了重要理论依据，其认为安全问题主要受人员—机—环境—管理等因素的综合影响；Xie 等（2021）基于安全系统理论将旅游者风险感知划分为人员安全感知、设施设备安全感知、环境安全感知（自然环境安全感知、社会环境安全感知）以及管理安全感知等维度，并以此为基础开发了旅游者安全感知量表。

3. 旅游灾难治理机制研究

旅游灾难的治理通常需要政府来主导。近大半个世纪以来，全球重大灾难事件频发，如1952年伦敦大烟雾、1960年智利大海啸、1970年瓦斯卡拉山雪崩、1976年唐山大地震、1986年切尔诺贝利事故、1987年孟加拉国水灾、2001年“9·11”恐怖袭击、2003年非典疫情、2004年印度洋海啸、2008 年汶川大地震、2014 年埃博拉疫情、2019 年新冠疫情等，都给人类带来巨大损失，这也促使学者不断投入灾难预防、灾难处置以及恢复重建等灾难管理领域研究之中（Hodgkinson & Stewart，1991；Coppola，2006；O'Brien et al.，2006；Tingsanchali，2012）。

Kumar 和 Stanley（2000）认为，灾难主要包括火灾、干旱、洪水、地震、龙卷风、流行病、灾荒等。Moe 和 Pathranarakul（2006）根据联合国减灾署的定义，将灾难分为自然灾害和科技灾难，前者主要包括洪水、海浪、干旱、森林火灾、地震、火山爆发、流行病以及生物病虫害等灾难，后者主要包括火灾爆炸、核辐射、化学物质泄漏、交通事故等灾难。Islam 等（2016）认为，根据开始速度和持续时间两个维度，灾难又可以分为突发性灾难以及持续性灾难，前者如洪水、地震、海啸等，后者如干旱、饥饿、流行病等。

处置主体在成功的灾难管理中扮演着重要角色。Avraham（2015）认为，灾难管理的主体主要包括政府部门、市场部门以及媒体部门。Moe 和 Pathranarakul（2006）认为，灾难管理需要政府机构、志愿机构以及私人机构的共同协作。此外，社会公众的参与在灾难管理中也变得越来越重要（Pearce，2003；Hossain，2012；Granville et al.，2016）。

灾难管理阶段划分是灾难管理的重要基础。Faulkner（2001）通过从众多的灾难管理文献中汲取见解，提出了旅游灾难管理体系，认为旅游灾难管理应包括前兆阶段、前驱阶段、突发阶段、过渡阶段、长期阶段和解决阶段，并对旅游灾难管理的处置过程、基本要素以及具体任务进行了完整的建构，为旅游业的灾难管理提供了一个经典模型，被广泛用于旅游业灾难研究之中（Prideaux et al.，2021；Schwaiger et al.，2021；Derham et al.，2022）。Moe 和 Pathranarakul（2006）将灾难管理分为预测、监测、应急救援、恢复和重建等五个阶段。Hystad 和 Keller（2008）认为，目的地灾难管理主要包括灾难前的规划、灾难中的响应以及灾难后的恢复。

此外，良好的治理体制以及多主体参与的治理模式被认为能够有效降低灾难影响，例如，Ahrens 和 Rudolph（2006）研究发现，国家治理体制与治理结构是降低灾难影响程度的重要因素，其中责任制、参与性、可预测性以及透明性的治理结构是减少灾难风险的重要特征。Zhang 等（2013）

发现，基于社区的灾难管理模式（community-based disaster management，CBDM）能够有效降低灾难影响，此外，还需要通过提高社会居民参与性、完善管理组织结构、加强灾难评估、发展非政府组织、加强安全文化培育等方面进一步强化灾难风险的预防。

4. 旅游危机治理机制研究

旅游危机治理是各国政府都高度重视的议题。Fink（1989）认为，危机是指会扰乱实体正常运作、威胁个体身心健康和组织生存状态，并且难以通过正常管理程序来应对的计划外事件。Coombs（2021）认为，危机是一种不可预测事件，会严重影响组织经营。世界旅游组织（World Tourism Organization，WTO）将旅游危机界定为“影响旅游者对旅游地的信心并干扰其旅游产业持续正常运行的非预期性事件”。

危机生命周期阶段划分是危机治理的重要基础，许多学者对危机过程阶段进行了分析与探讨，主要集中在危机管理过程的三阶段说、四阶段说、五阶段说、六阶段说以及七阶段说。其中，Nunamaker（1989）认为，危机管理主要包括危机潜伏、危机解决以及危机恢复检讨等三个阶段。Fink（1989）认为，危机管理主要包括前驱期（prodromal stage）、急剧期（acute stage）、缓慢期（chronic stage）以及缩减期（resolution）等四个阶段。Roberts（1994）认为，危机管理主要包括危机缩减、危机预备、危机反应以及危机恢复等四个阶段。Blackley（1994）认为，危机管理主要包括危机评估、危机预防、危机准备、危机响应以及危机恢复等五个阶段。Mitroff（2001）将危机管理全过程分为信号探测、监测与预防、损害控制、恢复、学习五个阶段。Boin 等（2018）进一步将危机管理全过程划分为早期侦测（early recognition）、态势感知（sense making）、决策（decision making）及协调（coordination）、解释（meaning making）、核算（accounting）及教训汲取（learning）七个阶段。

危机管理研究为旅游业危机管理实践提供了重要依据，学界关注了不同类型的旅游危机管理机制，在恐怖主义袭击危机管理（Blake & Sinclair，2003；Hitchcock & Darma，2005）、自然灾害危机管理（Huan，2007；Becken & Hughey，2013）、公共卫生疫情危机管理（Zhong et al.，2021；Le & Phi，2021）等不同类型的旅游危机领域积累了丰富的文献。

在治理机制上，Ritchie（2004）概述并讨论了旅游业危机管理的战略性和整体性方法，提出了危机事件发生前、发生时和发生后的三阶段响应方式；在此基础上，Hystad 和 Keller（2008）基于灾后旅游业的恢复经验与发展进程提出了目的地层面的旅游灾害管理的应用框架。此外，也有学者对旅游危机管理过程中的具体任务机制进行了研究，主要包括旅游危机中的预警管理机制（Rittichainuwat，2013）、减缓与准备机制（Paraskevas，2006）、危机规划机制（Wang & Wu，2018）、危机响应机制（Liu et al.，2016）等。Ritchie 和 Jiang（2019）通过对旅游危机文献的分析与归纳发现，对旅游危机机制的研究主要集中在旅游危机的准备与规划（preparedness and planning）、响应与恢复（response and recovery）、解决与反思（resolution and reflection）等阶段性机制上。

四 旅游安全行政治理的策略研究

旅游安全行政治理策略是在治理体制和机制之上所采取的具体行动方案，它直接关系到旅游安全行政治理的成效。目前学界对旅游行业监管、“旅游警务”、出境旅游等领域的策略方案进行了丰富的探索。在旅游行业的监管上，时训先（2010）分析了目前旅游行业监管模式存在的缺陷，针对完善旅游行业的监管模式提出了相应的对策，主要包括明确相关部门的管理职责，完善旅游行业监管的体制、机制等；薛丽（2018）强调在当前“互联网+旅游”背景下，旅游主管部门应当协同旅游网络经营平台、行业协会和社会监督对旅游行业和旅游市场进行监管，并形成“四位一体”的共治监管模式。在“旅游警务”方面，董斌彬等（2018）以福建崇武为例，尝试性地构建了适用于小尺度目的地的旅游警务模式，具体包括设置游客安全管理机构、完善游客安全管理闭环流程和整合游客安全信息平台等。在出境旅游安全行政治理方面，廖玉环、范朋（2017）分别从政府、旅行社和旅游者三个层面对东南亚出境旅游中突发事件的安全管理提出了相应的优化策略。对于“21 世纪海上丝绸之路”的旅游安全治理需要厘清国家间的合作基础、强化沿线国家的旅游安全交流、推动沿线国家和地区间旅游安全资源的合作布局，形成出境旅游安全保障的跨类别资源建设架构和多主体建设机制，强调要从政府层面的综合安全保障、产业层面的旅游安全保障市场化及国家与区域层面的旅游安全合作等重点领域推进安全保障体系建设（谢朝武等，2019）。

在国外，探险旅游治理是体现政府旅游安全治理意图的重要领域。Bentley 和 Page（2008）对探险旅游进行了十年尺度的研究，他们认为，设计因素、管理因素和环境因素是最主要的潜在风险来源，而客户和探险旅游的操作人员身上包含着大量激发探险伤害的因素，他们在研究中提出了加强伤害监督、推进薄弱环节管理、加强信息干预等应对措施。在探险旅游风险管理上，旅游网站引导、风险信息议程设置、危机传播源选择、旅游地形象和风险舆论氛围等被认为是管理旅游者对目的地风险评价和安全感知的重要手段（Lepp & Cibson ，2003；Zhang et al.，2022；Kapuściński & Richards，2016）。面对新冠疫情的冲击，英文文献中涌现出大量涉及目的地政府安全防控策略的探索。研究指出，政府部门可以通过定期消毒、体温测量、卫生检查等措施加强对旅游业的卫生安全管控（Shapoval et al.，2021）。政府还应实施积极的财政政策、税收政策、信贷政策和社会保障政策（Shao et al.，2021），并做好风险信息发布与媒体沟通，缓解旅游者焦虑情绪，以提高旅游者及旅游从业人员应对新冠疫情的信心（Huertas et al.，2020），帮助旅游业恢复振兴。在重大灾难情境中，旅游企业利益相关者在灾害规划和管理方面的协作是不够的，还需要采取干预措施来建立旅游企业的人力资本和社会资本，并促进知识交流和商业合作。总体来看，旅游安全行政治理的策略建构具有较大的灵活性，需要综合考虑目的地的项目类型、活动特征、安全风险特征等因素。

综上所述，旅游安全行政治理已成为成果越来越丰富的研究领域。在事件驱动和政策法规的引导下，国内的旅游安全行政治理研究形成了包括治理主体、治理客体、治理机制以及治理策略在内的较为完善的研究体系与研究框架。在英文文献中，旅游风险治理、旅游灾难治理以及旅游危机治理均需要政府的大力参与，相关研究成果也较为丰富，为旅游安全行政治理的具体实践提供了重要的参考与指导。随着旅游新业态的不断涌现、传统风险与新兴风险的叠加、旅游突发事件的日益常态化与集群化、大众旅游时代与个性出游需求的碰撞，旅游安全行政治理研究面临着全新的时代背景和理论议题，旅游安全行政治理的行动逻辑、法制成效、动力机制等需要系统揭示，这是推动旅游安全行政治理理论发展和实践进步的重要基础。加强旅游安全行政治理研究，对于提升我国旅游安全治理成效、保障旅游者的人身和财产安全、推动旅游业的安全健康发展等具有重要的意义和作用。

第三章

中国旅游安全行政治理的发展结构

旅游行政治理是指旅游行政组织运用国家权力对旅游事务进行管理的一种活动，是通过影响和制定与旅游业发展相关的政策制度并加以执行的过程，该过程包含政府部门、非政府组织、旅游企业及旅游者的互动合作。旅游安全是旅游行政治理的重要内容，总结我国旅游安全行政治理的目标框架、基础要素、模式特征、监管边界等发展结构，对于推动我国旅游安全行政治理工作发展具有重要的认知作用。

第一节　旅游安全行政治理的目标框架

旅游安全行政治理是服务于旅游业安全发展的系统工程。为推动旅游安全行政治理工作的有效开展，旅游主管部门既需要明确治理的基础使命，也需要明确治理的过程任务，更需要明确治理的战略方向。在基础层面，旅游行政部门应致力于保障旅游者和旅游从业人员的综合安全，为旅游企业的安全运营创造条件。在过程层面，旅游行政部门应该致力于营造安全健康的旅游环境、降低旅游活动的安全风险、打造旅游地的安全形象、减少旅游发展的安全成本。在战略层面，旅游行政部门应该致力于实现旅游地的安全发展，并以此为基础提升旅游地的综合竞争力。

一　旅游安全行政治理的基础目标

旅游产业是一个关联产业较为丰富的庞大体系，它由食、住、行、游、购、娱等分支行业共同构成，旅游产业安全是旅游经济可持续发展的基础。旅游企业是旅游活动的具体实施者、是旅游产业的组成要素，旅游企业的安全运营是旅游产业安全的基础表现。旅游者和旅游从业人员是旅游产业体系中的服务对象和服务者，旅游者和旅游从业人员安全是旅游产业安全运营的基础目标。按照这一逻辑，旅游安全行政治理的基础使命在于通过系统而科学的行政治理工作保障旅游者和旅游从业人员的综合安全，并为旅游企业的安全运营创造条件，为旅游产业的可持续发展提供安全前提。

1. 保障旅游者的综合安全

旅游者是旅游活动中最重要的主体之一，是旅游从业人员、旅游企业等产业要素具有价值和意义的前提。旅游安全是旅游者的基本需求，也是旅游者出游决策的重要影响因素，狭义的旅游安全治理主要强调保障旅游者的安全，即旅游安全治理需要保障旅游者在从事旅游活动时的生命、财产，信息，心理等不受威胁、伤害和损失。保障旅游者的综合安全是旅游安全治理的核心使命与任务。

（1）保障旅游者的生命、财产安全

旅游者的出游动机丰富多样，但旅游者只有在生命、财产不受威胁和伤害的前提下才会产生旅游需求。保障旅游者的生命、财产安全是旅游安全治理最基础和最根本的任务。其中，对旅游者生命、财产安全造成威胁的风险因素具有多样性和复杂性，环境风险、设施设备风险、人员风险、管理风险等都可能成为隐患来源。为此，旅游主管部门和旅游企业需要采取多元化的保障措施。旅游者自身的安全意识、安全技能和行为配合可以增强自我保护能力，并能从根本上保障旅游者的生命财产安全。

（2）保障旅游者的信息安全

在互联网时代，个人的信息安全越来越受到重视。保护旅游者的信息安全和隐私安全逐渐成为旅游安全工作的重要组成部分。个人信息与日常生活密切相关，财产信息、家庭信息、工作信息等重要信息一旦被泄露，就容易被不法分子利用、成为敲诈勒索等犯罪行为的工具，并对旅游者的人身财产安全造成威胁。目前，大部分旅游者对于个人信息安全的重视程度相对较低，更不知如何保护个人信息。因此，相关部门应推动旅游企业保障旅游者的信息安全，重视旅游者信息的存储与分类分级管理，并重视提高旅游者对信息安全的保护意识和保护能力。

(3) 保障旅游者的心理安全

旅游者的心理安全是指旅游者在旅游活动或旅游环境中不受到威胁、没有恐慌和惧怕情绪的稳定心理状态。在旅游过程中，旅游者的心理安全受旅游地事故水平、旅游地安全管理能力、旅游公共服务设施水平、旅游服务人员专业素质等因素的影响，它对旅游者的体验质量、满意度和重游意愿等具有直接影响。保障旅游者的心理安全是较高层次的保障要求，当旅游地处于较高水平的发展阶段，具有稳定的质量与安全管理体系，就能有效调控旅游者的体验质量水平，并能有效保障旅游者的心理安全，为旅游地的可持续发展提供社会心理基础。

2. 保障旅游从业人员的综合安全

旅游业属于劳动密集型产业，旅游从业人员是旅游产品和旅游服务的直接提供者。部分旅游企业和部分旅游工作岗位存在职业病隐患突出、工作压力大、就业保障低等现象，旅游从业人员的心理安全和生理安全需要得到政府、企业和其他利益相关者的关注与重视。

(1) 保障旅游从业人员的职业健康

健康的从业人员是生产优质旅游服务的前提，保障从业人员职业健康是旅游安全工作的基础任务。旅游一线服务工作通常包括一定的体力付出和动手操作，其工作的环境既包括风险程度较低的室内环境，也包括风险程度较高的野外环境。长期的一线服务操作容易累积职业健康隐患，例如，酒店、餐饮等行业的一线员工可能因其不当的服务操作和高强度的工作负担承受肌肉损伤、骨骼疾病和皮肤相关疾病等职业风险结果。旅行社导游人员的咽喉、皮肤、膝盖和消化系统等可能因工作负担过重受到不同程度的伤害。旅游企业办公室工作人员也可能因为长期的不良坐姿引起颈椎、腰椎等部位的损伤。因此，创造良好的工作环境、建立科学的工作方式、推行正确的工作规范，有利于保障旅游从业人员的职业健康，这是旅游企业可持续发展的基础。

(2) 保障旅游从业人员的心理安全

旅游业是典型的高接触型服务行业，旅游从业人员的心理状态是影响服务质量的重要因素之一。其中，心理不安全感容易引发一线从业人员的情感耗竭和心理枯竭，直接降低对旅游者的服务质量和工作效率，甚至引发员工的反生产行为和越轨行为，并对自身、旅游者和旅游企业造成严重影响。同时，由于旅游从业人员因心理不安全感引发的消极情绪容易传递给同事和旅游者，引发旅游企业内部协作冲突和外部服务冲突，影响旅游企业的品牌形象。在旅游者与旅游企业的双重压力和角色冲突下，旅游从业人员在工作中的不良情绪容易被带到家庭生活中，引发工作—家庭冲突，从而降低旅游从业人员的幸福感，诱发抑郁、焦虑等心理疾病。因此，保障旅游从业人员的心理安全对从业人员自身、旅游者和旅游企业具有重要意义。

3. 保障旅游企业的安全运营

旅游企业主要包括饭店企业、餐饮企业、旅游交通企业、景区企业、旅游购物企业、旅游娱乐企业和旅行社等，旅游企业的业态类型随着时代的发展而不断发展。旅游企业是旅游行为活动的组织者和经营者，是旅游安全生产的主体，性质各异的旅游企业具有不同的生产任务和风险隐患，也具有不同的上级主管部门。旅游主管部门应该基于法律法规，推动建立多部门协作、共同参与、分工负责的安全监管机制，这是促进旅游企业安全运营的体制基础。同时，旅游部门应及时出台调控旅游企业安全生产的法律法规和政策文件，推动旅游企业加强安全生产工作，定期开展针对旅游企业的安全检查和考核，并积极推动旅游企业加强安全投入、培训和制度建设。旅游部门需要从体制、机制、法制和预案等各个层次推动和保障旅游企业的安全运营水平。

二　旅游安全行政治理的过程目标

旅游安全行政治理是以政府为主体的治理过程，在保障和护航旅游产业安全稳定发展的总体导向下，旅游行政机构需要着力营造安全健康的旅游环境，塑造安全可靠的旅游形象，这是促进旅游客源招徕和旅游产业有序运行的重要基础。面向旅游产业的可持续发展，旅游地既需要降低微观旅游活动过程中的各类安全风险，也需要减少宏观产业发展中的安全成本，这是形成可持续安全发展能力的重要前提。

1. 营造安全健康的旅游环境

旅游环境是以旅游者为中心的复杂的环境系统，它既包括旅游地的自然生态环境，也包括由人类活动介入而形成的社会文化环境、旅游市场环境、旅游资源环境、旅游信息环境等环境要素。安全稳定、亲和友善、健康有序的旅游环境是旅游者进行旅游决策的基础，也是旅游者高质量旅游体验的基础。营造安全健康的旅游环境是旅游安全行政治理的重要任务目标。

（1）营造安全健康的自然生态环境

营造安全健康的自然生态环境主要包括减少自然灾害的发生、提高自然生态环境质量等方面。自然灾害包括气象灾害、地质地貌灾害、水文灾害、森林灾害等类型，要达到减少自然灾害的目的，旅游地应结合旅游空间的特点，全面监测自然灾害风险，实施预防性管理，建立防控结合的安全管理机制。自然生态环境是旅游者重要的体验元素，高质量的自然生态环境是高质量旅游体验的基础，全球有不少旅游地将高质量的自然生态环境视为核心吸引力元素。因此，旅游地应该重视自然生态环境的可持续发展，提升自然生态环境质量，这是安全健康的自然生态环境的重要体现。

（2）营造安全健康的社会文化环境

社会文化环境是指人类生存及活动范围内的社会物质、精神条件的总和。广义的社会文化环境包括了政治环境、经济环境、法制环境、科技环境、文化环境、治安环境等宏观的环境因素，它们同样是旅游过程中的重要体验元素。稳定的政治、繁荣的经济、可靠的法制、先进的科技、健康的文化、良好的治安等，既是旅游产业可持续发展的推动力量，也是旅游过程中的重要体验元素，他们有助于旅游者获得积极、安全、健康、向上的环境感知。旅游地应该致力于减少社会安全风险，竭力维护安全健康的社会文化环境。

（3）营造安全健康的旅游市场环境

狭义的旅游市场环境是旅游市场要素及其运行秩序的总称。安全健康的旅游市场环境可以为旅游者消费提供保障，并促进旅游企业的有序经营和良性竞争，不健康的旅游市场环境则具有明显的破坏作用。例如，消费欺诈、强制购物和偷窃犯罪等旅游市场乱象会增加旅游者的安全风险，降低旅游者的满意度和忠诚度，并导致旅游市场规模的缩减。同时，无序的旅游市场环境可能导致旅游企业间的恶性竞争和区域垄断，不利于旅游企业和旅游市场的可持续发展。因此，安全健康的旅游市场环境是保障旅游者安全旅游的有效途径，也是促进旅游企业健康发展的重要方式。

（4）营造安全健康的旅游资源环境

旅游资源是旅游业发展的根基，是旅游产品呈现的基础，优化和提升旅游资源环境是可持续发展原则的重要体现。旅游资源的开发应秉持合理、适度、科学、有效、创新等基本原则，避免过度开发、无效开发、低效开发和低俗开发，要在保护传承的基础上推动旅游资源环境的优化提升。要以满足人民群众日益增长的美好生活需求为导向，来营造和维护安全健康的旅游资源环境，要基于优质资源推动建构丰富、优质、高雅的旅游产品，在旅游资源开发中践行主客共享、文旅融合、可持续发展等基础导向，并致力于实现旅游业经济效益、社会效益和环境效益的有机统一，以为旅游业的和谐健康发展营造出良好的资源使用环境。

（5）营造安全健康的旅游信息环境

在互联网时代，信息安全越来越受重视，营造安全健康的旅游信息环境是旅游安全治理的重要任务。狭义的旅游信息环境安全是指旅游者的身份信息、财务信息等个人信息安全得到保障的状态，广义的旅游信息环境安全还包含旅游企业信息安全、旅游公共信息安全得到保障的状态。安全健康的旅游信息环境要求保障旅游企业的机密信息不外泄，提倡旅游行业的良性竞争和有序发展，并确保旅游者、旅游企业等相关主体获得安全可靠的旅游信息，这是旅游者安全旅游体验的重要表现。

2. 打造安全可靠的旅游形象

安全是旅游业的生命线，是旅游活动正常进行的前提。旅游安全形象的树立与维护对吸引旅游者，提升旅游者的信任感和满意感具有重要意义，对促进旅游产业发展、带动地方经济发展具有重要的作用。

（1）打造旅游企业的安全形象

旅游企业的安全形象是社会公众和企业职工对企业安全方面所作所为的总体认识、感受和评价，是旅游企业安全文化不可分割的一部分。旅游企业安全形象的概念范畴还包括安全精神形象、安全物质形象、安全行为形象、安全成果形象等类别。良好的旅游企业安全形象有利于降低旅游者在旅游消费过程中的忧虑、提高旅游者对旅游企业的信任度和认可度，为旅游企业招徕旅游者创造良好的形象条件。因此，推动旅游企业加强安全形象的建设和维护应该成为旅游安全行政治理工作的重要组成部分。

(2) 打造旅游目的地的安全形象

旅游目的地形象是指旅游者对旅游地的总体认知、评价和印象的和，旅游目的地安全形象反映了旅游者对目的地安全状况的整体印象，具体表现为旅游目的地在旅游者心目中是安全的还是危险的。安全形象的塑造对旅游目的地招徕旅游者、提升旅游者安全感知和提高旅游收入等具有重要意义。旅游目的地安全形象的毁坏将直接减小旅游市场规模、削减旅游产业和相关产业的经济效益，并对当地旅游产业的健康发展造成严重的负面影响。例如，2018 年 7 月 5 日泰国发生普吉岛沉船事件，该事件对泰国的旅游安全形象造成重创，我国赴泰国的旅游市场当即陷入停滞状态。可见，旅游目的地安全形象的塑造对当地旅游产业的发展具有战略性的意义。

(3) 打造国家旅游安全形象

国家旅游安全形象是旅游形象的重要组成部分，是指人们对一个国家旅游安全环境所持有的总体印象和看法，是国家旅游业发展水平和综合国力水平的综合体现，是影响旅游者是否愿意前往该国旅游的重要因素。国家旅游安全形象既受到旅游产业安全环境与安全管理水平的影响，也受到宏观安全态势的影响。一个国家的自然环境、社会环境、人文环境、公共治安环境、基础设施水平都会影响民众对其宏观安全态势的判断，疾病疫情、恐怖袭击等冲击整体社会运作的突发安全事件更会重创国家的旅游安全形象。打造健康、积极、安全的国家旅游形象有助于促进入境游发展、提高入境游收入，对于提高我国旅游业在世界的影响力、推进旅游强国战略等具有重要意义。

3. 降低旅游活动的安全风险

旅游活动中的安全风险类型复杂、来源广泛。随着旅游业的发展，旅游者的需求类型和消费方式不断个性化，旅游活动中的风险要素也趋于复杂化。按照风险来源，旅游活动的安全风险分为环境风险、人员风险、管理风险和设施设备风险等。降低旅游活动的安全风险是保障旅游者正常从事旅游活动、支撑旅游企业有序开展经营活动的基本前提。

(1) 降低旅游活动的环境风险

旅游活动的环境风险包括自然环境风险、社会环境风险、经济环境风险、文化环境风险等。地震等自然灾害会极大地威胁旅游者的生命财产安全、旅游资源安全和旅游产业的稳定，重大自然灾害则会对总体经济环境造成巨大冲击。社会环境风险主要表现为偷盗、犯罪、抢劫等公共治安事件和社会安全事件，它们可能会动摇旅游者对旅游目的地的安全信心。文化环境风险包括文化冲突、文化失范等风险问题，它们会削弱旅游者的消费体验、降低居民幸福感。可见，环境风险要素既会对宏观层面的旅游经济基础、旅游产业结构和旅游地形象造成冲击，也会对微观层面的旅游者情感体验、旅游决策和居民生活幸福感造成威胁。实施优化环境质量、理顺环境秩序、加强环境监测、实施预防管理等措施，有助于降低旅游活动中的安全风险。

（2）降低旅游活动的人员风险

旅游活动涉及旅游者、从业人员、经营者、管理者等各类主体的参与，旅游活动的人员风险呈现管理难度大、管理范围广等特征。一方面，旅游者和旅游从业人员安全意识薄弱、安全应对能力不足是诱发旅游安全事故的重要原因；另一方面，旅游经营管理人员的安全意识不足容易导致制度性缺失，安全处置能力不足容易降低旅游突发事件的处置效率和事后恢复。提高各类主体的安全意识、知识和技能，选聘合适的从业人员安全执业，引导旅游者安全旅游，提升经营管理人员的综合安全素质等，有助于降低旅游活动的人员风险。

（3）降低旅游活动的管理风险

旅游活动的管理风险是旅游企业、旅游目的地、相关管理部门监督、控制和管理不当导致的风险。旅游活动的管理风险既包括了机构安全职能缺失、应急预案和计划缺失、员工安全培训不足、忽视应急能力建设等组织层面的因素，也包括缺乏风险预警、不重视安全防护、管理不善、事故响应不及时等管理行为层面的因素。因此，建立安全管理组织、完善安全管理制度、优化安全应急机制、增加安全管理预算等，是降低旅游活动管理风险、提高安全管理效率的必然要求，也应成为旅游安全治理的重要任务目标。

（4）降低旅游活动的设施设备风险

旅游活动的设施设备风险是指由于设施设备质量问题、故障因素、操作人员不安全操作等表现出的安全风险，由此导致的旅游设施设备事故会对旅游者和旅游工作人员的身体健康造成威胁，并影响旅游企业的安全经营。降低旅游活动的设施设备风险对保障旅游者和旅游从业人员的安全具有重要意义。降低设施设备安全风险可从设施设备的本质安全性和使用安全性两个层面入手。一方面，应当提高设施设备的本质安全性，在设施设备的设计、生产、采购、维护等环节加强安全控制，确保旅游场所配置和使用合格安全的设施设备；另一方面，应当加强对工作人员的安全操作培训、提高工作人员的设施设备操作技能，降低失误操作、超负荷使用等导致的旅游安全事故的频率。

4. 减少旅游发展的安全成本

统筹发展和安全是我国新时期的国家战略。从经验来看，重大安全事件的爆发会带来一系列安全处置成本，这些事件可能摧毁旅游地的景观资源，破坏旅游地的安全形象，阻碍旅游地的可持续发展，甚至导致旅游地经济的倒退和衰落。因此，加强旅游安全治理、规避重大安全事件，是减少旅游发展中安全成本的重要方式。

（1）减少旅游发展的直接安全成本

科学的旅游安全治理强调实施预防性管理，通过正常的安全投入提升安全治理水平，以减少旅游安全事件及其导致的安全成本。旅游安全事件导致的直接成本主要包括人员伤亡、资源损坏、财产损失、处置成本和伤害赔偿等。其中，重大安全事件可能导致规模性人员的伤亡和财产损失，并可能造成旅游资源的严重破坏。旅游资源是旅游业存在和发展的基础，是招徕旅游者的吸引物，灾难性旅游安全事件对旅游资源造成的毁坏是旅游发展中不可逆转的损失。其中，自然资源造成的破坏难以完全修复，人造景区的重建和恢复也需要花费大量人力和财力。不仅如此，重大安全事件的应急处置和伤害赔偿也需要花费大量的人力、物力和财力。因此，科学实施预防性安全管理、减少旅游安全事件的发生有助于减少旅游发展的直接安全成本，这是旅游安全行政治理的重要任务。

（2）减少旅游发展的间接安全成本

旅游安全事件发生后，相关机构需要赔偿直接受害主体的损失、重建受破坏的旅游资源和设施，旅游地也需要承受旅游产业短期停滞、旅游形象破坏、旅游市场恢复等间接成本。2008年的汶川大地震重创四川旅游业，它不仅影响核心受灾地区，也影响了广大旅游者对整个四川旅游的安全认知与形象认知。为此，四川省开启了艰难的安全形象重建工程，并开展了广泛的旅游市场恢复建设行动。在此过程中，四川省投入了大量的人力、物力和财力，付出了庞大的形象修复与市场重启成本。在全球各地，火山爆发、恐怖袭击、传染性疫情等重大事件的发生都会重创旅游地形象，严重影响外来客源市场的旅游意愿和行动，由此付出的市场恢复成本可能比事件本身导致的直接成本更大。可见，降低重大旅游安全事件的发生率意味着减少旅游业发展的间接安全成本。

三 旅游安全行政治理的战略目标

当前，我国坚持总体国家安全观、统筹发展与安全、安全生产底线思维等基础理念和国家战略，这同时也是我国旅游安全行政治理的基础理念和战略导向。以此为基础，推动旅游产业的安全发展，并形成旅游产业的综合竞争力，应成为旅游安全行政治理的战略目标。

1. 推动旅游产业的安全发展

旅游产业安全是指某一国家或地区的旅游产业运行环境、市场需求与供给要素之间处于相互适应、协调发展、持续增长的状态。旅游经济体系能够通过产业要素的运行达到旅游资源的优化配置，并具备可持续发展的能力。因此，从市场需求的角度看，旅游安全治理的任务是保证旅游市场的稳定和健康运行，促进旅游需求的良性增长，为旅游产业的可持续发展提供良好的市场环境；从供给要素的角度看，旅游资源是旅游产业发展的重要依托，旅游地应当保障旅游资源要素的有序开发和可持续利用，为旅游发展提供源源不断的资源产品以平衡需求与供给关系。建构安全的旅游产业环境，促进旅游经济体系稳定发展，推动旅游产业要素的优化配置，有助于旅游产业的可持续进步。因此，推动旅游产业安全发展是旅游安全行政治理的战略任务。

2. 提升旅游产业的综合竞争力

旅游产业综合竞争力是指一个国家或地区的旅游产业依托其旅游资源、基础设施、人力条件、市场环境等资源条件，通过优化配置提升发展效率，实现比其竞争对手发展绩效更高的能力，它是旅游产业竞争绩效、产业潜力、技术效率等方面的综合反映。良好的旅游安全行政治理实践有助于提供稳定健康的产业环境，促进旅游地产业规模、设施数量和经营水平的提升，从而实现旅游地的吸引能力、接待能力和资源利用能力的整体提升。同时，良好的旅游安全行政治理实践有助于扩大旅游消费市场规模，降低旅游企业的安全成本，减少旅游产业发展的制约因素，为旅游产业的市场潜力提升和技术效率优化提供基础支撑。因此，优化旅游安全行政治理体系有助于推动旅游产业综合竞争力的提升。旅游产业综合竞争力的提升则是旅游安全行政治理水平的重要体现。总体上，旅游安全行政治理工作应该以旅游产业综合竞争力的提升作为战略目标和任务导向。

第二节　旅游安全行政治理的基础要素

旅游安全行政治理的基础体系包括旅游安全行政治理的体制、旅游安全行政治理的机制、旅游安全行政治理的法制、旅游安全行政治理的预案等基础要素。其中，体制是开展旅游安全治理工作的组织机构，机制是开展旅游安全治理工作的具体方式，法制是开展旅游安全治理工作的法律依据，预案是对三者的综合体现和行动指南。“一案三制”建设是开展旅游安全行政治理工作的重要基础。

一　旅游安全行政治理的体制

体制建设是旅游安全行政治理体系的组织基础，旅游安全行政治理机构的设置及其权限职责的划定是旅游安全行政治理体制建设的重要内容，其具体形式是随着旅游业的发展而不断变化的。当前，我国已形成了较为完整的自上而下的旅游安全行政治理机构，在旅游安全行政治理工作中发挥着重要作用。

1. 我国旅游安全行政治理体制发展进程

随着旅游经济的发展，旅游行业的安全生产工作逐渐受到重视，推动了我国旅游安全行政治理体制的发展进程（见表3-1）。新中国成立以后，我国对旅行游览管理工作逐渐引起重视。1964年，我国成立了“中国旅行游览事业管理局”，并于1978年改名为“中国旅行游览事业管理总局”。

1982 年，中华人民共和国国家旅游局正式成立，我国真正意义上的旅游行政管理机构由此诞生。20 世纪 90 年代，旅游业的快速发展推动了旅游安全行政治理的体制建设进程。1990 年，由国家旅游局颁布的《旅游安全管理暂行办法》要求各级旅游主管部门“建立和完善旅游安全管理机构”，“在当地政府的领导下，会同有关部门，对旅游安全进行管理”，并对旅游安全管理机构的职责进行了规定。1994 年，《旅游安全管理暂行办法实施细则》进一步细化了县级以上（含县级）旅游主管部门及旅游企事业单位安全管理机构的相关职责。自此，我国旅游安全行政治理体制初步形成。

20 世纪 90 年代和 21 世纪初是我国旅游业快速发展的时期，旅游产业规模的增长伴随着大量旅游安全事故的发生，旅游安全行政治理工作面临的挑战由此增加。旅游主管部门在治理实践中发现，旅游主管部门的安全职责过大、管理边界模糊，旅游安全行政治理工作的开展困难重重，降低了旅游安全行政治理工作的处置效率（谢朝武，2013）。2008 年，国务院批准了《国家旅游局主要职责内设机构和人员编制规定》，明确了国家旅游局的旅游安全行政治理职责及旅游安全行政治理机构。基于该规定，国家旅游局及以下各级旅游主管部门逐渐建立起旅游安全行政治理机构，我国自上而下的旅游安全行政治理体制基本形成。

此后，我国旅游安全行政治理的体制安排在旅游业的发展进程中不断得到完善。由于旅游业涉及旅游、公安、应急、交通、林草等多个部门，旅游安全监管及救援等工作需要跨部门协调，也因此容易出现职能交叉的现象。2013 年实施的《中华人民共和国旅游法》（以下简称《旅游法》）第 76 条规定：“县级以上人民政府统一负责旅游安全工作。县级以上人民政府有关部门依照法律、法规履行旅游安全监管职责。”这一规定明确了县级以上各级人民政府在旅游安全工作中的主体地位和作用，推动了旅游安全行政治理职能的落地。2016 年实施的《旅游安全管理办法》则进一步明确了旅游主管部门、旅游经营者和旅游从业人员的安全职责。2018 年实施的《文化和旅游部职能配置、内设机构和人员编制规定》和 2020 年发布的《国务院安全生产委员会成员单位安全生产工作任务分工》进一步明确了文化和旅游部的安全生产职责，并对文化和旅游部与相关部门的职责分工进行了相对明确的规定。

表 3-1 我国旅游安全行政治理体制发展进程

实施时间	相关依据	相关体制规定	发展进程
1990 年	《旅游安全管理暂行办法》	◆ 提出“统一领导、分级管理、以基层为主”的旅游安全行政治理工作原则 ◆ 要求各级旅游主管部门“建立和完善旅游安全管理机构”,“在当地政府的领导下,会同有关部门,对旅游安全进行管理” ◆ 明确规定旅游安全行政治理机构的职责	我国旅游安全行政治理体制初步形成
1994 年	《旅游安全管理暂行办法实施细则》	◆ 提出“旅游安全管理工作实行在国家旅游管理部门的统一领导下,各级旅游行政管理部门分级管理的体制” ◆ 进一步明确国家旅游主管部门、县级以上(含县级)地方旅游主管部门及相关企事业单位的旅游安全行政治理工作职责	
2008 年	《国家旅游局主要职责内设机构和人员编制规定》	◆ 明确国家旅游局“负责旅游安全的综合协调和监督管理,指导应急救援工作” ◆ 明确规定由国家旅游局内设机构——办公室(综合协调司)“承担旅游安全综合协调工作,指导旅游应急救援和保险工作”	我国基本建立起自上而下的旅游安全行政治理体制
2013 年	《中华人民共和国旅游法》	◆“县级以上人民政府统一负责旅游安全工作。县级以上人民政府有关部门依照法律、法规履行旅游安全监管职责” ◆“县级以上人民政府应当依法将旅游应急管理纳入政府应急管理体系,制定应急预案,建立旅游突发事件应对机制”	将旅游安全治理的重要责任和职能直接明确到县级以上各级人民政府
2016 年	《旅游安全管理办法》	◆ 各级旅游主管部门应当在同级人民政府的领导和上级旅游主管部门及有关部门的指导下,在职责范围内,依法对旅游安全工作进行指导、防范、监管、培训、统计分析和应急处理 ◆ 旅游经营者应当承担旅游安全的主体责任,加强安全管理,建立、健全安全管理制度,关注安全风险预警和提示,妥善应对旅游突发事件 ◆ 旅游从业人员应当严格遵守本单位的安全管理制度,接受安全生产教育和培训,增强旅游突发事件防范和应急处理能力	明确旅游主管部门、旅游经营者、旅游从业人员的安全职责

续表

实施时间	相关依据	相关体制规定	发展进程
2018年	《文化和旅游部职能配置、内设机构和人员编制规定》	◆ 办公厅承担新闻宣传、政务公开、机要保密、信访、安全工作 ◆ 旅游市场管理司负责旅游安全综合协调和监督管理	明确旅游安全综合协调和监督管理职责
2020年	《国务院安全生产委员会成员单位安全生产工作任务分工》	◆ 负责文化和旅游安全监督管理工作，在职责范围内依法对文化市场和旅游行业安全生产工作实施监督管理，拟订文化市场和旅游行业有关安全生产政策，组织制定文化市场和旅游行业突发事件应急预案，加强应急管理 ◆ 会同国家有关部门对旅游安全实行综合治理，配合有关部门加强旅游客运安全管理。指导地方对旅行社企业安全生产工作进行监督检查，推动协调相关部门加强对自助游、自驾游等新兴业态的安全监管，依法指导景区建立具备开放的安全条件。配合有关部门组织开展景区内游乐园安全隐患排查整治 ◆ 负责全国旅游安全管理的宣传、教育、培训工作	明确文化和旅游部的安全生产职责

2. 我国旅游安全行政治理机构及其职责

当前，我国已形成了覆盖中央旅游行政组织和省（自治区、直辖市）级、市（自治州）级、县（自治县旗、县级市）等地方旅游行政组织的旅游安全行政治理体制，具体如图3-1所示。根据地位和职能，旅游安全行政治理机构主要分为领导机构、职能机构等不同类型。

（1）旅游安全行政治理的领导机构

《旅游法》第六章第76条规定，县级以上人民政府统一负责旅游安全工作，以旅游根本大法的形式将国务院和县级以上各级人民政府确定为旅游安全行政治理工作的行政领导机构，其中国务院是旅游安全行政治理工作的最高行政领导机构。在旅游安全行政治理工作中，国务院及县级以上各级人民政府统一负责旅游安全工作，它们既要监督和协调旅游、公安、应急、交通、卫生、农业、住建等旅游安全相关部门共同做好旅游安

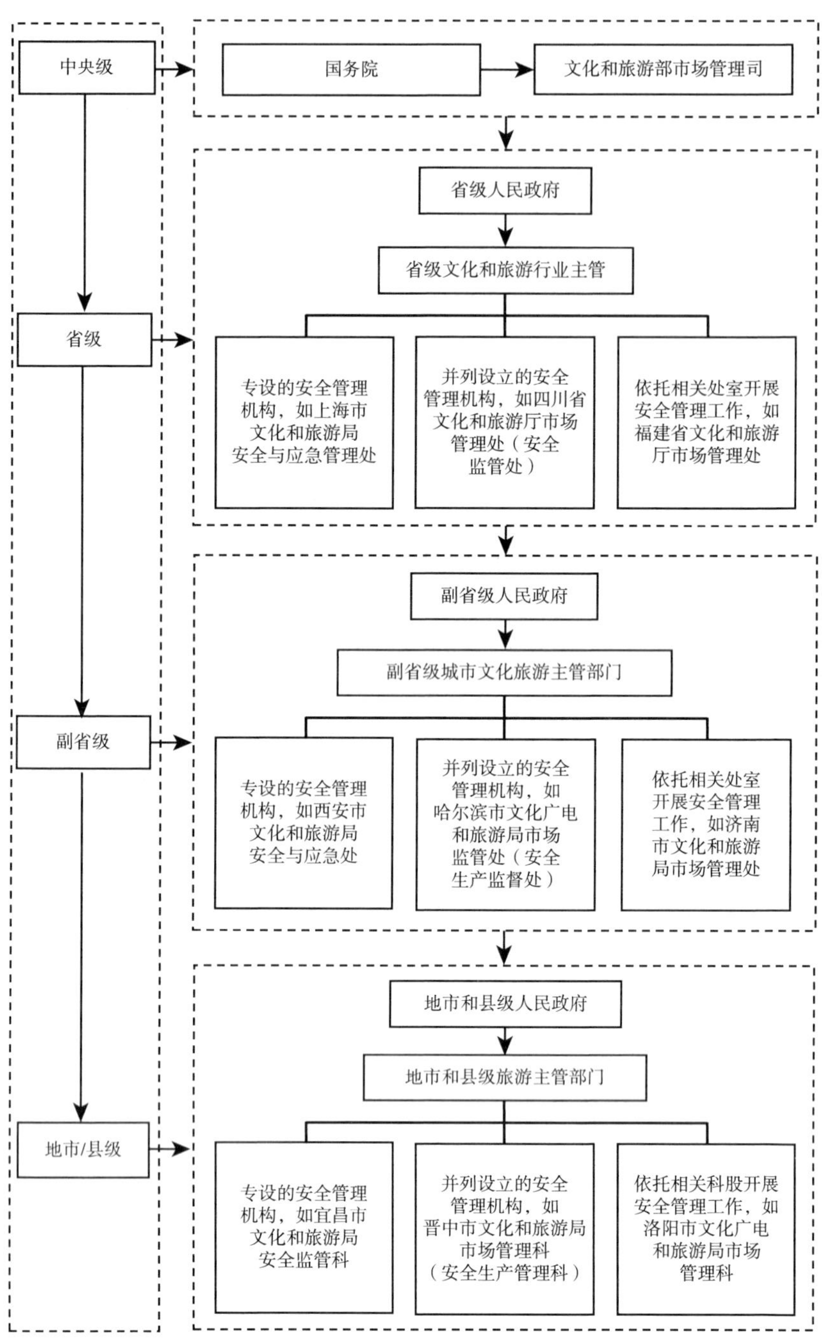

图 3-1 文化和旅游系统旅游安全行政治理的组织结构

全与应急工作，也要组织协调各方力量消除旅游安全隐患及处置旅游安全突发事件，提升旅游安全与应急工作的成效。

（2）旅游安全行政治理的职能机构

2016年，《中共中央 国务院关于推进安全生产领域改革发展的意见》要求“按照管行业必须管安全、管业务必须管安全、管生产经营必须管安全和谁主管谁负责的原则，理清安全生产综合监管与行业监管的关系，明确各有关部门安全生产和职业健康工作职责，并落实到部门工作职责规定中”。根据该文件，承担旅游安全行政治理的职能机构包括安全生产监督管理部门、负有安全生产监督管理职责的有关部门、其他行业领域主管部门、党委和政府其他有关部门等组织机构（见图3-2）。

安全生产监督管理部门	负有安全生产监督管理职责的有关部门	其他行业领域主管部门	党委和政府其他有关部门
负责安全生产法规标准和政策规划制定修订、执法监督、事故调查处理、应急救援管理、统计分析、宣传教育培训等综合性工作，承担职责范围内行业领域安全生产和职业健康监管执法职责	依法依规履行相关行业领域安全生产和职业健康监管职责，强化监管执法，严厉查处违法违规行为	负有安全生产管理责任，要将安全生产工作作为行业领域管理的重要内容，从行业规划、产业政策、法规标准、行政许可等方面加强行业安全生产工作，指导督促企事业单位加强安全管理	在职责范围内为安全生产工作提供支持保障，共同推进安全发展

图3-2 政府有关部门的旅游安全监管职责

其中，应急管理部门属于安全生产监督管理部门，负责“安全生产法规标准和政策规划制定修订、执法监督、事故调查处理、应急救援管理、统计分析、宣传教育培训等综合性工作，承担职责范围内行业领域安全生产和职业健康监管执法职责”。住房和城乡建设、交通、卫生等部门属于负有安全生产监督管理职责的有关部门，需“依法依规履行相关行业领域安全生产和职业健康监管职责，强化监管执法，严厉查处违法违规行为”。旅游主管部门作为行业领域主管部门，“负有安全生产管理责任，要将安全生产工作作为行业领域管理的重要内容，从行业规划、产业政策、法规标准、行政许可等方面加强行业安全生产工作，指导督促企事业单位加强安全管理”。党委和政府其他有关部门则“要在职责范围内为安全生产工作提供支持保障，共同推进安全发展”。因此，旅游安全行政治理工作是一个涉及多部门职责的综合性安全管理工作。

文化和旅游部负责旅游安全监督管理和应急管理等相关职能。2020年发布的《国务院安全生产委员会成员单位安全生产工作任务分工》规定，文化和旅游部“负责文化和旅游安全监督管理工作，加强应急管理”，并“会同国家有关部门对旅游安全实行综合治理，配合有关部门加强旅游客运安全管理。指导地方对旅行社企业安全生产工作进行监督检查，推动协调相关部门加强对自助游、自驾游等新兴业态的安全监管，依法指导景区建立具备开放的安全条件。配合有关部门组织开展景区内游乐园安全隐患排查整治”。这一规定成为文化和旅游部门划定安全生产职责的重要依据，也是地方旅游安全行政治理体制建设的重要依据。当前，我国文化和旅游部负责安全的机构是市场管理司安全和假日处，具体负责旅游安全综合协调和监督管理。

我国地方文化和旅游部门负责旅游安全工作的职能机构主要有以下三种形式。第一，设置专门的旅游安全行政治理部门，如北京市文化和旅游局设置了旅游安全与应急处，上海市文化和旅游局设置了安全与应急管理处，苏州市文化广电和旅游局设有安全与应急处，宜昌市文化和旅游局设有安全监管科，该种设置方式有利于更为全面、专业地处理旅游安全的有关事务。第二，旅游安全行政部门与相关部门并列设置，如四川省文化和旅游厅设立了市场管理处（安全监管处），哈尔滨市文化广电和旅游局设立了市场监管处（安全生产监督处），晋中市文化和旅游局设立了市场管理科（安全生产管理科），该种设置方式在一定程度上体现了对旅游安全行政治理工作的重视。第三，依托市场管理机构负责旅游安全的相关业务，这是我国大部分省份开展旅游安全行政治理工作的组织体制。如福建省文化和旅游厅由市场管理处负责旅游安全管理工作，济南市文化和旅游局由市场管理处负责旅游安全管理工作，洛阳市文化广电和旅游局由市场管理科负责旅游安全管理工作。

二　旅游安全行政治理的机制

旅游安全行政治理机制是旅游主管部门在处理旅游安全管理工作过程

中，所采取的各种制度化、程序化的管理方法与措施，它是对旅游安全工作主体之间工作关系、工作流程和工作方法的有序规范。旅游安全行政治理机制需依托于旅游安全行政治理体制，并通过旅游安全法制建设进行约束和规范。

1. 我国旅游安全行政治理机制建设进程

我国旅游产业的快速发展推动了旅游人次规模的不断扩大，但复杂的风险因素也导致旅游安全事故和突发事件的不断发生，旅游安全治理的需求由此诞生。1990 年实施的《旅游安全管理暂行办法》规定，"旅游安全管理工作应遵循统一指导、分级管理、以基层为主的原则"，"各级旅游行政管理部门，在当地政府的领导下，会同有关部门，对旅游安全进行管理"，并要求旅游安全行政治理机构要"建立和健全安全检查工作制度，定期召开安全工作会议"。我国旅游安全行政治理机制初步显现。

2003 年，非典疫情的暴发使我国各级政府认识到突发事件应急管理的重要性，并逐步推动突发事件应急机制的建立。2006 年颁布的《国家突发公共事件总体应急预案》提出，应"构建统一指挥、反应灵敏、协调有序、运转高效的应急管理机制"。2007 年，我国《突发事件应对法》正式出台，该法进一步明确了"国家建立统一领导、综合协调、分类管理、分级负责、属地管理为主的应急管理体制"，并就预防与应急准备机制、监测与预警机制、应急处置与救援机制、恢复与重建机制等核心机制与法定要求进行了规范。2013 年，《旅游法》实施，其第六章第 77 条和第 78 条分别规定"国家建立旅游目的地安全风险提示制度"和"县级以上人民政府应当依法将旅游应急管理纳入政府应急管理体系，制定应急预案，建立旅游突发事件应对机制"。2016 年实施的《旅游安全管理办法》则对旅游目的地安全风险提示制度、旅游突发事件报告与应急处置等进行了详细要求。2019 年 11 月，习近平在《积极推进我国应急管理体系和能力现代化》的讲话中指出，"要健全风险防范化解机制，坚持从源头上防范化解重大安全风险"，并指出"要完善应急救援空域保障机制""加强队伍指挥机制建设"。2020 年新冠疫情发生后，各地旅游部门围绕疫情期间的旅游安全治理进行了机制层面的系统探索，积累了丰富的治理经验。由此，我国旅游目的地风险预警机制和旅游突发事件应对机制逐步确立和优化。

可见，我国旅游安全治理机制的建设既根植于国家安全治理机制的建设，也体现出旅游行业领域安全治理的特色需求。由于旅游行业涉及的人员规模巨大，旅游安全治理及其成效越来越受到社会的关注，它已经成为国家安全治理工程中的重要一环。

2. 我国旅游安全行政治理的机制结构

我国的旅游安全行政治理机制大致可以分为旅游安全日常治理机制、旅游应急治理机制以及其他相关治理机制三种类型（见表3-2），涵盖了旅游突发事件事前、事发、事中和事后等不同阶段的治理需求。

第一，旅游安全日常治理机制。旅游安全日常治理机制是旅游主管部门在非紧急情况下开展的日常化、制度化、程序化的工作任务及其机制安排，主要包括旅游安全监督机制和旅游安全保障机制等类型。旅游安全监督治理机制包括旅游主管部门开展的以安全资质为前置条件的审批许可、安全生产教育与培训、安全生产情况的监督检查、安全资源的组织、储备与配置等工作内容。例如，旅游主管部门在审批设立旅行社前，需要审核其安全资质，并需要针对旅行社等经营者的安全生产情况进行专项检查。必要时，要协调相关部门和机构组织、储备与配置旅游安全资源，推动旅游保险建设，以保障旅游安全工作的正常开展。

第二，旅游应急治理机制。旅游应急治理机制是应对和处置旅游突发事件的结构性任务及其实施方式的总称，主要包括旅游预防与预备机制、旅游监测与预警机制、旅游处置与救援机制以及恢复重建机制等核心类型。其中，旅游预防与预备机制主要是针对旅游突发事件风险因素进行有效的预防管理，并为旅游突发事件的有效应对提供良好的资源基础和工作基础。旅游监测与预警机制是指对即将发生、并可能造成危害的旅游突发事件进行风险信息收集、分析和警示警告等工作的统称。旅游处置与救援机制是旅游突发事件发生时进行紧急应对的机制，包括在旅游突发事件发生后采取相应措施、进行紧急搜救、开展医疗救助等相关事项。恢复与重建机制是旅游突发事件发生后所开展的事发场所环境秩序恢复、涉事主体善后赔偿及心理干预、资源设施重建、旅游市场恢复等任务机制的统称。

表 3-2　我国旅游安全行政治理的机制体系

分类	机制具体类型	机制内容	案例
旅游安全日常治理机制	旅游安全监督管理机制	旅游安全日常监督、检查制度的制定与执行	• 江苏省:2020 年,江苏省文化和旅游厅推动建立文化和旅游行业安全生产社会监督工作机制 • 宁夏:2021 年,宁夏回族自治区文化和旅游厅推行重宣教、重督导、重管理、重排查、重预防的安全生产工作机制 • 四川省:2020 年,四川省遂宁市大英县推动建立全域旅游安全联合监管工作机制,要求根据各有关部门工作职能,建立综合协调、部门联动、分工协作、统一行动的旅游联合监管工作机制 • 浙江省:2022 年,浙江省台州市文化广电体育旅游局要求建立"555"(5 大对象、5 级监管、5 项机制)治理体系,全方位、多层次密织旅游安全监管网络
	旅游安全保障机制	旅游安全资源的组织、储备与配置	• 国家旅游局:2012 年,国家旅游局推行旅行社责任保险统保机制 • 文化和旅游部:2018 年,文化和旅游部要求"排除安全隐患,增强安全保障能力"
旅游应急治理机制	预防与预备机制	旅游突发事件的事前预防与治理	• 文化和旅游部:2023 年,文化和旅游部发文要求"加强安全宣传和游客提示,避免前往未开放区域旅游""防范涉旅重特大安全事故发生" • 重庆市:2022 年,重庆市通过提早部署、加强督查、深化协作、强化责任、加强培训等五项措施防范旅游安全事故
	旅游监测与预警机制	旅游突发事件的事发监测与预警	• 文化和旅游部:2023 年,文化和旅游部发文要求"加强安全宣传和游客提示""有针对性地增加游客安全提示提醒,多方式、多渠道引导游客预约错峰出行" • 安徽省:2015 年,黄山市旅游委员会提出要常态化旅游实时监测及预警研判等,完善旅游行业突发事件的预警工作
	旅游处置与救援机制	旅游突发事件的事中响应与救援	• 文化和旅游部:2023 年,针对春节假期旅游,加强应急值守和信息报送 • 江苏省:2021 年,江苏省人民政府发布《江苏省文化和旅游活动重特大突发事件应急预案》,规范应急响应的任务机制
	恢复与重建机制	旅游突发事件的事后善后与恢复	• 四川省:2008 年,汶川大地震后确立了"旅游业率先恢复重建的管理机制" • 四川省:2023 年,针对"9·5"地震,四川省通过推进 A 级旅游景区重建、加大公共文化设施建设补助、加强历史文化遗迹抢救保护,推进文化和旅游行业灾后恢复重建工作

续表

分类	机制具体类型	机制内容	案例
其他相关治理机制	社会动员机制	社会资源的组织与调配	• 四川省:2008 年,汶川大地震后,四川省旅游局通过建立广泛的社会动员机制,为旅游业的恢复重建提供了重要的社会基础 • 甘肃省:2013 年,武山县温泉乡在经历暴洪冲击后受灾严重,通过广泛动员群众、动用大型机械等方式组织灾后整治
	部门协作机制	旅游主管部门与各有关部门在旅游安全管理中的协调及联合管理	• 甘肃省:2022 年,甘肃省文化和旅游厅与气象局共同建立灾害性天气旅游安全应急联动机制 • 四川省:2013 年,四川省旅游局与省质监局签订战略合作协议,联合建立旅游监管机制

第三，其他相关治理机制。社会动员机制和部门协作机制是重要的旅游安全治理机制。社会动员机制是旅游主管部门协调旅游安全资源的重要方式，这种机制主要在重大事件发生后才予以启动。在正常情景下，社会动员机制在公共安全教育、舆情引导等方面也可发挥重要作用。部门协作机制是指旅游主管部门与其他行政机构之间的配合协调机制，它贯穿了旅游安全行政治理的全过程。不论是在旅游安全事件的事前、事发、事中或事后阶段，旅游主管部门与其他各相关部门的合作都需要更加制度化、规范化的部门协作机制来予以协调，以提高旅游安全行政治理的协作效率。

三 旅游安全行政治理的法制

旅游安全法制既指旅游安全领域的法律制度，也包括旅游安全法律制度的实施和监督等活动过程。强化旅游安全法制建设，是我国旅游安全行政治理走向成熟的重要标志，也是推动旅游安全行政治理工作的重要基础。

1. 我国旅游安全行政治理法制建设进程

旅游安全是旅游业健康发展的基础，而旅游安全相关法律规定则是旅游安全的有力保障。我国旅游安全法制建设经历了较为漫长的发展过程。

20 世纪 90 年代，旅游业的快速发展提高了人们对旅游安全的重视，推动了旅游安全行政治理法制建设。1990 年 3 月，国家旅游局颁布的《旅游安全管理暂行办法》开始实施，它是我国第一部对旅游安全进行专门规范的综合性部门规章。1993 年，国家旅游局先后颁布《重大旅游安全事故报告制度试行办法》《重大旅游安全事故处理程序试行办法》，并于 1994 年开始实施《旅游安全管理暂行办法实施细则》。这些旅游安全行政治理的相关法律规范的颁布和实施开启了我国旅游安全行政治理法治建设的新篇章，极大地推动了我国旅游安全的行政治理工作。

此后，随着旅游业对旅游安全需求的不断增加，相关法律文件的制定实施逐渐被提上日程。2013 年 10 月，《旅游法》开始实施，其中第六章“旅游安全”对我国旅游安全行政治理工作提出了明确要求。2016 年 12 月，《旅游安全管理办法》开始实施，该办法对旅游行政机构、旅游经营者和旅游者的安全职责做了较为详尽的规定。《旅行社条例实施细则（2016 年修订）》等也对旅游安全警示等安全服务进行了规定。同时，地方人大颁布的旅游条例普遍将旅游安全列入规范范畴。2020 年 10 月，文化和旅游部发布的《在线旅游经营服务管理暂行规定》，填补了在线旅游服务管理领域的立法空白。随着我国旅游安全法制建设的不断推进，旅游安全领域的法律文件涵盖了法律、行政法规、部门规章、规范性文件、地方政府规章等法律层次。此外，我国旅游安全领域的标准体系也趋于完善。具体如表 3-3、表 3-4 所示。

表 3-3　中央旅游安全法律规范体系（部分）

法律层次	颁布机构	文件名称（施行日期）
法律	全国人民代表大会常务委员会	《中华人民共和国突发事件应对法》(2007 年 11 月 1 日)
		《中华人民共和国旅游法》(2013 年 10 月 1 日)
		《中华人民共和国安全生产法》(2014 年 12 月 1 日)
行政法规	国务院	《导游人员管理条例(2017 年修订)》(2017 年 10 月 7 日)
		《中国公民出国旅游管理办法》(2017 年修订)(2017 年 3 月 1 日)
		《旅行社条例》(2020 年修订)(2020 年 12 月 11 日)

续表

法律层次	颁布机构	文件名称（施行日期）
部门规章	国家旅游局	《旅行社条例实施细则（2016年修订）》（2016年12月12日）
		《旅游安全管理办法》（2016年12月1日）
	国家旅游局、中国保险监督管理委员会	《旅行社责任保险管理办法》（2011年2月1日）
	文化部	《文化市场突发事件应急管理办法（试行）》（2012年8月14日）
	文化部	《文化市场突发事件应急预案（试行）》（2012年8月14日）
	文化部	《娱乐场所管理办法》（2013年3月11日）
	文化和旅游部	《在线旅游经营服务管理暂行规定》（2020年10月1日）
规范性文件	文化和旅游部、公安部、住房和城乡建设部、应急管理部、国家市场监管总局	《关于加强剧本娱乐经营场所管理的通知》（2022年6月27日）
标准	国家旅游局	《旅行社安全规范》（LB/T 028—201）（2014年1月1日）
	国家质量监督检验检疫总局、国家标准化管理委员会	《导游服务规范》（GB/T 15971—2010）（2011年5月1日）
		《游乐园（场）服务质量》（GB/T 16767—2010）
		《旅游景区服务指南》（GB/T 26355—2010）
	行业协会	《中国饭店行业突发事件应急规范（试行）》（2008年6月11日）

表3-4 地方旅游安全法律规范体系（部分）

法律层次	颁发机构	文件名称（施行日期）
地方性法规	北京市人大常委会	《北京市旅游管理条例》（2004年12月1日）
		《北京市旅游条例》（2017年8月1日）
	湖北省人大常委会	《湖北省旅游条例》（2015年6月1日）
	吉林省人大常委会	《吉林省旅游条例》（2015年12月1日）
	福建省人大常委会	《福建省旅游条例》（2016年9月1日）
	山西省人大常委会	《山西省旅游条例》（2017年修订）（2018年1月1日）
	厦门市人大常委会	《厦门经济特区旅游条例》（2020年1月1日）

续表

法律层次	颁发机构	文件名称(施行日期)
地方政府规章	北京市人民政府	《北京市旅馆业治安管理规定》(2007年2月1日)
		《北京市星级饭店安全生产规定》(2007年4月1日)
		《北京市餐饮经营单位安全生产规定》(2007年4月1日)
		《北京市文化娱乐场所经营单位安全生产规定》(2007年4月1日)
		《北京市水域游船安全管理规定》(2007年11月23日)
	三亚市人民政府	《三亚市水上旅游管理暂行办法》(2012年8月10日)
	海南省人民政府	《海南省旅游安全管理规定》(2015年1月1日)
	重庆市人民政府	《重庆市旅游突发事件应急预案》(2017年7月25日)
	湖南省人民政府	《湖南省旅游突发事件应急预案》(2018年3月2日)
	广东省人民政府	《广东省民宿管理暂行办法》(2019年9月1日)
	武汉市人民政府	《武汉市旅游突发事件应急管理办法》(2021年3月15日)
地方政府规范性文件	四川省人民政府办公厅	《关于印发〈四川省突发旅游安全事件应急预案(试行)〉的通知》(2022年1月5日)
	银川市体育旅游局	《关于印发旅游行业消防安全管理规定的通知》(2017年12月15日)
	江苏省文化和旅游厅	《关于印发〈江苏省旅游投诉警示机制〉的通知》(2021年7月5日)
	上海市文化和旅游局	《关于印发〈上海市密室剧本杀内容管理暂行规定〉的通知》(2022年1月13日)
地方性行业标准	河北省质量技术监督局	河北省《旅行社安全质量规范》(DB13/T 1332—2010)(2010年12月15日)
	吉林省质量技术监督局	黑龙江省《漂流旅游安全和服务规范》(DB23/T 1868—2017)(2017年3月6日)
		吉林省《自驾游安全管理规范》(DB22/T 2751—2017)(2018年1月30日)
	黑龙江省质量技术监督局	河北省《旅游景区安全服务通则》(DB13/T 5031—2019)(2019年8月1日)

2. 我国旅游安全行政治理的法制特征

我国旅游安全行政治理法制体系涉及的相关法律法规和标准众多，总体特征包括以下三方面。

第一，旅游安全法律法规和标准的制定及颁布机构较为丰富。从横向上来看，旅游业涉及住宿、餐饮、娱乐、交通、购物等旅游要素企业，旅游业相关业务的监督管理涉及文化和旅游、应急、公安、交通、卫生、住建、农业、林草、水利、质监等多个相关部门（谢朝武，2022）。因此，旅游安全行政治理相关法律法规的制定和颁布机构不仅包括旅游主管部门，还包括了其他非旅游部门，如公安部门、住房和城乡建设部门、市场监督管理部门等。从纵向上看，旅游安全行政治理的法制体系涵盖全国及地方各级法律文件。全国性旅游安全行政治理法律法规的颁布实施为各省、市、县等地方旅游安全相关规范性文件、标准等的制定提供了方向指导和内容依据。

第二，旅游安全法律规范既包括基础性的法律规范，也包括指向特定业务类型的专项法律规范。如表3-3、表3-4所示，基础性法律文件主要是指具有综合治理功能、在整个旅游行业中普遍适用的法律规范。如《旅游法》是由全国人大颁布的法律，对旅游主管部门和应急管理部门、公安部门、市场监督管理部门等其他相关主管部门都具有约束作用。专项法律规范则主要针对某一类行政主体或旅游业某一类企事业单位、某一具体活动项目的旅游安全行政治理作出相关规定。例如，《旅游安全管理办法》是2016年由国家旅游局颁布的，其规范和约束的对象是各级旅游主管部门和“旅行社及地方性法规规定旅游主管部门负有行业监管职责的景区和饭店等单位”。专项法律规范的制定反映了国家和地方对特定治理主体和对象的重视程度。

第三，旅游安全法律规范的具体内容表现出保障旅游者安全的共同指向。虽然各相关法律规范所针对的旅游企事业单位不同、旅游活动项目不同，但在内容上主要包括了以下几个方面：①要求建立旅游者安全保障制度，以保障旅游者人身财产安全为目标；②对旅游者、旅游工作人员进行必要的安全教育培训，及时警示并采取相关预防性措施；③采取措施保证旅游设施设备处于良好安全状态；④制定旅游安全预案及旅游应急措施；⑤建立紧急救护制度并及时报告等。

四　旅游安全行政治理的预案

旅游应急预案是针对旅游突发事件所预先制定的行动方案。旅游安全行政治理的预案则包括旅游主管部门围绕旅游安全工作所制定的工作预案和面向旅游突发事件所制定的应急预案。旅游应急预案一般是根据过去的历史经验，针对潜在的或可能发生的旅游突发事件预先制定的应急处置方案，是相关部门、机构、企业等进行日常应急演练及事发应急处置的重要参考依据。

2003 年非典疫情过后，突发公共事件的应急预案建设引起了党中央及国务院的重视。2003 年 12 月，国务院办公厅成立应急预案工作小组，开展各类应急预案的制定完善工作。如表 3-5 所示，我国于 2006 年集中实施了一系列应急预案，初步形成了我国突发公共事件预案体系。就预案类别来说，除《国家突发公共事件总体应急预案》这一基础预案外，还涵盖了处置自然灾害、事故灾难及公共卫生事件等突发公共事件的专项应急预案，为旅游应急预案的建设提供了依据。

表 3-5　国家突发公共事件预案体系（仅列举与旅游业紧密相关的预案）

预案类别		预案名称(实施年份)
基础安全预案		《国家突发公共事件总体应急预案》(2006)
专项安全预案	自然灾害	《国家自然灾害救助应急预案》(2006)
		《国家防汛抗旱应急预案》(2006)
		《国家地震应急预案》(2012 年修订)
		《国家突发地质灾害应急预案》(2006)
		《国家森林火灾应急预案》(2012)
	事故灾难	《国家安全生产事故灾难应急预案》(2006)
		《国家处置铁路行车事故应急预案》(2006)
		《国家处置民用航空器飞行事故应急预案》(2006)
		《国家海上搜救应急预案》(2006)
		《国家处置城市地铁事故灾难应急预案》(2006)
	公共卫生事件	《国家突发公共卫生事件应急预案》(2006)
		《国家突发重大动物疫情应急预案》(2006)
		《国家食品安全事故应急预案》(2011)
	其他	《国家涉外突发事件应急预案》(2005)

我国旅游安全领域的预案建设是在国家总体应急预案建设工作的基础上展开的。2005 年 7 月，国家旅游局颁布施行《旅游突发公共事件应急预案》，为规范和指导我国旅游安全应急处置工作提供了依据，开启了我国旅游业预案体系建设的新篇章。在此基础上，我国各级旅游主管部门及

相关企事业单位的旅游安全管理预案逐渐建立起来。2018 年 3 月，文化和旅游部批准设立，地方文旅部门也迅速成立。2019 年，文化和旅游部实施了《文化和旅游部涉旅突发事件应急预案》。此后，地方文化和旅游部门也逐渐对旅游突发事件预案体系进行了修编。如表 3-6 所示，我国已形成了覆盖中央、省、市、县等不同行政层级的旅游安全预案体系。

表 3-6 旅游安全应急预案体系

<table>
<tr><th colspan="2">预案类别</th><th>预案发文机构</th><th>预案名称(实施年份)</th></tr>
<tr><td colspan="2" rowspan="4">基础性旅游安全预案</td><td>文化和旅游部</td><td>《文化和旅游部涉旅突发事件应急预案》(2019)</td></tr>
<tr><td>重庆文化和旅游厅</td><td>《重庆市文化旅游委涉旅突发事件应急预案》(2020)</td></tr>
<tr><td>宁波市文化广电和旅游局</td><td>《宁波市旅游突发公共事件应急预案》(2020)</td></tr>
<tr><td>龙岩市永定区人民政府</td><td>《永定区旅游突发事件应急预案》(2018)</td></tr>
<tr><td rowspan="13">专项旅游安全预案</td><td>出境旅游</td><td>国家旅游局</td><td>《中国公民出境旅游突发事件应急预案》(2006)</td></tr>
<tr><td rowspan="2">重大旅游突发事件</td><td>江苏省人民政府办公厅</td><td>《江苏省文化和旅游活动重特大突发事件应急预案》(2021)</td></tr>
<tr><td>齐齐哈尔市文化广电和旅游局</td><td>《旅游团体重大事故应急预案》(2021)</td></tr>
<tr><td rowspan="2">重大节假日</td><td>濉溪县文旅体局</td><td>《濉溪县文旅体局五一期间文旅市场安全突发事件应急预案》(2022)</td></tr>
<tr><td>福州市晋安区宦溪镇人民政府</td><td>《宦溪镇 2022 年“国庆”假期旅游安全工作应急预案》(2022)</td></tr>
<tr><td rowspan="2">旅游企业</td><td>中国饭店业协会</td><td>《中国饭店行业突发事件应急规范(试行)》(2008)</td></tr>
<tr><td>荆门市东宝区人民政府</td><td>《东宝区星级酒店突发事件应急预案》</td></tr>
<tr><td rowspan="2">自然灾害</td><td>义乌市文化和广电旅游体育局</td><td>《义乌市文旅局防汛防台抗旱应急预案》(2022)</td></tr>
<tr><td>辰溪县文化旅游广电体育局</td><td>《辰溪县文化旅游广电体育局应对雨雪冰冻天气应急预案》(2022)</td></tr>
<tr><td rowspan="2">公共卫生事件</td><td>福建省文化和旅游厅</td><td>《福建省文化和旅游行业疫情防控应急预案》(2022)</td></tr>
<tr><td>内蒙古自治区文化和旅游厅</td><td>《内蒙古自治区文化和旅游行业疫情防控应急预案(2022 版)》(2022)</td></tr>
</table>

就专项预案来看，制定主体有地方人民政府、旅游主管部门和旅游行业协会等不同的机构。从预案内容来看，旅游安全预案既包括针对自然灾

害、公共卫生事件、事故灾难等特定突发事件的应急预案，还包括针对出境旅游、重大旅游突发事件、重大节假日活动等特定业务活动、事件和时间的安全预案。旅游安全预案的体系化发展标志着旅游安全应急工作的不断成熟。

第三节　旅游安全行政治理的模式特征

旅游安全行政治理主要表现为旅游安全行政治理主体贯彻一定治理理念，综合运用行政治理手段，从多个方面对治理客体具体实施行政治理，最终实现治理职能目标的过程。旅游安全行政治理体系包括治理主体、治理客体、治理理念、治理职能、治理手段及治理内容等结构要素。由于政治制度及旅游发展程度的差异，不同国家和地区的旅游安全行政治理模式具有较大区别，呈现如专业部门管理、多部门协调管理、综合服务管理等多种治理模式。《旅游法》出台前后旅游安全行政治理体系的比较，如表 3-7 所示。

表 3-7　《旅游法》出台前后旅游安全行政治理体系的比较

结构要素	《旅游法》出台前	《旅游法》出台后
治理主体	• 旅游安全管理部门：国家、省、市、县各级旅游局安全主管部门 • 旅游安全相关职能部门：交通、消防、产品质量监督等 • 旅游社会团体：旅游协会及相关专业协会等	主体扩大化，将县级以上各级人民政府纳入旅游安全行政治理主体中
治理客体	旅游经营者、导游、领队、团队旅游者等	扩大治理对象为旅游经营者，包括旅行社、景区以及为旅游者提供交通、住宿、餐饮、购物、娱乐等服务的经营者；旅游者，包括团队旅游者和散客旅游者
治理理念	保障旅游者人身、财产安全	保障旅游者人身、财产安全
治理职能	政治职能、经济职能、社会服务职能，其中以政治职能和经济职能为主	政治职能、经济职能、社会服务职能综合协调发展
治理手段	行政手段、经济手段、法律手段、教育手段	强化法律手段、在行政手段中补充完善公共服务职能

续表

结构要素	《旅游法》出台前	《旅游法》出台后
治理内容	• 实施旅游安全生产及其监管 • 建立旅游安全事故报告制度 • 制订旅游应急预案 • 提供旅游安全风险信息	• 扩大安全监管主体，实施全人员、全过程安全管理 • 旅游者享有请求救助权，并支付费用 • 将应急管理纳入政府应急管理体系，建立突发事件应对机制 • 建立旅游目的地安全风险提示制度

一 《旅游法》出台前我国旅游安全行政治理模式

我国旅游安全行政治理是在旅游行政治理的整体框架下进行的，在治理主体、治理客体、治理理念、职能目标、治理手段等结构要素上基本遵从于旅游行政治理。随着我国旅游业的不断发展，旅游安全问题逐渐呈现，旅游安全事件的发生不仅造成相关的人身伤亡和财产损失，也可能影响整个旅游产业的健康发展。为有效处置旅游安全问题，我国采取相关行政手段进行治理，形成了一定的行政治理模式。

1. 《旅游法》出台前的旅游安全行政治理主体

我国传统旅游安全行政治理主体是以各级政府的旅游安全管理职能机构为核心，以政府旅游安全相关职能部门为延伸，以旅游社会团体为补充的开放式和多元化网络结构（张俐俐、刘丹萍，2007）。其中，核心主体是指从中央到地方的各级旅游安全主管部门，包括各级旅游安全主管部门中专设的旅游安全管理机构、具有综合管理功能的处室或其他相关已有处室，具体如北京市文化和旅游局旅游安全与应急处、四川省文化和旅游厅市场管理处（安全监管处）、福建省文化和旅游厅市场管理处等。旅游安全相关职能部门是指涉及旅游安全管理业务的交通、消防、质检等部门。旅游社会团体则是指旅游中介机构和行业组织。

2. 《旅游法》出台前的旅游安全行政治理客体

旅游安全行政治理客体较为复杂，它既包括直接为旅游者提供产品和服务的旅游经营者，也包括间接为旅游者服务的旅游行业组织机构等。我国旅游安全行政治理客体既包括旅行社、旅游景区、星级饭店等提供旅游服务的各类旅游经营者，也包括导游、领队、旅游服务人员等从业人员，同时包括参与旅游活动的旅游者等各类行为主体。

3. 《旅游法》出台前的旅游安全行政治理理念

在旅游业发展过程中，我国旅游安全行政治理工作一直将旅游者的安全置于首位，该理念在旅游安全相关法律法规中得以体现。1990 年，我国第一部对旅游安全进行专门规范的综合性部门规章《旅游安全管理暂行办法》开始实施，其总则第一条明确提出要保障旅游者人身、财物安全。2008 年，《旅游突发公共事件应急预案（简本）》颁布实施，其目的是迅速、有效地处置旅游者在旅游过程中所遇到的各种突发公共事件，尽可能地为旅游者提供救援和帮助，保护旅游者的生命安全。2013 年，《旅游法》开始实施，其总则第一条提出，保障旅游者和旅游经营者的合法权益。由此可见，我国传统的旅游安全行政治理理念是以保障旅游者的人身、财产安全为首要目标任务。

4. 《旅游法》出台前的旅游安全行政治理职能

旅游行政治理职能是指政府在治理旅游业过程中所扮演的角色、履行的职责及所起作用的总和。行政治理职能一般包括政治职能、经济职能、文化职能和社会服务职能。旅游安全行政治理职能主要体现在政治职能、经济职能和社会服务职能等方面，政治职能包括维护旅游安全秩序、开展旅游安全法制建设，经济职能包括旅游市场监管、旅游安全资源配置，社会服务职能包括旅游安全公共设施的建设和管理、旅游保险制度的建立、旅游安全知识的宣传教育等。在《旅游法》出台前，旅游安全行政治理更为强调政治职能和经济职能。

5. 《旅游法》出台前的旅游安全行政治理手段

旅游安全行政治理需要依靠有效的行政治理手段，我国传统的旅游安全行政治理手段主要包括行政手段、经济手段、法律手段和教育手段。行政手段是指旅游行政机构采取带强制性的行政命令、指示、规定等措施，来调节和管理旅游安全工作的方式。经济手段是旅游主管部门和相关部门借助经济杠杆，采用财政、税收、奖惩等方式对相关主体的旅游安全业务进行调节和管理的方式。如《旅游安全管理办法》第 34 条规定："旅行社违反本办法第十一条第二款的规定，未制止履行辅助人的非法、不安全服务行为，或者未更换履行辅助人的，由旅游主管部门给予警告，可并处2000元以下罚款；情节严重的，处2000元以上10000元以下罚款。”法律手段是指旅游主管部门和相关部门通过制定旅游安全的法律规范，对治理客体的旅游安全义务、权利和过程进行规范的治理方式。教育手段则指旅游主管部门通过宣传、教育、培训等方法将旅游安全法律法规和政策、指令等治理理念灌输到旅游安全治理客体的方式。在各类治理手段中，我国旅游安全行政主管部门较为习惯使用行政手段开展旅游安全治理工作，过于强调行政部门的权力和权威，行政手段比较缺乏公共服务职能，同时经济手段和教育手段使用不足。

6.《旅游法》出台前的旅游安全行政治理内容

旅游安全行政治理包括了丰富的工作内容，在我国旅游安全相关法律法规中，对旅游安全行政主管部门、旅游安全相关部门的职责作出了相关规定。1993年，《重大旅游安全事故报告制度试行办法》和《重大旅游安全事故处理程序试行办法》相继实施，对旅游安全事故的报告制度、处理程序作出了相关规定。1994年，《旅游安全管理暂行办法实施细则》开始实施，其明确规定了各级旅游安全行政主管部门对旅游企事业单位的安全管理职责、处理重大事故职责、旅游安全宣传、教育、培训职责等，要求县级以上各级旅游安全行政主管部门要协同公安、消防、卫生、园林等旅游安全相关部门进行安全检查和治理工作。2008年，《旅游突发公共事件应急预案（简本）》明确规定了各级旅游主管部门制定旅游突发公共事件救援预案的要求，在“预警发布”中提出要提供旅游安全风险信息。综上可知，我国《旅游法》出台前的旅游安全行政治理内容主要包括实施旅游安全生产及其监管、建立旅游安全事故报告制度、制定应急预案以及提供旅游安全风险信息等方面。

二 《旅游法》出台后的旅游安全行政治理模式

2013年，《旅游法》的实施对我国旅游行政治理体系进行了全面的规范和设定，其中第六章旅游安全更加明确了我国旅游安全行政治理的各结构要素，在传统行政治理基础上对治理主体、治理客体、治理理念、治理职能、治理手段、治理内容等方面作了进一步的规范，提高了对旅游安全行政治理的目标和要求。

1. 《旅游法》出台后旅游安全行政治理主体的变革

在旅游安全行政治理主体方面，《旅游法》对治理主体的层次关系作出明确的规定，将一些难以由职能部门履行的统筹责任和职责直接明确到县级以上各级人民政府。《旅游法》第76条规定，县级以上人民政府统一负责旅游安全工作，第77条规定，国家建立旅游目的地风险提示制度，第78条规定县级以上人民政府应当依法将旅游应急管理纳入政府应急管理体系等。由此，《旅游法》扩大了旅游安全行政治理主体，突出了各级人民政府在旅游安全行政治理中的牵头作用。

2. 《旅游法》出台后旅游安全行政治理客体的变革

在旅游行政治理客体方面，《旅游法》对原有治理对象提出更加全面的治理要求，其中第79条、第80条、第81条对旅游经营者的安全职责义务进行了相关规定，将为旅游者提供交通、住宿、餐饮、购物、娱乐等服务的经营者统一纳入治理对象范围内。此外，《旅游法》还对团队旅游者和散客旅游者的义务作出了规定，主要包括自我安全保障义务、接受旅游救援后支付应由个人承担的费用等。

3. 《旅游法》出台后旅游安全行政治理理念的变革

就旅游安全行政治理理念来说，我国在《旅游法》实施前后均以保障旅游者人身、财产安全为主，在《旅游法》第六章“旅游安全”中，突出了对旅游者人身财产安全的保障，从县级以上各级人民政府、旅游经营者、旅游者自身等多个主体出发进行了相关规定。

4. 《旅游法》出台后旅游安全行政治理职能的变革

在旅游安全行政治理的职能目标方面，《旅游法》的实施推动了旅游安全行政治理职能目标的转变，在传统的政治职能、经济职能为主的基础上，从建立旅游目的地安全风险提示制度、对旅游者提供安全救助等方面突出强调了社会服务职能，使其向政治职能、经济职能和社会服务职能并重转变，以实现旅游安全治理体系的综合协调发展。

5. 《旅游法》出台后旅游安全行政治理手段的变革

《旅游法》的出台进一步丰富和完善了我国旅游行政治理的手段，其在原有的旅游安全行政治理的基础上，进一步明确了各主体的安全法律责任，为旅游安全行政治理提供了法律基础和依据。至此，我国旅游安全管理的法律规范涵盖了法律、行政法规、部门规章、地方政府规章、规范性文件、标准等法律层次，形成了较为完整的旅游安全管理法制体系，法律手段成为旅游安全行政治理的重要工具。此外，《旅游法》大力强调为旅游企业和旅游者提供丰富的公共服务要素，如该法第 26 条规定，国务院旅游主管部门和县级以上人民政府应当根据需要建立旅游公共信息和咨询平台，无偿向旅游者提供旅游景区、线路、交通、气象、住宿、安全、医疗急救等必要信息和咨询服务。旨在通过进一步的公共服务职能来支撑旅游安全行政治理。

6.《旅游法》出台后旅游安全行政治理内容的变革

《旅游法》要求推进旅游安全管理制度变革，从政府、经营者和旅游者的角度进行全面规范，以提升旅游安全治理水平。《旅游法》第 78 条第一款规定："县级以上人民政府应当依法将旅游应急管理纳入政府应急管理体系，制定应急预案，建立旅游突发事件应对机制。"并明确了旅游经营者和旅游者的安全责任和义务，由此形成了政府统一负责、部门分工监管、旅游经营者具体负责、旅游者自我保护的责任体系，体现了"事前预防、事中监管、事后处置"和"政府、企业、社会、个人"权责统一的旅游安全综合治理模式。此外，《旅游法》对旅游目的地安全风险提示、景区流量控制、旅游者的安全责任和义务等内容进行了明确，体现了旅游安全治理内容的迭代升级。以此为基础，各级旅游部门可根据《旅游法》的有关规定，推动、联合或者配合政府及有关部门对这些制度进行细化，建立长效机制，以更坚实地保障旅游者的人身、财产安全，创造良好的旅游环境，促进旅游业的安全、持续、健康发展。

综上可知，《旅游法》的实施标志着我国旅游安全治理模式的转型和升级，它推动建立起了县级以上人民政府统一负责，旅游主管部门和其他相关部门依法监管，旅游经营者承担安全生产主体责任，旅游者自我保护和积极配合相结合的旅游安全行政治理模式。

三　高风险旅游安全治理模式的国内外比较

我国的文化和旅游部门承担着旅游资源保护与开发、旅游形象建构与宣传、旅游产业引导与促进、旅游安全综合协调与治理等复杂的行政职能，这种治理方式有利于推动旅游产业的综合发展和快速成长。比较而言，大部分西方国家的旅游主管部门主要承担宣传、推广、促进等产业发展职能，旅游安全行政治理的职能一般由相关公共安全类的部门承担，旅游部门在旅游安全领域的职能更多体现为旅游安全风险信息的提供。其中，高风险旅游项目是我国和西方都共同关注的治理对象。

国外旅游安全行政治理模式借鉴（以高风险旅游项目管理为例）如表 3-8 所示。针对高风险旅游项目的治理，新西兰、加拿大和澳大利亚等国家主要由旅游主管部门，海事、交通、民航等相关行政部门和行业协会等治理主体承担。在各主体的治理内容上，旅游主管部门以提供旅游安全风险信息等相关公共服务为主；海事、交通、民航等相关行政部门主要承担海事安全、交通安全、航空安全等业务安全的监管工作，并承担相应的高风险旅游项目进行许可和监管；相关行业协会则主要承担了制定安全标准、发布安全指南等公共服务工作，它既面向为高风险旅游的经营者提供服务，也面向为参与高风险活动的旅游者提供服务。

表 3-8　国外旅游安全行政治理模式借鉴（以高风险旅游项目管理为例）

国家	治理主体	治理内容
新西兰	旅游主管部门	• 为探险旅游和游客提供诸多方面服务，如发布旅游相关信息等
	相关行政部门	• 新西兰海事安全局（New Zealand Maritime Safety Authority）管辖水上高风险旅游项目 • 新西兰陆地交通安全局（New Zealand Land Transport Safety Authority）管辖陆地高风险旅游项目 • 新西兰民航局（New Zealand Civil Aviation Authority）管辖高空高风险旅游项目
	相关行业协会	• 新西兰水上安全协会（Water Safety New Zealand），其职责是保证水上活动的安全，其中包括海滩、湖泊、河流和出海活动的安全 • 新西兰旅游行业协会（The Tourism Industry Association and Qualmark New Zealand）制定了旅游产业标准，分别为遵守安全健康在内的管理规定、服务交付、员工培训、优良的设施、环境管理、文化管理、业务技能与经验

续表

国家	治理主体	治理内容
加拿大	相关行政部门	• 交通部管辖水上高风险旅游项目，负责船只的许可证颁发与审核、设施的安全检查以及日常经营等方面
澳大利亚	旅游主管部门	• 为本区域的各种高风险旅游活动提供高风险行为活动指南，如澳大利亚塔斯马尼亚州旅游局针对丛林徒步、冲浪、洞穴探险、山地自行车、攀岩、骑马等各种探险旅游活动提供完备的《探险活动指南》

总体上，国外的旅游安全行政治理模式大体与我国类似，属于多部门协调管理模式，但各相关主体的治理内容却与我国存在着一定程度的差异。具体来说，新西兰、加拿大和澳大利亚等国家强调安全业务的专业归属，在旅游安全治理上高度重视不同专业行政部门对不同类别旅游项目的管理，并强调发挥行业协会的专业性、提升其协同治理职能，而旅游主管部门主要承担相关的公共服务职能，旅游安全治理的责任相对弱化。

第四节　旅游安全行政治理的监管边界

旅游安全监督管理是指旅游主管部门和相关部门围绕旅游者安全保障、旅游企业安全生产和旅游行业安全发展等进行法制建设、许可审批、隐患排查、监测评估、宣贯执法、应急管理等相关行政治理活动的总称。旅游安全监督管理工作涉及文化和旅游部门、应急管理部门、市场监督管理部门和相关部门的安全监督业务。

一　旅游安全行政监管的基本特征

随着大众旅游时代的到来和散客化浪潮的兴起，我国旅游安全监管形势日益复杂，旅游部门的安全监管手段有限，相关部门和旅游者对旅游安全监管职责认知差异巨大，这些监管困境给旅游安全治理带来了艰巨的挑战。因此，审视并梳理旅游部门安全监管的边界与任务，了解其发展特征，对于旅游部门的安全治理工作具有重要的指导意义。

1. 旅游安全行政监管形势复杂

(1) 旅游安全行政监管对象多元化

旅游安全监管对象涉及旅游主体、旅游客体和旅游媒体等相关主体和机构。旅游主体是指旅游者，大众旅游兴起催生了新兴的旅游者群体，他们具有复杂的消费习惯、出游观念和旅游活动形式。不仅如此，以互联网为核心的智慧旅游也塑造了旅游者的行为方式，如游前信息搜索、游中产品预订和游后信息分享，这些都对旅游者的安全监管提出了新的要求。旅游客体泛指对旅游者有吸引力的旅游资源，传统旅游资源和不断产生的新兴旅游资源丰富了资源体系，也产生了大量高风险旅游项目和旅游业态，这些业态产品需要多部门明确监管内容和监管机制。旅游业务所涉及的“食、住、行、游、娱、购”等要素企业是沟通旅游主体和旅游客体的媒体企业，其相应的业务活动及其安全生产活动需要由相关部门进行安全监管，以建立“纵向到底、横向到边”的安全监管体系。此外，在传统旅游六要素的基础上，激发游客旅游动机和体验的涉旅新要素越来越多，“商、养、学、闲、情、奇”等新兴涉旅业务和涉旅企业不断产生，它们也需要有明确的安全监管机制。

(2) 旅游安全行政监管项目多样化

旅游产品具有无形性、不可储存性、生产和消费统一性和易损性等产品特性，这种产品特性会对旅游安全监管构成挑战。尤其在体验经济时代，旅游产品和旅游项目的体验属性被旅游者和旅游企业赋予了更深的内涵和期待，体验化的设计和表达会增加旅游者与产品的接触界面，也会增加新的安全风险并增大安全监管的难度。随着传统旅游业态产品的转型升级与“旅游+”战略的全力推进，红色旅游产品、文化旅游产品、医疗旅游产品等顺应旅游业发展新趋势的旅游新业态产品不断产生，它们更具有产品规格复杂、服务链条较长、市场状况复杂等综合特征。要实现对这些旅游产品项目的有效监管，需要相关部门不断拓展监管空间、延伸监管链条。如体育类高风险旅游项目、特种设备类高风险旅游项目和交通类高风险旅游项目层出不穷，缺乏基础性的制度支持和实践性的机制保障是高风险旅游项目监管面临的突出问题。尤其是在面对监管职责模糊、缺乏业务主管部门时，旅游主管部门常常缺乏有效的应对机制和管理制度，致使高风险旅游项目面临诸多安全问题和挑战。

(3) 旅游安全行政监管区域复杂化

我国旅游者的旅游区域已实现了从景区空间到全域空间、从常规空间到非常规空间、从境内空间到境外空间等的转变，旅游安全监管也应当突破“小旅游”的安全监管格局。在此背景下，全域旅游的空间“域变”对目的地旅游安全监管的内涵和监管机制提出了新需求，旅游者在全域空间的旅游行为必然使旅游安全的空间载体更接近公共安全的空间载体，旅游者保障、风险防范和安全管控难度将因此加大，目的地更需要突出多部门联动监管的机制任务。从旅游者行为变化来看，旅游者正从常规空间“跑点式”观光游览向“旅居式”深度体验的转变，在实现游客沉浸式、开放式旅游体验模式转变的同时，旅游安全监管也需要从传统围墙内的旅行社管理转向产业融合后的多产业综合协调管理，需要技术、资源和要素的跨行业配置与响应。随着我国出境旅游的发展，我国常年有上亿旅游者在境外开展旅游活动，我们需要保障在中国境内购买的出境旅游产品符合保障旅游者人身财产安全的法律要求。因此，我们既需要强化出境旅游安全的应急准备、风险预警与提示，建设跨境旅游安全保障资源，也需要与出境旅游目的地开展跨境安全监管合作，保障出境旅游者的人身财产安全。

(4) 旅游安全事故发生常态化

近年来，全国旅行社责任险统保示范平台的团队出险案例多年维持在10000起以上，游客个人旅游意外险出险案例则在200万起以上。同时，在中国国内或涉及中国游客的重特大旅游安全事故的暴发越来越常态化。如2014年上海外滩踩踏事故、2015年“东方之星”沉船事件和2015年“青岛大虾”事件、2018年泰国普吉岛沉船事件、2021年黄河石林百公里越野赛公共安全责任事件等，这些重特大旅游安全事故都具有复杂的成因结构、特征表现和影响结构，都导致了包括中国在内的国际旅游市场的波动，冲击并影响了中国旅游安全监管体系和监管机制。不仅如此，网络舆情显然已经成了社会舆情的“放大器”和“风向标”，旅游安全事件在网络舆情发酵下所形成的“舆论风暴”容易激化矛盾、引发社会动荡，甚至形成改变突发事件处置的背景和力量。涉旅安全事件的舆情管理成为旅游安全治理中的重要任务和挑战。

2. 旅游主管部门安全监管职责认知差异巨大

《旅游法》第76条规定，县级以上人民政府统一负责旅游安全工作。《中共中央 国务院关于推进安全生产领域改革发展的意见》规定，安全生产监督管理部门、负有安全生产监督管理职责的有关部门、其他行业领域主管部门、党委和政府其他有关部门等组织机构按照各自职责承担相应的安全监管业务。总体上，旅游主管部门和其他相关部门的安全监管职责在法理上是清晰的。但是，地方政府、旅游主管部门、相关职能部门和社会公众对旅游主管部门的安全监管职责的认知存在巨大的差异。

《行政许可法》《安全生产法》等法律法规规定，“谁主管，谁负责”是安全治理的基础原则和导向，《国务院安全生产委员会成员单位安全生产工作任务分工》也规定，文化和旅游部“负责文化和旅游安全监督管理工作，加强应急管理”，并“会同国家有关部门对旅游安全实行综合治理”。显然，分工中的旅游安全监督管理是在法定的职责范围内、以三定方案作为基础依托。例如，根据“谁许可，谁负责”的原则，旅游主管部门应对旅行社进行安全监管，而大部分高风险旅游项目则应该由市场监督管理部门、民航部门、交通运输部门、体育部门等具体负责安全监督管理工作。旅游主管部门和旅游行业协会负责A级景区和星级饭店的评审工作，旅游主管部门需要在评审前审核申请单位的相关安全资质，但这并不等于旅游主管部门要承担A级景区和星级饭店的安全监管工作，因为旅游主管部门并不是这些旅游企业的法定许可审批部门。但在治理实践中，社会媒体和公众旅游者习惯于将所有涉旅安全问题指向旅游主管部门，甚至政府机构和相关领导也持有这种观念。可见，旅游安全监管职责的社会认知、其他政府部门认知大于旅游主管部门的法定监管职责，这一现状给旅游主管部门的安全监管带来巨大的挑战，旅游主管部门承担了不少法定职责以外的旅游安全工作，旅游发展弱势地区的旅游主管部门所承担的压力则更大。

由于各地可以通过地方性立法和三定方案明确地方旅游主管部门的安全监管职责，其范畴可能大于中央旅游主管部门的安全监管范畴。不同省份、地市旅游主管部门的安全监管职责也可能存在部分差异。在这种背景下，部分旅游行政人员对本行政区的旅游安全监管职责的认知并不完全清楚，以致构成玩忽职守罪的旅游安全行政管理人员不断增加。例如，2013年7月，广西壮族自治区金秀县天堂山河谷因突降暴雨引发山洪，致使天堂山河谷正在漂流的游客突发翻船事故，8名游客死亡、9名游客受伤。2018年11月，具体负责旅游安全、景区建设的金秀县旅游局质量监督股股长韦某甲被判玩忽职守罪。2016年2月29日，陕西省永寿县颐和生态园景区内一家无证经营的跑马场发生游客坠马摔伤致死事故。2018年3月，永寿县旅游局副局长、旅游股股长等被判玩忽职守罪，免予刑事处罚。在这几起安全事故中，地方制定的规范性文件均将旅游景区的安全监管职责纳入了旅游主管部门，这是案件审理判决时的重要证据文件。

3. 旅游主管部门安全监管手段有限

在旅游安全监管体系的运作中，旅游主管部门需要综合运用审批、检查、培训、处罚等管理手段和调控方法，对旅行社、旅游景区和星级饭店等要素企业进行安全监管，以最终实现安全治理的职能目标（吴真松、谢朝武等，2014）。从面向群体来看，由于包价旅游业务是旅行社的特许经营业务，旅游主管部门对旅行社包价旅游业务负有法定的安全监管职责，因此《旅游法》出台前的旅游安全治理主要面向包价团队旅游者。从调控对象来看，旅行社取得营业执照必须获得旅游主管部门的许可，才可向市场监管部门申请营业执照。为此，对旅行社及其从业人员的经营行为进行安全监管是旅游主管部门最为重要的法定职责。同时，旅游主管部门需要根据标准化的要求，对星级饭店和A级景区是否取得相应的安全资质进行审核，这是取得等级认证的基础要求。从调控方法来看，审批管理是法律法规赋予旅游主管部门规范旅行社经营行为的基本权力，可实现对旅行社服务的全方位监管。旅游主管部门也可联合相关部门，对旅行社、旅游景区、星级饭店的经营行为开展安全检查和专项整治行动。从工作特点来看，旅游主管部门的安全监管工作具有监管对象多、监管内容多、监管主体多等特征，各级旅游主管部门不仅需要对旅行社管理制度、产品服务和安全保障等日常经营行为展开许可监管，还需要联合相关部门、旅游行业组织对旅游安全生产和旅游者安全保障业务实施监管。显然，旅游安全监管工作具有专业性强、协调难度大等基本特征。

从实践来看，旅游安全监管手段也面临不少局限和困境，它主要体现在旅游主管部门在安全治理上缺乏人手、物质条件、专业技术能力和资源基础。其中，缺乏专业技术能力和资源基础是各级旅游主管部门都面临的、表现较为突出的掣肘因素。从安全监管内容来看，旅游企业的安全生产涉及业务繁杂，如旅行社服务合同签订、旅游车辆资质审核、酒店消防许可、酒店食品卫生质量、景区特种设备经营和旅游者购物维权等。但是，这些监管工作不仅涉及质量监管、食品卫生、消防安全等专业技术层面的监管活动，也包含合同纠纷、消费维权、价格欺诈等市场层面的监管活动。缺乏专业技术能力使旅游主管部门在部分监管活动中局限于书面审查，在与工商、质检等相关职能部门协同监管时往往处于从属地位。从安全监管的资源需求来看，我国地域广博，不同地区间的旅游发展阶段、旅游需求结构不尽相同，各地区旅游主管部门安全监管的资源需求及其供给水平存在明显差异，而旅游安全监管的职责、旅游者安全保障的需求又是均质的，这就形成了旅游安全监管要素资源需求与供给之间的矛盾。

二　旅游安全行政监管的边界与原则

在我国，《行政许可法》和《安全生产法》确立了“谁审批、谁监管，谁主管、谁监管”（以下简称“四个谁”）的监管原则，《安全生产法》具体强调了“管行业必须管安全、管业务必须管安全、管生产经营必须管安全”（以下简称“三个必须”）的治理导向，并规定“对新兴行业、领域的安全生产监督管理职责不明确的，由县级以上地方各级人民政府按照业务相近的原则确定监督管理部门”。此外，国务院安全生产委员会也在推动“建立新产业、新业态监管职责动态调整和联合执法机制，填补行业领域安全生产监管职责空白”。此外，《旅游法》明确了“县级以上人民政府统一负责旅游安全工作”。针对法律未明确授权的监管职责，各级政府行政部门应当遵循积极作为、尽职免责的监管原则，建立“纵向到底、横向到边、政府有为”的治理体制。可见，我国已初步明确了旅游安全行政监管的边界和原则，但是新兴旅游业态、活动和事务的产生会挑战现有的治理边界和法律基础，并造成部分领域、项目安全监管的模糊化。旅游安全监管的主要法律依据如表 3-9 所示。

表 3-9 旅游安全监管的主要法律依据

法律规范	监管内容	监管要求
《行政许可法》	上级行政机关应当加强对下级行政机关实施行政许可的监督检查，及时纠正行政许可实施中的违法行为；行政机关依法对被许可人从事行政许可事项的活动进行监督检查	谁审批、谁监管
《安全生产法》	负有安全生产监督管理职责的部门依据有关法律、法规、国家标准、行业标准规定的安全生产条件和程序进行审查；生产经营单位的主要负责人对本单位的安全生产工作全面负责	谁主管、谁监管
《安全生产法》	落实“三个必须”，确立安全生产监管执法部门地位；明确各级政府安全生产监管部门实施综合监督管理，有关部门在各自职责范围内对有关“行业、领域”的安全生产工作实施监督管理	“三个必须”
《旅游法》	县级以上人民政府统一负责旅游安全工作；组织旅游主管部门、有关主管部门和市场监督管理、交通等执法部门对相关旅游经营行为实施监督检查	多元监管网络
《中共中央 国务院关于推进安全生产领域改革发展的意见》	按照管行业必须管安全、管业务必须管安全、管生产经营必须管安全和谁主管谁负责的原则，理清安全生产综合监管与行业监管的关系，明确各有关部门安全生产和职业健康工作职责，并落实到部门工作职责规定中	理清综合监管与行业监管的关系
《国务院安全生产委员会成员单位安全生产工作任务分工》	负责文化和旅游安全监督管理工作，在职责范围内依法对文化市场和旅游行业安全生产工作实施监督管理，拟订文化市场和旅游行业有关安全生产政策，组织制定文化市场和旅游行业突发事件应急预案，加强应急管理；会同国家有关部门对旅游安全实行综合治理	明确文化和旅游部门的安全监管职责

1. 谁审批、谁监管，谁主管、谁监管

《行政许可法》和《安全生产法》中关于“四个谁”的相关规定是行政法治原则在市场监管领域的具象化，规范了行政主体在属地安全监管中必须遵守的基础法理依据。“四个谁”确定了行政监管权力的配置结构和行政监管职责的内部分工。其中，“谁审批、谁监管”描述了持有审批权的行政主体对审批事项开展事中或事后监管，“谁主管、谁监管”描述了持有行政管理权的行政主体对主管事项开展事中监管或事后监管。一般

而言，行政主体审批许可权附带了行政主管权，非审批事项的监管职责由法律规章另行规定。

“四个谁”也是各级政府行政部门在旅游市场开展事中监管或事后安全监管的法理依据。在旅游主管部门的安全监管实践中，“谁审批、谁监管”是指旅游主管部门对其所审批事项开展许可监管，“谁主管、谁监管”是指旅游主管部门在职责范围内对旅游行业开展的安全监管。具体来说，对旅行社经营业务的审批和许可是旅游主管部门的法定权力，对旅行社及其从业人员经营行为的监督管理也是旅游主管部门的法定职责。作为行业主管部门，旅游主管部门须会同国家有关部门对旅游安全实行综合治理。除旅行社外，其他旅游企业的审批行政主体和主管行政主体不一致，如景区、饭店等旅游企业均有自身的许可管理部门，其中消防、食品卫生等也有专门的许可监督部门。为了避免旅游安全监管活动中职责不明、责任推诿等监管问题，对旅行社以外的旅游经营者的安全监管应当遵循“许可为主”的监管原则，旅游主管部门则承担“辅助性”监管工作。例如，旅游主管部门应当对旅行社经营负有法定的安全监管职责，但对星级饭店和旅游景区等仅承担辅助性的监管职责，配合并协调拥有许可权的行政部门开展监督管理。

2. 管行业必须管安全、管业务必须管安全、管生产经营必须管安全

《安全生产法》中关于“三个必须”的监管原则凸显了行政监管的必要性和绝对性，更强调了安全生产综合监管与行业监管之间的协同作用。其中，“管行业必须管安全”明确各行业主管部门是本行业安全监管的重要责任主体，但是具体的职责必须有法律法规的授权，不能泛泛而论。“三个必须”也指出了安全生产综合监督管理部门的综合监管职责，该部门依法行使综合管理权以组织、协调和指导有关部门的安全生产工作，并对有关行业主管部门和地方政府的安全监管工作进行指导和部署。从此方面来看，综合监管是法律明确授权独属于安全生产综合监督管理部门的监管职责，而具体行业领域的安全监管职责和消防安全、卫生安全、食品安全等专项安全监管则需要具体的法律授权。

在旅游主管部门的安全监管实践中，“三个必须”厘清了旅游安全监管中安全生产综合监督管理部门和旅游主管部门的监管职能分工，明确了安全生产综合监管职责和行业安全监管职责的关系。其中，综合监管体现了系统监管的理念，它需要在宏观层面制定安全监管的综合性法律法规和政策，并对旅游主管部门具体实施的安全监管工作进行指导协调、监督检查、巡查考核。而行业安全监管体现了行业的专业性和技术要求，旅游主管部门遵循安全生产综合监督管理部门的部署，结合旅游行业实践、旅游发展阶段和旅游安全问题，对旅行社开展全面的安全监管，并协同相关部门对景区、饭店等旅游企业展开安全监管。因此，“三个必须”描述了旅游主管部门在法律法规的授权下，在安全生产综合监督管理部门的指导下，协同相关部门对旅游行业安全实施综合治理。

3. 县级以上人民政府统一负责旅游安全工作

旅游业是一个开放性的产业，涉及饮食、住宿、交通、景区、购物、娱乐等旅游经营者，旅游者的旅游活动中则涉及消防安全、食品卫生安全、疾病疫情、公共安全、特种设备安全、高危型体育项目安全等安全事项。旅游产业的开放性和旅游安全事项的多元性，决定了旅游安全监管需要多部门协同，单一部门无法完成全部的旅游安全监管工作。基于这一原因，《旅游法》第 76 条规定：“县级以上人民政府统一负责旅游安全工作。县级以上人民政府有关部门依照法律、法规履行旅游安全监管职责。”其中，县级以上人民政府有关部门包括旅游主管、应急管理、市场监督管理、体育、交通等相关部门，这些部门根据相关法律法规的授权履行安全监管职责。可见，《旅游法》进一步明确了县级以上人民政府及有关部门的安全监管职责，推动建立起政府统一负责、部门分工监管的多元监管体制。

《旅游法》是旅游主管部门及相关部门实施安全监管工作的重要法律依据。此外，《旅游法》还对旅游综合协调机制、旅游市场综合监管机制和旅游投诉统一受理机制进行了明确。其中，《旅游法》第 7 条规定，国务院建立健全旅游综合协调机制，县级以上地方人民政府对本行政区域的旅游业发展和监督管理进行统筹协调。在旅游市场监督管理中，《旅游法》第 83 条规定，县级以上人民政府旅游主管部门和有关部门在各自职责范围内对旅游市场实施监督管理，县级以上人民政府应当组织旅游主管部门、有关主管部门和市场监督管理、交通等执法部门对相关旅游经营行为实施监督检查。此外，县级以上人民政府“应当指定或者设立统一的旅游投诉受理机构”。可见，县级以上人民政府在旅游安全监管、旅游市场监管、旅游投诉受理等方面承担着重要职责。

三 旅游企业的安全监管与法理依据

1. 旅行社安全监管的边界与法理依据

旅行社是从事招徕、组织、接待旅游者等活动，并为旅游者提供相关旅游服务，开展国内旅游业务、入境旅游业务或者出境旅游业务的企业法人。《旅游法》第 85 条规定，县级以上人民政府旅游主管部门对经营旅行社业务以及从事导游、领队服务是否取得经营、执业许可具有监督检查职责，并有权对旅行社的经营行为、导游和领队等旅游从业人员的服务行为，法律、法规规定的其他事项实施监督检查。此外，旅行社的具体经营业务还包括代办出入境签证、交通运输票券、旅游保险、食宿安排等经营活动，为此工商、价格、商务、市场监督管理等有关部门对旅行社经营行为也持有专项监管职责。对此，《旅行社条例》第 3 条第三款规定：“县级以上各级人民政府工商、价格、商务、外汇等有关部门，应按照职责分工，依法对旅行社进行监督管理。”

因此，旅游主管部门对旅行社及其从业人员经营行为具有许可监管和行业监管职责，工商、价格、商务、市场监督管理等有关部门按照职责分工对旅行社相关业务活动进行监督管理。安全生产综合监督管理部门对旅行社经营行为的监管也负有综合监管职责。

2. 景区安全监管的边界与法理依据

景区是指为旅游者提供游览服务、有明确的管理界限的场所或者区域。在我国，景区具有不同的资源属性，它可分为风景名胜区、地质公园、国家森林公园、自然保护区、文物保护区、寺庙道观、水利风景区、江河湖海等不同类型，这些景区归属于不同的行政主管部门。

风景名胜指具有观赏、科学或文化价值的自然景观和人文景观。《风景名胜区管理条例》规定，由建设主管部门负责本行政区域内风景名胜区的监督管理工作，建设主管部门是风景名胜区的法定许可部门和监管部门。地质公园是以地质遗迹为主体，并融合其他自然景观与人文景观所形成的一种独特的自然区域。《地质遗迹保护管理规定》规定，县级以上人民政府地质矿产行政主管部门在同级环境保护行政主管部门协助下，对本辖区内的地质遗迹保护实施监督管理。国家森林公园是指森林景观优美，自然景观和人文景观集中，具有一定规模，可供人们游览、休息或进行科学、文化教育活动的场所。《国家级森林公园管理办法》规定，国家森林公园由国家林业局作出予以设立的许可决定，并由县级以上地方人民政府林业主管部门主管本行政区域内国家级森林公园的监督管理工作。《自然保护区条例》规定，县级以上地方人民政府环境保护主管部门有权对本行政区域内各类自然保护区的管理进行监督检查监管工作。文物保护区是指为保护、利用、开发文物设置的限定区域。《文物保护法》规定了县级以上地方人民政府承担文物保护工作的部门对本行政区域内的文物保护实施监督管理，文物主管部门是文物保护单位的法定监管部门。《宗教事务条例》规定，寺庙道观等宗教活动场所和宗教活动应当接受宗教事务部门的监督检查，宗教事务部门对寺庙道观具有法定监管职责。《水利风景区管理办法》规定，县级以上人民政府水利行政主管部门和流域管理机构应当认真负责，加强对水利风景区的监管管理。《海洋环境保护法》规定国家海洋行政主管部门负责海洋环境的监管管理。旅游景区安全监管的法理依据与原则如表 3-10 所示。

表 3-10　旅游景区安全监管的法理依据与原则

景区类型	法律规范	规范内容	许可部门	许可监管部门
风景名胜区	《风景名胜区管理条例》	国家建设主管部门负责全国风景名胜区的监督管理工作	建设主管部门	住建部门
地质公园	《地质遗迹保护管理规定》	县级以上人民政府地质矿产行政主管部门在同级环境保护行政主管部门协助下,对本辖区内的地质遗迹保护实施监督管理	地质主管部门	国土资源部门
国家森林公园	《国家级森林公园管理办法》	县级以上地方人民政府林业主管部门主管本行政区域内国家级森林公园的监督管理工作	林业主管部门	林草部门
自然保护区	《自然保护区条例》	县级以上人民政府环境保护行政主管部门有权对本行政区域内各类自然保护区的管理进行监督检查	环保主管部门	生态环境部门

续表

景区类型	法律规范	规范内容	许可部门	许可监管部门
文物保护单位	《文物保护法》	县级以上地方人民政府承担文物保护工作保护的部门对本行政区内的文物保护实施监督管理	文物主管部门	文化和旅游部门
寺庙道观	《宗教事务条例》	宗教活动场所应当接受宗教事务部门的监督检查	宗教主管部门	统战部门
水利风景区	《水利风景区管理办法》	县级以上人民政府水利行政主管部门和流域管理机构应当认真负责,加强对水利风景区的监督管理	水利部门	水利部门
江河湖海	《海洋环境保护法》	国家海洋行政主管部门负责海洋环境的监督管理	海洋主管部门	海洋部门

旅游主管部门是旅游行业的主管部门，它对景区安全具有指导职责。《旅游法》第 42 条规定："景区开放应当具备下列条件，并听取旅游主管部门的意见：（一）有必要的旅游配套服务和辅助设施；（二）有必要的安全设施及制度，经过安全风险评估，满足安全条件；（三）有必要的环境保护设施和生态保护措施；（四）法律、行政法规规定的其他条件"。第 105 条规定："景区不符合本法规定的开放条件而接待旅游者的，由景区主管部门责令停业整顿直至符合开放条件，并处 2 万元以上 20 万元以下罚款。"《旅游安全管理办法》中也规定，地方各级旅游主管部门应当在当地人民政府的领导下，依法对景区符合安全开放条件进行指导。此外，在 A 级景区的评审中，评审机构应该对 A 级景区的相关安全资质进行审核。

3. 餐饮企业安全监管的边界与法理依据

饭店是以提供住宿等综合服务为主的旅游企业，它的经营范围包含住宿、餐饮、会议、娱乐等业务类型，也涉及资金、设备、劳动力等生产要素。按照饭店的经营业务和生产要素类型，饭店安全监管涉及多个行政主体和法理依据。其中，公安、食品安全、体育、文化、环保、劳动、特种设备、价格、税务等主管部门按照职责分别对住宿、餐饮、游泳池、娱乐、洗涤排污、劳动用工、特种设备安全、价格、税务等经营业务和活动实施许可监管。此外，《旅游安全管理办法》规定，旅游主管部门应当加强对星级饭店旅游安全和应急管理工作的指导。北京等部分地区将饭店的行业监管职责纳入文化和旅游主管部门。在星级饭店的评审中，评审机构应该对星级饭店的相关安全资质进行审核。旅游饭店经营业务的许可监管部门与法理依据如表 3-11 所示。

表 3-11　旅游饭店经营业务的许可监管部门与法理依据

经营业务	许可部门	法律依据
住宿业务	公安部门	《旅馆业治安管理办法》
餐饮业务	食品安全监管部门	《食品安全法》
游泳池	体育主管部门	《经营危险性体育项目许可管理办法》
娱乐业务	文化主管部门	《娱乐场所管理条例》
洗涤排污	环保主管部门	《排污许可证管理暂行规定》
劳动用工	劳动行政部门	《劳动法》
特种设备	特种设备安全监督管理部门	《特种设备安全监察条例》
价格	价格主管部门	《价格法》
税务	税务主管部门	《企业所得税法》

从餐饮企业的经营业务来看，《食品安全法》规定对食品生产经营业务实施许可制度，由食品安全监督管理部门审批饭店的餐饮服务许可证，并由县级以上人民政府对本行政区域内的食品安全生产实施统一监管，组织、领导和协调食品安全监管部门、卫生部门、市场监督管理部门以及其他相关部门分别负责食品生产、销售、服务等各个环节的安全监管。旅馆住宿业属于特种行业业务，《旅馆业治安管理办法》规定了申请旅馆等住宿业务应当由所在行政区域县级公安部门进行审查批准，授予特种行业经营许可证，并开展定期或不定期的监督检查。饭店的健身房需要向市场监督管理部门办理营业执照，若存在游泳池等高危险性体育项目，应根据《经营高危险性体育项目许可管理办法》的规定，获得县级以上人民政府体育主管部门的行政许可，在获批高危险体育项目经营许可证的条件下从事游泳等高危险体育项目的经营活动。针对饭店中 KTV、酒吧等娱乐活动，《娱乐场所管理条例》全面规定了县级以上人民政府文化和旅游主管

部门负责这类业务活动的监督管理，并由应急管理部门、公安部门分别对娱乐场所的消防、治安情况等进行监管。

从餐饮企业的生产要素来看，《排污许可证管理暂行规定》规定餐饮企业排放污水需要申请排污许可证，并由环保主管单位进行审核批准。《劳动法》规定了县级以上人民政府劳动行政部门对用人单位的劳动用工状况进行监督检查。根据《特种设备安全监察条例》的规定，饭店的电梯、锅炉等特种设备以及特种设备操作人员资质由本行政区县级以上特种设备安全监督管理部门负责。此外，县级以上人民政府价格主管部门依据《价格法》对饭店价格活动开展监管工作，地方主管税务机关依据《企业所得税法》对饭店的税务状况开展监管工作。

四 高风险旅游项目的安全监管与法理依据

高风险旅游项目是指在旅游业务经营过程中，以高风险旅游活动为经营载体，通过高风险旅游活动的组织和运作来实现商业价值的商业项目。高风险旅游项目通常需要依托特定的专业知识、专业技能和专业设备。一般而言，高风险旅游项目的危险程度远高于常规旅游娱乐项目。目前，高风险旅游项目可以分为体育类高风险旅游项目、特种设备类高风险旅游项目和交通类高风险旅游项目，这三类旅游项目在项目组织、能力要求和危险程度上均存在差异，相关项目有不同的行政许可部门和安全监管部门。高风险旅游项目安全监管的法理依据与原则如表 3-12 所示。

表 3-12 高风险旅游项目安全监管的法理依据与原则

项目类别	示例	法规文件	具体条目	许可监管部门
体育类高风险旅游项目	游泳、滑雪、潜水、攀岩等	《全民健身条例》	经营高危险性体育项目，应当符合相关条件，并向县级以上人民政府体育主管部门提出申请；国务院体育主管部门应当会同有关部门制定、调整高危险性体育项目目录	体育主管部门
	动力伞等空中项目	《航空体育运动管理办法》	航空体育运动使用的航空运动器材包括降落伞、滑翔伞等牵引设备；必须具有经国家生产主管部门和体育主管部门审定签发	体育主管部门

续表

项目类别	示例	法规文件	具体条目	许可监管部门
特种设备类高风险旅游项目	观光缆车、索道等	《特种设备安全监察条例》	国务院特种设备安全监督管理部门负责全国特种设备的安全监察工作，县以上地方负责特种设备安全监督管理的部门对本行政区域内特种设备实施安全监察	特种设备安全检查部门
交通类高风险旅游项目	赛车等陆上项目	《道路交通安全法》	县级以上地方各级人民政府公安机关交通管理部门负责本行政区域内的道路交通安全管理工作	公安机关交通管理部门
	内河水上交通类项目	《内河交通安全管理条例》	水上大型群众性活动或者体育比赛应当在进行作业或者活动前报海事管理机构批准	海事管理机构
	省内水路交通类旅游	《国内水路运输管理规定》	交通运输部具有对省际客船运输、省际危险品船运输的经营许可	交通运输主管部门
	热气球等空中项目	《民用航空法》	空中交通应由国务院民用航空主管部门及其设立的地区民用航空管理机构实施许可和监管	民用航空主管部门

体育类高风险旅游项目需要游客具有较强的身心素质、专业知识和专业技能才能驾驭。《全民健身条例》中对高风险体育项目的经营资质和经营许可做出了规定，要求经营高危险性体育项目应当向县级以上体育主管部门提出许可申请。因此，体育类高风险旅游项目是由体育主管部门许可审批，体育部门承担该类高风险项目的许可监管职责。

特种设备类高风险旅游项目需要以特种旅游设备为依托，如大型游乐设施、索道缆车、观光电梯等。《特种设备安全检查条例》对特种设备的制造、使用、维护和监督进行了明确规定，并明确特种设备安全监督管理部门负责行政区域内特种设备的审批许可和安全监察。

交通类高风险旅游项目是以交通工具为载体的高风险活动，它涉及多个行政许可部门。其中，《道路交通安全法》规定县级以上人民政府公安机关交通运输部门负责本行政区域内的道路交通安全管理工作。因此，陆上交通类高风险旅游项目应当由公安机关交通运输部门实施许可监管。

《内河交通安全管理条例》规定内河大型水上活动项目由海事管理机构审批。《国内水路运输管理规定》指出省级交通运输主管部门对省内水路运输经营进行许可和监管。因此，水上高风险旅游项目应当由海事管理机构、交通运输主管部门等实施许可监管。《民用航空法》规定空中交通应由国务院民用航空主管部门及其设立的地区民用航空管理机构实施许可和监督。

第五节 旅游主管部门的安全治理职能

旅游安全治理是以旅游者安全保障、旅游企业安全运营、旅游产业安全发展等作为目标指向的管理行动。作为旅游行业领域的主管部门，旅游主管部门的旅游安全治理对象包括旅游经营者、旅游者、其他政府部门等各类行为主体。根据《安全生产法》《旅游法》《旅游安全管理办法》《中共中央 国务院关于推进安全生产领域改革发展的意见》等法律法规和文件的规定，旅游主管部门的旅游安全治理职能包括旅游安全综合监管、旅游经营者安全监管、旅游安全协同监管、旅游应急管理和旅游安全公共服务等方面。旅游主管部门的安全治理职能如表 3-13 所示。

表 3-13 旅游主管部门的安全治理职能

旅游安全监管职能	监管职能	相关具体任务	法律依据
旅游安全综合监管	①负责旅游安全监督管理工作，在职责范围内依法对旅游行业安全生产工作实施监督管理； ②拟订旅游行业有关安全生产政策，并从行业规划、法规标准、行政许可等方面加强旅游行业安全工作； ③负责旅游行业安全生产统计分析； ④依法参加有关事故的调查处理，按照职责分工对事故发生单位落实防范和整改措施的情况进行监督检查	①依托法律法规、三定方案等明确旅游行业安全生产的职责范围； ②推动安全法律法规标准的执行； ③建立旅游安全生产信息和报送系统； ④建立旅游安全治理的体制、机制、法制和预案； ⑤形成和提升旅游安全与应急能力； ⑥督促和指导下级旅游主管部门开展旅游安全工作； ⑦开展地方性法规规定旅游主管部门承担的安全监管工作	《安全生产法》《中共中央 国务院关于推进安全生产领域改革发展的意见》《国务院安全生产委员会成员单位安全生产工作任务分工》

续表

旅游安全监管职能	监管职能	相关具体任务	法律依据
旅游经营者安全监管	旅行社安全监管： ①经营旅行社业务以及从事导游、领队服务是否取得经营、执业许可； ②旅行社的经营行为； ③导游和领队等旅游从业人员的服务行为； ④法律、法规规定的其他事项	①督促旅行社等承担主体安全责任； ②督促旅行社做好旅游包车安全管理； ③督促旅行社和在线旅游企业加强出境旅游产品安全审查； ④督促旅行社加强领队安全教育，提醒游客购买意外险； ⑤督促旅行社做好防汛安全预控	《国务院安全生产委员会成员单位安全生产工作任务分工》《旅游法》
旅游经营者安全监管	其他旅游经营者的安全指导与控制景区流量： ①加强对星级饭店和A级景区旅游安全和应急管理工作的指导； ②依法指导景区建立具备开放的安全条件； ③核定、引导和控制景区流量	①指导旅游景区建立必要的安全设施及制度，经过安全风险评估，满足安全条件； ②核定或者配合相关景区主管部门核定景区最大承载量，引导景区采取门票预约等方式控制景区流量； ③在景区旅游者数量可能达到最大承载量时，配合当地人民政府采取疏导、分流等措施	《旅游法》《旅游安全管理办法》《国务院安全生产委员会成员单位安全生产工作任务分工》
旅游安全协同监管	①会同有关部门对旅游安全施行综合治理； ②配合有关部门加强旅游客运安全管理； ③推动协调相关部门加强对自助游、自驾游等新兴业态的安全监管； ④配合有关部门组织开展景区内游乐园安全隐患排查整治； ⑤配合有关部门共同开展安全生产重大宣传活动	①推动消防部门对A级景区、星级饭店等开展消防安全检查； ②督促文旅企业开展消防安全宣传教育； ③联合食品安全监督等部门督促A级景区、星级饭店严防食品卫生安全事故； ④旅游主管部门应积极推动相关部门做好高风险旅游项目的安全管理	《国务院安全生产委员会成员单位安全生产工作任务分工》《旅游法》

续表

旅游安全监管职能	监管职能	相关具体任务	法律依据
旅游应急管理	①组织制定旅游行业突发事件应急预案,加强应急演练; ②建立突发事件报告制度,建立信息通报制度; ③加强旅游风险提示与预警; ④加强旅游突发事件应急处置; ⑤参与和配合旅游突发事件处置与追责; ⑥按要求做好旅游突发事件紧急报告和旅游突发事件信息通报	①推动县级以上人民政府依法将旅游应急管理纳入政府应急管理体系,并科学制定应急预案,建立有效的旅游突发事件应对机制; ②加强节假日旅游安全预防管理工作; ③强化值班值守工作,实行24小时值班,落实领导带班制度; ④及时果断处置旅游突发事件,做好旅游突发事件的上报工作; ⑤遵循总结报告提交程序与时间要求,按照要求逐级上报,信息报告及时准确	《国务院安全生产委员会成员单位安全生产工作任务分工》《旅游法》《旅游安全管理办法》
旅游安全公共服务	①保障旅游者的人身、财产安全,促进旅游业持续健康发展; ②为旅游者提供必要的安全信息服务; ③当旅游者在人身、财产安全遇有危险时,对旅游者进行及时救助; ④对出境旅游者进行必要的协助和保护; ⑤负责旅游安全的宣传、教育、培训工作	①国家建立健全旅游服务标准和市场规则,为旅游者提供安全、健康、卫生、方便的旅游服务; ②国务院旅游主管部门和县级以上地方人民政府应当根据需要建立旅游公共信息和咨询平台,无偿向旅游者提供旅游景区、线路、交通、气象、住宿、安全、医疗急救等必要信息和咨询服务; ③地方旅游主管部门应强化预警发布,及时转发气象灾害、地质灾害、景区流量控制等有关预警信息; ④中国出境旅游者在境外陷于困境时,有权请求我国驻当地机构在其职责范围内给予协助和保护; ⑤加强对有关安全生产法律法规和安全生产知识的宣传	《突发事件应对法》《旅游法》《旅游安全管理办法》

一 旅游安全综合监管

旅游主管部门是承担旅游安全监管职责的众多机构之一。《中共中央 国务院关于推进安全生产领域改革发展的意见》提出，行业领域的主管部门要将安全生产工作作为行业领域管理的重要内容，从行业规划、产业政策、法规标准、行政许可等方面加强行业安全生产工作，指导督促企事业单位加强安全管理。可见，旅游主管部门应该在行业规划、产业政策、法规标准和行政许可等业务工作中坚持安全治理理念，以安全作为底线基础开展上述工作，并在职责范围内指导督促旅游经营者加强安全管理工作。

《国务院安全生产委员会成员单位安全生产工作任务分工》对文化和旅游部的安全生产职责进行了明确的界定，这也为地方旅游主管部门的安全生产职责设定提供了依据。根据该分工，旅游主管部门的综合安全监管职责包括：第一，负责旅游安全监督管理工作，在职责范围内依法对旅游行业安全生产工作实施监督管理；第二，拟订旅游行业有关安全生产政策并从行业规划、法规标准、行政许可等方面加强旅游行业安全工作，第三，负责旅游安全管理的宣传、教育、培训工作；第四，依法参加有关事故的调查处理。当然，地方旅游主管部门还需要遵守地方性法规和三定方案的要求。从具体工作的开展来看，旅游主管部门应依托法律法规、三定方案等明确旅游行业安全生产的职责范围，推动安全法律法规标准的执行，建立旅游安全生产信息和报送系统，建立旅游安全治理的体制、机制、法制和预案，形成和提升旅游安全与应急能力，督促和指导下级旅游主管部门开展旅游安全工作，并开展地方性法规规定旅游部门承担的安全监管工作。

总体而言，旅游主管部门是从行业管理的角度、在职责范围内承担旅游安全的综合监管责任，具体包括旅游安全政策、规划、标准的拟定、旅游安全宣传、教育、培训的开展、旅游安全生产统计分析和有关事故的调查处理。旅游安全综合监管是基础性的安全治理职能，是规范安全治理行动、储备安全资源要素、提升安全素质能力的基础工作。

二　旅游经营者安全监管

《旅游法》第 111 条规定，旅游经营者是指旅行社、景区以及为旅游者提供交通、住宿、餐饮、购物、娱乐等服务的经营者。按照“谁许可、谁主管”的原则，旅游经营者的许可审批部门承担其安全监管职责。从旅游主管部门和旅游经营者的关系来看，旅游主管部门是旅行社的许可审批部门，因此要承担旅行社的安全监管职责。同时，旅游主管部门依托标准化手段，负责星级饭店和 A 级景区的评定和复核工作。同时，旅游部门需要会同其他部门对相关旅游经营者提供指导等相关治理职能。

旅行社由旅游主管部门许可审批，旅游主管部门承担着旅行社的安全监管职责。《旅游法》第 85 条规定，县级以上人民政府旅游主管部门有权对旅行社的下列事项进行监督检查：第一，经营旅行社业务以及从事导游、领队服务是否取得经营、执业许可；第二，旅行社的经营行为；第三，导游和领队等旅游从业人员的服务行为；第四，法律、法规规定的其他事项。按照“管业务要管安全”的原则，上述行为和业务中的安全事务也由旅游主管部门负责监督检查。从具体工作的开展来看，旅游主管部门应督促旅行社承担主体安全责任，督促旅行社做好旅游包车安全管理，督促旅行社和在线旅游企业加强出境旅游产品安全审查，督促旅行社加强领队安全教育、提醒旅游者购买意外险的同时，还应督促旅行社做好防汛安全预控等专项安全工作。

根据《旅游法》第 45 条的规定，旅游主管部门应依法指导景区建立具备开放的安全条件，核定、引导和控制景区流量。从具体工作的开展来看，旅游主管部门应指导旅游景区建立必要的安全设施及制度，经过安全风险评估，满足安全条件；核定或者配合相关景区主管部门核定景区最大承载量，引导景区采取门票预约等方式控制景区流量；在景区旅游者数量可能达到最大承载量时，配合当地人民政府采取疏导、分流等措施。根据《旅游安全管理办法》，旅游主管部门还应加强对星级饭店和 A 级景区旅游安全和应急管理工作的指导。其中，景区是指为旅游者提供游览服务、有明确的管理界限的场所或者区域，A 级景区则是指按照《旅游景区质量等级管理办法》通过评审、取得 A 级资质的景区。

由上可见，旅游主管部门主要承担旅行社的安全监管工作，并依法指导景区建立具备开放的安全条件。同时，旅游主管部门应加强对星级饭店和A级景区旅游安全和应急管理工作的指导，在星级饭店和A级景区经营前审核其消防安全、卫生安全、食品安全等相关资质。根据地方性法规的授权，北京等部分地方旅游主管部门还需负责广义上的饭店企业的安全监管职责。

三 旅游安全协同监管

旅游主管部门是负责旅游行业的主管部门，它需要在职责范围内、协同市场监督管理部门、应急管理部门、交通运输部门等相关部门开展旅游行业领域的安全监管工作。《国务院安全生产委员会成员单位安全生产工作任务分工》规定，旅游主管部门应会同有关部门对旅游安全施行综合治理，配合有关部门加强旅游客运安全管理，推动协调相关部门加强对自助游、自驾游等新兴业态的安全监管，配合有关部门组织开展景区内游乐园安全隐患排查整治，并配合有关部门共同开展安全生产重大宣传活动。具体而言，旅游主管部门应积极推动消防部门对A级景区、星级饭店等开展消防安全检查，督促文旅企业开展消防安全宣传教育，联合食品安全监督等部门督促A级景区、星级饭店严防食品卫生安全事故。旅游主管部门应积极推动相关部门做好高风险旅游项目的安全管理。其中，景区内设有类型丰富的高风险旅游项目，涉及高空、高速、水上、潜水、探险等项目类型，其许可审批部门则涉及民航、交通、体育、市场监督管理等不同部门，在景区内设置上述高风险项目时，景区应该听取旅游主管部门的意见。因此，旅游主管部门需要根据情况、协同上述部门对景区高风险项目的设立提供指导意见。

此外，《旅游法》还对旅游市场的监督管理职责进行了规定，并建立了多部门联合开展旅游市场监督检查的机制。其中，《旅游法》第83条第二款规定："县级以上人民政府应当组织旅游主管部门、有关主管部门和市场监督管理、交通等执法部门对相关旅游经营行为实施监督检查。"第89条第二款还规定："旅游主管部门和有关部门应当按照各自职责，及时向社会公布监督检查的情况。"按照"管行业要管安全、管业务要管安全、管生产经营要管安全”的原则，旅游主管部门需要在人民政府的组织下，协同相关部门开展旅游市场监督检查工作，并对旅游市场中价格欺诈、强买强卖等风险因素进行监督检查。

总体上，旅游主管部门需要会同有关部门对旅游安全实施综合治理，与有关主管部门和市场监督管理、交通等执法部门对相关旅游经营行为实施监督检查，积极推动高风险旅游项目的许可审批部门加强旅游安全工作，并协同应急管理部门等加强旅游突发事件的应急处置工作。

四 旅游应急管理

旅游应急管理是旅游主管部门的重要职责。《国务院安全生产委员会成员单位安全生产工作任务分工》规定，文化和旅游部应组织制定旅游行业突发事件应急预案，加强应急管理。《旅游法》和《旅游安全管理办法》则对旅游主管部门的应急管理工作进行了更为具体的规定。在体制安排上，我国是由县级以上人民政府统一负责旅游安全工作，县级以上人民政府依法将旅游应急管理纳入政府应急管理体系，制定应急预案，建立旅游突发事件应对机制。当旅游突发事件发生后，当地人民政府及其有关部门和机构应当采取措施开展救援，并协助旅游者返回出发地或者旅游者指定的合理地点。

根据《突发事件应对法》《旅游安全管理办法》等法律法规的规定，地方各级旅游主管部门应该加强应急管理工作，具体工作包括：第一，组织制定旅游行业突发事件应急预案，加强应急演练；第二，督促旅游经营者贯彻执行安全和应急管理的有关法律、法规，提高其安全经营和突发事件应对能力；第三，指导旅游经营者组织开展从业人员的应急管理培训，组织开展应急知识的宣传普及活动；第四，加强对星级饭店和A级景区旅游应急管理工作的指导；第五，建立突发事件报告制度，建立信息通报制度；第六，加强旅游风险提示与预警；第七，根据同级人民政府的要求和有关规定，妥善处置加强旅游突发事件，参与和配合旅游突发事件处置与追责；第八，按要求做好旅游突发事件紧急报告和旅游突发事件信息通报。

从旅游应急管理的实践来看，地方的旅游应急管理工作普遍面临资源不足、机制不畅等困境。因此，旅游主管部门应根据《旅游法》等相关法律法规的规定，积极推动县级以上人民政府依法将旅游应急管理纳入政府应急管理体系，并科学制定应急预案，建立有效的旅游突发事件应对机制；要加强节假日旅游安全预防管理工作，强化值班值守工作，实行24小时值班，落实领导带班制度；要及时果断处置旅游突发事件，做好旅游突发事件的上报工作，要遵循总结报告提交程序与时间要求，按照要求逐级上报，信息报告及时准确。

总体上，旅游主管部门既要推动同级人民政府将旅游应急管理纳入政府应急管理体系，加强应急体制、机制、法制和预案等应急资源的建设，也要督促旅游经营者加强应急管理工作、提升应急管理能力。同时，旅游主管部门应该加强推动应急预案、事件报告、信息通报等预案和制度建设，并积极妥善处置旅游突发事件。

五 旅游安全公共服务

狭义的公共服务是指政府机构面向社会大众提供的无排他性的产品和劳务的统称，它不包括经济调节、市场监管、社会管理等管理行为。狭义的旅游安全公共服务是指旅游主管部门根据法律、法规、规章和规范性文件等法律规范的规定，为保障旅游者的人身、财产安全所提供的无排他性的公共产品和服务，主要包括安全信息服务、救助服务，也包括旅游主管部门对旅游经营者提供的安全指导和培训教育等相关服务。

旅游安全信息是旅游者规避旅游安全事件、减少旅游安全损失的重要信息资源，提供旅游安全信息服务是政府调控旅游人流、减少旅游安全事件的重要手段。对此，《旅游法》第77条第一款规定："国家建立旅游目的地安全风险提示制度。"第26条第一款规定："国务院旅游主管部门和县级以上地方人民政府应当根据需要建立旅游公共信息和咨询平台，无偿向旅游者提供旅游景区、线路、交通、气象、住宿、安全、医疗急救等必要信息和咨询服务。"地方旅游主管部门应强化预警发布，及时转发气象灾害、地质灾害、景区流量控制等有关预警信息。对此，《旅游安全管理办法》第25条规定，旅游主管部门应"按照同级人民政府的要求，统一、准确、及时发布有关事态发展和应急处置工作的信息，并公布咨询电话”。在实践中，旅游主管部门通过社交媒体、安全手册、安全标识、预警信息等发布旅游安全和预警信息，引导旅游者的安全旅游行为。

《旅游法》对旅游者的救助权进行了明确规范。《旅游法》第 82 条规定：“旅游者在人身、财产安全遇有危险时，有权请求旅游经营者、当地政府和相关机构进行及时救助。中国出境旅游者在境外陷于困境时，有权请求我国驻当地机构在其职责范围内给予协助和保护。”《旅游安全管理办法》第 25 条进一步规定，旅游主管部门应“组织或者协同、配合相关部门开展对旅游者的救助及善后处置，防止次生、衍生事件。协调医疗、救援和保险等机构对旅游者进行救助及善后处置”。当然，《旅游法》第 82 条第三款对旅游者接受救助服务时的费用分担机制也进行了设定，即“旅游者接受相关组织或者机构的救助后，应当支付应由个人承担的费用”。在实践中，我国已建立起举国救灾体制，正逐步完善旅游者的安全救助体系，优化海外中国公民的救助体系。

旅游主管部门还应该面向旅游经营者提供安全宣传、教育、培训等公共安全服务，这是强化旅游经营者安全生产能力、减少安全生产事故的重要手段。对于旅行社企业，旅游主管部门应该提供全面的公共安全服务，加强旅游安全宣传，提供旅游安全法律政策、专业知识和操作技能等各领域的安全培训。《旅游安全管理办法》还规定，旅游主管部门还应加强对星级饭店和 A 级景区旅游安全和应急管理工作的指导，通过指导服务引导星级饭店和 A 级景区的安全工作。在实践中，旅游安全宣传、培训教育、检查指导等是旅游主管部门经常开展的公共服务工作。

总体上，旅游主管部门需要面向旅游者提供安全信息服务、安全预警服务和安全救助服务，并面向旅游经营者提供旅游安全宣传、培训、教育、指导等公共服务，以提升旅游者和旅游经营者的安全素质与能力。

第四章
中国旅游安全行政治理的行动逻辑

旅游安全行政治理是国家安全治理体系的重要组成部分，但学界对其行动逻辑及治理成效尚缺乏系统的理论总结和实证检验。本研究引入经典的计划行为理论，对中国旅游安全行政治理的行动框架进行了识别，从行政人员个体视角检验了治理行动对个体工作投入、组织绩效、旅游安全事故发生水平的影响机制。

第一节　实证研究背景

旅游产业是中国的战略性支柱产业，但高速发展的中国旅游业却饱受安全问题的困扰。全国旅行社责任保险统保示范项目的数据显示，2019年全国旅游安全责任险团队出险案例达11000多起，旅游者个人旅游意外险出险案例则在200万起以上，重大和特大旅游安全事件的比例在5%左右。在这种背景下，提升旅游安全行政治理能力已成为我国政府部门的重要基础工程。从结构上来看，旅游安全行政治理是国家安全治理体系的重要组成部分，是在突出旅游业自身特点和产业特殊性前提下政府安全管理意志和治理模式的具体体现（张俐俐、刘丹萍，2007）。从国家层面来看，加强安全行政治理能力建设是我国当前时期的基础任务。2022年10月，习近平总书记在党的二十大报告中提出，要“推进国家安全体系和能力现代化”，“加强重点行业、重点领域安全监管”。在“总体国家安全观”的战略实践中，中国旅游安全行政治理呈现丰富的实践方式，但这些治理行动和方式是否有效？它们产生了何种治理成效？对此学界还缺乏理论和实证层面的系统总结。

旅游安全治理是旅游行政治理的重要任务。从治理体制和机制来看，《安全生产法》确立了“谁主管、谁负责”的治理原则，《旅游法》明确了“由县级以上人民政府统一负责旅游安全工作”，同时我国还建立了“管行业必须管安全，管业务必须管安全，管生产经营必须管安全”的治理导向。但是，我国各级旅游主管部门具有差异化的安全治理体制和机制，旅游主管部门作为行业管理部门在安全治理上缺乏专业人才、专业技术能力和资源基础，普通民众甚至部分行政机构领导都认为涉旅安全问题应该由旅游主管部门统一进行安全监管，从而呈现公众认知的安全监管职责大于旅游主管部门法定安全监管职责的现象，这给旅游主管部门的安全治理工作带来巨大的挑战。在这种背景下，我国旅游行政管理部门在安全治理方面负重前行，并在实践中形成了既有顶层治理愿景和法规努力，也有地方治理行动与激励机制的治理体系。因此，对我国旅游安全行政治理的行动逻辑进行系统的识别，并对其实际的运作绩效进行实证分析，对于检验我国旅游安全行政治理的合理性与科学性，具有重要的理论意义和实践意义。

从理论文献来看，旅游行政治理议题在学界备受重视，旅游行政管理体制（张俐俐，2002）、旅游区与行政区“共建”（郑向敏、林美珍，2006）、旅游公共服务体系建设（李军鹏，2012；杨志义，2012）、旅游市场监管（李云鹏等，2013）、旅游行业管理模式（宋振春等，2004）等宏微观治理议题都引起学界的关注。旅游安全行政治理也逐渐引起重视，相关研究主要聚焦于两个方面：一是对旅游安全法律、政策等制度机制及以其为基础的规范性治理行动的研究（湛宇燕、夏文斌，1996；刘爱服，2011；汪传才，2014；覃福晓，2011）；二是对旅游安全协商治理、价值共创等非规范性治理行动的研究（王翔，2017）。总体上，学界对旅游安全行政治理的基础逻辑、行动框架及其绩效评价等缺乏系统的探索和认知。同时，旅游行政人员个体研究样本难以获取，因此极少有以旅游行政人员作为实证对象的理论研究。但实际上，行政人员的服务意识、道德价值、激励管理等对于社会治理及其发展具有非常重要的作用（张延黎，1997；张康之，2001；蒋硕亮，2003），从旅游行政人员个体视角探索旅游安全行政治理的行动逻辑，对于解构和分析我国旅游安全行政治理的基础架构、优化我国旅游安全行政治理体系，具有重要的实践意义与理论价值。

为了回应上述议题，本研究将基于旅游行政人员的个体感知视角，对中国旅游安全行政治理的行动逻辑及其成效进行实证研究。本研究的目标在于：①基于经典的计划行为理论，识别中国旅游安全行政治理的行动框架及其逻辑关系；②对全国 31 个省份的旅游安全行政人员进行规模性问卷调查，获取旅游安全行政治理的基础数据；③探索和验证中国旅游安全行政治理逻辑对旅游安全行政人员工作投入、组织绩效和事故发生水平等综合治理成效的影响机制，为优化我国旅游安全行政治理体系提供理论基础。

第二节 理论基础

一 计划行为理论

计划行为理论来源并发展于理性行为理论，该理论揭示了个体行为发生的具体过程（Fishbein & Ajzen，1975）。计划行为理论认为，人的行为是有计划的，是经过深思熟虑的结果，行为意向是行为发生的具体量度，而行为意向又取决于对该行为所持有的态度、主观规范、感知行为控制等三个前置变量，并且真实的感知行为控制也可以直接预测个体的行为。其中，态度是指个体所持有的积极或消极的评价，主观规范是指个体执行该行为所感受到的外部压力，感知行为控制指个体所知觉到的实施该行为的难易程度（Ajzen，1991）。Ajzen（1991）的研究指出，态度越积极，主观规范越弱，感知行为控制越强，那么个体行为意向、行为发生的可能性就越高。目前，计划行为理论在环保行为（Oztekin，2017）、目的地选择行为（Lam & Hsu，2006）等多个研究领域的适用性已经得到验证，近年来也逐渐用于探讨行政人员廉政教育参与（张增田、王玲玲，2015）、居民社区自治（张平、李静，2010）、节能减排（张毅等，2017）等行政治理行为。可见，计划行为理论可以用于行政人员工作行为的预测分析。

与前文研究相比，本研究对计划行为理论的应用和诠释具有以下特点。

第一，本研究将计划行为理论引入旅游安全行政治理研究，有利于解释旅游安全行政人员的行动逻辑。Ajzen（1991）的研究指出，态度、主观规范、感知行为控制是驱动个体行为的基础因素，也是个体对是否执行特定行为所具有的三个信念。在计划性行政治理情境下，旅游安全行政人员会基于信念需求寻找对应的支撑因素。其中，打造积极的宏观愿景是我国常见的行政治理方式。旅游业的宏观愿景反映了行政人员对未来旅游业发展、旅游安全治理所持有的积极信念，它有利于塑造和形成旅游安全行政人员的治理态度，因此宏观愿景与计划行为理论中的态度具有性质上的一致性；《旅游法》等顶层法律制度对旅游安全行政人员的个体职责、行动方向提供了具体的要求和约束，它能反映个体所感知到的制度压力，这与计划行为理论中的主观规范具有性质上的一致性；对行政人员个体实施的工作激励、为便于安全治理而开展的工作平台建设等则反映了个体所能获得的平台与资源支持，这与计划行为理论中的感知行为控制具有性质上的一致性。因此，本研究识别出了旅游安全行政人员在旅游安全行政治理中个体层次的主要驱动因素和行动逻辑。

第二，本研究从行政人员个体的视角出发，探索旅游安全行政治理的行动逻辑，同时又将组织层面的因素考虑其中。其中，宏观愿景作为引导个体行为的共同态度、目标和价值观，建立在个人与组织价值一致性的基础上，是组织愿景和个人愿景的交集部分。顶层法律制度是国家行政管理机构所设计的具有约束、规范个体行为和组织行为的规则和行动规范。作为国家行政管理机构管理意志的体现，顶层法律制度可以良性制约和引导个体行政工作的开展（邹永广，2018）。工作激励和平台建设则是基层组织通过一系列有目的、有计划的制度设计和资源投入来驱动和支持个体工作的行为努力，是行政管理机构将治理行动落实到个体治理行为的具体表征。因此，根据治理行动所基于的组织层级，由国家行政管理机构构建的宏观愿景和顶层法律制度属于顶层治理行动，由地方行政管理机构开展的工作激励和平台建设属于地方治理行动。

第三，本研究更关注于态度、主观规范、感知行为控制这三个信念对具体行为和行为结果的影响过程。Deci 和 Ryan（1985）的研究认为，个体的行为是由一系列动机驱动下产生的总和，而最高层次的内在动机则是一种“最佳体验”的状态（Csikszentmihalyi，1997）。在本研究中，工作投入不仅仅是一种行为表征，更是个体在生理、认知和情感等多方位融入工作角色，可以称为是一种“沉浸”的体验状态（Kahn，1990），它对行为结果的积极影响也得到了广泛认同（Saks，2006）。

二 旅游安全行政治理的行动逻辑

旅游安全行政治理是指各级旅游管理机构在处理旅游安全事件中所扮演的角色、履行的职责以及所起的作用的总和（郑向敏，2003；张俐俐、刘丹萍，2007；吴真松等，2014）。在旅游安全风险日趋多元化、复杂化的时代背景下，旅游安全行政治理应当突破传统的以旅游主管部门为主体、以强制性规范为治理手段的行政治理模式，在治理行动中应采取面向个体、组织、行业的多元化治理模式（王延川，2007；吴真松等，2014）。

中国旅游安全行政治理的四大行动逻辑如表 4-1 所示。

表 4-1 中国旅游安全行政治理的四大行动逻辑

项目	顶层治理行动		地方治理行动	
	宏观愿景	顶层法律制度	工作激励	平台建设
内涵	宏远愿景是具有激励和引导未来旅游业发展的意向描绘	加强旅游安全管理工作，保障旅游者人身、财产等安全的法制规范	通过激励因素来影响个人进而实现组织绩效和个人目标的方式	对旅游安全体制、机制等进行建设的努力和行动，是治理工作的资源基础与环境条件
表现形式	集成式愿景、凝练式愿景、影响式愿景	《旅游法》《旅游安全管理办法》	物质激励（薪酬、奖金）和精神激励（认可、晋升、表彰等）	突发事件预案体系、事故处置机构、安全管理机构、安全保障资源
影响因素	领导风格、职位层次、工作情景、组织结构、价值信念	旅游安全管理体制、产业综合协调机制	组织资源、激励制度	行政治理架构、职能目标、治理理念与内容
成效	凝聚作用、激励作用、引导作用、规范作用	管理和规范旅游业安全发展	工作效率、工作满意度、任务绩效	降低旅游安全风险，提高事故处置能力

旅游产业发展与旅游安全治理的宏观愿景是旅游行政管理机构与行政人员个体共同形成的，是组织和个体在价值、目标、规范、文化等多个层面的集成和凝练，是激励和引导个体面向旅游业未来发展的意向描绘（Fiedler，1993）。作为我国基础性的行政治理资源和行政治理手段，基于宏观愿景的治理方式是具有中国特色的行政治理设计，它能够将治理活动聚焦在一个核心的目标状态上，使旅游安全行政治理工作在面对市场乱象、保障不力、事故频发的环境时仍具有强劲的导向性作用。在我国旅游行政治理实践中，旅游业的发展定位经历了外交手段、创汇导向、发展国内经济、提升国民生活品质等不同阶段，旅游行政治理的宏观愿景也由原来发展经济的行政治理理念转向强调旅游业可持续发展、促进市场公平竞争和保障旅游者权益等融合理念，这些包括安全治理导向的旅游宏观愿景从更高战略层面引导了旅游安全行政治理行动的健康发展（吴真松等，2014）。国家旅游行政管理部门于 2015 年提出了“515 战略”，建构了“文明、有序、安全、便利、富民强国”等五大旅游业发展目标。其中文明、有序、安全是旅游安全治理的直接行动目标，便利是旅游安全治理的支撑要素，富民强国则是旅游安全治理的战略目标。国家旅游行政管理部门围绕这一宏观愿景进行了大范围的宣传和培训，在旅游安全行政人员中具有较高的覆盖度和认知度。

《旅游法》是我国国家旅游行政管理机构对旅游治理进行顶层法律制度设计的成果，其中关于旅游安全的专章是我国旅游安全行政治理中最重要的法律文件。顶层法律制度设计作为一种社会博弈规则（North，1990），是我国权力机关或行政机关制定和认可的行为规范，它在为个体的行政治理行为提供制度规范、行动保障的同时，也可能约束、限制个体的治理行为。目前，顶层法律制度作为我国旅游安全行政治理中的重要治理方式，从建立伊始便成为治理行动中开展公共服务、投诉保障、市场监管、安全救援等行动的重要制度保障。对于严重依赖外部契约执行环境的旅游业（North，1990），尤其需要顶层法律制度来规范和引导行业的发展，以保持行政机构和行政人员个体对于旅游安全问题的治理信念。近年来，随着《旅游法》的推广和落实，我国加强和加大了旅游安全治理的深度和力度，也为各级旅游职能机构、行政人员个体的治理行为提供了稳健的法律依据（吴真松等，2014）。目前，依法行政作为一项基本的治理信条已经深入人心（肖金明，2000），与宏观愿景追求“精神层面”引导性、约束性的行动不同，顶层法律制度使行政治理主体的依法行政有了基本规范和明确目标，为将政府旅游安全治理需求、治理目标转化为社会现实提供了制度保障。

宏观愿景与顶层法律制度是旅游安全行政治理行动中由国家旅游行政管理部门构建的“天花板”和“基准线”，它使安全行政治理的职能目标、基本导向、治理信念和资源体系得以维持，但一切治理行动的实现都需要围绕行政人员个体行为的激发和管理。其中，工作激励可以持续激发行政人员个体的工作动机和工作态度，具体表现为旅游管理机构通过外部激励因素有意识地引导个体产生更多可靠、可预测的绩效行为（Eisenhardt，1988）。从实践来看，当前的行政管理架构、行政治理手段、行政激励体系等还处在转型变革的过程中，行政人员呈现对物质激励、信念激励、道德激励和价值激励等多元激励并行的需求结构（郭冬梅，2008），这使行政人员的工作激励成为行政管理中最重要、最基本也是最困难的职能任务。其中，通过有效的激励手段建立行政人员工作行为、工作态度与个人需要之间的联系，提高行政治理效率和服务效率，也成为当前旅游行政治理行动中的重要内容。旅游安全治理平台是开展旅游安全工作的基础条件，它是旅游安全行政治理工作的基础载体和资源渠道，构建和完善旅游安全治理平台有助于引导政府、各级旅游主管部门、旅游相关部门彼此协作，从而形成良好的治理条件、治理秩序、治理环境和治理关系（慕朝师，2008）。当前，我国已经初步形成了以旅游安全管理体制、机制、法制和预案体系为核心的旅游应急管理平台，并在旅游安全治理中发挥了独特的作用。

第三节 研究假设与模型构建

一 旅游安全顶层治理行动的影响作用

1. 宏观愿景在旅游安全行政治理中的影响作用

在计划行为理论中，“态度—行为意向/行为”的关系与期望理论具有逻辑上的一致性（Ajzen，1991）。根据期望理论的观点，当个体对于事件结果的期望值和效价都较高时，就会有更强的行为动机去完成任务（Vroom，1964），也会提升个人和机构的绩效水平。在旅游安全行政治理领域，对未来旅游业发展的宏观愿景决定了行政人员个体对于旅游安全行政的治理态度、治理期望和治理行为，进而会对个人工作投入、组织绩效、事故发生水平等产生影响。

工作投入作为个体的一种积极特质，Kahn（1990）将其定义为个体全身心融入工作角色、自由表达自我的一种工作状态。Schaufeli 等（2002）的研究指出，工作投入是一种积极的、满足的、持久的情感认知体验，主要包括以下三个方面：活力是指个体在工作中具有强大的精力和心理韧性，在面对困难时也能坚持不懈；奉献是指个体在工作中体验到的一种有意义、有使命感、骄傲和挑战的感觉；专注是指个体全身心投入工作，并难以留意时间的流逝、与工作难以分离的一种工作状态。因此，工作投入也可以被认为是高能量和对工作的强烈认同感（Schaufeli & Bakker，2004），这种高能量和认同感使个体处于沉浸并满足的工作状态。在行政治理中，宏观愿景作为个体价值引导、自我效能提升、行为信念激发、治理目标引导和治理资源集中的综合性治理手段，其魅力特征在于引导个体自觉、积极地投入治理活动中，能够激发个体展现高能量、沉浸、满足的工作状态，对工作投入具有促进作用。现有的研究已经证实了未来愿景对工作投入水平具有正向影响。例如，Buse 和 Bilimoria（2014）的研究认为，个人的愿景（personal vision）作为理想自我（ideal self）和职业发展的心理表征，对于个体工作投入有正向影响；部分学者的研究也相继指出，愿景描述作为组织变革型领导的重要维度之一，能够引导、激励个体的内在动力，进而提升个体在工作中的积极性、公民行为和投入水平（Rafferty & Griffin，2004）。不仅如此，中国行政治理上的宏观愿景往往伴随着治理资源的投入和集中，对于个体工作投入具有资源体系上的支持作用和引导作用。基于此，提出如下假设。

H1a：中央建构的宏观愿景正向影响行政人员的个体工作投入。

组织绩效是组织在某一时期内所有工作任务、工作流程或工作活动的最终累积成果（Williams et al.，1991；彭荷芳等，2016）。作为组织共同期望的结果，组织绩效是组织生产经营的最终诉求，是组织得以存在、维持和发展的基础。在我国旅游安全行政治理中，组织绩效是各级旅游行政管理机构在旅游风险预防、控制和处置等治理活动中取得的成效，具体表现为旅游安全工作的开展情况、旅游安全任务的完成程度等。国家建构的宏观愿景吸纳了行政管理机构、行政人员个体的共同目标，能够集中引导行政资源的治理方向、行政人员个体的治理行为，从而使旅游安全治理行动的治理价值、治理成效得以释放。现有的研究也相继证明了组织战略、组织文化等对于组织绩效具有较好的解释能力（Nicholls，1984；Prajogo et al.，2006；Xiao-Ming et al.，2012）。对之前的研究逻辑再进一步推论，宏观愿景作为组织战略、目标、文化、价值观的集成和凝练，也必然能够正向提高旅游行政管理机构的绩效，进而降低地区安全事故的发生水平。基于此，提出如下假设。

H1b：中央建构的宏观愿景正向影响旅游安全行政机构的组织绩效。

H1c：中央建构的宏观愿景有助于降低旅游安全事故的发生水平。

2. 顶层法律制度在旅游安全行政治理中的影响作用

根据计划行为理论，“主观规范—行为意向/行为”是预测行为发生的第二个前导机制（Ajzen，1991）。主观规范强调的是外部社会压力对于个体行为决策的影响。在旅游安全行政治理中，顶层法律制度是国家行政管理部门设计的、各级行政管理部门和行政人员必须遵守的法律原则和规则，它以行为规范和制度压力的形式呈现。例如，《旅游法》等顶层法律制度对旅游安全管理体制、旅游行政管理部门的安全职责等进行了规范（吴真松等，2014）。从行政人员个体层面来讲，工作投入是行政人员全身心投入工作角色的良好工作状态（Kahn，1990），法律制度、工作资源、社会支持等是影响个体工作投入的重要前置因素（Cotter et al.，2013；Saks，2006；Xanthopoulou et al.，2009）。本质而言，涉及旅游安全治理的顶层法律制度是一种制度资源，为行政人员的治理行为提供了稳定的、可预测的治理规范，让行政人员个体的治理行为有法可依，对提升行政人员个体的工作投入也具有推动作用。基于此，提出如下假设。

H2a：中央建构的旅游安全顶层法律制度正向影响行政人员的工作投入。

制度理论认为，外部制度环境对于组织的行为决策具有重要影响，它能营造出推动组织行为的制度压力（沈奇泰松，2010）。Scott（2001）根据压力的程度将制度压力分为规制压力、规范压力和认知压力三种结构成分。其中，规制压力主要以法律、法规、强制性政策和各类行业标准的形式出现，以法律授权的形式强迫、威胁或引导组织活动和组织观念（林润辉等，2016）。在旅游安全治理中，《旅游法》等顶层法律制度能对各级旅游行政机构带来制度压力，促使旅游行政机构组织遵守行政治理规范，使顶层法律制度成为具有特殊意义的指示力量，进而实现治理需求、治理目标向治理成效的转化。从我国旅游安全治理的发展来看，政府的法制建设工作起到了重要的推动作用（吴真松等，2014）。制度理论的相关研究表明，政府的规制压力是提升组织绩效的关键因素之一（李怡娜、叶飞，2011；林润辉等，2016）。长期的历史实践表明，违背旅游相关的法律、法规所造成的事故损失是显而易见的。基于此，提出如下假设。

H2b：中央建构的旅游安全顶层法律制度正向影响旅游安全行政机构的组织绩效。

H2c：中央建构的旅游安全顶层法律制度有助于降低旅游安全事故的发生水平。

二 旅游安全地方治理行动的影响作用

1. 工作激励在旅游安全行政治理中的影响作用

在计划行为理论中，“感知行为控制—行为意向/行为”是解释个体行为发生的重要机制（Ajzen，1991）。感知行为控制反映的是个体对促进或阻碍执行行为因素的感知（段文婷、江光荣，2008）。激励是指激发和维持个体行为的心理过程或内部动力，是包括知觉、思维、动机等对个体行为产生直接或间接影响的要素总和（Eisenhardt，1988；Johnson et al.，1993；李小宁，2005）。在旅游安全行政治理中，工作激励作为激发行政人员个体治理行为动机的重要手段，增强了个体对目标行为及其行为结果的控制能力，往往会带来积极的行为反应和行为结果。此外，工作激励作为基础性的内部管理职能，能将外部激励因素内化为个人自觉的治理行为，进而促使行政人员个体处于沉浸、满足的工作状态。本质而言，工作激励使个体对旅游安全行政治理的信念、动力得以维持，在满足个体需求、增加组织认同感的同时，也提升了个体的工作投入程度。基于此，提出如下假设。

H3a：地方行政机构实施的工作激励正向影响旅游行政人员的工作投入。

工作激励与组织绩效的关系是一个古老且成熟的理论命题。工作激励的最终目的在于引导个体朝着所期望的目标前进，产生更多可靠、可预测的绩效行为（Eisenhardt，1988）。现有研究已经证实，当个体感知到较高的激励水平时，会在工作与职业发展中取得满意的绩效结果。根据委托—代理理论，年薪报酬激励对经营绩效具有正向影响（李燕萍等，2008）；基于对知识员工的特性研究也表明，内在激励因素会通过工作满意度、组织承诺对工作绩效产生正向影响（张伶、张正堂，2008）。在行政治理中，旅游安全事故发生水平是评价旅游安全行政机构组织绩效的重要指标，工作激励在引导行政人员个体完成安全治理任务的同时，也将有助于降低旅游安全事故的发生水平。基于此，提出如下假设。

H3b：地方行政机构实施的工作激励正向影响旅游安全行政机构的组织绩效。

H3c：地方行政机构实施的工作激励有助于降低旅游安全事故的发生水平。

2. 平台建设对个体工作投入、组织绩效和旅游安全事故发生水平的影响

旅游安全治理的平台建设有助于强化治理主体所能获得的资源条件，并增强行政人员对治理行为进行控制的感知程度（赵琰等，2012）。本质上，公共治理平台是政府建构和提供的公共服务产品（慕朝师，2008），旅游安全公共治理平台的功能在于为旅游安全行政治理行动和旅游突发事件处置提供合适的基础载体，其目标在于建立长效的行政治理机制、行政治理架构和行政治理格局，保障旅游者的人身、财产安全，最终促进旅游业的健康有序发展。自 2007 年《突发事件应对法》颁布实施以来，包括旅游安全在内的各领域都围绕安全治理的体制、机制、法制和预案进行基础建设工作（戚建刚，2007），从而为安全治理提供基础的平台条件和运行环境。从行政人员个体来看，旅游安全治理平台建设为个体治理行为的有序开展提供了优质的资源支持、技术支持和平台支持，建立并优化了有利于提高行政治理效率、治理秩序和治理关系的公共环境。平台建设也对行政人员个体治理行为的开展实施了监督和管理职能。因此，旅游安全治理平台建设有助于增强行政人员开展治理行为的控制信念，它是促进治理行动中行政人员个体工作投入的重要因素。基于此，提出如下假设。

H4a：地方旅游安全治理平台建设正向影响行政人员的工作投入。

在旅游安全事件呈现显性化、复杂化、连锁化特点的背景下（Lepp et al.，2011），旅游安全治理平台建设作为显性的治理行动，有助于合理配置公共治理资源、调动多元治理力量，使旅游安全治理行动能够整合相关社会资源，从而实现治理的协同效应（张立荣、冷向明，2008）。从行政治理体系来看，旅游安全治理平台建设有助于建立和维持各级旅游行政机构间的治理秩序和治理关系，从而推动形成主管部门牵头、部门分工负责、行业自律管理的旅游行政治理体系（吴真松等，2014）。因此，平台建设既是缓解当前行政治理困境、降低安全事故发生水平的因应之道，也是延展治理关系、治理架构和治理格局空间的长久之计。基于此，提出如下假设。

H4b：地方旅游安全治理平台建设正向影响旅游安全行政机构的组织绩效。

H4c：地方旅游安全治理平台建设有助于降低旅游安全事故的发生水平。

三　个体工作投入与组织绩效的作用结构

积极的工作投入水平是行政人员个体在工作中高能量心理状态和对工作强烈认同感的表现（Schaufeli & Bakker，2004）。Kahn（1990）在提出“工作投入”概念时就指出，个体工作投入能够实现工作绩效的提升，Hakanen（2006）等的实证研究也表明，工作投入对于不同工作情境下的工作绩效具有正向的促进作用。因此，工作投入作为行政人员在治理行动中身心投入的工作状态，是实现机构安全绩效的重要前置因素

(Bakker et al., 2012)。旅游安全行政人员积极的工作投入有助于各项安全工作的开展和安全任务的完成，有助于旅游安全行政机构整体组织绩效的提升，也有助于降低本地区旅游安全事故的发生水平。基于此，提出如下假设。

H5a：旅游安全行政人员的工作投入正向影响旅游安全行政机构的组织绩效。

H5b：旅游安全行政人员的工作投入负向影响旅游安全事故的发生水平。

组织绩效是组织工作成果与成效的体现（彭荷芳等，2016），安全行政机构的组织绩效是其在风险预防、事故控制、应急处置等治理活动中取得的具体成效。从机构层面来看，旅游安全行政治理的最终目的在于提升各级旅游管理机构的安全治理能力和治理成效，降低旅游安全事故的发生水平，减少旅游安全事故中的人员伤亡和经济损失（谢朝武，2013）。因此，旅游安全事故发生水平的降低是建立在各级旅游安全行政机构有序开展安全治理工作、推进旅游行政治理规范、完成各类旅游安全治理任务的基础上的。换言之，各级旅游安全行政机构取得的工作绩效越高，该地区的旅游安全事故发生水平就越低。基于此，提出如下假设。

H5c：旅游安全行政机构的组织绩效负向影响旅游安全事故的发生水平。

四 旅游安全行政治理行动的传导路径

综上所述，宏观愿景、顶层法律制度等顶层治理行动和工作激励、平台建设等地方治理行动是两种层次的治理机制，两者都需要通过行政人员的个体努力和地方行政组织的支撑机制来发挥作用（周红云，2011）。其中，行政人员个体是推动旅游安全治理工作的人员基础，作为安全治理的行动者、执行者和监督者，其个体情绪状态、工作表现直接关系到行政治理效率、治理秩序以及职能目标的实现（陈小平、肖鸣政，2011），地方行政组织是落实顶层治理行动、开展安全治理工作的组织基础（吴真松等，2014）。因此，行政人员个体和地方行政组织的协同努力是旅游安全治理行动取得实际成效、降低旅游安全事故发生水平的重要基础。换言之，个体工作投入和组织绩效在旅游安全行政治理行动与旅游安全事故发生水平之间具有传递影响和中介作用。基于此，提出如下假设。

H6a：个体工作投入、组织绩效在顶层治理行动与旅游安全事故发生水平之间具有中介效应。

H6b：个体工作投入、组织绩效在地方治理行动与旅游安全事故发生水平之间具有中介效应。

本研究的概念模型如图 4-1 所示。

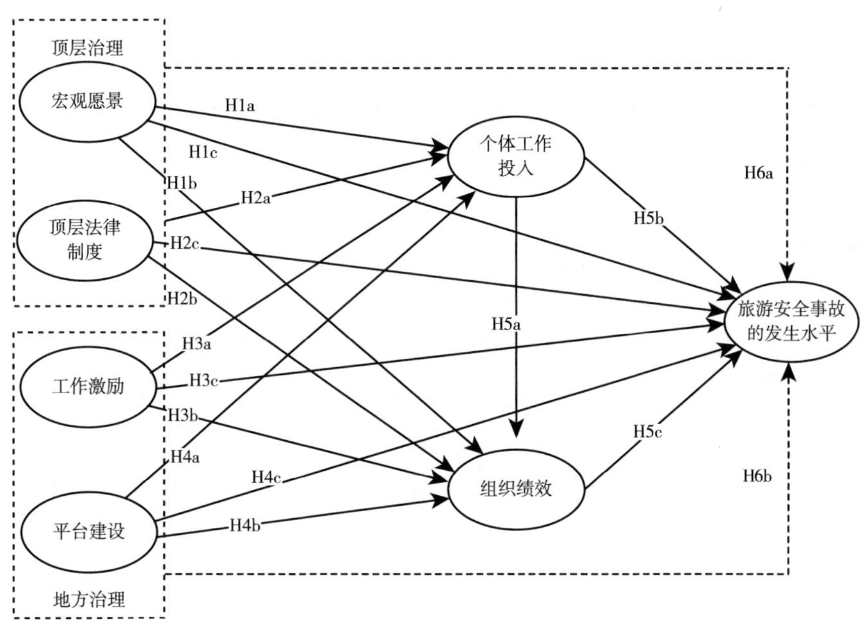

图 4-1　本研究的概念模型

第四节　研究设计与数据收集

一　研究设计与变量测量

本研究所采用的量表主要来自国内外重要文献，部分变量的量表根据其内涵、研究情境等进行了适当修正。其中，所涉及的外文量表均通过了双向翻译的检验，以确保量表的内容效度。所有量表均采用的是李克特7级量表尺度。

第一，旅游业发展的宏观愿景。量表借鉴了Tsai和Ghoshal（1998）的共同愿景（share vision）量表的表达方式，并参考了国家旅游行政管理机构于2015年提出的“文明、有序、安全、便利、富民强国”等愿景目标。观测量表共有5个题项（例题：未来的中国旅游业是一个文明守信的行业）。用均分代表个体对未来旅游业发展的宏观愿景，高分代表个体的宏观愿景高，低分代表个体的宏观愿景低。

第二，顶层法律制度。《旅游法》设置了“旅游安全”专章，它是引导、管理和规范旅游业安全行政治理的顶层法律制度。测评项目参考了Chang和Wang（2016）、张大伟等（2010）关于法律制度框架的描述，共有5个题项（例题：《旅游法》对我开展旅游安全管理工作有指导作用）。用均分代表个体对顶层法律制度的评价，高分代表个体的评价高，低分代表个体的评价低。

第三，工作激励。量表采用了Kankanhalli等（2005）开发的4个题项（例题：我所在的部门有严格的晋升制度）。用均分代表部门对个体的激励水平，高分代表对个体的激励水平高，低分代表对个体的激励水平低。

第四，个体工作投入。量表采用了Schaufeli等（2006）开发的UWES-9工作投入简版量表，可分为活力、奉献和专注等维度，共有9个题项（例题：早上起床时，我很乐意去上班）。用均分代表行政人员的工作投入程度，高分代表高工作投入水平，低分代表低工作投入水平。UWES-9量表具有良好的内部一致性和跨文化一致性，是研究工作投入最常用的量表（Schaufeli et al.，2002）。

第五，平台建设。量表借鉴了我国应急管理体系建设的“一案三制”框架中关于安全与应急管理体系的研究（钟开斌，2009），观测题项反映了预案体系、管理机构、处置机制、法律法规、资源保障等内容，共有5个题项（例题：本行政区旅游突发事件预案体系的建设水平）。由受试者根据感知水平对各题项进行打分，其中“1=水平非常低，7＝水平非常高”，分值越高，代表地区旅游安全管理体系的建设水平越高。

第六，组织绩效。量表参考了 Williams 和 Anderson（1991）及 Chen 等（2002）设计的任务绩效量表，并根据旅游安全绩效的具体内容进行了修正，共有 3 个题项（例题：我所在部门的工作成效居本系统前列）。用均分代表组织的安全绩效，高分代表组织的绩效水平高，低分代表组织的绩效水平低。

第七，旅游安全事故发生水平。量表参考了 Huang 等（2006）的研究，共有 4 个题项（例题：本行政区旅游安全事故的发生水平），由受试者根据感知水平进行打分。其中“1＝水平非常低，7＝水平非常高”，分值越高，代表旅游安全事故的发生水平越高。

第八，控制变量。本研究的控制变量包含行政人员的性别、婚姻、年龄、学历、所属工作单位、职位级别与从事旅游安全工作的时间。

二　研究对象与数据调研

为保证研究样本的代表性，本研究选取全国 31 个省份旅游行政机构各层级的工作人员作为调研对象，工作单位包含省级旅游部门、市级旅游部门和县级旅游部门三种类型。研究于 2017 年 6 月开始，主要通过以下方式确保量表题项的呈现更具有内容效度：①就问卷题项与 5 名旅游安全行政人员开展多轮次讨论，在达成一致意见后修正存在内容模糊性、表述不当等问题的测量项目，力求题项的表述贴切、具体；②先后组织北京、福建、山东等省份的 10 名旅游安全行政人员展开预测试，了解受访人员是否存在题项不理解或者内容不确定等情况，排除答案倾向性明显、得分过于集中的问题；③问卷定稿后，与各省份旅游安全行政机构的负责人阐明研究意图，协调问卷发放的时间、地点，并确保研究数据的保密性、研究对象的知情权。本研究团队依托所在机构的影响力，在大部分省份协调了省级旅游行政机构发放问卷，云南、河南、上海、新疆等省份通过协调代表性市（县）旅游行政机构或个人发放问卷。

正式调研于 2017 年 8 月开始，分三个阶段集中进行问卷发放，累计发放713份问卷，其中，第一阶段发放问卷415份（2018年8月上旬），第二阶段发放问卷209份（2018年8月下旬），第三阶段发放问卷89份（2018年9~10月）。回收有效问卷650份，有效问卷回收率达91.16%，有效问卷覆盖全国除港澳台以外的31个省级行政区域。有效样本人口统计特征分布如表4-2所示。

表4-2 有效样本人口统计特征分布（N=650）

<table>
<tr><th colspan="2">人口统计变量</th><th>人数（人）</th><th>占比（%）</th><th colspan="2">人口统计变量</th><th>人数（人）</th><th>占比（%）</th></tr>
<tr><td rowspan="2">性别</td><td>男</td><td>373</td><td>57.4</td><td rowspan="3">所属工作单位</td><td>省级旅游部门</td><td>60</td><td>9.2</td></tr>
<tr><td>女</td><td>277</td><td>42.6</td><td>市级旅游部门</td><td>231</td><td>35.5</td></tr>
<tr><td rowspan="2">婚姻</td><td>已婚</td><td>539</td><td>82.9</td><td>县级及以下旅游部门</td><td>359</td><td>55.2</td></tr>
<tr><td>未婚</td><td>111</td><td>17.1</td><td rowspan="4">职位级别</td><td>厅级及以上</td><td>5</td><td>0.8</td></tr>
<tr><td rowspan="5">年龄</td><td>20~29岁</td><td>123</td><td>18.9</td><td>处级</td><td>85</td><td>13.1</td></tr>
<tr><td>30~39岁</td><td>233</td><td>35.8</td><td>科级</td><td>197</td><td>30.3</td></tr>
<tr><td>40~49岁</td><td>207</td><td>31.8</td><td>科员及以下</td><td>363</td><td>55.8</td></tr>
<tr><td>50~59岁</td><td>84</td><td>12.9</td><td rowspan="5">从事旅游安全工作的时间</td><td>1~5年</td><td>380</td><td>58.5</td></tr>
<tr><td>60岁及以上</td><td>3</td><td>0.5</td><td>6~10年</td><td>142</td><td>21.8</td></tr>
<tr><td rowspan="4">学历</td><td>高中及以下</td><td>32</td><td>5.0</td><td>11~15年</td><td>66</td><td>10.2</td></tr>
<tr><td>专科</td><td>152</td><td>23.4</td><td>16~20年</td><td>31</td><td>4.8</td></tr>
<tr><td>本科</td><td>404</td><td>62.2</td><td>21年及以上</td><td>31</td><td>4.8</td></tr>
<tr><td>硕士及以上</td><td>62</td><td>9.5</td><td></td><td></td><td></td><td></td></tr>
</table>

第五节 旅游安全行政治理的行动逻辑检验

一 共同方法偏差、多重共线性与信效度检验

研究通过预先设计的多种程序来控制数据的共同方法偏差。首先，问卷的引导语言向被调查者强调问卷答案没有对错之分（Mäkelä & Brewster, 2009），请被调查者根据实际情况如实填写。同时，向被调查者阐明研究目的，表明不会在研究中披露个人信息，保证被调查者的匿

名性和知情权。在问卷回收后，研究通过潜在误差变量控制法，在初始预设模型的基础上，将共同方法偏差作为一个潜在变量，构成八因子模型去判断数据的稳健性。结果表明（见表4-3），模型差异显著（$\Delta\chi^2 = 187.839$，$\Delta df = 35$，$p < 0.001$），GFI、IFI、CFI、TLI、RMSEA和RMR等模型拟合指数变化不大，说明本研究较好地控制了由共同方法偏差造成的消极影响；研究对每个回归方程进行了方差膨胀因子（VIF）检验，结果显示，各变量的VIF值均小于3，因此不存在较为严重的共线性问题（Kim et al.，2012）。综上所述，本研究较好地控制了由共同方法偏差造成的负面影响。

表4-3　共同方法偏差检验（N=650）

模型	χ^2	df	CFI	GFI	AGFI	NFI	IFI	TLI	RMR	RMSEA
初始模型	1203.214	526	0.977	0.904	0.885	0.959	0.977	0.973	0.050	0.045
验证模型	1015.375	491	0.982	0.920	0.897	0.966	0.982	0.978	0.043	0.041

研究通过SPSS21.0对数据进行描述性统计分析、信效度检验（见表4-4）。信度检验采用Cronbach's α系数（>0.7）作为检验指标，效度检验采用KMO（>0.7）和因子载荷系数（>0.5）作为检验指标。结果表明，问卷整体的Cronbach's α系数为0.955，各维度的Cronbach's α系数为0.880～0.973；KMO值均大于0.7；各维度观测题项的因子载荷系数均大于0.5，说明问卷具有良好的可靠性和有效性。本研究进一步采用AMOS21.0对有效数据进行验证性因子分析。结果表明，各观测题项的因子载荷系数均大于0.7，各维度的平均方差提取值（AVE）均大于0.5，说明问卷具有良好的建构效度。

此外，各变量AVE平方根的最小值为0.806，各变量间相关系数的最大值为0.745，AVE平方根的最小值大于各变量间相关系数的最大值，因此各变量间具有良好的区分效度。验证性因子分析模型拟合指数中，RMSEA值为0.045，RMR值为0.050，CFI、NFI、RFI、TLI、GFI等指标值均大于0.9，各类指标均达到参考值的要求，预设模型与有效样本数据拟合较好，表明数据可进一步用于研究假设的验证。

表 4-4　变量的描述性统计与验证性因子分析

变量	题项	描述性统计分析				验证性因子分析				
		均值	共同度	Cronbach's α 系数	KMO	因子载荷系数	t 值	AVE	CR	拟合指数
宏观愿景	MV1	5.96	0.854	0.957	0.899	0.922	32.748	0.8242	0.959	$\chi^2/df=2.287$ RMSEA = 0.045 RMR = 0.050 GFI = 0.904 AGFI = 0.885 NFI = 0.959 RFI = 0.954 TLI = 0.973 CFI = 0.977 PNFI = 0.848
	MV2	5.89	0.904			0.948	34.929			
	MV3	5.88	0.862			0.905	31.774			
	MV4	5.98	0.858			0.915	32.249			
	MV5	6.06	0.794			0.846	—			
顶层法律制度	BL1	5.32	0.856	0.969	0.914	0.906	42.811	0.8599	0.9684	
	BL2	5.28	0.896			0.935	48.318			
	BL3	5.47	0.910			0.933	47.594			
	BL4	5.34	0.907			0.946	—			
	BL5	5.51	0.885			0.916	44.242			
工作激励	IM1	5.26	0.709	0.880	0.808	0.739	21.203	0.6504	0.8808	
	IM2	4.72	0.713			0.744	21.431			
	IM3	5.17	0.826			0.897	28.095			
	IM4	5.38	0.720			0.835	—			
平台建设	TSM1	5.26	0.850	0.967	0.912	0.904	38.553	0.8456	0.9648	
	TSM2	5.20	0.902			0.946	44.374			
	TSM3	5.33	0.897			0.934	42.544			
	TSM4	5.23	0.874			0.896	44.459			
	TSM5	5.23	0.888			0.917	—			
个体工作投入	IJE1	5.46	0.813	0.973	0.944	0.903	—	0.7912	0.9714	
	IJE2	5.48	0.842			0.902	40.175			
	IJE3	5.45	0.879			0.946	42.312			
	IJE4	5.56	0.865			0.931	40.469			
	IJE5	5.36	0.820			0.904	37.257			
	IJE6	5.49	0.813			0.894	35.983			
	IJE7	5.57	0.823			0.870	33.724			
	IJE8	5.58	0.810			0.852	30.286			
	IJE9	5.47	0.736			0.794	27.783			
组织绩效	OSP1	5.54	0.887	0.942	0.770	0.907	39.507	0.8465	0.943	
	OSP2	5.76	0.896			0.918	40.897			
	OSP3	5.74	0.909			0.935	—			
旅游安全事故发生水平	TSA1	2.71	0.922	0.951	0.855	0.960	—	0.8356	0.9529	
	TSA2	2.78	0.931			0.971	61.694			
	TSA3	2.77	0.855			0.892	42.416			
	TSA4	2.82	0.787			0.826	33.605			

二 描述性统计与相关分析

主要变量描述性统计及 Pearson 相关系数如表 4-5 所示。其中，宏观愿景、顶层法律制度、工作激励与平台建设四个行动逻辑呈显著的正相关关系；四个行动逻辑与个体工作投入、组织绩效呈显著的正相关关系，与旅游安全事故的发生水平呈显著的负相关关系。

表 4-5 主要变量描述性统计及 Pearson 相关系数（N=650）

变量	1	2	3	4	5	6	7	VIF
宏观愿景	(0.908)							
顶层法律制度	0.688**	(0.927)						2.02
工作激励	0.626**	0.680**	(0.806)					2.69
平台建设	0.554**	0.614**	0.723**	(0.920)				2.16
个体工作投入	0.630**	0.628**	0.745**	0.628**	(0.889)			2.26
组织绩效	0.522**	0.499**	0.674**	0.605**	0.622**	(0.920)		1.91
旅游安全事故发生水平	-0.171**	-0.142**	-0.098*	-0.132**	-0.096*	-0.149**	(0.914)	1.03
均值	5.934	5.385	5.134	5.491	5.250	5.539	2.770	
标准差	1.047	1.334	1.230	1.161	1.166	1.182	1.631	

注：括号内的值为 AVE 的平方根。

三 模型验证与假设检验

1. 直接效应检验

研究利用 AMOS21.0 进行整体模型修正与假设检验，结果表明（见表 4-6），整体模型的拟合指数达到临界标准。从治理成效来看，宏观愿景对个体工作投入有正向影响（$\beta=0.219$，$p=0.000$），对组织绩效有正向影响（$\beta=0.096$，$p=0.036$），对旅游安全事故的发生水平有负向影响（$\beta=-0.139$，$p=0.023$），假设 H1a、H1b、H1c 得到支持；顶层法律制度对个体工作投入有正向影响（$\beta=0.122$，$p=0.006$），对组织绩效的影响不显著（$\beta=-0.078$，$p=0.110$），对旅游安全事故发生水平的影响不显著（$\beta=-0.061$，$p=0.346$），假设 H2a 得到支持；工作激励对个体工作投入有正向影响（β=0.535，p=0.000），对组织绩效有正向影响（β=0.323，p=0.000），对旅游安全事故发生水平的影响不显著（β=0.112，p=0.213），假设H3a、H3b得到支持；平台建设对个体工作投入的影响不显著（β=-0.015，p=0.730），对组织绩效有正向影响（β=0.231，p=0.000），对旅游安全事故发生水平的影响不显著（β=-0.055，p=0.392），H4b得到支持。研究同样发现，个体工作投入对组织绩效具有正向影响（β=0.239，p=0.000），对旅游安全事故发生水平的影响不显著（β=0.053，p=0.435），假设H5a得到支持；组织绩效对旅游安全事故的发生水平有负向影响（β=-0.121，p=0.045），假设H5c得到支持。

表4-6 旅游安全治理行动逻辑及其效应的路径分析结果

路径			Estimate	SE	CR	p值	模型适配度
宏观愿景	→	个体工作投入	0.219	0.049	5.363	0.000	χ^2/df=2.287 RMSEA=0.045 RMR=0.050 GFI=0.904 AGFI=0.885 NFI=0.959 RFI=0.954 TLI=0.973 CFI=0.977 PNFI=0.848
宏观愿景	→	组织绩效	0.096	0.052	2.095	0.036	
宏观愿景	→	事故发生水平	-0.139	0.105	-2.277	0.023	
顶层法律制度	→	个体工作投入	0.122	0.037	2.774	0.006	
顶层法律制度	→	组织绩效	-0.078	0.039	-1.600	0.110	
顶层法律制度	→	事故发生水平	-0.061	0.079	-0.943	0.346	
工作激励	→	组织绩效	0.323	0.064	4.885	0.000	
工作激励	→	个体工作投入	0.535	0.055	9.915	0.000	
工作激励	→	事故发生水平	0.112	0.133	1.244	0.213	
平台建设	→	个体工作投入	-0.015	0.043	-0.345	0.730	
平台建设	→	组织绩效	0.231	0.045	4.825	0.000	
平台建设	→	事故发生水平	-0.055	0.092	-0.857	0.392	
个体工作投入	→	组织绩效	0.239	0.048	4.720	0.000	
个体工作投入	→	事故发生水平	0.053	0.098	0.781	0.435	
组织绩效	→	事故发生水平	-0.121	0.091	-2.001	0.045	

考虑到完全中介效应可能使变量间的直接效应在整体模型中表现为不显著，因此，研究进一步对可能受中介效应影响的H2b、H2c、H3c、H4c、H5b进行直接效应检验。研究基于AMOS21.0提供的结构方程模型逐一对假设中的直接效应进行分析，结果表明，顶层法律制度对组织绩效（β=0.501，p=0.002）、旅游安全事故发生水平（β=-0.142，p=0.001）

的直接影响显著成立，工作激励对旅游安全事故发生水平（β=-0.091，p=0.029）的直接影响显著成立，平台建设对旅游安全事故发生水平（β=-0.129，p=0.001）的直接影响显著成立，个体工作投入对旅游安全事故发生水平（β=-0.096，p=0.014）的直接影响显著成立。因此，H2b、H2c、H3c、H4c、H5b 得到支持。综上所述，平台建设对个体工作投入的直接影响（假设 H4a）在整体模型中没有得到支持。

2. 中介效应检验

研究利用 AMOS21.0 提供的结构方程模型，采用偏差校正非参数估计百分比 Bootstrap 进行模型中介效应检验，重复抽样 2000 次，计算 95%的置信区间（见表 4-7）。结合直接效应检验和表 4-7 的结果表明，宏观愿景与组织绩效之间具有显著的部分中介效应，部分中介效应值为 0.307；顶层法律制度与组织绩效之间具有显著的完全中介效应，中介效应值为 0.317；工作激励与组织绩效之间具有显著的部分中介效应，部分中介效应值为 0.204。工作激励与旅游安全事故发生水平之间具有显著的完全中介效应，中介效应值为-0.110；平台建设与组织绩效之间具有显著的部分中介效应，部分中介效应值为 0.233。平台建设与旅游安全事故发生水平之间具有显著的完全中介效应，中介效应值为-0.063。个体工作投入与旅游安全事故发生水平之间具有显著的完全中介效应，中介效应值为-0.054。因此，假设 H2b、H2c、H3c、H4c、H5b 进一步得到支持，中介效应的假设 H6 得到支持。

表 4-7 旅游安全治理行动逻辑与旅游安全事故发生水平之间的中介模型检验

路径	中介效应值	标准差	偏差校正区间		p 值
			下限	上限	
宏观愿景→个体工作投入→组织绩效	0.307	0.041	0.227	0.389	0.001
宏观愿景→个体工作投入→组织绩效→旅游安全事故发生水平	-0.010	0.033	-0.080	0.053	0.720
顶层法律制度→个体工作投入→组织绩效	0.317	0.048	0.223	0.416	0.001
顶层法律制度→个体工作投入→组织绩效→旅游安全事故发生水平	-0.030	0.032	-0.094	0.029	0.301
工作激励→个体工作投入→组织绩效	0.204	0.066	0.085	0.344	0.001
工作激励→个体工作投入→组织绩效→旅游安全事故发生水平	-0.110	0.052	-0.215	-0.010	0.034

续表

路径	中介效应值	标准差	偏差校正区间		p 值
			下限	上限	
平台建设→个体工作投入→组织绩效	0.233	0.038	0.163	0.313	0.001
平台建设→个体工作投入→组织绩效→旅游安全事故发生水平	-0.063	0.033	-0.131	0.000	0.050
个体工作投入→组织绩效→旅游安全事故发生水平	-0.054	0.029	-0.116	-0.003	0.035

由此可见，个体工作投入在宏观愿景、工作激励、平台建设等治理行动对组织绩效的影响中具有部分中介作用，个体工作投入在顶层法律制度对组织绩效的影响中具有完全中介作用。个体工作投入、组织绩效等因素在宏观愿景、顶层法律制度等顶层治理行动对旅游安全事故发生水平的影响中不具有中介作用。但是，个体工作投入、组织绩效在工作激励、平台建设等地方治理行动对旅游安全事故发生水平的影响中具有完全中介作用。此外，个体工作投入通过组织绩效的完全中介作用对旅游安全事故的发生水平产生影响。

第六节　研究小结

一　研究结论

本研究对中国旅游安全行政治理的行动逻辑进行了系统的理论分析和实证检验，对中国31个省份的旅游安全行政机构进行了广泛调研，650份有效样本覆盖全国除港、澳、台以外的31个省级行政区域，并覆盖了厅级、处级、科级等各层级行政人员。研究以此为基础，从旅游行政人员个体视角检验了中国旅游安全行政治理行动对个体工作投入、组织绩效、旅游安全事故发生水平的影响机制。研究结果表明，宏观愿景、顶层法律制度等顶层治理行动和工作激励、平台建设等地方治理行动在旅游安全行政治理成效上具有类别差异和路径差异。其中，旅游安全行政治理的顶层治理行动对个体工作投入、组织绩效具有显著的正向影响，对旅游安全事故发生水平具有显著的负向影响，但个体工作投入和组织绩效在顶层治理行动与旅游安全事故发生水平之间不具有中介效应。旅游安全行政治理的地方治理行动对个体工作投入、组织绩效具有显著的正向影响，对旅游安全事故发生水平具有显著的负向影响。同时，个体工作投入和组织绩效在地方治理行动与旅游安全事故发生水平之间具有完全中介效应（见图 4-2）。

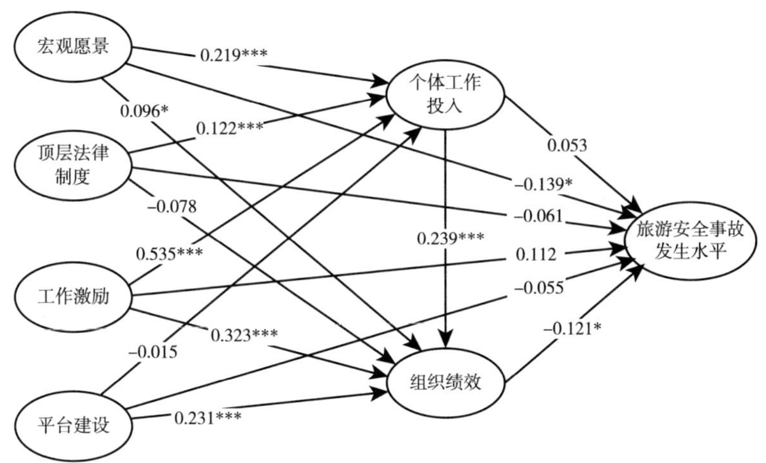

图 4-2　整体模型的结构方程检验结果

二　理论启示

第一，本研究基于经典的计划行为理论，从行政人员个体视角识别了中国旅游安全行政治理的行动框架，从逻辑上构建起对中国旅游安全行政治理行动的结构性认识。本研究认为，旅游行政管理部门的安全治理行动最终都需要落实到行政人员有意识、有目的、有计划开展的治理行为，而行政人员会基于信念的需求寻找对应的支撑因素。其中，宏观愿景是具有中国特色的行政治理方式，它能够引导组织、个体产生积极的治理信念，并具有资源汇聚的导向作用，这与计划行为理论中的态度具有性质上的一致性。顶层法律制度作为制度压力的外在表现，是行使国家权力管理旅游业的法制依据，这与计划行为理论中的主观规范具有性质上的一致性。工作激励和平台建设是治理行动具体实施并产生作用的重要过程，是直接关系到行政治理效率和职能目标实现的激励基础和工作条件，这与计划行为理论中的感知行为控制具有性质上的一致性。因此，本研究依托计划行为理论识别出了中国旅游安全行政治理的行动框架，在丰富行政治理理论的同时，也深化了对经典计划行为理论的应用和认识。

第二，本研究基于计划行为理论，面向行政人员个体构建了“行为信念—行为—行为结果”的行为分析模型，检验了中国旅游安全行政治理行动逻辑的成效结果和机制。我国旅游安全行政治理具有丰富的行动实践，相关研究大多对地区旅游行政治理模型、治理架构等开展探索性、建构性的研究（昌晶亮、余洪，2013；王翔，2017），对行动逻辑、行动成效的实证检验则较为匮乏。因此，本研究基于传统计划行为理论关于“行为信念—行为意向—行为”的分析框架（Ajzen，1991），使用宏观愿景、顶层法律制度、工作激励与平台建设来描述行政人员对治理行动的态度信念、规范信念和控制性信念，使用个体工作投入描述行政人员的工作状态，使用组织绩效、事故发生水平描述行为结果，构建了由“行为信念—行为—行为结果”等关系结构组成的行政人员个体行为分析模型。实证结果表明，宏观愿景、顶层法律制度等顶层治理行动对个体工作投入和组织绩效具有显著的促进作用，但对地区旅游安全事故发生水平的减缓作用存在治理漏损，顶层法律制度对旅游安全事故发生水平不存在直接影响和间接影响。工作激励和平台建设等地方治理行动对组织绩效具有促进作用、对地区旅游安全事故发生水平也具有显著的减缓作用，但平台建设对个体工作投入不具有直接影响。因此，顶层治理行动与地方治理行动对个体工作投入、组织绩效和旅游安全事故发生水平的影响呈现差异性的影响机制。这同时表明，从行政人员个体视角探讨我国旅游安全治理的行动成效可能存在一定程度的“漏损现象”，或者也有可能存在其他的关键治理因素未被考虑其中。可见，本研究结果既验证了旅游安全治理行动对于行政人员工作投入、组织绩效和事故发生水平的影响关系，对提出的概念模型提供了有力的支持，也从实证的角度阐明了我国旅游安全事故治理现状的复杂性和治理需求的迫切性。

第三，本研究根植于中国独特的政治结构和治理安排，系统探索了中国旅游安全行政治理的行动逻辑及其影响机制，有助于认识安全治理中顶层治理行动与地方治理行动的协同逻辑，为优化我国行业性安全治理体系提供了理论基础和实证证据。研究表明，宏观愿景、顶层法律制度等顶层治理行动与工作激励、平台建设等地方治理行动从属于不同行政层级，两者的成效机制也具有类型差异和路径差异，只有顶层治理行动和地方治理行动充分协同才能实现既促进个体工作投入和组织绩效，也降低地方的旅游安全事故发生水平的目标。这表明，一个国家的治理体系有其独特生长逻辑和建设方略，宏观愿景是激励并引导个体面向未来行业发展意向的描绘，顶层法律制度是国家管理旅游业的治理意志，二者都是根植于中国旅游安全行政治理现状的顶层行政治理设计，是旅游安全治理能力建设、治理体系现代化建设的重要支撑。同时，旅游安全治理成效的实现也需要围绕行政人员治理行为的激发，工作激励和平台建设能够推动旅游行政治理资源的合理配置和多元治理力量的有序调动，因此，这两种地方治理行动有助于放大旅游安全治理的协同效应。可见，本研究基于行政治理国情，为旅游安全行政治理的行动成效提供了本土化证据，为解构和分析我国旅游安全行政治理的基础架构和治理体系等提供了理论基础。

三 管理启示

第一，行为信念是治理行为的实施基础，旅游行政管理部门应根据行为信念的性质结构进行策略构建。研究表明，行政人员个体对未来旅游业发展的宏观愿景越积极，法制建设越完善，激励水平和平台建设越完备，行政治理成效则越佳。因此，针对态度信念，旅游行政机构应鼓励并凝聚行政人员对于未来旅游业发展所持有和期望的个人想象，并将集成的愿景传递给所有行政人员，塑造个体对旅游行政治理的积极信念；针对规范信念，旅游行政管理部门应当建立一套完整的行政制度体系，并持续完善行政人员行政执法规范，为行政人员依法行政提供制度保障；针对控制信念，旅游行政管理部门可根据行政人员的激励需求结构，完善行政激励体系，并建立有效的行政治理秩序和治理平台，以激发行政人员的内在动力、提高行政治理效率。

第二，行政人员是安全治理的关键主体，应将行政人员工作投入水平的提高作为旅游安全行政治理的重要内容。研究表明，不同的旅游安全治理行动对地区旅游安全事故发生水平的影响作用存在差异性，工作激励和平台建设等地方治理行动均需要依靠行政人员工作投入和组织绩效的中介作用来影响旅游安全事故的发生水平。在旅游行政治理中，一切的治理行动、治理成效都有赖于行政人员积极工作行为的激发和管理，这直接关系到行政治理效率、治理秩序以及职能目标的实现。因此，根据宏观愿景、顶层法律制度、工作激励等与行政人员工作投入之间的密切关系，在行政治理过程中可通过多种途径提高行政人员的工作投入，诸如营造良好的激励氛围、建立长效的行政治理机制、明确行政执法主体的职责和规范、塑造行政人员对治理的态度和期望等手段，以引导行政人员个体表现出积极持久的工作投入状态，提高组织绩效，降低旅游安全事故发生水平，最终促进旅游产业的有序运行。

第三，安全行政治理是一个循序渐进的过程，要注重对治理行动体系的长期构建。尽管地区旅游安全事故可能在某个瞬间突然发生，但事故的发生往往并不是孤立事件，而是一系列治理行动失灵累积造成的结果。换言之，旅游安全事故的发生是一系列治理行动失灵造成的累积效应。因此，不论旅游安全行政治理成效处在何种水平，旅游行政管理部门都应当致力于建立起一个系统完整的治理行动框架，完善旅游安全行政治理的“一案三制”，持续维护并优化旅游安全行政治理体系。从个体层面来讲，旅游行政管理部门也应当积极重视行政人员的工作需求和心理状态，识别出能够长期激发行政人员积极工作态度和工作行为的激励因素，建立起稳定有效的激励体系和管理模式。

第五章

中国旅游安全顶层法制的治理作用

中央顶层法律制度是保障中国旅游产业安全发展的基础工作。本书第四章在旅游安全行政治理的行动逻辑中验证了《旅游法》的驱动作用。但是,《旅游法》是一部综合性的旅游法律文件,《旅游安全管理办法》则是由国家旅游局于2016年针对旅游安全治理制定的部门法规。同时验证《旅游法》和《旅游安全管理办法》在旅游安全行政治理中的治理成效,有助于更好地理解顶层法律文件在旅游安全行政治理中的作用机制。本研究从制度理论视角出发,基于全国31个省份的650名旅游行政人员的调查样本,检验了规制压力情境下《旅游法》和《旅游安全管理办法》两部顶层法律文件对地方旅游安全平台建设绩效、机构安全绩效和旅游安全事故发生水平的影响机制。

第一节 实证研究背景

旅游顶层法制建设在旅游行政治理中具有基础性的影响作用,它是旅游行政机构和旅游行政人员共同遵守的行动规范和制度准则,是调节、维护和发展有利于旅游产业发展过程中的各种社会秩序和社会关系的集合。旅游安全顶层法律制度是以旅游安全治理为基本主线,旨在遏制旅游安全事故的发生、保障旅游者的合法权益,为旅游行政机构依法开展各类旅游安全治理活动提供统一的治理信念和法制保障。在破坏性旅游安全事故常态化爆发的安全形势下,面向旅游行政机构提供良好的制度环境是旅游安全治理成效的基础。

旅游安全顶层法制建设随着旅游安全事故协同演进，但顶层法律制度的旅游安全治理成效还缺乏系统的理论总结和实证检验。从旅游业的发展特征来看，旅游产业具有跨行业的综合复杂性、经济发展要素的联动性以及多个服务环节配合消费的特征，是一个严重依赖于外部契约执行环境和制度环境的风险产业（North，1990）。在这样的情况下，旅游安全顶层法律制度为旅游行政机构和旅游行政人员调整旅游发展过程中的各种关系提供了稳健的制度依据，它以规制压力的形式引导了旅游行政机构的安全治理行动和安全治理信念，并通过旅游安全治理平台和行政机构安全绩效的支撑作用，以达到旅游行政治理的安全成效。从理论文献来看，以《旅游法》为主体的旅游顶层法律、法规对我国旅游行政治理体系、旅游者安全保护和旅游经营者利益维护的影响得到了广泛探讨（吴真松等，2014；王华、郑艳芬，2015；黄健雄，2011），导游准入制度、旅游合同示范文本、出境旅游安全公示制度（刘爱服，2011；汪传才，2014；覃福晓，2011）等制度机制及以其为基础的规范性治理活动研究也得到重点关注。但总体上，学界对旅游安全顶层法制建设的治理机制及其绩效评价还缺乏系统的探索和认知。同时，旅游行政人员是旅游行政机构安全治理行动的个体基础，也是旅游顶层法律制度的最基本执行单元，行政人员的服务意识、情绪智力和道德规范等行政人格对于社会治理及其发展具有重要作用（张延黎，1997；张康之，2001；陈小平、肖鸣政，2011）。从旅游行政人员视角探索旅游顶层法制建设的安全治理成效，对于解构和分析法律、法规的治理成效传导机制，优化旅游安全法制建设的实施路径，具有重要的理论意义和实践意义。

由于历史文化、经济基础、资源禀赋和政策环境等因素的差异，中国大体上可分为东部、中部、西部三大地区，这三大地区在旅游业总收入、旅游业综合效率、旅游业发展空间基尼系数和低碳旅游发展效率等方面呈现由东部向西部逐级变化的规律特征（方叶林等，2015；查建平，2016；赵磊、方成，2014）。从旅游安全治理实践来看，中国旅游安全治理行动、旅游安全事故特征和旅游安全政策在东部、中部和西部三个地区间存在一定程度的差异（邹永广，2018；谢朝武、张俊，2015）。在旅游经济较为发达的东部地区，旅游行政机构普遍具有较为成熟的安全治理理念和安全治理环境，也会更加注重顶层法制建设和旅游行政治理的安全成效，以维护地区旅游业的安全、有序发展。在旅游经济欠发达的西部地区，旅游产业发展是更为重要的问题，旅游顶层法律制度与安全治理行动并没有得到旅游行政机构应有的重视和响应。从理论层面来看，制度理论描述了制度压力环境下组织调整内部结构取得合法性地位的过程（Parsons，1960；Scott，2001），但在不同地区水平下组织机构对于制度压力和制度环境的响应程度也不尽相同。换言之，地区差异导致了旅游行政机构感知的制度压力环境存在差异，尤其在经济发达地区旅游行政机构的安全治理活动和安全治理规范更容易受制度压力的影响，从而强化或放大了旅游顶层法制建设的安全治理成效。在这种背景下，探索旅游安全顶层法制建设成效的地区差异，不仅是理解中国地区间旅游安全顶层法律制度执行效力乃至制定提高区域安全治理有效政策的关键，对于了解地区旅游安全事故特征、旅游经济发展不平衡也具有重要的启示意义。

本研究的目的在于：①对中国 31 个省份的旅游行政人员展开规模性问卷调查，获取旅游安全顶层法制建设成效的基础数据；②基于制度理论，识别旅游顶层法律制度对旅游安全治理平台建设、旅游行政机构安全绩效和事故发生水平等综合治理成效的影响机制；③探索和验证不同地区水平下旅游顶层法制建设的成效差异，为优化我国旅游法制建设的实施路径提供理论基础和实证证据。

第二节 理论基础

一 制度理论

制度理论认为，制度对于组织绩效具有制约和影响功能（肖华等，2013）。制度由强制性要素、规范性要素和文化认知要素组成，它能营造出推动个体和组织行为的制度压力环境，使制度成为具有特殊意义的指示力量（Scott，2008）。按照压力的程度和要素特征，制度压力可分为规制压力、规范压力和文化—认知压力（Scott，2008），它主要用于研究压力环境下组织的战略响应和绩效结果（林润辉等，2016；蔡宁等，2009；

肖华等，2013），解释了组织在制度结构和组织表现上的趋同和符号化现象。其中，规制压力主要是以法律、法规、强制性政策和各类行业标准的形式对组织施加的压力，它以法律授权的形式强迫、威胁或引导组织活动（肖华等，2013），是影响组织社会绩效的重要因素之一。

从既有的文献来看，制度理论尚未应用到旅游安全行政治理的研究中，政府政策管制所形成的规制压力对于旅游主管部门安全治理成效的研究也鲜有涉及。但是，旅游安全治理的顶层法律制度一旦形成，内嵌于社会与政治环境中的组织机构则不可避免地需要按照政府所期待的角色运转，以实现组织内部结构制度化，达到旅游行政治理的安全成效。同时，旅游行政机构期望在所处的社会与政治环境中持续地获得资源支持，也必须遵照顶层法制所构建起来的社会期待与行为规范，实施被认为是合理的、恰当的绩效行为以获取和维持合法性地位。从规制压力的结构来看，由法律、法规和各类强制性政策所形成的正式压力对于旅游行政机构具有根本性的影响，机构内部具有很强的动力与政府法律法规、政府规章和政府意见保持一致（Qian et al.，2017）。同时，由政府推荐性标准所形成的非正式压力也会通过政府奖励或惩罚机制来引导旅游行政机构的制度设计，为机构治理实践提供合理解释。可见，旅游安全治理的顶层法制建设对于旅游行政机构设置、安全治理任务具有强制性趋同作用，所形成的规制压力稳定了机构内外部环境，对于实现旅游安全治理成效具有重要的影响作用，这将为本研究提供统一的理论基础。

二 顶层法律制度

顶层法律制度是国家行政管理部门设计和认可的制度文本，它以行为规范和制度压力的形式呈现，为各级行政管理部门和行政人员行为活动提供共同遵守的管理制度和法律原则。涉及旅游安全治理的顶层法律制度对旅游安全管理体制、管理机制和管理职责进行了明确规范，为旅游行政机构在开展市场监管、公共服务、应急处置、风险提示等安全治理行动时提供稳健的制度保障和治理规则（邹永广，2018），它实现了各级旅游行政管理机构在安全治理成效、安全治理规范中的强制趋同作用。其中，《旅游法》以保障旅游者合法权益为主线，设置的“旅游安全”专章中确立了政府牵头、部门分工负责、行业自律管理的旅游安全行政治理体系（吴真松等，2014）。《旅游安全管理办法》以旅游企业、事业单位为重点监管对象，健全了安全管理工作中各级旅游行政管理部门遵循统一指导、分级管理和以基层为主的管理原则，为面向旅游经营者开展安全治理活动提供了制度规范和行动保障。目前，《旅游法》和《旅游安全管理办法》构成中国旅游安全行政治理的顶层法律制度，它们是引导、管理和规范旅游安全行政治理的重要法律文件，为建设旅游安全治理平台、遏制旅游安全事故的发生和保障旅游者的人身及财产安全提供了制度基础。

第三节　研究假设与模型构建

一　顶层法律制度的平台建设绩效

旅游安全治理平台是政府部门为旅游行政机构提供的一种服务产品（慕朝师，2008），该服务产品的作用和功能在于为旅游行政机构安全治理提供合适的平台载体，以便于促进市场监管、危机治理、安全保障和安全服务等具体安全治理行动在这一载体上的生成和处置。旅游安全治理平台是旅游安全行政工作的基础载体和资源渠道，构建并完善了各旅游安全治理主体间的协作秩序、资源保障、治理规则和治理环境，对旅游安全治理具有基础性的引导作用（谢朝武，2013）。当前，旅游安全顶层法制建设对旅游安全治理的体制、法制、机制和预案进行了基础性的建设工作，为旅游安全治理平台的建设基础和运行环境提供了稳健的制度支持。例如，《旅游法》确立了“县级以上人民政府统一负责旅游安全工作”的治理体制，建立健全旅游安全治理的“综合协调机制”，对旅游安全工作进行“统筹协调”，推动了“旅游地风险提示、流量监控和旅游者安全义务”等制度建设。《旅游安全管理办法》也确立了安全事故处置中的管理体制规范、事故性质分级和应急处置流程，规范了各级主体在旅游安全事故处置中的协作关系。因此，旅游安全顶层法律制度建立并完善了有利于旅游安全治理平台建设的公共环境和制度条件，对于旅游安全治理平台建设绩效具有正向影响。基于此，提出以下研究假设。

H1a：《旅游法》对旅游安全治理平台建设绩效具有正向影响。

H1b：《旅游安全管理办法》对旅游安全治理平台建设绩效具有正向影响。

二 顶层法律制度的机构安全绩效

机构绩效是一段时间内机构累积的所有工作成果，它是维持组织机构生存、发展的基础保障，也是机构生产经营的最终诉求（彭荷芳等，2016；Williams & Anderson，1991）。旅游行政机构安全绩效指的是旅游行政管理机构在安全治理行动中所取得的具体成效，具体包括旅游安全任务的完成程度、旅游安全工作的开展水平和旅游安全职责的履行情况。在旅游安全治理中，旅游安全顶层法制建设对政府及其各部门、各级旅游行政机构在旅游安全治理领域中所承担的角色、义务和责任进行了全面规定，它让旅游行政机构的安全治理任务有法可依，有效促进了安全治理需求、治理目标向安全治理成效的转化。同时，顶层法律制度作为一种制度资源，它为旅游行政机构在安全治理行动中的关键任务、关键因素和关键环节提供了系统的资源支撑，是实现机构安全治理绩效的重要因素。基于此，提出以下研究假设。

H2a：《旅游法》对旅游行政机构安全绩效具有正向影响。

H2b：《旅游安全管理办法》对旅游行政机构安全绩效具有正向影响。

三 顶层法律制度的事故成效

旅游安全顶层法律制度是以实现旅游业的可持续发展、促进旅游市场公平竞争、保障旅游人员的人身和财产安全等为建设导向，旨在从制度层面遏制旅游安全事故的发生、保障旅游业的健康发展（吴真松等，2014；邹永广，2018）。旅游安全顶层法制建设源于旅游安全事故的影响，进而引起国家对于旅游安全的重视，从而产生并不断发展。换言之，旅游安全法制建设与旅游安全事故协同发展，旅游顶层法制建设是为了有效解决旅游业发展过程中不断出现的安全问题，为旅游业健康发展构建稳定、有序的安全保障体系和安全制度环境（邹永广，2018）。其中，《旅游法》和《旅游安全管理办法》的立法背景均是立足当前旅游产业快速发展、旅游安全事故高发的具体安全形势，旨在从制度层面遏制旅游安全事故的发生，促进旅游业的稳定、有序发展（吴真松等，2014）。长期的安全实践表明，违背安全法律制度所造成的事故损失是显而易见的。基于此，提出以下研究假设。

H3a：《旅游法》有助于降低旅游安全事故的发生水平。

H3b：《旅游安全管理办法》有助于降低旅游安全事故的发生水平。

四 顶层法律制度与旅游安全事故发生水平的中介关系

如前文所述，旅游安全顶层法律制度为各级旅游主管部门安全治理活动提供了制度规范，它需要通过旅游安全治理的平台建设绩效和机构安全绩效的支撑作用来降低旅游安全事故的发生水平。在旅游安全顶层法律制度的规制压力下，旅游主管部门会自觉以制度文本为治理规范，实现机构内部目标设置、任务分工、组织流程和平台架构的完善和优化，达到旅游安全治理的平台建设绩效和机构安全绩效，以降低旅游安全事故的发生水平。其中，旅游安全治理平台是旅游主管部门和旅游行政人员开展安全工作的基础，它为旅游安全治理提供了良好的治理秩序、治理关系和治理条件等背景环境，是旅游行政机构实现安全治理成效、降低事故发生水平的平台载体和资源渠道。同时，旅游行政机构安全绩效是建立在各级人员主体有效协作、推进安全治理规范和完成各项旅游安全任务的基础之上的，它是降低旅游安全事故发生水平、实现旅游业可持续发展的组织基础。因此，旅游安全治理平台建设绩效和旅游行政机构安全绩效是顶层法律制度发挥规制作用的平台基础和组织基础，它们在顶层法律制度对旅游安全事故发生水平的影响中具有传递影响和中介作用。基于此，提出以下研究假设。

H4a：旅游安全治理平台建设绩效、旅游行政机构安全绩效在《旅游法》对旅游安全事故发生水平的影响中具有中介效应。

H4b：旅游安全治理平台建设绩效、旅游行政机构安全绩效在《旅游安全管理办法》对旅游安全事故发生水平的影响中具有中介效应。

五 顶层法制建设成效的地区差异

中国的国情复杂，地区旅游产业发展特征、旅游安全环境以及旅游主管部门管理体制、机制和预案体系不尽相同，这也就直接导致了各地区旅游行政机构对于顶层法制规制压力的响应程度和响应过程也存在差异。从旅游产业的发展特征来看，经济发展的区位差异使旅游经济、旅游产业发展不同程度的地区对于旅游行政机构在安全管理平台建设、安全工作绩效和安全事故发生水平的预期存在显著差距。同时，地区旅游安全事故的伤亡规模、影响因素、发生类型和影响范围各有不同（谢朝武、张俊，2015），为此不同地区旅游主管部门对于旅游安全治理的需求结构、体系构建也存在差异，进而对旅游行政机构安全管理任务、安全机构设置和安全治理绩效的影响也具有路径差异。根据制度理论的观点，制度能够营造出推动组织绩效行为的制度压力环境（林润辉等，2016；Scott，2001），但地区差异的存在使不同地区的旅游行政机构感知到不同的制度压力环境，导致顶层法律制度的安全治理成效存在显著的地区差异。相关研究也表明，制度环境对于进出口贸易发展（许家云等，2017）、环境治理（李娟、赵峥，2011）的影响存在显著的地区差异，旅游安全网络关注度（邹永广等，2015）、旅游生态安全（李细归等，2017）、旅游突发事件（谢朝武、张俊，2015）呈现空间分异特征。因此，旅游安全顶层法律制度对于旅游安全治理成效的影响关系也具有显著的地区差异。基于此，提出以下研究假设。

H5：地区差异在顶层法律制度与旅游安全治理成效的关系中具有调节作用。

本研究的概念模型如图 5-1 所示。

第四节 研究设计与数据收集

一 问卷设计

本研究问卷主要由两部分组成。第一部分由《旅游法》、《旅游安全管理办法》、旅游安全治理平台建设绩效、旅游行政机构安全绩效和旅游安全

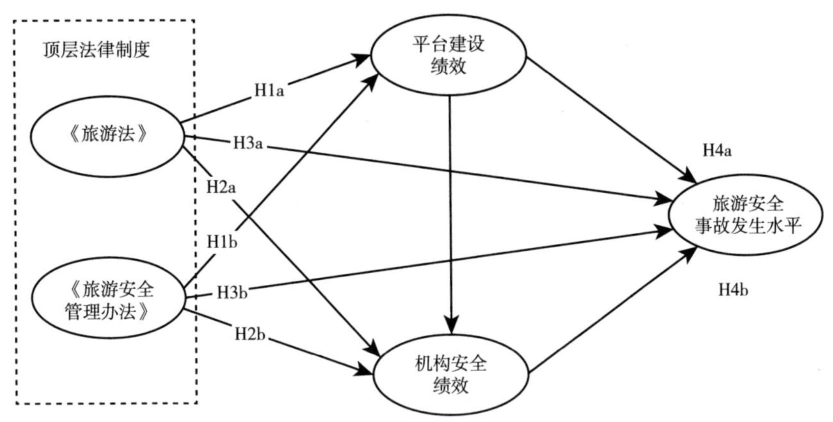

图 5-1 本研究的概念模型

事故发生水平 5 个量表组成。其中，《旅游法》和《旅游安全管理办法》的观测题项根据关于规制压力的描述，并参考了 Chang 和 Wang（2016）与张大伟等（2010）关于法律制度框架的阐述，各有 5 个题项；旅游安全治理平台建设绩效借鉴了我国应急管理体系建设的"一案三制"框架（钟开斌，2009；谢朝武，2013），观测题项反映了预案体系、管理机构、处置机制、法律法规、资源保障等方面的建设成效，共有 5 个题项；旅游行政机构安全绩效参照了 Williams 和 Anderson（1991）与 Chen 等（2002）的任务绩效量表，并根据旅游安全绩效的具体内容进行了修正，共有 4 个题项；旅游安全事故发生水平参考了 Huang 等（2006）的研究，共有 6 个题项。本研究所使用的量表均采用李克特 7 级量表尺度。第二部分主要包括被调查者的基本信息，如性别、年龄、职位级别、从事旅游安全工作的时间等。

二 数据收集

本研究面向全国 31 个省份的旅游行政人员展开规模性问卷调查，工作单位覆盖省级旅游部门、市级旅游部门和县级旅游部门三类。研究于 2017 年 6 月展开预调研，回收有效问卷 205 份。问卷正式调研于 2017 年 8 月开始，共回收问卷 713 份，有效问卷达 650 份，有效问卷回收率达 91.16%。有效样本人口统计特征分布如表 5-1 所示。

表 5-1　有效样本人口统计特征分布（N=650）

人口统计变量		人数（人）	占比（%）	人口统计变量		人数（人）	占比（%）
性别	男	373	57.4	所属工作单位	省级旅游部门	60	9.2
	女	277	42.6		市级旅游部门	231	35.5
婚姻	已婚	539	82.9		县级及以下旅游部门	359	55.2
	未婚	111	17.1	职位级别	厅级及以上	5	0.8
年龄	20~29 岁	123	18.9		处级	85	13.1
	30~39 岁	233	35.8		科级	197	30.3
	40~49 岁	207	31.8		科员及以下	363	55.8
	50~59 岁	84	12.9	从事旅游安全工作的时间	1~5 年	380	58.5
	60 岁及以上	3	0.5		6~10 年	142	21.8
学历	高中及以下	32	5.0		11~15 年	66	10.2
	专科	152	23.4		16~20 年	31	4.8
	本科	404	62.2		21 年及以上	31	4.8
	硕士及以上	62	9.5				

第五节　旅游安全顶层法制的作用机制检验

一　共同方法偏差检验

本研究通过强调问卷答案没有对错之分、阐述问卷调查的目的、保证被调查者的知情权和匿名权等多种程序来控制数据的同源方差。在问卷回收后，研究采用潜在误差变量控制法，将共同方法偏差作为潜在变量，在初始预设模型的基础上构成六因子模型去检验数据的稳健性。数据结果表明（见表 5-2），模型差异显著（$\Delta\chi^2=233.935$，$\Delta df=25$，$p<0.001$），CFI、IFI、GFI、TLI、RMR 和 RMSEA 等模型拟合指数改善程度均不明显，说明本研究较好地控制了由共同方法偏差造成的消极影响。

表 5-2　共同方法偏差检验（N=650）

模型	χ^2	df	CFI	GFI	AGFI	NFI	IFI	TLI	RMR	RMSEA
控制前	727.970	256	0.979	0.916	0.893	0.969	0.979	0.976	0.047	0.053
控制后	494.035	231	0.989	0.944	0.921	0.979	0.989	0.985	0.031	0.042

二　探索性因子分析和验证性因子分析

研究使用 AMOS21.0 进行探索性因子分析和验证性因子分析。研究分别对《旅游法》、《旅游安全管理办法》、平台建设绩效、机构安全绩效、旅游安全事故发生水平等变量进行了信度和效度分析。结果显示（见表 5-3），问卷整体的 Cronbach's α 系数为 0.922，各变量的 Cronbach's α 系数介于 0.938~0.973，KMO 值均大于 0.8，各题项的因子载荷系数均大于 0.8，各维度的平均方差抽取值（AVE）均大于 0.7，组合信度（CR）均大于 0.9，说明问卷具有较好的建构效度。其中，各变量 AVE 平方根的最小值为 0.889，各变量间相关系数的最大值为 0.864，AVE 平方根的最小值大于各变量间相关系数的最大值，表明各变量间具有良好的区分效度。模型拟合指数中，RMSEA 值为 0.053，RMR 值为 0.047，GFI、NFI、RFI、TLI、CFI 等指标值均大于 0.9，各类指标均达到临界值的要求，表明预设模型与样本数据拟合较好。

表 5-3　探索性因子分析和验证性因子分析

<table>
<tr><th colspan="7">探索性因子分析（N=205）</th><th colspan="5">验证性因子分析（N=650）</th></tr>
<tr><th>变量</th><th>题项</th><th>均值</th><th>共同度</th><th>因子载荷系数</th><th>KMO</th><th>Cronbach's α 系数</th><th>因子载荷系数</th><th>t 值</th><th>AVE</th><th>CR</th><th>拟合指数</th></tr>
<tr><td rowspan="5">《旅游法》</td><td>F1</td><td>5.37</td><td>0.818</td><td>0.905</td><td rowspan="5">0.899</td><td rowspan="5">0.963</td><td>0.908</td><td>37.645</td><td rowspan="5">0.8710</td><td rowspan="5">0.9712</td><td rowspan="10">$\chi^2/df=2.844$
RMSEA=0.053
RMR=0.047
GFI=0.916
AGFI=0.893
NFI=0.969
RFI=0.963
TLI=0.976
CFI=0.979
PNFI=0.827</td></tr>
<tr><td>F2</td><td>5.33</td><td>0.890</td><td>0.943</td><td>0.936</td><td>43.498</td></tr>
<tr><td>F3</td><td>5.58</td><td>0.900</td><td>0.949</td><td>0.941</td><td>49.238</td></tr>
<tr><td>F4</td><td>5.47</td><td>0.897</td><td>0.947</td><td>0.936</td><td>48.117</td></tr>
<tr><td>F5</td><td>5.60</td><td>0.861</td><td>0.928</td><td>0.945</td><td>—</td></tr>
<tr><td rowspan="5">《旅游安全管理办法》</td><td>B1</td><td>5.58</td><td>0.882</td><td>0.939</td><td rowspan="5">0.909</td><td rowspan="5">0.969</td><td>0.932</td><td>49.654</td><td rowspan="5">0.8817</td><td rowspan="5">0.9739</td></tr>
<tr><td>B2</td><td>5.59</td><td>0.921</td><td>0.960</td><td>0.932</td><td>49.688</td></tr>
<tr><td>B3</td><td>5.72</td><td>0.917</td><td>0.957</td><td>0.964</td><td>58.88</td></tr>
<tr><td>B4</td><td>5.51</td><td>0.804</td><td>0.897</td><td>0.912</td><td>51.512</td></tr>
<tr><td>B5</td><td>5.71</td><td>0.937</td><td>0.968</td><td>0.954</td><td>—</td></tr>
</table>

续表

探索性因子分析（N=205）							验证性因子分析（N=650）				
变量	题项	均值	共同度	因子载荷系数	KMO	Cronbach's α系数	因子载荷系数	t值	AVE	CR	拟合指数
平台建设绩效	P1	5.28	0.837	0.915	0.916	0.967	0.902	—	0.8496	0.9658	χ^2/df=2.844 RMSEA=0.053 RMR=0.047 GFI=0.916 AGFI=0.893 NFI=0.969 RFI=0.963 TLI=0.976 CFI=0.979 PNFI=0.827
	P2	5.21	0.916	0.957			0.943	41.619			
	P3	5.32	0.902	0.950			0.939	41.07			
	P4	5.21	0.895	0.946			0.907	37.159			
	P5	5.23	0.868	0.932			0.917	38.285			
机构安全绩效	J1	5.84	0.731	0.855	0.853	0.938	0.789	27.725	0.7901	0.9375	
	J2	5.57	0.857	0.926			0.905	38.138			
	J3	5.80	0.881	0.939			0.920	—			
	J4	5.76	0.902	0.950			0.934	41.62			
旅游安全事故发生水平	S1	2.88	0.917	0.957	0.920	0.973	0.940	—	0.8482	0.971	
	S2	2.94	0.909	0.953			0.948	62.895			
	S3	2.89	0.835	0.914			0.900	41.114			
	S4	2.68	0.932	0.965			0.953	50.991			
	S5	2.82	0.890	0.943			0.938	47.549			
	S6	3.06	0.818	0.904			0.842	33.706			

三 描述性统计与相关分析

主要变量的相关性与区分效度分析如表5-4所示。其中，《旅游法》和《旅游安全管理办法》与平台建设绩效、机构安全绩效呈显著的正相关关系，与旅游安全事故发生水平呈显著的负相关关系；平台建设绩效、机构安全绩效与旅游安全事故发生水平呈显著的负相关关系。

表5-4 主要变量的相关性与区分效度分析（N=650）

变量	1	2	3	4	5
《旅游法》	(0.933)				
《旅游安全管理办法》	0.864**	(0.939)			
平台建设绩效	0.594**	0.596**	(0.922)		
机构安全绩效	0.487**	0.538**	0.581**	(0.889)	
旅游安全事故发生水平	-0.123**	-0.135**	-0.107**	-0.144**	(0.921)

注：括号内的值为AVE的平方根。

四　模型验证与假设检验

研究利用 AMOS21.0 提供的结构方程模型，采用偏差校正非参数估计百分比 Bootstrap 进行整体模型修正与假设检验，重复抽样 2000 次，计算 95%的置信区间。模型拟合结果中，χ^2（259）= 850.405，p = 0.000；RMSEA = 0.059，RMR = 0.047；GFI、NFI、RFI、TLI、CFI 等指标值均大于 0.9，预设模型与数据拟合较好，可用于研究假设检验。

如表 5-5 所示，从旅游安全治理的平台建设绩效来看，《旅游法》（β = 0.336，p = 0.001）和《旅游安全管理办法》（β = 0.305，p = 0.003）正向影响平台建设绩效，假设 H1a、H1b 得到支持；从旅游行政机构安全绩效来看，《旅游安全管理办法》（β = 0.350，p = 0.023）正向影响机构安全绩效，《旅游法》（β = -0.065，p = 0.760）对机构安全绩效没有显著影响，假设 H2b 得到支持；从旅游安全事故发生水平来看，《旅游法》（β = -0.025，p = 0.778）和《旅游安全管理办法》（β = -0.058，p = 0.495）对旅游安全事故发生水平没有显著影响；从安全治理成效间的关系来看，平台建设绩效正向影响机构安全绩效（β = 0.435，p = 0.001），机构安全绩效负向影响旅游安全事故发生水平（β = -0.105，p = 0.048），平台建设绩效对旅游安全事故发生水平没有显著影响（β = 0.003，p = 0.986）。

从中介效应来看，《旅游法》与机构安全绩效之间具有显著的完全中介效应，中介效应值为 0.146（p = 0.002）；《旅游安全管理办法》与机构安全绩效之间具有显著的部分中介效应，中介效应值为 0.133（p = 0.002）；《旅游安全管理办法》与旅游安全事故发生水平之间具有显著的完全中介效应，中介效应值为 -0.050（p = 0.047）；平台建设绩效与旅游安全事故发生水平之间具有显著的完全中介效应，中介效应值为 -0.046（p = 0.041）。因此，《旅游法》与旅游安全事故发生水平之间的中介假设 H4a 得到部分支持，《旅游安全管理办法》与旅游安全事故发生水平之间的中介假设 H4b 得到支持。

旅游安全顶层法律制度及其效应的路径分析结果如图 5-2 所示。

表 5-5　旅游安全顶层法律制度及其效应的路径分析结果

路径		中介效应值	标准差	偏差校正区间		p 值
				下限	上限	
直接路径	《旅游法》→平台建设绩效	0. 336	0. 085	0. 182	0. 516	0. 001
	《旅游安全管理办法》→平台建设绩效	0. 305	0. 087	0. 115	0. 469	0. 003
	《旅游法》→机构安全绩效	-0. 065	0. 157	-0. 352	0. 247	0. 760
	《旅游安全管理办法》→机构安全绩效	0. 350	0. 151	0. 047	0. 621	0. 023
	平台建设绩效→机构安全绩效	0. 435	0. 049	0. 338	0. 535	0. 001
	平台建设绩效→旅游安全事故发生水平	0. 003	0. 056	-0. 109	0. 111	0. 986
	《旅游法》→旅游安全事故发生水平	-0. 025	0. 091	-0. 226	0. 137	0. 778
	《旅游安全管理办法》→旅游安全事故发生水平	-0. 058	0. 09	-0. 216	0. 142	0. 495
	机构安全绩效→旅游安全事故发生水平	-0. 105	0. 053	-0. 208	-0. 001	0. 048
中介效应	《旅游法》→平台建设绩效→机构安全绩效	0. 146	0. 038	0. 085	0. 232	0. 002
	《旅游法》→平台建设绩效→机构安全绩效→旅游安全事故发生水平	-0. 008	0. 028	-0. 059	0. 053	0. 730
	《旅游安全管理办法》→平台建设绩效→机构安全绩效	0. 133	0. 044	0. 052	0. 233	0. 002
	《旅游安全管理办法》→平台建设绩效→机构安全绩效→旅游安全事故发生水平	-0. 050	0. 031	-0. 123	0. 000	0. 047
	平台建设绩效→机构安全绩效→旅游安全事故发生水平	-0. 046	0. 024	-0. 095	-0. 002	0. 041

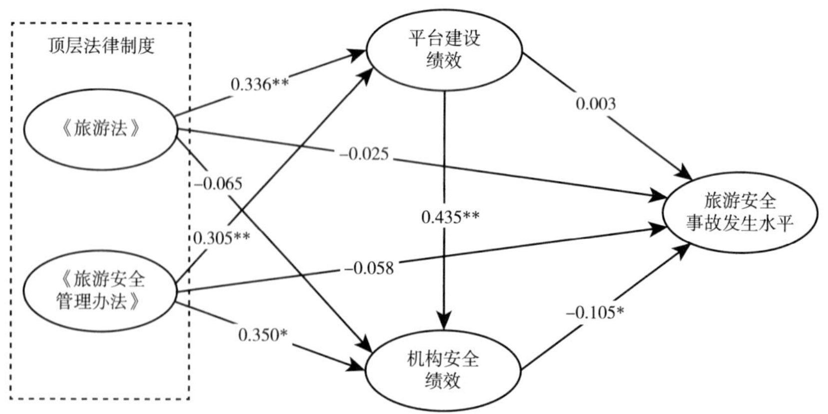

图 5-2　本研究的路径分析结果

通过比较直接效应、中介效应发现，《旅游法》通过平台建设绩效的完全中介作用影响机构安全绩效，《旅游安全管理办法》通过平台建设绩效、机构安全绩效的完全中介作用影响旅游安全事故发生水平。因此，《旅游法》对旅游行政机构安全绩效的影响（H2a）、《旅游安全管理办法》对旅游安全事故发生水平的影响（H3b）是通过完全中介作用实现的，假设 H2a、H3b 得到验证。

五 调节效应检验

温忠麟等（2005）建议，研究采用 SPSS 分组回归的方法分别对不同地区样本进行回归分析，检验每组样本中顶层法律制度对平台建设绩效、机构安全绩效和旅游安全事故发生水平的关系效应。研究通过层级回归的方法，第一步进入回归方程的为控制变量（性别、年龄、学历、婚姻、工作年限），第二步为自变量（《旅游法》《旅游安全管理办法》）的主效应。表 5-6、表 5-7、表 5-8 分别显示了地区变量在顶层法律制度对平台建设绩效、机构安全绩效和旅游安全事故发生水平的调节效应结果。

如表 5-6 所示，在东部地区组别中，当《旅游法》加入回归方程后，模型 2 对平台建设绩效方差的解释能力比模型 1 增加了 45.3%（$\Delta F = 30.717$，$p<0.05$）；在西部地区组别中，将《旅游法》加入回归方程后，模型 5 对平台建设绩效方差的解释能力比模型 4 增加了 23.1%（$\Delta F = 12.384$，$p<0.05$）；在中部地区组别中，将《旅游法》加入回归方程后，模型 8 对平台建设绩效方差的解释能力比模型 7 增加了 25.9%（$\Delta F = 12.382$，$p<0.05$）。在三组不同地区样本中，《旅游法》对平台建设绩效的标准化回归系数分别为 0.699（$p<0.001$）、0.492（$p<0.001$）和 0.541（$p<0.001$），从《旅游法》的方差解释率来看，东部地区（45.4%）大于中部地区（30.7%），且大于西部地区（27.5%）。由分组回归检验的结果可见，基础模型加入《旅游法》后的 R^2、ΔR^2、F 值均显著增加，表明该模型的效果比较理想。《旅游法》的影响系数则表明，地区变量在“《旅游法》→平台建设绩效”的关系结构中具有非线性调节作用。同理可得，地区变量在“《旅游安全管理办法》→平台建设绩效”的关系结构

中具有非线性调节作用，东部地区（40.0%）大于中部地区（35.1%），且大于西部地区（27.8%）。

表 5-6　地区变量在顶层法律制度与旅游安全治理平台建设绩效的调节效应

自变量	东部地区（N=223）			西部地区（N=231）			中部地区（N=196）		
	因变量:平台建设绩效			因变量:平台建设绩效			因变量:平台建设绩效		
	模型 1	模型 2	模型 3	模型 4	模型 5	模型 6	模型 7	模型 8	模型 9
性别	0.070	-0.042	-0.015	0.075	0.017	0.005	0.155*	0.074	0.063
年龄	-0.142	0.003	-0.037	-0.250*	-0.172*	-0.133	-0.082	-0.017	-0.078
学历	0.008	0.047	0.023	-0.117	-0.049	-0.084	-0.106	0.005	-0.005
婚姻	-0.093	-0.054	-0.027	-0.084	-0.050	-0.018	0.116	0.087	0.047
工作年限	-0.001	0.028	0.033	0.045	0.027	0.010	-0.050	0.030	0.030
《旅游法》		0.699***			0.492***			0.541***	
《旅游安全管理办法》			0.644***			0.497***			0.576***
R^2	0.023	0.469	0.416	0.065	0.293	0.297	0.073	0.328	0.371
Adjusted R^2	0.001	0.454	0.400	0.044	0.275	0.278	0.048	0.307	0.351
F-statistic	1.040	31.757	25.647	3.122	15.506	15.750	2.983	15.365	18.578
Prob(F-statistic)	0.395	0.000	0.000	0.010	0.000	0.000	0.013	0.000	0.000

如表 5-7 所示，在东部地区组别中，在《旅游法》加入回归方程后，模型 11 对机构安全绩效方差的解释能力比模型 10 增加了 33.6%（$\Delta F=18.354$，$p<0.05$）；在西部地区组别中，将《旅游法》加入回归方程后，模型 14 对机构安全绩效方差的解释能力比模型 13 增加了 22.8%（$\Delta F=11.554$，$p<0.05$）；在中部地区组别中，将《旅游法》加入回归方程后，模型 17 对机构安全绩效方差的解释能力比模型 16 增加了 19.4%（$\Delta F=8.136$，$p<0.05$）。在三组不同地区的样本中，《旅游法》对机构安全绩效的标准化回归系数分别为 0.603（$p<0.001$）、0.489（$p<0.001$）和 0.471（$p<0.001$），从《旅游法》的方差解释率来看，东部地区（32.7%）大于西部地区（24.0%），且大于中部地区（22.1%）。由分组回归检验的结果可见，基础模型加入《旅游法》后的 R^2、ΔR^2、F 值均显著增加，表明该模型的效果比较理想。《旅游法》的影响系数则表明，地区变量在

“《旅游法》→机构安全绩效”的关系结构中具有非线性调节作用。同理可得，地区变量在“《旅游安全管理办法》→机构安全绩效”的关系结构中具有非线性调节作用，东部地区（31.6%）大于中部地区（32.3%），且大于西部地区（27.7%）。

表 5-7　地区变量在顶层法律制度与旅游行政机构安全绩效的调节效应

自变量	东部地区(N=223)			西部地区(N=231)			中部地区(N=196)		
	因变量:机构安全绩效			因变量:机构安全绩效			因变量:机构安全绩效		
	模型 10	模型 11	模型 12	模型 13	模型 14	模型 15	模型 16	模型 17	模型 18
性别	0.029	-0.068	-0.048	-0.080	-0.137*	-0.153*	0.164*	0.093	0.073
年龄	-0.068	0.056	0.026	-0.069	0.009	0.055	0.014	0.071	0.019
学历	0.086	0.119*	0.100	0.107	0.175**	0.143*	-0.074	0.023	0.026
婚姻	-0.063	-0.030	-0.004	-0.043	-0.010	0.027	0.159	0.134	0.091
工作年限	0.079	0.103	0.109	0.138	0.119	0.101	0.021	0.091	0.100
《旅游法》		0.603***			0.489***			0.471***	
《旅游安全管理办法》			0.582***			0.528***			0.570***
R^2	0.014	0.345	0.334	0.034	0.260	0.296	0.052	0.245	0.343
Adjusted R^2	-0.009	0.327	0.316	0.012	0.240	0.277	0.027	0.221	0.323
F-statistic	0.623	18.977	18.070	1.578	13.132	15.675	2.080	10.216	16.474
Prob(F-statistic)	0.683	0.000	0.000	0.167	0.000	0.000	0.070	0.000	0.000

如表 5-8 所示，在三组不同地区的样本中，《旅游法》对旅游安全事故发生水平的影响关系仅在中部地区存在显著效应（$\beta=-0.229$，$p<0.01$）。从方差解释率来看，东部地区（5.1%）大于中部地区（3.2%），且大于西部地区（2.5%）。同时，《旅游安全管理办法》对旅游安全事故发生水平的影响关系仅在中部地区存在显著效应（$\beta=-0.275$，$p<0.001$）。从方差解释率来看，中部地区（5.5%）大于东部地区（5.0%），且大于西部地区（2.3%）。为此，地区变量在“《旅游法》和《旅游安全管理办法》→旅游安全事故发生水平”的关系结构中具有非线性调节作用。

表 5-8 地区差异在顶层法律制度与旅游安全事故发生水平的调节效应

自变量	东部地区(N=223)			西部地区(N=231)			中部地区(N=196)		
	因变量:旅游安全事故发生水平			因变量:旅游安全事故发生水平			因变量:旅游安全事故发生水平		
	模型 19	模型 20	模型 21	模型 22	模型 23	模型 24	模型 25	模型 26	模型 27
性别	-0.190**	-0.170*	-0.175*	0.078	0.088	0.088	-0.077	-0.043	-0.033
年龄	-0.063	-0.089	-0.082	0.010	-0.004	-0.008	-0.117	-0.145	-0.119
学历	0.043	0.036	0.041	-0.121	-0.132*	-0.126	-0.021	-0.068	-0.070
婚姻	-0.090	-0.097	-0.102	0.130	0.125	0.120	0.007	0.019	0.040
工作年限	-0.112	-0.117	-0.118	0.000	0.003	0.005	0.070	0.036	0.032
《旅游法》		-0.126			-0.085			-0.229**	
《旅游安全管理办法》			-0.115			-0.077			-0.275***
R^2	0.063	0.077	0.075	0.043	0.050	0.049	0.016	0.062	0.084
Adjusted R^2	0.041	0.051	0.050	0.022	0.025	0.023	-0.010	0.032	0.055
F-statistic	2.899	3.007	2.928	2.040	1.975	1.921	0.632	2.079	2.900
Prob(F-statistic)	0.015	0.008	0.009	0.074	0.070	0.078	0.676	0.057	0.010

第六节 研究小结

一 研究结果

本研究从制度理论视角出发，探讨了顶层法制建设对于旅游安全治理成效的规制作用，并检验了不同地区水平下旅游顶层法制建设成效的路径差异。研究结论主要包括：①旅游安全顶层法制建设正向影响旅游安全治理平台建设绩效；②旅游安全顶层法制建设正向影响旅游行政机构安全绩效；③《旅游安全管理办法》通过平台建设绩效、机构安全绩效的中介作用显著降低旅游安全事故的发生水平；④地区变量在旅游安全顶层法制建设与旅游安全治理成效的关系中具有非线性调节作用（见表 5-9）。其中，《旅游法》和《旅游安全管理办法》在东部地区和中部地区的安全治理成效较高，在西部地区的安全治理成效较低。

表 5-9　假设检验结果汇总

假设	假设内容	验证结果
H1a	《旅游法》对旅游安全治理平台建设绩效具有正向影响	支持
H1b	《旅游安全管理办法》对旅游安全治理平台建设绩效具有正向影响	支持
H2a	《旅游法》对旅游行政机构安全绩效具有正向影响	支持
H2b	《旅游安全管理办法》对旅游行政机构安全绩效具有正向影响	支持
H3a	《旅游法》有助于降低旅游安全事故的发生水平	不支持
H3b	《旅游安全管理办法》有助于降低旅游安全事故的发生水平	支持
H4a	旅游安全治理平台建设绩效、旅游行政机构安全绩效在《旅游法》对旅游安全事故发生水平的影响中具有中介效应	部分支持
H4b	旅游安全治理平台建设绩效、旅游行政机构安全绩效在《旅游安全管理办法》对旅游安全事故发生水平的影响中具有中介效应	支持
H5	地区差异在顶层法律制度与旅游安全治理成效的关系中具有调节作用	支持

二　理论启示

第一，本研究验证了旅游安全顶层法制建设的安全治理成效，从旅游行政人员视角探索并构建了“平台建设绩效—机构安全绩效—旅游安全事故发生水平”的成效结果和成效传导机制。研究表明，由《旅游法》和《旅游安全管理办法》构成的旅游安全顶层法律制度为旅游安全治理行动提供了制度依据和治理规范，它以规制压力的形式引导旅游行政机构实施与政府管制和社会期待相符合的绩效行动，并通过旅游安全治理的平台建设绩效和机构安全绩效的支撑作用，遏制旅游安全事故的发生，促进旅游业健康发展。不仅如此，旅游安全治理平台是顶层法制建设治理成效的平台基础和资源渠道，旅游行政机构安全绩效是顶层法制建设治理成效的组织基础，二者完全中介了顶层法制建设的旅游安全治理成效。

第二，本研究验证了旅游安全顶层法制建设成效的地区差异，阐明了不同地区水平下旅游行政机构对于顶层法律制度规制压力的响应结构和响应程度。这种响应关系主要表现在：旅游安全顶层法制建设的治理成效呈现由东向西逐级递减的演进关系，整体上表现出了东部地区和中部地区的旅游安全治理成效高于西部地区的旅游安全治理成效。结合制度理论的观点，东部和中部旅游经济发达地区所具有的良好旅游市场环境、旅游社会环境和旅游制度环境能够增强或放大旅游顶层法制的规制压力，而西部旅游经济欠发达地区的旅游安全治理活动可能受到以旅游发展为任务的各种强制性和非强制性因素的约束，这一差异将促进旅游顶层法制建设的安全治理结果在地区间呈现显著的成效差异。本研究为理解地区间旅游安全制度成效、旅游安全治理成效的不平衡关系提供了另一种解读视角。

第三，本研究首次将制度理论应用到旅游安全行政治理的研究中，对顶层法制建设的安全治理成效以及地区变量的非线性调节关系进行了检验，推动并拓展了制度理论在旅游安全治理中的运用。研究结果证明了旅游顶层法律制度所产生的规制压力对于旅游安全治理成效具有显著的正向影响，为制度环境下组织机构的绩效响应行为提供了稳健的实证证据。同时，研究也发现了不同地区水平下旅游行政机构对于规制压力的响应结构和响应程度存在差异，这直接表现在旅游顶层法律制度的安全治理成效存在显著的地区差异。这是对于制度理论在旅游安全治理研究领域中的拓展。

三 管理启示

第一，旅游安全顶层法制建设具有复杂的成效结果和成效传导机制，各级旅游行政管理部门应当根据法制成效机制进行策略建构。研究表明，旅游安全治理平台建设绩效和旅游机构安全绩效是顶层法制建设成效的平台基础和组织基础，在政府规制压力情境下呈现“平台建设绩效—机构安全绩效—旅游安全事故发生水平”的成效传导过程。因此，各级旅游行政管理部门应当从制度支撑和规范支持的角度，从旅游行政治理机制、体制、法制和预案等层面开展建设工作，为建设旅游安全治理平台提供良好的制度环境。同时，各级旅游主管部门可从协作秩序、目标设置、职责分工、治理规范和奖惩管理等层面构建旅游安全治理平台，为开展旅游行政机构安全治理工作、履行安全治理职责提供平台载体和资源支持，进而达到遏制旅游安全事故发生的治理成效。

第二，旅游行政管理部门应当基于顶层法制建设成效的地区差异进行分类管理，对于旅游安全顶层法制成效较差的西部地区给予更多的关注。

研究表明，地区因素是影响旅游安全顶层法制建设成效的重要变量，在旅游经济水平、旅游市场环境和旅游安全治理条件较为成熟的东部地区和中部地区，旅游安全顶层法制建设对旅游安全治理的平台建设绩效、机构安全绩效更为突出，在旅游各方面建设欠发达的西部地区，旅游安全顶层法制建设成效得到了削弱和约束。因此，有必要依据地区成效差异展开针对性管理和引导。一方面，应当重点关注西部地区旅游安全顶层法制的安全成效，建立该地区政府间依法行政、依法治理的安全治理引导机制，引导该地区各级地方政府、旅游主管部门、旅游相关部门、旅游企业和社会团体等各利益主体完善相互协作、统筹协调的安全治理体系。另一方面，针对东部和中部旅游安全顶层法制成效、旅游安全治理成效较为突出的地区，应当提升并优化旅游行政治理机制，并针对地区旅游安全事故特征、旅游发展阶段展开专项治理行动，实现地区旅游安全行政治理效率的进一步提升。

第三，旅游行政管理部门应当意识到旅游安全治理成效是一个循序渐进的过程，要注重从顶层法制建设到降低旅游安全事故发生水平的科学转化。旅游安全顶层法律制度为旅游行政机构开展市场监管、公共服务、应急处置、风险提示等安全治理行动提供了规范性的制度文化，它对于旅游安全行政治理成效具有基础性的影响作用。实证结果也表明，旅游安全顶层法律制度通过旅游安全治理平台建设绩效、旅游行政机构安全绩效的完全中介作用，降低旅游安全事故的发生水平。因此，遏制旅游安全事故发生是一个系统过程，其中受到顶层法制建设、旅游安全治理平台、旅游行政治理任务、旅游行政机构安全绩效等多个环节、多个要素的影响，政府部门应当从微观和宏观两个层面对转化过程中的关键环节和关键因素进行管控。从微观层面来看，各级旅游行政机构应当深入完善旅游行政治理的内部考核制度、人员培训制度、部门协作制度等制度机制，提升旅游行政人员的工作绩效。从宏观层面来看，地方政府部门应当建立并完善旅游安全治理的综合协调机制，破解各级行政部门之间的合作壁垒和条块分割，为提升旅游安全治理成效提供合作基础和机制环境。

第六章

中国旅游安全行政人员的动力结构

激励管理是提升行政治理成效的重要手段，但对政府行政人员的动力结构及激励成效的研究尚缺乏系统的理论总结和实证检验。本研究基于中国 31 个省份的 650 名旅游行政人员样本，运用弗洛姆期望理论识别了政府行政人员的激励需求和动力结构，并基于波特—劳勒综合激励模型验证了行政人员动力结构的影响作用。

第一节　实证研究背景

激励管理一直是组织人力资源管理的重要内容。面对行政管理任务复杂性的不断增强，如何有效激发政府行政人员的工作动机，从而实现组织目标已经成为各国政府部门的一个重要议题（Behn，1995）。从公共服务的角度来看，政府部门的激励管理是引导行政人员产生更多、更可靠的绩效行为，更好地服务于社会公众的基础，行政人员的激励管理因此显得越来越重要。在实践中，行政人员的报酬和激励也成为政府部门最为重要的预算项目之一（Braden & Hyland，1993）。但是，政府行政治理中普遍存在公共资源浪费严重、管理效率低下、行政人员参与度不高等问题。因此，在当前以行政绩效为关注导向的背景下，政府部门亟须创新和变革行政激励体系，以提升行政激励的作用与成效。

政府行政人员有复杂的需求层次和动力结构，但涉及行政人员动力结构及其效应的实证研究却少有问津者。1982 年，Perry 和 Porter 研究指出了政府部门员工工作动力的重要性和层次性。从行政管理来看，行政人员的工作内容是一种以劳动密集、知识密集和权力密集为特征的公共服务工作，其公共服务质量主要体现在政府管理部门如何优化行政人员的社会环境和心理环境（Taylor，2013），实现员工工作任务和工作动力的有效匹配。这也恰恰表明了政府行政人员具有多样性和层次性的动力结构。从个体需求结构来看，政府行政人员所具有的生存、发展、尊重和社交等基本需求是引导行政人员实施绩效行为的直接外在动力（Perry & Porter，1982；Ciobanu & Androniceanu，2015；Marsden，2004）。同时，公共服务动机理论下政府部门员工所应具备的利他主义、不计较个人薪酬、追求公共利益等理念，也体现了行政人员具有追求长远社会价值、社会发展的内在动机诉求（Perry & Wise，1990；Houston，2000）。当前，公共部门员工所具有的系统性、复杂性动力结构和需求特征已经得到广泛关注（Fottler，1981；Rainey，1982；Whorton & Worthley，1981；Anderfuhrenbiget et al.，2010），有研究基于双因素理论视角将行政人员动力因素归为外在保健因素和内在激励因素（Khoshnevis & Tahmasebi，2016；Manolopoulos，1975）。政府行政人员动力结构对组织绩效的异质性影响、公共和私有部门员工的动机差异和成效差异也得到充分的讨论和验证（Fottler，1981；Khoshnevis & Tahmasebi，2016；Guyot，1962；Crewson，1997）。同时，政府行政人员属于国家"公共性"人力资源，期望理论视角下政府行政人员的动机管理呈现期望知觉偏差、媒介知觉偏差和效价知觉偏差的激励困境（周红云，2007），这也成为现代服务型政府激励体系构建的重要尺度。但遗憾的是，对于政府行政人员动力结构的研究还缺乏基于期望理论视角的理论总结与实证探索。在实践中，政府行政人员面临的激励要素具有短期、中长期、长期等时间尺度的差异性，这是影响期望激励成效的重要因素，但是学界对于不同时间尺度下的期望激励较少有系统的实证探索。因此，基于期望理论视角并区分其时间尺度，甄别中国政府行政人员的动力结构和激励逻辑，对于判断中国政府行政激励体系的合理性和科学性，具有重要的理论价值和实践意义。

从产业实践来看，2020 年前中国旅游产业已经成为全世界旅游人次体量最大、全球各地区关注度最高的旅游市场，但高速发展的中国旅游业却饱受行业监管困境、安全问题频发、政策执行力度不强等行政治理问题的困扰。在这种背景下，中国旅游行政治理负重前行，并在实践中形成了既有短期现实制度激励、也有中长期职业前景激励和长期宏观愿景引导的激励架构和动力结构，旅游行政人员的激励管理因而具有较强的典型性与代表性。因此，从中国旅游行政人员个体视角探索中国行政人员的激励管理，对于解构和分析政府行政人员的激励逻辑和动力架构、优化我国的行政激励体系，具有重要的实践价值。

为了回应上述议题，本研究将基于中国旅游行政人员个体感知视角，对政府行政人员的动力结构及其成效进行实证检验。本研究目标在于：①基于弗鲁姆的期望理论、并区分其时间尺度，识别政府行政人员的需求层级和动力结构；②对中国31个省份的旅游行政人员展开规模性问卷调查，获取旅游行政人员动力结构的基础数据；③基于波特—劳勒综合激励模型，系统探索和验证政府行政人员动力结构对其工作投入、工作绩效和工作满意度的影响机制和路径差异；④基于中国行政管理情境，分析中国特色的政府行政人员激励体系，完善和发展中国本土的行政激励理论。

第二节　理论基础

一　期望理论与波特—劳勒综合激励理论

期望理论认为，个体对于目标的期望和效价都较高时，就会有更强的动力去完成这个目标（Vroom & Yetton，1973）。其中，期望是个体在一段时间内希望达到目标、满足需要的心理活动，它是调动个体工作积极性、工作动力的重要因素。延迟满足描述了个体愿意放弃或延迟与短期目标相关的期望满足，而选择更有价值的长期目标的系列动机与认知过程（Underwood，1974）。因此，从目标发展的角度来看，个体存在短期期望满足与长期期望满足两个期望阶段，短期期望满足表现为个体满足于短期薪酬提升、利益回报和职业晋升等短期发展目标，长期期望满足表现为个体追求职业目标、绩效目标、社会发展等更有价值的长远结果的选择倾向和自我控制能力。在工作环境中，工资薪酬、奖惩制度、任务结构与工作条件等激励因素属于短期期望因素，职业前景与组织战略等因素是激励个体工作动力的中长期期望因素，宏观愿景则是既有道德激励属性，又需要经过长期努力才能实现的长期期望因素，三者共同影响着个体的工作积极性、工作绩效、职业发展和工作满意度（Danish & Usman，2010；Wan et al.，2014；Michael et al.，2010）。可见，短期期望满足、中长期期望满足与长期期望满足是激发个体工作动力的重要因素，它从激励的时间维度上体现了个体具有满足短期目标的心理动能，也具有追求中长期前景和更有价值的长远结果的自我控制能力。

波特—劳勒综合激励理论是吸收了需要理论、期望理论和公平理论等激励理论后提出的一个强调综合性、全面性的激励模型（Porter & Lawler，1968；Porter et al.，1975）。该理论认为，激励导致了个体的努力程度，工作绩效取决于个体的努力程度、能力大小以及对于任务的认知程度，而奖励以绩效为前提，最终实现个体工作满足。工作满足又导致进一步的努力。因此，波特—劳勒综合激励模型认为，激励管理应当形成"激励→努力→绩效→奖励→满足→努力"的良性激励循环（Porter & Lawler，1968；Porter et al.，1975），这一过程涉及奖惩制度、组织分工、目标设置、个人期望、任务设计等多种综合性激励因素。

运用期望理论和综合激励模型去探索中国政府行政人员的动力结构及其效应具有较强的适用性。如前文所述，政府行政人员具有层次性的需求特征和动力结构，既存在追求生存、发展、尊重和社交等短期需求因素，也存在追求实现产业价值的中长期发展需求，更有追求社会利益、社会需求和社会发展的长期价值取向。同时，政府行政人员呈现对物质激励、信念激励、道德激励和价值激励等多元激励方案并行的需求结构和动力因素，其动力结构的平衡关系对于行政人员的工作成效的影响机制具有阶段性、异质性特征，涉及行政人员动力结构的激励过程也呈现系统性、循环性的流程结构。目前，运用期望理论探讨政府行政人员的激励要素、动机特征和绩效结果已经成为组织激励管理中的重要议题（周红云，2007），波特—劳勒综合激励模型视角下以医院护理人员（Seybolt & Pavett，1979）、弱势实习生（Scott，1971）和国家公务员（周红云，2007）为研究对象的激励管理也得到重点探讨。本研究基于弗洛姆期望理论识别政府行政人员的短期、中长期和长期激励要素，并运用波特—劳勒综合激励模型来验证其成效，将为两者的结合研究提供重要的实证案例。

二 政府行政人员的动力结构

政府行政人员是指在各级行政管理机构中依法行使国家职权、执行国家公务的个体，一般表现为在行政事务中所扮演的角色、履行的职责以及所起的作用的总和。基于期望理论与政府行政人员的需求结构分析，可以判定短期期望满足、中长期期望满足和长期期望满足共同构成了行政人员的工作动力体系。其中，短期期望满足是行政人员为实现短期自我需要、自我利益而产生的动力系统，目的在于满足个体的报酬期望；中长期期望满足是行政人员在可预见的将来，通过职业的整体发展而满足自我利益的动力系统，它是基于个人利益与职业利益相结合的综合期望；长期期望满足是行政人员为追求更有价值的长远结果而产生的动力系统，目的在于满足具有道德属性的社会愿景期望。

现实激励是当前政府行政机构具体实施的激励机制和付出的激励资源的总和。现实激励以工作情境中个体的现实需要和工作动机为基础，它通过特定的手段激发、调动和维持个体的工作积极性，目的在于引导个体产生更多可靠、稳定的绩效行为（Eisenhardt，1988；Johnson & Gill，1993）。作为组织激励制度设计，现实激励是提高政府行政人员工作绩效的直接外在动力，具体表现为组织机构通过薪酬激励、晋升激励、表彰激励等激励方式，满足个体在工作中生存、发展、尊重和社交的短期期望需要。这对于行政人员的工作动机、工作满意度、工作绩效等具有积极的推动作用（Danish & Usman，2010；Eisenhardt，1988；Johnson & Gill，1993）。因此，现实激励反映了行政人员对于机构中薪资、奖金、尊重、社交等短期激励因素的需求。

职业前景取决于个体对于工作和行业的中长期感知（Scott，2008），通常用中长期职业报酬、职位晋升、个体能力提升和获得好的职业发展机会等几个因素评估（Duignan & Iaquinto，2005）。对职业前景的感知是影响个人职业生涯发展的关键因素。具体而言，如果个体有较好的职业前景感知、对所认定的工作活动有较高的职业预期，那么个体就会产生更高的行业承诺（Wan et al.，2014）。虽然在短期可能会产生工作不满意、职业倦怠、工作压力等负面工作状态，但从中长期来说个体会更加主动表现自我、发展自我甚至贡献自我。因此，职业前景既反映了行政人员对未来职业发展、行业性质、社会地位和自我提升等职业属性所持有的积极信念，也是行政人员对个人未来职业发展作出的理性选择。

宏观愿景一般是建立在行政管理机构与行政人员个体间的共有价值、目标和文化基础上，是政府组织的长期发展期望，需要很长的时间尺度才能得以实现，它也是具有激励和引导个体的面向未来国家经济、社会和文化发展的意向描绘（Fiedler，1993；Mcgivern & Tvorik，1998；张润彤、朱晓敏，2016）。作为中国基础性的行政激励资源和行政激励手段，宏观愿景的魅力特征在于引导行政人员自觉投入工作活动中，最大限度地整合行政人员个体的价值追求、道德追求和理想追求。国家旅游行政管理部门于2015年提出了“515战略”，构建了“文明、有序、安全、便利、富民强国”等五大旅游业发展愿景，致力于将旅游业建设成文明守信、市场有序、安全可靠、富国强民的战略性支柱产业。可见，宏观愿景反映了行政人员追求长期社会价值、产业愿景和社会理想的内在动机倾向。

第三节　研究假设与模型构建

一　现实激励对工作投入、工作绩效和工作满意度的影响

现实激励是通过物质激励和精神激励等因素，激发、引导和保持个体的工作动力。社会交换理论认为，当一方为另一方提供资源、支持和帮助时，对方也就负有了回报对方的义务，从而达到互利互惠的目的（Homans，1958）。当组织通过短期的现实激励因素满足员工的工作需要时，员工也会表现出较高的工作投入状态、工作绩效水平和工作满意来促进组织的发展。工作投入是个体的一种积极特质，具体表现为个体在工作中全身心融入工作角色、自由表达自我的积极工作状态（Kahn，1990），主要由活力、奉献和专注三个因素构成（Schaufeli et al.，2002）。工作绩

效是个体作为组织成员完成组织所期望、职位所规定或正式化角色需求所表现出来的行为。研究表明，工作资源、积极情感和组织支持是影响工作投入的重要因素（Saks，2006；Ouweneel et al.，2012；Xanthopoulou et al.，2009）。机构激励制度的目的在于通过设计一系列的制度规范对组织资源进行分配和利用，满足员工的物质报酬需要、晋升需要和尊重需要，激发、引导个体产生更多可靠、可预测的绩效行为 Eisenhardt，1988；Johnson & Gill，1993）。同时，工作激励作为基础性的内部管理职能，能够激发个体正面、持久的情绪状态，有助于员工保持工作积极性，展示良好工作状态和提高工作满意度。因此，现实激励实现了组织将外部激励因素内化为个体的积极工作行为，在这个过程中激发了行政人员的工作投入、工作绩效和工作满意度等积极特质。基于此，提出如下研究假设。

H1a：现实激励感知正向影响旅游行政人员的工作投入。

H1b：现实激励感知正向影响旅游行政人员的工作绩效。

H1c：现实激励感知正向影响旅游行政人员的工作满意度。

二 职业前景对工作投入、工作绩效和工作满意度的影响

与现实激励相比，职业前景感知是个体根据当前经历进行评估后所形成的对于中长期职业发展的感受和期望（Scott，2008；Duignan & Iaquinto，2005）。根据前景理论的观点，在不确定环境中，员工的决策行为很大程度上取决于员工将决策行为设定为收益或者损失。因此，“参照依赖”成为员工对于得失判断的内部标准（Tversky，1979）。换言之，个体会将薪资、晋升、发展等职业前景属性作为参照点来评估工作，并以此来调整自己的工作投入、工作绩效和工作满意度（Wan et al.，2014）。从心理学的角度来看，工作投入是一种动机状态，意义感、安全感和可获得性是个体展现积极工作投入状态的基本前提（Kahn，1990；Britt，1999），也是影响员工工作绩效的重要前置因素（冯冬冬等，2008）。在旅游相关领域，Kusluvan 和 Kusluvan（2000）认为，旅游从业人员通常会根据得到的工作报酬、职业晋升、未来职业发展来评估自己的职业前景。当个体具有乐观、积极的职业前景感知时，对未来工作报酬、晋升、发展等也会较为乐观，进而会降低个体内心不确定感和职业不安全感。同时，工作满意

度评价是一个复杂的心理过程，其评估属性由多种影响因素共同决定（Munir & Rahman，2016），而职业薪酬、晋升机会、资源支持和职业发展等是影响个体工作满意度评价中的重要因素（Arian et al.，2018）。因此，当行政人员具有较好的职业前景感知时，也会有较高的工作投入、工作绩效和工作满意度。基于此，提出如下研究假设。

H2a：职业前景感知正向影响旅游行政人员的工作投入。

H2b：职业前景感知正向影响旅游行政人员的工作绩效。

H2c：职业前景感知正向影响旅游行政人员的工作满意度。

三　宏观愿景对工作投入、工作绩效和工作满意度的影响

宏观愿景是组织和个体对于未来职业发展所持有的共同期待和共同目标，对工作投入、工作绩效和工作满意度的影响关系与目标设定理论具有逻辑上的一致性。目标设定理论认为，合适的目标是引发个体积极工作行为的最直接动力，会提高个体的工作绩效，而满意感也产生于目标的实现（Locke & Latham，1990）。如前文所述，工作投入是个体在工作情境中积极的、持久的、满足的行为状态（Kahn，1990）。在行政人员激励中，宏观愿景作为个体自我效能提升、行为信念激发、工作目标引导的综合性激励手段，能够引导行政人员自觉、积极地投入工作中，对个体展现高能量、满足的工作投入状态产生组织所期望的绩效行为具有促进作用。工作满意度是个体对于工作内容、工作成就或工作经历进行评估后产生的积极或愉快的反应（Edwin & Locke，1969），反映了个体对工作特征能否满足自身需求、价值和期望的感知性评估（Lofquist & Lloyd，1984）。而宏观愿景吸纳了组织和个体的共同目标、文化和价值观，追求的是组织和个体的共同利益和共同价值，实现了个体工作特征与工作满足的契合。现有研究也表明，绩效目标、个人愿景、愿景描述等愿景属性对个体工作投入、工作绩效和工作满意度具有正向影响（Buse & Bilimoria，2014；Rafferty & Griffin，2004；Podsakoff et al.，1990）。基于此，提出如下研究假设。

H3a：宏观愿景感知正向影响旅游行政人员的工作投入。

H3b：宏观愿景感知正向影响旅游行政人员的工作绩效。

H3c：宏观愿景感知正向影响旅游行政人员的工作满意度。

四 政府行政人员工作投入、工作绩效与工作满意度的关系

工作投入作为个体的一种积极、充实的心理状态，具体表现为在工作中的一种高度激发的体能状态、认知状态和情感状态，并将工作绩效作为个体的价值观反应。Kahn（1990）在提出工作投入概念时指出，工作投入能够实现工作绩效的改善；Schaufeli 等（2006）实证研究也表明工作投入对于不同工作情境下的员工工作绩效具有正向的促进作用（Hakanen et al.，2006）。同时，工作投入作为一种积极的情感—认知体验对于工作满意度的影响也得到验证（Yeh，2013）。基于此，提出如下研究假设。

H4a：旅游行政人员的工作投入正向影响其工作绩效。

H4b：旅游行政人员的工作投入正向影响其工作满意度。

工作绩效与工作满意度的关系是一个古老且颇受争议的理论命题。相关研究表明工作满意度正向影响工作绩效（Yuen et al.，2018；Gula et al.，2018），也有研究表明工作绩效导致了工作满意度（Brown & Peterson，1994；Mackenzie et al.，1998）；还有研究表明，工作绩效与工作满意度之间具有交互作用（Sheridan & Slocum，1975）。本研究基于波特—劳勒综合激励模型认为，工作满意度是个体达到预期目标后产生的愉悦体验，而当个体取得较高的工作绩效，会获得内在和外在的奖励，从而实现工作满意度的提高。基于此，提出如下研究假设。

H4c：旅游行政人员的工作绩效正向影响其工作满意度。

五 政府行政人员激励结构与工作满意度之间的多重中介效应

根据波特—劳勒综合激励模型，激励管理应当形成“激励→努力→绩效→奖励→满足→努力”的循环过程（Porter & Lawler，1968；Porter et al.，1975）。本研究以现实激励、职业前景、宏观愿景作为行政人员激励感知结构，以工作投入反映个体努力程度，以工作绩效、工作满意度反映行政人员的绩效和满足。因此，行政人员激励管理也存在“激励感知结构→工作投入→工作绩效→工作满意度”的影响机制。

如前文所述，现实激励、职业前景和宏观愿景是反映行政人员在短期期望满足、中长期期望满足和长期期望满足三个不同层次的动力因素，是

影响行政人员工作投入、工作绩效和工作满意度的重要因素。其中，短期激励因素来源于个体对于薪酬、奖励、尊重、晋升等短期报酬因素的满足，而长期激励因素取决于组织目标、文化理念、发展愿景等深层次、社会化的发展因素，引导个体将自己的行为期待、绩效期待和发展期待指向未来。在不同的工作情境中，政府行政人员的工作行为受到现实激励所代表的短期激励因素，职业前景和宏观愿景所代表的中长期激励因素和长期激励因素的共同推动，动力结构的平衡关系决定了行政人员的工作投入方向、强度和持续时间。基于期望满足推进的个体努力和工作投入是提高工作绩效、实现工作满足的个体基础。在这个过程中，行政人员在短期、中长期和长期不同阶段的激励感知逐渐积累并融入工作行为中，维持行政人员较高的工作投入强度，进而实现工作绩效和工作满意。因此，旅游行政人员激励过程存在“现实激励/职业前景/宏观愿景→工作投入→工作绩效→工作满意度”的影响机制。基于此，提出如下研究假设。

H5：旅游行政人员多层次激励结构与工作满意度之间具有多重中介作用。

本研究的概念模型如图 6-1 所示。

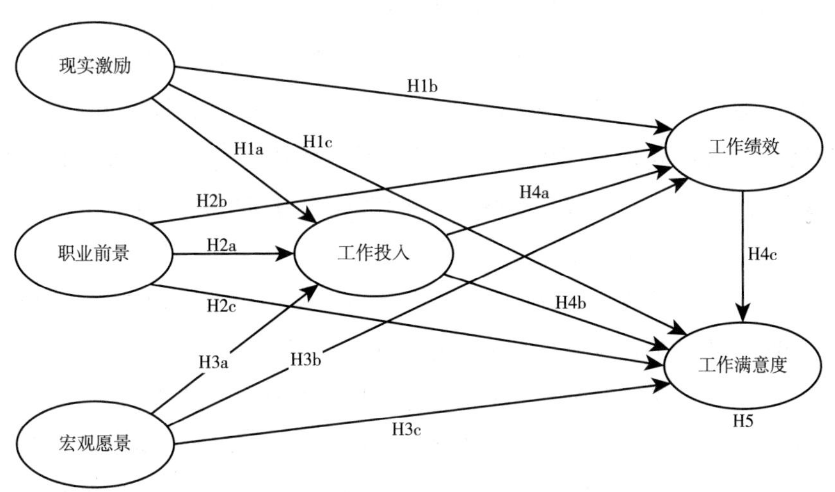

图 6-1　本研究的概念模型

第四节 研究设计与数据收集

一 问卷设计

本研究所采用的量表均采用李克特 7 级量表尺度，部分量表根据其内涵、研究情境进行适当修正。所涉及的外文量表均通过双向翻译检验，确保了量表的内容效度。用均分代表行政人员对于各变量的评价，高分代表个体的评价高，低分代表个体的评价低。

第一，现实激励。测量采用的是 Kankanhalli 等（2005）的工作激励量表，共有 5 个题项（例题：我所在的部门有较好的薪酬激励措施）。

第二，职业前景。测量采用的是 Wan 等（2014）的职业前景量表，共有 5 个题项（例题：我认为公务员是个不错的职业）。

第三，宏观愿景。测量参考的是国家旅游主管部门于 2015 年提出的旅游业发展愿景以及借鉴 Tsai 和 Ghoshal（1998）的共同愿景（share vision）量表，共有 5 个题项（例题：未来的中国旅游业是个富民强国的行业）。

第四，工作投入。测量采用的是 Schaufeli 等（2006）开发的 UWES-9 工作投入简版量表，可分为活力、奉献和专注三个维度，共有 9 个题项（例题：工作时，我感到精力充沛）。其中，本研究参照 Jung 和 Yoon（2015）与 Makikangas（2018）的研究设计，将活力、奉献和专注三个维度聚合成一个统一的维度，探究整体工作投入在行政人员动力结构与工作绩效、工作满意度之间的关系结构。

第五，工作绩效。测量参考的是 Williams 和 Anderson（1991）与 Chen 等（2022）设计的任务绩效量表，并根据具体研究对象、内容进行适当的修正，共有 4 个题项（例题：我能按时完成部门分配的工作任务）。

第六，工作满意度。测量参考了 Smith 等（1969）和 Drydakis（2017）设计的工作满意度量表，共有 3 个题项（例题：我对同事的关系感到满意）。

第七，控制变量。本研究的控制变量包含行政人员的性别、婚姻、年龄、学历、职位级别、所属工作单位与工作年限等。

二　数据收集

为了保证研究样本的代表性，本研究选取来自我国 31 个省份的旅游行政人员作为研究对象，工作单位包含省级旅游部门、市级旅游部门和县级旅游部门三种类型。本研究于 2017 年 6 月展开预调研，回收有效问卷 205 份，分别对现实激励、职业前景、宏观愿景、工作投入、工作绩效和工作满意度等 6 个变量进行信效度检验。信度结果表明，各变量的 Cronbach's α 系数分别为 0.901、0.963、0.960、0.976、0.919、0.910，问卷整体的 Cronbach's α 系数为 0.974；效度结果表明，各变量的 KMO 值为 0.702~0.936，各观测题项的因子载荷系数值均大于 0.8，说明问卷具有较好的信效度。

正式调研于 2017 年 8 月开始，分三个阶段集中进行问卷发放，累计发放 713 份问卷，回收有效问卷 650 份，有效问卷回收率达 91.16%。有效样本结构特征如下：从性别来看，男生比例略大于女生比例；学历主要以本科为主，占比达 62.2%；年龄段主要以 30~39 岁、40~49 岁为主，分别占比为 35.8%、31.8%；所属工作单位主要以县级及以下旅游部门为主，占比达 55.2%；职位级别中科级和科员及以下分别占比为 30.3%、55.8%；工作年限中 1~5 年工作经历的占比最多，达 45.1%。

第五节　旅游安全行政人员的动力机制检验

一　共同方法偏差检验

本研究在问卷发放时通过强调问卷答案没有对错之分、采用匿名问卷、保证被调查者知情权和使用反向题项等措施在程序上控制数据的共同方法偏差。然而，问卷数据的收集是在相同测量环境、同样的评分者下完成的。因此，本研究进一步通过潜在误差变量控制法，在初始预设模型的基础上，将共同方法偏差作为一个潜在变量，构成七因子模型去判断数据的可靠性。

如表 6-1 所示，控制后模型与控制前模型差异显著（$\Delta\chi^2=258.363$，

$\Delta df=31$，$p<0.001$），同时GFI、IFI、CFI、TLI、RMR和RMSEA等模型拟合指数变化不大，表明本研究较好地控制了由共同方法偏差造成的消极影响。

表6-1 共同方法偏差检验（N=650）

模型	χ^2	df	CFI	GFI	AGFI	NFI	IFI	TLI	RMR	RMSEA
控制前	1100.931	389	0.970	0.900	0.872	0.955	0.970	0.965	0.080	0.053
控制后	842.568	358	0.980	0.923	0.894	0.966	0.980	0.974	0.055	0.046

二 描述性统计与信效度检验

本研究采用AMOS21.0对数据进行验证性因子分析。结果表明（见表6-2），各观测题项的因子载荷系数值均大于0.7，各维度的平均变异抽取值（AVE）均大于0.5，说明问卷具有良好的建构效度。验证性因子分析模型拟合指数中，RMSEA值为0.053、RMR值为0.080，CFI、NFI、RFI、TLI、GFI等指标值均大于0.9，各类指标均达到参考值的要求，预设模型与有效样本数据拟合较好。同时，各变量AVE平方根的最小值（0.802）大于各变量间相关系数的最大值（0.760），因此各变量间具有良好的区分效度。

表6-2 验证性因子分析（N=650）

变量	题项	因子载荷系数	t值	AVE	CR	拟合指数
现实激励	我所在的部门有较好的薪酬激励措施	0.734	19.116	0.6433	0.8996	$\chi^2/df=2.830$ RMSEA=0.053 RMR=0.080 GFI=0.900 AGFI=0.872 NFI=0.955 RFI=0.946 TLI=0.965 CFI=0.970 PNFI=0.799
	我所在的部门工作较为稳定	0.777	21.027			
	我所在的部门有严格的晋升制度	0.744	18.706			
	我所在部门的工作受到社会的认可	0.843	26.286			
	我所在部门的工作让我觉得非常有意义	0.900	—			
职业前景	我认为公务员是个不错的职业	0.861	36.313	0.8226	0.9586	
	我认为公务员很有前途	0.882	41.468			
	我认为公务员福利制度会越来越好	0.908	41.497			
	我认为公务员幸福指数很高	0.927	44.857			
	我认为公务员将越来越具有优势	0.954	—			

续表

变量	题项	因子载荷系数	t值	AVE	CR	拟合指数
宏观愿景	未来的中国旅游业是个文明守信的行业	0.923	31.803	0.8275	0.9599	$\chi^2/df=2.830$ RMSEA = 0.053 RMR = 0.080 GFI = 0.900 AGFI = 0.872 NFI = 0.955 RFI = 0.946 TLI = 0.965 CFI = 0.970 PNFI = 0.799
	未来的中国旅游业是个市场有序的行业	0.961	33.487			
	未来的中国旅游业是个安全可靠的行业	0.889	30.955			
	未来的中国旅游业是个便利人性化的行业	0.894	30.960			
	未来的中国旅游业是个富民强国的行业	0.879	—			
工作投入	早上起床时，我很乐意去上班	0.893	26.822	0.7905	0.9714	
	工作时，我感到精力充沛	0.898	28.511			
	工作时，我觉得干劲十足	0.918	29.541			
	我对自己的工作充满热情	0.922	29.828			
	我所做的工作能够激励我	0.909	28.109			
	我为自己所从事的工作感到骄傲	0.898	28.539			
	当我工作时，我满脑子只有工作任务	0.813	—			
	当我专心工作时，我感觉到很快乐	0.886	31.313			
	当我工作时，我完全沉浸其中	0.860	42.525			
工作绩效	我为本地的旅游工作做出了贡献	0.854	—	0.7604	0.9265	
	我是旅游系统中工作成绩最好的成员之一	0.758	25.274			
	我能按时完成部门分配的工作	0.944	25.279			
	我的工作能达到上级领导的要求	0.920	23.297			
工作满意度	我对与同事的关系感到满意	0.768	—	0.7703	0.9090	
	我对自己现在的生活很满意	0.943	24.940			
	我觉得我会对自己未来的生活很满意	0.912	23.916			

三　描述性统计与相关分析

主要变量间的相关性分析如表 6-3 所示。其中，现实激励、职业前景与宏观愿景三个变量之间具有显著的正相关关系，且与工作投入、工作绩效、工作满意度呈显著的正相关关系；工作投入、工作绩效与工作满意度三个变量也具有显著的正相关关系。

表 6-3 主要变量间的相关性分析（N=650）

变量	均值	标准差	1	2	3	4	5	6
现实激励	4.967	1.245	(0.802)					
职业前景	4.818	1.428	0.603**	(0.907)				
宏观愿景	5.954	1.047	0.577**	0.487**	(0.910)			
工作投入	5.491	1.161	0.681**	0.591**	0.617**	(0.889)		
工作绩效	5.594	1.011	0.517**	0.482**	0.521**	0.671**	(0.872)	
工作满意度	5.484	1.146	0.651**	0.611**	0.551**	0.760**	0.640**	(0.878)

注：括号内的值为 AVE 的平方根。

四 模型验证与假设检验

研究利用 AMOS21.0 提供的结构方程模型，并采用偏差校正非参数估计百分比 Bootstrap 进行整体模型修正与假设检验，重复抽样 2000 次，计算 95%的置信区间。模型拟合结果中，χ^2/df 小于 3，RMSEA 值为 0.053，RMR 值为 0.080，均小于 0.08，CFI、NFI、RFI、TLI、GFI 等指标值均大于 0.9，模型的拟合指数基本达到临界标准，可用于研究假设的进一步检验。

如表 6-4 所示，从激励成效来看，现实激励对工作投入有正向影响（$\beta=0.500$，$p=0.001$），对工作绩效没有影响（$\beta=0.042$，$p=0.478$），对工作满意度有正向影响（$\beta=0.151$，$p=0.001$），假设 H1a、H1c 得到支持；职业前景对工作投入有正向影响（$\beta=0.198$，$p=0.001$），对工作绩效没有影响（$\beta=0.030$，$p=0.468$），对工作满意度有正向影响（$\beta=0.210$，$p=0.001$），假设 H2a、H2c 得到支持；宏观愿景对工作投入有正向影响（$\beta=0.226$，$p=0.001$），对工作绩效有正向影响（$\beta=0.184$，$p=0.001$），对工作满意度没有影响（$\beta=-0.009$，$p=0.820$），假设 H3a、H3b 得到支持。此外，行政人员工作投入对工作绩效具有正向影响（$\beta=0.522$，$p=0.001$），对工作满意度有正向影响（$\beta=0.417$，$p=0.001$），假设 H4a、H4b 得到支持；工作绩效对工作满意度有正向影响（β=0.185，p=0.001），假设 H4c 得到支持。

从中介效应结果来看，现实激励与工作绩效之间具有显著的完全中介效应，中介效应值为 0.261（p=0.001）；现实激励与工作满意度之间具有显著的部分中介效应，中介效应值为 0.265（p=0.001）。职业前景与工作绩效之间具有显著的完全中介效应，中介效应值为 0.103（p=0.001）；职业前景与工作满意度之间具有显著的部分中介效应，中介效应值为 0.107（p=0.001）。宏观愿景与工作绩效之间具有显著的部分中介效应，中介效应值为 0.118（p=0.001），因此，旅游行政人员多层次激励结构与工作满意度之间的多重中介假设 H5 得到支持。通过比较发现直接效应、中介效应和总效应与工作满意度之间具有显著的完全中介效应，中介效应值为 0.150（p=0.001）。因此，现实激励对工作绩效的影响（H1b）、职业前景对工作绩效的影响（H2b）、宏观愿景对工作满意度的影响（H3c）是通过完全中介效应来实现的，变量间的总效应显著存在，上述假设均得到验证。

表 6-4　路径分析结果与研究假设检验

路径		中介效应值	标准差	偏差校正区间		p 值
				下限	上限	
直接效应	现实激励→工作投入	0.500	0.064	0.375	0.628	0.001
	现实激励→工作绩效	0.042	0.060	-0.069	0.169	0.478
	现实激励→工作满意度	0.151	0.054	0.057	0.273	0.001
	职业前景→工作投入	0.198	0.051	0.099	0.299	0.001
	职业前景→工作绩效	0.030	0.057	-0.065	0.161	0.468
	职业前景→工作满意度	0.210	0.050	0.118	0.310	0.001
	宏观愿景→工作投入	0.226	0.049	0.132	0.320	0.001
	宏观愿景→工作绩效	0.184	0.055	0.078	0.298	0.001
	宏观愿景→工作满意度	-0.009	0.044	-0.094	0.074	0.820
	工作投入→工作绩效	0.522	0.071	0.379	0.658	0.001
	工作投入→工作满意度	0.417	0.072	0.269	0.551	0.001
	工作绩效→工作满意度	0.185	0.049	0.091	0.283	0.001

续表

路径		中介效应值	标准差	偏差校正区间		p 值
				下限	上限	
中介效应	现实激励→工作投入→工作绩效	0. 261	0. 044	0. 185	0. 360	0. 001
	现实激励→工作投入→工作绩效→工作满意度	0. 265	0. 044	0. 186	0. 361	0. 001
	职业前景→工作投入→工作绩效	0. 103	0. 033	0. 046	0. 175	0. 001
	职业前景→工作投入→工作绩效→工作满意度	0. 107	0. 033	0. 048	0. 181	0. 001
	宏观愿景→工作投入→工作绩效	0. 118	0. 031	0. 065	0. 189	0. 001
	宏观愿景→工作投入→工作绩效→工作满意度	0. 150	0. 031	0. 094	0. 216	0. 001
总效应	现实激励→工作绩效	0. 303	0. 064	0. 188	0. 431	0. 001
	职业前景→工作绩效	0. 134	0. 055	0. 031	0. 250	0. 013
	宏观愿景→工作绩效	0. 302	0. 055	0. 188	0. 407	0. 001
	现实激励→工作满意度	0. 415	0. 062	0. 299	0. 544	0. 001
	职业前景→工作满意度	0. 317	0. 052	0. 218	0. 418	0. 001
	宏观愿景→工作满意度	0. 141	0. 052	0. 040	0. 244	0. 004

如图 6-2 所示，现实激励、职业前景、宏观愿景三种激励结构具有不同的成效差异。从投入结果来看，现实激励对工作投入的直接效应值较

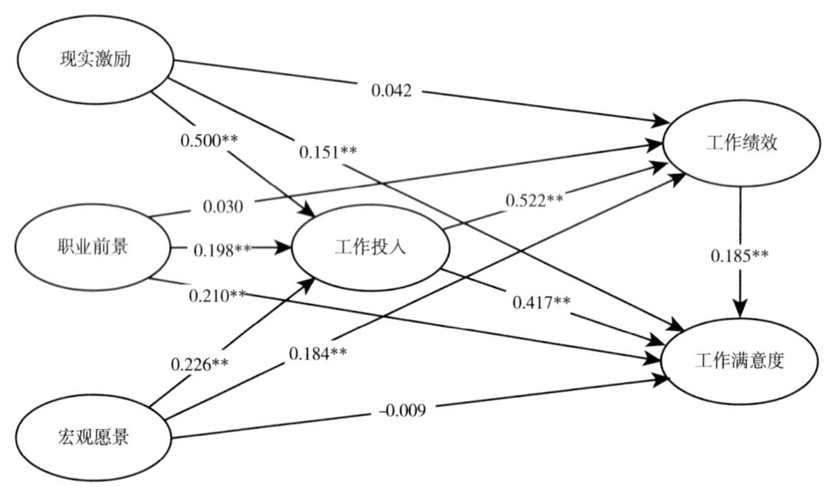

图 6-2 本研究的路径分析结果

大，预测效果较强，宏观愿景次之，职业前景较弱；从绩效结果来看，现实激励（β=0.303，p=0.001）和宏观愿景（β=0.302，p=0.001）对工作绩效的效应值较大，预测效果较强，职业前景较弱（β=0.134，p=0.013）；从满意度结果来看，现实激励的效应值最大（β=0.415，p=0.001），预测效果较强，职业前景次之（β=0.317，p=0.001），宏观愿景较弱（β=0.141，p=0.004）。

第六节　研究小结

本研究面向中国31个省份的650名旅游行政人员展开调研，引入弗洛姆期望理论识别了中国政府行政人员的动力结构，并基于波特—劳勒综合激励模型验证了行政人员动力结构的影响机制。研究发现，现实激励、职业前景和宏观愿景是反映政府行政人员在短期期望满足、中长期期望满足和长期期望满足三个层面的动力因素，三者对提高行政人员工作投入、工作绩效和工作满意度具有路径差异和类型差异。

一　理论启示

第一，本研究从期望理论视角出发，区分了短期期望满足、中长期期望满足与长期期望满足等三个期望时间尺度，并基于激励性质将个体激励感知依次分为制度激励、前景激励和愿景激励等三个结构层次，丰富了政府行政人员的激励层次认知。本研究认为，政府行政人员行使国家行政权力、执行国家公务，具有阶段性、多样性和层次性的需求特征和动力结构。从期望满足的时间维度来看，政府行政人员既存在追求利益回报、绩效奖金、娱乐休闲等与短期目标相关的短期期望满足，也存在追求中长期职业发展等综合利益的中长期期望满足，还存在追求具有长期价值属性的发展愿景的长期期望满足。其中，与短期期望满足相对应的现实激励是满足行政人员生存、发展、尊重和社交等基本需求的基础。与中长期期望满足相对应的职业前景是行政人员对于未来个人职业发展、社会地位、能力提升等职业属性所持有的积极信念，而与长期期望满足相对应的宏观愿景是具有中国特色的行政激励手段，反映的是行政人员对于未来职业前景、职业发展和职业价值所持有的积极信念。因此，本研究率先从弗洛姆期望理论出发构建了政府行政人员的激励结构分析框架，这是一个包含短期期望满足、中长期期望满足和长期期望满足等三个层级的工作动力结构。研究在丰富政府行政人员激励理论的同时，也深化了对于期望理论的应用与认知。

第二，本研究基于波特—劳勒综合激励模型，揭示了行政人员"激励感知结构→工作投入→工作绩效→工作满意度"的激励效应传递机制，为行政人员的激励管理提供了一个可资借鉴的激励范式。由于研究的可进入性、数据获取难度大等，过往研究较少有以政府行政人员为实证对象的理论研究，对行政人员激励结构、激励成效也缺乏系统的研究。综合激励模型视角下政府行政人员激励成效研究仍属空白。根据 Porter 的综合激励模型，个体激励管理是一个复杂的系统过程，也应当形成"激励→努力→绩效→奖励→满足→努力"的激励循环（Porter & Lawler，1968；Porter et al.，1975）。因此，本研究以现实激励、职业前景、宏观愿景来描述政府行政人员的激励感知结构，使用工作投入反映个体努力，使用工作绩效、工作满意度描述个体的绩效、满足，构建了行政人员"激励感知结构→工作投入→工作绩效→工作满意度"的激励分析框架。实证结果也发现，工作投入和工作绩效在激励结构与工作满意度之间具有多重中介作用，该研究结论与综合激励模型具有逻辑一致性，表明了以综合激励模型来审视行政人员激励效应的影响机制具有较高的预测力和解释效力。

第三，本研究根植于中国独特的政治结构和行政管理体系，系统分析了政府行政人员的激励感知结构及其效应，有助于认知政府行政激励体系中不同激励设计和动力结构之间的协同逻辑，为优化中国政府行政人员激励体系提供了理论基础和实证证据。研究表明，现实激励、职业前景和宏观愿景是属于不同期望满足层次的动力因素和激励需求，它们对于行政人员工作成效的影响存在类型差异和路径差异。其中，行政机构施行的现实激励机制反映了行政人员短期内生存、发展和社交等基本需求，这种源自个体现实的生存需求是激发行政人员工作投入和工作满意度的直接驱动因素。职业前景激励是从职业发展视角对于个体工作动机进行引导的激励设计，反映了行政人员对未来职业发展作出的理性选择，这种理性选择在提升行政人员工作满意度上具有更明显的驱动关系。而基于宏观愿景的个体激励是具有中国特色的行政激励设计，它将抽象化的未来产业发展前景描绘成个体与机构的共同发展目标，反映了行政人员追求自我潜能实现、创造社会价值的内在追求，因而在提升行政人员工作绩效中具有更为明显的推动作用。因此，本研究基于中国行政管理背景，聚焦于旅游行政系统中的个体激励行为，开拓性地从期望理论视角对行政人员的动力结构和激励需求进行描述和区分，深化了对行政人员激励结构及其影响机制的认识，为解构和优化中国行政人员的动力框架和激励体系提供了理论基础。

二　管理启示

第一，政府行政部门应当客观认知行政人员在短期、中长期和长期三个期望层次的激励需求，并针对性地设计和提供激励方案。从需求结构来说，行政人员具有生存、发展、社交等短期自我需求，也存在追求职业发展等中长期发展需求，还存在追求社会利益、社会发展等长期社会需求，由此衍生出行政人员短期期望满足、中长期期望满足和长期期望满足三种行为动力层级。不同行政人员可能因岗位、职位、教育背景等因素，动力结构存在差异，但动力结构平衡关系决定个体的行为特征。因此，不同需求层次行政人员在机构的客观激励效果可能不一样，也可能存在鲜明的先后递进关系和成效路径差异。政府行政部门应当多种激励方案并举，并因地制宜、因时制宜地采取针对性激励方案，力求达到最佳激励成效。例如，针对具有较强薪酬、奖励等短期报酬期望的行政人员，部门激励设计可以绩效薪酬、荣誉激励、晋升参与等为主；针对具有较强个人职业发展期望的行政人员，部门可适当规划公务员职业的发展前景；针对具有较强产业发展期望的行政人员，激励设计可以以目标设定、理想牵引、文化浸润为主，并最终建立起包含行政人员短期、中长期和长期激励要素的政府行政激励体系。

第二，政府行政管理部门应全面审视行政人员工作投入所扮演的关键角色。研究结果表明，行政人员的工作投入不仅能够直接影响其工作绩效和工作满意度，还在激励感知结构与工作绩效、工作满意度的影响关系之间起着中介作用。因此，积极的工作投入是最大化组织激励成效的个体行为，是机构激励制度发挥作用的基础。鉴于工作投入的重要影响，政府行政部门可从活力、奉献和专注三个方面提升行政人员的工作投入。从工作活力来看，行政部门应当加强人员技能培训和心理沟通，营造轻松愉快的工作氛围，稳定行政人员的工作情绪，提升工作活力。政府部门也可以采用工作任务个性化、工作时间弹性化、工作流程简约化等措施丰富行政人员的工作内容，激发人员的工作激情和工作热情。从工作奉献来看，除了对行政人员开展一般性奉献意识教育以外，行政部门还应当对实施有益于社会发展、无私奉献的行政人员给予奖励和表彰，激发行政人员的道德感和义务感。从工作专注来看，在人员录用、选拔、培养、晋升等过程中，政府部门应当赋予行政人员适当的工作自主性，减少对于行政人员过多的干涉和监管，为行政人员提供良好的工作专注环境。综上所述，政府行政部门可从活力、奉献和专注三个方面使行政人员有态度、有能力、有意愿展现出良好的工作投入状态。

第三，政府行政管理部门应重视激励管理到工作满意度的科学转化。形成让行政人员满意的激励体系和过程传导机制，是政府实现行政动能有效转化的基础。波特—劳勒综合激励模型认为，激励管理应当形成“激励→努力→绩效→奖励→满足→努力”的循环过程，本研究结论也验证了行政人员存在“激励感知结构→工作投入→工作绩效→工作满意度”的激励传导过程。因此，政府行政人员工作满意度的转化是一个系统过程，受到奖励设置、任务分工、目标设置、组织支持和期望管理等多个因素、多个环节的影响，政府部门应当对传导过程中的关键因素、关键环节提供系统的支撑因素。从内部管理来看，行政管理部门应当在激励的各个环节加强细节管理，注重对激励效果的沟通、协调和反馈，营造良好的组织激励氛围，建立一套行之有效的部门激励体系。从行政个体来看，行政管理部门也应当持续重视行政人员的工作需求和心理状态，设定合适的绩效目标和奖惩方案，识别能够长期激励行政人员工作动机和工作行为的激励因素，建立起稳定、有效的员工激励管理模式。

第七章
中国旅游安全行政治理的基层样本

县处级旅游部门是旅游安全行政治理的主要执行机构，是落实顶层旅游安全治理思想、贯彻各级旅游安全治理要求的主体机构。在中国，作为国家所有的风景名胜区往往具有复杂的体制机制安排，部分风景名胜区管委会是人民政府的派出机构，它既要对下属企业的旅游经营业务进行指导和管理，也需要对辖区内的居民等各类主体实施行政管理。以武夷山为例，作为世界自然文化双遗产旅游地的核心运营主体，武夷山风景名胜区是兼具事业单位身份和企业经营职责的复合型基层治理机构，它既要履行旅游安全行政治理职责，也要积极响应上级旅游行政管理部门的旅游安全行政治理要求。本章研究将主要以武夷山风景名胜区作为基层治理的案例样本，对武夷山风景名胜区的旅游安全行政治理经验进行系统总结，对其取得成效的成因机制进行分析。

第一节　研究背景

1999 年武夷山被列入世界遗产名录，武夷山旅游业因此迎来发展的春天。历经 20 多年的执着探索，武夷山独特的自然风光和文化特色逐渐被国内外旅游者所熟悉，武夷山因此树立起鲜明的旅游形象。旅游安全是旅游产业健康发展的基础，是旅游地可持续发展的前提。作为世界自然文化双遗产旅游地的核心运营主体，武夷山风景名胜区一直积极贯彻习近平总书记提出的“管行业要管安全、管业务要管安全”的治理思想、狠抓旅游安全工作的开展，并通过全方位投入形成了全面旅游安全治理格局。

特别是 2017 年以来，武夷山加大旅游安全投入力度，强化旅游安全管理体系，旅游安全基础形势不断向好。武夷山风景名胜区在长期的发展过程中不断优化旅游安全治理，并建立了适应国家要求、适应时代要求、适应全域旅游要求、适应自身特色需求的旅游安全管理体系。分析武夷山风景名胜区的管理系统，对于了解复合型基层治理机构的旅游安全治理经验，推动基层机构旅游安全治理能力的提升具有积极意义。

第二节　研究方法

本研究主要包括参与式考察、访谈考察、文件分析、经验体系总结等四个阶段。第一，参与式考察。对武夷山旅游安全治理工作及成效进行参与式考察。3 名研究人员以旅游者身份在武夷山进行旅游体验，考察旅游场所的旅游安全操作、旅游安全设施、旅游安全标志和旅游活动组织的安全性；第二，访谈考察。以专家身份对武夷山风景名胜区管理服务中心主任、景区总经理、保安经理、相关部门经理和一线服务人员等 12 人进行半结构化访谈；第三，文件分析。系统搜集武夷山风景名胜区的政策文件、制度文件和预案文件（35 份），并对相关文件标题和关键内容进行记录；第四，经验体系总结。对参与式考察、访谈考察和文件内容进行文本分析，并对旅游安全治理的经验维度进行扎根分析。武夷山风景名胜区案例研究的过程框架如图 7-1 所示。

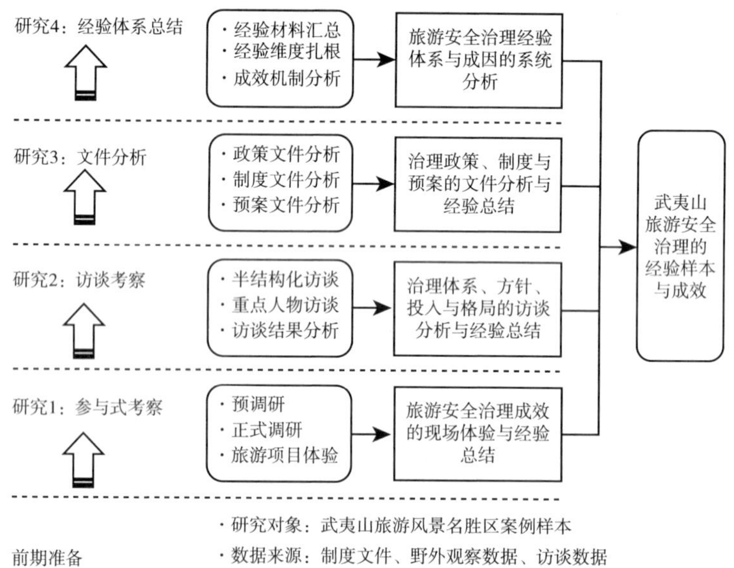

图 7-1　武夷山风景名胜区案例研究的过程框架

第三节 武夷山风景名胜区的经验体系

本研究对武夷山风景区名胜区的相关原始材料进行了系统的文本分析，并基于扎根研究方法提炼其武夷山风景区名胜区旅游安全治理的经验体系，得出旅游安全治理体系、旅游安全治理方针、旅游安全治理投入和旅游安全治理格局等四个主要的经验维度。武夷山旅游安全治理经验体系的扎根分析如表 7-1 所示。

表 7-1 武夷山旅游安全治理经验体系的扎根分析

类别	主范畴	对应范畴	原始材料(示例)
旅游安全管理体系	旅游安全工作的“一案三制”体系	旅游安全管理体制	武夷山国家公园实行集中统一管理;实行相对集中行使行政处罚权;履行国家公园范围内资源环境综合执法职责
		旅游安全管理机制	
		旅游安全管理法规制度	
		旅游安全预案制度	
	旅游安全日常管理体系	旅游安全公共服务设施建设	公司在九曲溪、虎啸岩、天游峰等地施行全员值班制,并以景点负责人为首将景区维稳和安全生产各项工作落到实处
		“一岗双责”的日常管理	
		旅游安全日常细节监管工作	
		旅游安全协调管理工作	
	节假日旅游安全管理体系	节假日前旅游安全准备工作	竹筏分公司负责配合海事部门在各码头实施竹筏日检规定
		节假日期间旅游安全治理工作	
		节假日后旅游安全管理工作	
	旅游安全应急管理体系	预防预备工作体系	景区管理服务中心设立景区应急突发事件处置应急指挥部对景区突发事件进行综合响应
		监测预警工作体系	
		应急处置与救援体系	
		应急恢复与重建工作体系	
	旅游安全保障管理体系	人力保障	景区制定了《工程管理规定》《消耗品管理办法》对物资进行调配和利用
		物力保障	
		技术保障	
		管理保障	

续表

类别	主范畴	对应范畴	原始材料(示例)
旅游安全治理方针	旅游安全风险意识	上级领导重视	司监察大队、监票大队等行政执法部门强化了部门员工安全预防、安全治理等风险观念
		景区主体重视	
		景区全员重视	
	旅游安全工作的发展导向	以全域旅游为导向	景区自上而下建立了文明旅游督导小组,采取多种方式、多种途径,各部门利用本身的工作特点贴近游客开展文明旅游宣传活动,正确引导游客文明旅游
		以优质旅游为导向	
		以大众旅游为导向	
		以休闲旅游为导向	
		以文明旅游为导向	
	旅游安全管理的专业化	旅游安全培训体系	武夷山旅游发展股份有限公司根据 ISO9001:2015 开展各职能部门的内部审核计划
		旅游安全生产培训制度	
		旅游安全支撑要素	
旅游安全治理投入	旅游安全资金投入	安全采购经费投入	在 5A 级景区整改期间,武夷山累计完成 10 项公共设施整治工程,30 万平方米的绿地管护,52 项设备检修维护
		应急准备资金投入	
		旅游保险资金投入	
	旅游安全设施投入	公共服务设施建设	物业分公司针对高崖保洁员、水上保洁员所配置的护栏、安全带、安全绳索等
		专业安全设施建设	
		智慧安全系统建设	
		旅游安全设施管理	
	旅游安全培训投入	与职责相对应的安全培训	景区管理服务中心对竹筏旅游服务的"1361"工作方法和应急救护救助操作技能展开的培训
		员工安全素质培训	
		员工应急技能培训	
		管理人员安全培训	
		多部门联合培训	
	旅游安全保险投入	游客保险保障	景区管理服务中心针对台风、火灾、地震、洪水等自然灾害购买了相应的景区灾害保险
		游客应急救援保障	
		公司保险保障	
		员工保险保障	
		景区灾害保险	
	旅游安全宣传投入	旅游安全宣传教育活动	景区管理服务中心重视与武夷山旅游委、政府门户网站、搜狐、武夷山新闻网等政府媒体、社会媒体的联合宣传
		安全宣传的智慧化建设	
		网络媒体开展线上安全宣传	
		线下非网络媒体安全宣传	
		拓展落地式安全宣传	

续表

类别	主范畴	对应范畴	原始材料(示例)
旅游安全治理格局	旅游安全上位响应治理	对接上级部门监督	武夷山风景名胜区加强与市公安局、执法局、安监局、等联合打造区域安全平台
		协同市(县)旅游部门	
	旅游安全共建共享治理	公司负责	武夷山风景名胜区实行公司负责、社会协同、社区参与的协同治理格局
		社会协同	
		社区参与	
	上下协同治理	全员安全生产责任制	武夷山旅游发展股份有限公司推行全员安全生产责任制，确立了全体员工的工作要求和考核办法
		公司内协同管理	
		基层安全治理工作	

一　武夷山风景名胜区的旅游安全治理体系

打造健全的旅游安全治理体系是开展旅游安全治理工作的平台和基础，是推动旅游安全工作的基础要素和前提。武夷山风景名胜区重视旅游安全管理体系建设，并在实践中形成了包括“一案三制”体系、日常旅游安全管理体系、节假日旅游安全管理体系、旅游安全应急管理体系和旅游安全保障体系等在内的旅游安全管理架构和体系基础，有力地支撑了旅游安全工作的开展。

1. 武夷山风景名胜区的旅游安全工作的“一案三制”体系

武夷山风景名胜区按照法律法规要求建立起旅游安全工作的“一案三制”体系，为旅游安全工作的持续开展提供了稳定的系统和基础。

(1) 武夷山风景名胜区的旅游安全管理体制

武夷山实行景区保护与景区管理分离的管理模式，并建立了上下分层、多主体协同的旅游安全管理体制。武夷山风景名胜区旅游安全管理体制的基本结构如表 7-2 所示。

表 7-2 武夷山风景名胜区旅游安全管理体制的基本结构

<table>
<tr><th>旅游安全管理层级</th><th colspan="2">旅游安全管理机构</th><th>旅游安全管理职责</th></tr>
<tr><td>副省级城市旅游主管部门</td><td>联合设立的安全管理机构</td><td>武夷山国家公园管理局执法机构</td><td>武夷山国家公园实行集中统一管理；负责国家公园内的自然、人文资源和自然环境的保护与管理、规划与建设工作；实行相对集中行使行政处罚权；履行国家公园范围内资源环境综合执法职责</td></tr>
<tr><td rowspan="3">地市和县级旅游主管部门</td><td colspan="2">武夷山风景名胜区管理服务中心（副处级）</td><td>承担景点、旅游资源和旅游公共服务设施的开发建设、利用和管理工作；景区的旅游活动、经营服务、票费事务、环境卫生的管理职责；监督所属企业的生产运营工作</td></tr>
<tr><td colspan="2">南平市旅游发展委员会行业管理科</td><td>会同有关部门指导和检查景区旅游安全、旅游保险、旅游企业服务品质的实施和落实，参与景区突发事件的应急救援和处理工作</td></tr>
<tr><td colspan="2">武夷山旅游发展委员会行业管理科</td><td>会同有关部门指导和检查景区旅游安全、旅游保险、旅游企业服务品质的实施和落实，参与景区突发事件的应急救援和处理工作</td></tr>
<tr><td rowspan="5">武夷山旅游发展股份有限公司</td><td colspan="2">监察大队</td><td>宣传和贯彻旅游规章制度，执行景区监察及联合其他部门开展综合检查；受理游客对景区的旅游投诉、举报，维护旅游者和旅游经营者的合法权益；承担旅游突发事件的应急救援工作</td></tr>
<tr><td colspan="2">监票大队</td><td>协助开展旅游安全生产工作，受理游客对景区的旅游投诉、举报</td></tr>
<tr><td colspan="2">质量管理部</td><td>负责景区公共设施的统筹管理，定期进行质量分析和考核</td></tr>
<tr><td colspan="2">文明景区创建及环境综合整治攻坚工作组</td><td>创建文明景区，做好环境整治、秩序引导、应急处置等系列工作安排</td></tr>
<tr><td colspan="2">黄金周紧急应对小组</td><td>做好国庆期间景区综治维稳和安全生产工作</td></tr>
<tr><td rowspan="4">基层子公司</td><td colspan="2">第一竹筏分公司</td><td rowspan="4">执行安全管理领域的政策制度；落实全员安全责任制；签订安全责任状；执行基层应急任务</td></tr>
<tr><td colspan="2">第二竹筏分公司</td></tr>
<tr><td colspan="2">商务竹筏分公司</td></tr>
<tr><td colspan="2">观光车分公司</td></tr>
</table>

第一，上位机构监管。武夷山国家公园管理局隶属省林业草原厅，管理局在其管辖范围内全面负责国家公园内的自然、人文资源和自然环境的保护与管理、规划与建设工作，并负责包含景区在内的环境保护与监测工作。武夷山国家公园执法支队（原福建武夷山国家级自然保护区管理局）为参公管理的事业单位，机构规格为副处级，受委托承担国家公园内相关行政执法工作。

第二，协同机构协调。武夷山风景名胜区管理服务中心、南平市旅游委、武夷山市旅游委是武夷山旅游安全管理的多元协同管理机构。其中，南平市旅游委与武夷山市旅游委的行业管理科负责武夷山风景名胜区旅游安全管理工作的综合协调和监督管理职能，并负责会同有关部门指导和检查旅游安全、旅游保险保障、旅游服务品质的实施和落实等工作，并参与景区突发事件的应急救援和处理工作。景区管理服务中心下设综合办公室，负责景区安全管理工作的全面部署，不仅承担景点、旅游资源和旅游公共服务设施的开发建设、利用和管理工作，且负有景区安全生产、应急处置、经营服务、环境卫生等系列安全职责。另外，景区管理服务中心设置了“景区紧急突发事件处置指挥部”来应对旅游突发事件。

第三，景区机构责任。武夷山旅游发展股份有限公司（以下简称“武夷山旅游公司”）是景区旅游安全管理的直接管理机构，该公司有常设型和临时型两类旅游安全管理机构。其中，公司监察大队、监票大队、质量管理部等是公司常设型旅游安全管理部门，分别负责景区安全监察、投诉处理、应急救援、质量检查等安全生产职能。根据景区党工委、景区旅游管理服务中心下发的《2017 年景区社会管理综合治理和安全工作责任书》，武夷山旅游公司也常设有社会治安综合治理、安全生产工作、防汛抗旱工作、消防安全工作、平安景区建设等工作领导小组，各小组分别由公司高管牵头负责，以落实景区综治安全生产目标。同时，武夷山旅游公司也针对各类紧急事件、临时工作安排等建立了临时性安全管理机构，比如为加强对重大项目、重点工作攻坚行动的组织领导，临时成立5A 级旅游景区整改提升工作组和文明景区创建及环境综合整治攻坚工作组；又如观光车分公司、监票大队、监察大队、竹筏分公司等分别针对春节、国庆等节假日、台风汛期等成立紧急应对小组。

(2) 武夷山风景名胜区的旅游安全管理机制

武夷山风景名胜区建立了面向多元目标和多元任务的旅游安全管理机制。旅游安全管理机制是指在应对旅游安全事件的过程中，所采取的各种制度化、程序化的管理方法和措施。经过多年实践和积累，武夷山风景名胜区建立起系统的旅游安全管理机制，主要体现在以下几个方面。

第一，政府协作。武夷山风景名胜区建立了与南平市旅游委、武夷山旅游委的协调管理机制。例如，景区管理服务中心是市防汛抗旱指挥部指定的专项应急指挥机构的成员单位，在防汛抗旱等专业应急工作中发挥成员作用。

第二，游客服务。景区所在的武夷山市推行旅游警务机制、设立全省首支县级旅游警察大队，推动景区治安秩序实现由“乱”到“治”的转变。武夷山市市场监督管理局依托 12315 服务热线，建设受理电子平台，集中接听登记旅游投诉，并通过旅游联动维权指挥中心，延伸涉旅消费纠纷处置触角，实现旅游、物价、公安等 18 个部门的实时联动。

第三，子公司安全管理。武夷山风景名胜区建立了系统的内部安全治理机制，细化安全责任分工，推行多部门联合安全治理，并实行安全责任到人的全员安全责任机制，推动筏工等关键岗位签订安全责任状，对安全应急任务也实行细化到岗、细化到人的响应机制。

第四，旅游突发事件应急管理。武夷山风景名胜区建立了覆盖旅游应急全程的旅游安全应急机制，包括为旅游安全工作提供基础前提的预防与准备机制、为旅游应急决策提供预警信息支撑的监测与预警机制、面向旅游突发事件处置救援的应急响应和处置救援机制、面向事后恢复重建工作的恢复重建机制。

(3) 武夷山风景名胜区的旅游安全法规制度

武夷山风景名胜区建立了层次清晰的旅游安全法规制度。旅游安全法制建设对武夷山旅游安全工作具有重要的基础作用。福建省、武夷山市和武夷山风景名胜区对景区旅游安全管理机构的职责范围、安全事件的处置程序、旅游安全投诉的受理、旅游安全制度的建设等进行了明确的规范。

第一，福建省法规制度。按照《福建武夷山国家级自然保护区管理办法》《福建省武夷山世界文化和自然遗产保护条例》等规定，武夷山旅游活动的开展应服从景区管理机构的统一管理，并建立由县级以上交通运输、环境保护、工商、安全生产监督等有关部门的联合执法机制等。

第二，武夷山市法规制度。南平市、武夷山市和武夷山风景名胜区管理服务中心等相关部门也出台了系列标准。其中，出台的系列标准从景区管理机构、旅游企业、旅游者三个角度出发，对武夷山风景名胜区文化保护、安全管理方案、安全生产、安全责任、企业监管等作出了明确的要求，是面向景区旅游安全工作的针对性制度。

第三，武夷山风景名胜区法规制度。为配合武夷山市、景区管理服务中心旅游安全治理工作的开展，武夷山旅游公司根据各部门职责范围制定了系列规章管理制度。例如，面向公司监察大队的《监察大队重大或突发事件应急预案和措施》、面向物业分公司的《消防安全目标管理责任书》、面向智能化中心的《景区电子商务系统安全管理办法》等，是景区日常安全治理的重要法制支撑。

（4）武夷山风景名胜区的旅游安全预案制度

武夷山风景名胜区建立了体系丰富的旅游安全预案制度（见表7-3）。旅游安全预案是预先制定的紧急行动方案。其中，武夷山旅游安全管理的预案体系包括总体安全预案、专项安全预案、部门安全预案以及大型活动预案等四个层次。

表7-3　武夷山旅游安全管理的预案体系

安全预案发文机构	名称(施行日期)
武夷山国家公园管理局	《武夷山国家公园森林防灭火专项执法和隐患排查行动方案》(2019年12月19日)
	《武夷山国家公园森林防灭火专项执法和隐患排查行动方案》(2019年12月23日)
	《武夷山国家公园森林火灾应急预案(修订)》(2020年8月31日)
	《国家森林草原火灾应急预案》(2020年10月26日)
	《武夷山国家公园管理局关于开展秋冬季森林防火宣传月活动的通知》(2022年9月16日)

续表

安全预案发文机构	名称(施行日期)
南平市人民政府	《南平市旅游突发事件应急预案》(2014年9月19日施行，2016年9月2日修订)
	《南平市迎高铁游客食宿分流应急预案》(2014)
	《南平市森林火灾应急预案》(2022年12月6日)
	《南平市发展和改革委员会关于福建云灵山旅游景区漂流价格及观光车票价等有关问题的通知》(2023年10月25日)
	《南平市"炉下之问"新时代延平答卷行动方案》(2024年2月1日)
武夷山市人民政府	《武夷山市政府突发环境事件应急预案》(2015年2月10日)
	《武夷山市民政局自然灾害救助应急预案》(2017年3月16日)
	《武夷山市气象局重大气象灾害预警应急预案》(2011年4月7日)
	《武夷山市旅游景区游客分流应急预案》(2015年6月25日)
	《武夷山市游客住宿分流应急预案》(2015年6月25日)
	《武夷山市旅客交通换乘分流应急预案》(2015年6月23日)
	《武夷山市游客餐饮分流应急预案》(2015年6月25日)
	《武夷山市人民政府办公室关于印发武夷山市防汛防台风应急预案的通知》(2020年7月3日)
	《武夷山市人民政府关于启动重大突发公共卫生事件一级响应的通知》(2020年1月27日)
	《武夷山市铁路沿线安全整治百日会战工作方案》(2023年10月30日)
	《武夷山市森林火灾应急预案》(2023年2月1日)
	《武夷山市2023年清明节祭扫活动突发事件应急预案》(2023年4月17日)
	《武夷山市春运突发事件应急预案》(2023年2月3日)
	《武夷街道办事处关于印发武夷街道春运突发事件应急预案的通知》(2024年1月30日)
武夷山市交通运输局	《新一轮"一元门票游武夷"活动道路运输应急预案》(2014年11月19日)
	《武夷山市旅游黄金周水上安全管理工作预案》(2008年4月30日)
	《武夷山市公路水路交通突发公共事件应急预案》(2012年4月6日)
	《武夷山市处置船舶污染事故应急预案》(2018年10月27日)
	《武夷山市道路交通安全隐患大排查大整治专项行动实施方案》(2020年12月31日)
	《武夷山市交通运输局关于印发武夷山市交通运输系统防汛防台风应急预案的通知》(2022年4月27日)
	《武夷山市交通运输局关于印发武夷山市交通运输系统防汛防台风应急预案的通知》(2023年3月1日)
	《全市文体旅行业冬春消防安全防范工作方案》(2024年1月3日)

续表

安全预案发文机构	名称（施行日期）
武夷山风景名胜区管理服务中心	《武夷山风景名胜区 2013 年春运工作方案》（2013 年 1 月 25 日）
	《反恐怖防范工作实施方案》（2012 年 7 月 3 日）
	《“国庆”期间旅游接待安全稳定工作预案》（2009 年 9 月 21 日）
武夷山旅游发展股份有限公司	《防洪防台风应急预案》（2018 年 4 月 17 日）
	《突发事件应急处置预案》（2018 年 4 月 17 日）
	《处置恐怖袭击事件应急预案》（2017 年 9 月 28 日）
	《武夷山风景名胜区公众聚集场所应急疏散总体预案（暂行）》（2015 年 2 月 15 日）
	《物业分公司消防安全应急预案》（2017 年 3 月 31 日）
	《物业分公司应急处置管理预案》（2017 年 1 月 1 日）
	《竹筏分公司突发恶劣天气应急预案（试行）》（2017 年 3 月 7 日）
	《竹筏分公司防汛防洪应急预案》（2017 年 3 月 29 日）
	《观光车分公司防恐怖袭击应急预案》（2018 年 4 月 18 日）
	《春茶采摘工作预案》（2017 年 4 月 22 日）

第一，总体安全预案建设。南平市人民政府、武夷山风景名胜区管理服务中心、武夷山旅游公司等都制定了相应的旅游突发事件预案，这些预案制度联动配合、共同组成了武夷山风景名胜区的安全预案体系。

第二，专项安全预案建设。武夷山风景名胜区管理服务中心、旅游发展股份有限公司也针对防洪防台风、旅游突发事件应急处置、恐怖袭击、假日旅游安全工作等主题，相应地制定了事故灾难类、自然灾害类、假日疏散类等专项应急预案。

第三，部门安全预案建设。武夷山旅游公司下属的子公司也积极响应服务中心和武夷山旅游委的安全预案建设要求。如观光车分公司制定了防恐怖袭击预案、突发事件应急响应预案，监察大队制定了防汛防台风预案，监票大队制定了防汛抗洪工作应急预案，物业分公司制定了消防安全预案，智慧化中心制定了景区电子商务系统应急预案，这些预案具有针对性高、可操作性强等特点。

第四，大型活动预案建设。武夷山风景名胜区针对特殊节事活动也制定了大型活动预案。例如，针对每年春茶采摘工作而制定的专项疏导活动预案，包括定岗定责、书面函告通知、安全提示、交警走访、道路维护、后勤保障等系列化的行动安排。

2. 武夷山风景名胜区的旅游安全日常管理体系

旅游安全日常管理体系是景区日常经营管理过程中的安全治理内容，不仅要推动旅游安全规范的有效实施，也要能够在日常工作中发现安全隐患，妥善解决景区日常安全问题。武夷山日常旅游安全治理工作的开展主要从以下四个方面开展。

（1）旅游安全公共服务设施的建设

武夷山结合国家5A级旅游景区和国家公园建设规范，对重要景点、风险节点、游客聚集点等开展旅游公共服务设施的重点改造、完善和升级，如天游峰护栏、九曲溪的水工保护、一线天的安全标识、虎啸岩的应急救助点等，并按照属地原则对辖区内的公共服务设施进行维护管理，建成了一批结构合理、功能完善、服务配套的旅游安全公共服务体系，着实提高了游客的安全服务质量和旅游产业的安全生产水平。

（2）“一岗双责”为基础的日常管理

武夷山景区重视员工的日常安全管理、重视景区日常安全秩序的维护。武夷山旅游公司结合各部门职责，按照“一岗双责”制作好安全维稳工作，并进一步强化各经营网点维稳、安全值守力量。例如，武夷山旅游公司在九曲溪、虎啸岩、天游峰等地实行全员值班制，并以景点负责人为首开展维稳风险评估、应急预案编制、应急演练等，切实将景区维稳和安全生产各项工作落到实处。

（3）常态化的日常细节监管工作

景区管理服务中心、省市各级旅游部门督查组采用定期和不定期相结合的方式，深入各景区督查旅游公司的安全生产质量，督促公司在安全设施设备维护、旅游投诉处理、应急预案编制、员工安全操作技能培训等方面加强管理，并对发现的问题进行督促整改。其中，2017年，景区管理服务中心通过开展联合安全生产排查、现场专项检查9次，发现93处安全隐患，均按时整改到位，为景区的良好运营打下坚实基础。

（4）日常性的安全协调管理工作

景区积极协调相关部门开展安全管理工作，有序推进景区安全治理。

武夷山风景名胜区建立了由南平市、武夷山市等市（县）旅游相关部门为协调管理机构，以景区管理服务中心为监管主体，以下属旅游公司为管理主体的旅游安全管理架构。武夷山旅游公司各个部门之间的安全执行与协作是武夷山旅游安全日常工作的基础。

3. 武夷山风景名胜区的节假日旅游安全管理体系

节假日旅游安全管理体系主要是为应对春节、五一、中秋、国庆等大型节假日，保障假日高峰期间武夷山风景名胜区各项工作安全、稳定、有序开展而进行的系列工作部署。假日期间，武夷山风景名胜区成立旅游接待工作领导小组，针对节假日前准备、节假日期间接待、节假日后管理三个阶段，景区各部门集体联动，做到定责、定岗、定人，保证假日期间旅游安全治理的有序开展。

（1）节假日前的旅游安全准备工作

节假日前的旅游安全准备工作主要包括以下几点。①重视节假日旅游安全工作的提前部署。武夷山旅游公司成立假日工作组展开工作部署。武夷山旅游公司召开副主办或班长以上人员动员会议，针对各部门职责展开假日工作集中部署，如质量管理部的检查组、监票大队的检票组、监察大队的执法组等，并制定了节假日期间各工作组的值班安排，确定责任岗位和责任领导，确保假日工作的及时响应和有序开展。②编制和完善假日应急预案体系。武夷山旅游公司针对节假日期间灾害天气、群体事件、公共卫生等制定应急预案，并制定了应对游客拥堵疏导的分流预案。另外，监察大队、监票大队、竹筏分公司等服务部门经常会在节前展开预案演练。③做好假日前的安全大检查，确保重点部门、重点景区的安全秩序。武夷山旅游公司以质量管理部为检查主体，对游览道、旅游设施、道路标识、景点护栏、智能化系统、票务预订退订系统、车辆管理系统等展开全面质检工作，对存在的隐患进行集中登记、修缮和整改，确保节假日期间的正常使用。④多部门联动开展节前旅游市场的联合检查。公司积极联合景区管理服务中心、市工商、旅游、物价等部门，在节假日前开展联合检查，加大对景区旅游市场的执法监察力度，整治和打击哄抬物价、欺客宰客、尾随兜售、强买强卖、无证导游、假冒伪劣等违法违规行为和市场乱象，营造诚信、卫生、安全的景区旅游消费环境。

（2）节假日期间旅游安全治理工作

节假日期间旅游安全治理工作主要包括以下几点。①深化旅游安全监察工作，确保各部门安全生产活动的有序开展。景区管理服务中心加强对市场环境的监督管理，及时采取各种措施处置各类投诉事件或安全事件。另外，武夷山旅游公司各部门结合本部门职责和工作预案有条不紊开展安全管理工作。比如，竹筏分公司负责配合海事部门在各码头实施竹筏日检规定，认真做好九曲溪行排安全管理和回排运输安全生产工作；再如，物业分公司负责加强对停车场秩序、景区环境卫生、旅游厕所、商业网点等的管理工作。②做好景点预警监测以及风险信息联合发布。各景点服务部门负责做好流量预警工作，实时监控和上报景点游客流量，并根据实时人流采取一般常态化分流措施，超过预警值则进行风险信息发布，联合景区各部门开展强制性游客分流。③建立多部门联动机制，确保假期期间各景区秩序井然有序。武夷山景区管理服务中心和武夷山旅游公司与市公安、消防、交警、森警、旅游警察、旅游委等部门建立联动机制，加强对各景点、游览道旅游秩序的维护，加强了游客密集区域及危险地段等重点部位的管理，优化了景区的游览秩序。

（3）节假日后的旅游安全治理工作

节假日后的旅游安全治理工作主要包括以下几点。①景区安全工作统计。各部门工作小组对假期旅游接待情况、旅游投诉、突发事件、监督巡查等进行集中处理，各部门积极配合国家旅游主管部门等单位做好假日期间统计预报工作。②旅游安全服务设施、公共服务设施的修缮和维护。武夷山旅游公司质量管理部加强景区安全巡查，针对假日期间产生的设备故障、资源破坏、环境卫生等问题提出现场修缮和限期整改指令。

4. 武夷山风景名胜区的旅游安全应急管理体系

旅游安全应急管理体系是针对旅游突发事件开展预防预备、监测预警、处置救援和恢复重建等行动的功能体系和工作体系。武夷山风景名胜区既积极对接南平市和武夷山的旅游应急管理体系，也积极建设景区内部的应急体系，通过两者的协调融合提升景区的应急管理能力，以减少旅游安全事件的发生，促进景区的稳定发展。

(1) 预防预备工作体系的建设

武夷山风景名胜区强化旅游应急体制安排，形成了以景区应急突发事件处置应急指挥部为核心的突发事件应急响应体系。首先，景区管理服务中心设立景区应急突发事件处置应急指挥部对景区突发事件进行综合响应，下设有游客流量控制中心、紧急救助中心、防洪控制中心、抗旱控制中心、火警火灾控制中心、重大病虫应急处置中心、重大污染事件处置中心、后勤保障中心等应急响应中心，能针对景区出现的流量超载、人员伤亡、自然灾害、重大病虫、环境污染等各类突发事件针对性开展应急响应。其次，武夷山旅游公司各部门根据本部门职责范围成立应急领导小组，包括了监察大队的巡查投诉队伍、监票大队的景区监票工作小组、物业分公司的消防安全工作领导小组、竹筏分公司的安全领导小组等，能在事件还未升级、爆发之前加以控制，做到有预防、有准备、有响应、有恢复。最后，景区应急响应指挥部与武夷山市的旅游警察大队、景区交警中队、市旅游委、执法局等部门联合联动，能在景区自我应急响应的基础上，与多个应急主体集体联动，有效加强了景区突发事件应急响应的强度和广度。

武夷山风景名胜区重视旅游安全信息系统建设，依托武夷山旅游公司的智能化中心建设了由信息输入、信息处理和信息输出等三个子系统组成的突发事件信息处理系统，并通过风险节点视频监控、风险源评估和识别，搜集和汇总突发事件信息，在风险来源层面有效预防突发事件的发生；武夷山旅游公司编制了丰富的应急预案体系，并定期开展应急演练。公司各部门结合本部门职责，制定相应的应急预案。例如，监察大队编制了突发事件应急预案、物业分公司编制了消防安全预案、观光车分公司编制了反恐怖预案，各部门也制订了相应的预案演练计划，定期开展应急综合演练。

武夷山风景名胜区重视旅游安全与应急培训。依托武夷山旅游公司定期组织各部门员工开展安全教育培训，例如 ISO9001 质量管理体系培训，提升员工的安全意识和安全生产技能。另外，各部门也不定期开展与岗位职责相关的安全技能培训，例如，物业分公司每月一次的消防安全培训、监察大队的突发事件应急处置培训、监票大队的游客疏散培训等，进一步提高了员工的应急操作能力和业务安全水平。

(2) 监测预警工作体系的建设

监测预警体系承担着景区风险信息搜集、分析和警示等重要的应急功能。景区的建设工作主要包括以下几点。①景区安全的智慧化建设。武夷山引入智慧化旅游安全设备，不仅在主要风险节点、游客聚集区、重要路段建立视频实时监控系统，且与气象、交通等部门建立连接，建立了较为完善的监测监控网络。②智能信息发布系统建设。武夷山拥有完善的信息发布系统，景区不仅可以通过公司智能化中心、景区门户网站、应急广播、景点显示屏等途径发布风险预警信息，并且依托于政府热线系统、网络信息系统、公众参与系统等建立起全方位的信息发布网络，并能进行风险信息的关联发布。③景区动态关注运营过程中出现的各种风险状况，如武夷山旅游公司定期开展景区安全生产相关会议，对景区服务营运过程中出现的服务失误、投诉纠纷、人员伤亡等突发事件进行集中探讨和处理，以防事态进一步升级。

(3) 旅游应急处置与救援体系建设

处置救援功能是旅游应急体系的核心功能，是体现应急工作成效的关键工作体系。景区的建设工作主要包括以下几点。①景区应急救援队伍建设。景区管理服务中心发展了多种应急救援机构，景区设有突发事件应急指挥部，并积极与武夷山旅游委、福建中旅、平安保险等合作，形成了以公共救援为主，商业救援为辅的救援队伍和力量。此外，武夷山市也相继成立了“水上救生志愿者大队”“红十字水上救援队”等志愿救援队伍，通过多样化的救援机构和救援力量保障了武夷山的应急救援效率和效果。②景区救援装备配置。武夷山旅游公司也配备了较为齐全的应急救援装备，并制定了相应的应急设施设备管理制度，为实施应急救援提供了重要支撑。比如，竹筏分公司在旅游者漂流过程中除了配备基础的漂流工具，也配置救生衣、安全帽、救生圈、指示牌、救助绳、应急药品等防护装备或用品，其中安全帽和救生衣是漂流过程中的基本装备。③景区处置救援机制建设。武夷山风景名胜区根据山岳型景区的特点，制定了对应的处置与救援机制。武夷山根据不同地形地貌、不同级别的危险区进行定期巡查和重点监察，并制定了差异化的岗位职责、部门分工、工作关系和任务流程。依据景区区域的风险程度和需求建立相应的安全救护站，如天游景点救护站、一线天救助中心等，确保救援工作的有序和有效开展。

（4）加强旅游应急恢复和重建工作体系建设

武夷山旅游安全应急管理体系与典型案例做法如表 7-4 所示。

表 7-4　武夷山旅游安全应急管理体系与典型案例做法

应急管理内容	典型做法
旅游突发事件的事前预防和治理	竹筏分公司：对筏工开展定期的安全培训，掌握必备的安全救援技能，既能指导游客游玩整个过程中的安全防控，对游客的不良行为进行提示，也能够对游客失足落水等突发事件进行应急处理，直至游客安全上岸
旅游突发事件的监测和预警	智能化中心：将物联网、互联网等智能技术引入景区流量监测，能够实时统计各景点旅游人数，并能在流量超标的情况下开展预警信息的关联发布
旅游突发事件的应急响应与救援	监察大队：针对旅游高峰期、大型旅游节庆等紧急情况时，监察大队立即赶往现场，联系执法部门防止事态扩大，组织游客做好分流疏导工作，在主要路口、票口、险要地段增派人员维持秩序
旅游突发事件的事后恢复与重建	质量管理部：定期开展旅游服务质量安全管理巡查，针对景区所存在的设备故障、道路破坏、卫生情况等进行现场跟踪、验证，将安全责任落到实处

旅游应急恢复与重建工作体系旨在对旅游突发事件开展事后的恢复重建工作。景区的功能建设主要包括以下几点。①具备灾损评估和恢复重建计划的规划能力。从既有的经验来看，突发事件后，景区能针对突发事件造成的道路破坏、通信中断、经营中止、秩序混乱等后果进行集中评估，并以质量管理部为中心制定恢复重建计划，明确实现这些计划所需要的设施设备、资金、人员队伍、管理支持等，以保证恢复重建计划的有序开展。②具备事后形象宣传与形象恢复的能力。武夷山旅游公司与武夷山旅游委、南平市旅游委等政府媒体建立了合作关系，能借助微信、微博等新媒体渠道开展营销宣传工作，消除突发事件所带来的负面报道和不良影响，恢复游客信心和景区的安全形象。③具备事后恢复重建的保障能力。景区建立了常态化的制度支持、资金支持、设备支持等支持机制，以保障突发事件后的恢复重建资源，为恢复重建工作提供要素支撑。

5. 武夷山风景名胜区的旅游安全保障管理体系

旅游安全保障管理体系贯穿于景区安全治理的全部过程，是开展旅游安全工作的基础支撑。武夷山风景名胜区已经形成了兼具人力保障、物力保障、技术保障、管理保障等四位一体的旅游安全治理的保障管理体系（见图 7-2）。

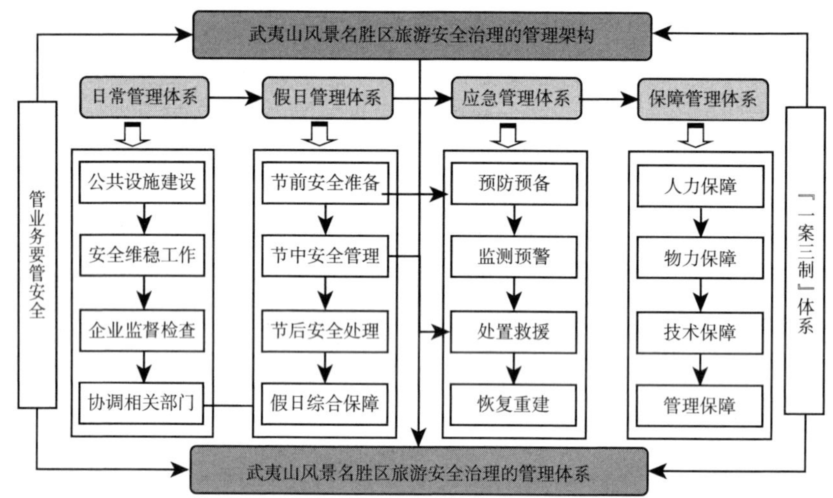

图 7-2　武夷山风景名胜区旅游安全治理的管理体系

（1）武夷山风景名胜区旅游安全的人力保障

武夷山风景名胜区旅游安全的人力保障主要包括以下四个方面。①安全管理组织机构建设。武夷山风景名胜区成立了安全生产委员会，委员会以公司总经理为第一负责人，质量管理部、监察大队、监票大队、竹筏分公司、观光车分公司、物业分公司等部门经理为成员，以应对景区经营过程中出现的各类安全事故。②应急救援队伍建设。武夷山旅游公司各部门根据本部门职责常设有应急处置队伍，如物业分公司设有消防队伍，监察大队设有反恐处置队伍、紧急救助队伍等，以更高效、更准确、更智慧地处理各种安全问题。③安全生产岗位的建设。武夷山旅游公司针对一线服务部门专门推行“一岗双责”制，员工既要对所在岗位所承担的具体业务负责，又要对业务范围内的安全管理负责，如竹筏分公司的筏工既是服务员、又要扮演“救生员”角色。④建立部门间安全队伍联动机制。武夷山旅游公司与旅游警察大队、景区交警中队、市旅游局、执法局、安监局等部门联合联动，建立社会动员机制和多部门联动方案，持续开展各类专项整治和联合执法行动，共同形成旅游安全管理队伍和安全防控体系。

（2）武夷山风景名胜区旅游安全的物力保障

武夷山风景名胜区旅游安全的物力保障主要包括以下三个方面。①安全物资的分配和管理。武夷山风景名胜区管理服务中心根据安全治理需求，通过采购、调用、捐赠等多种方式配备安全物资，并根据部门职责和景点风险特征进行了合理分配，如物业分公司的消防器具、监察大队的防护设备、天游峰的护栏、一线天的扶手等。景区制定了《工程管理规定》《消耗品管理办法》对物资进行调配和利用。②景区公共服务设施的更新维护。武夷山旅游发展股份有限公司定期对景区老化的安全设施设备进行维护和更新。该公司不仅在天游峰、一线天等景点完善区内标识标牌，更新景点导览图、景区全景图 24 面，更适时整改零星项目 60 余处，完成关于景点安全防护、环境卫生、管理服务等方面的整改要求。③旅游安全设施装置的优化丰富。武夷山在高风险地段、高风险旅游项目处开展安全防护设施建设，并为员工日常工作提供防护装备，为残疾游客提供预备专用设施，以保障旅游者、员工的安全。例如，景区物业分公司高崖和水上保洁员都配置了安全带和防护装备。该公司每年都有稳定的安全投入预算，个别年份投入超千万元，为景区的安全平稳运行打下了坚实的基础。

（3）武夷山风景名胜区旅游安全的技术保障

武夷山风景名胜区旅游安全的技术保障主要包括以下四个方面。①成立智能化中心加强景区的信息化建设。武夷山旅游公司专门成立智能化中心加强景区信息化建设，不仅对景区电子商务安全进行及时诊断、响应和处理，还建设了景区大数据体系，形成客流量预测和承载量控制体系。②积极引入物联网智能技术为安全治理提供技术支撑。景区将人脸识别系统、景区定位系统、二维码识别系统、激光扫描器等信息传感设备应用到旅游安全治理中，不仅在重要风险节点实现实时监控、预警信息多渠道联合发布，还实现了环境监测、执法保护、电子巡更、森林防火、GPS 车辆调度等功能为一体的景区智能化识别、定位、监控和管理。③积极采用云计算、模糊分析等智能计算技术为旅游安全治理提供决策支持。景区管理服务中心通过与互联网融合，建立景区风险数据库，通过多种智能计算技术对海量的数据和信息进行分析和处理，有效提高了景区管理服务中心、旅游公司对各类旅游安全事件的预防、监测、预警和响应。④加强与相关机构合作，建设大数据信息管理平台。武夷山风景名胜区管理服务中心与民生110服务中心、武夷山气象局等第三方合作开展景区大数据研究探索，通过产、学、研三者结合的方式丰富景区信息管理平台。

（4）武夷山风景名胜区旅游安全的管理保障

风景区重视从管理制度建设入手强化旅游安全治理保障，主要包括以下两个方面。①景区制定了丰富的旅游安全管理制度。景区管理服务中心积极响应南平市、武夷山市旅游主管部门、国家公园管理局的制度要求，层层制定并签署了《景区社会管理综合治理和安全工作责任书》《综治安全生产目标管理责任书》《旅游服务质量安全管理巡查与反馈通报》等文件，明确了各层级人员的工作任务和各种目标，确保了旅游安全治理过程中各项工作落到实处。②景区建立了详尽的全员生产责任制。武夷山旅游公司高度重视生产责任制的落实，针对公司领导层、部门管理人员、基层管理人员和服务人员等都建立了对应的旅游安全责任体系，通过层层把控的旅游安全责任机制来夯实旅游安全工作。

二 武夷山风景名胜区的旅游安全治理方针

旅游安全治理方针是旅游安全治理的思想基础和导向原则，是治理主体在旅游安全治理中共识建构的重要体现。确立科学合理的旅游安全治理方针，对于统一旅游安全治理观念、形成共同的原则方式具有重要作用。武夷山风景名胜区在长期的旅游安全治理实践中形成了鲜明的旅游安全治理方针。

1. 强化各层级人员的旅游安全风险意识

武夷山风景名胜区积极强化景区内各层级机构和人员的安全风险意识，建立起“发展靠安全、人人讲安全”的管理理念。具体表现在以下几个方面。①上级领导重视。南平市和武夷山市的党政领导、南平市和武夷山市的旅游主管部门领导对旅游安全工作都高度重视，积极落实旅游安全工作“党政同责”的基础要求，强化旅游安全的顶层设计和旅游应急管理，有效推动了武夷山旅游安全工作的有效开展。②景区主体重视。武夷山风景名胜区旅游管理服务中心及下属公司建立了从上而下的旅游安全风险意识，实现了旅游安全工作常态化。在日常工作中，武夷山风景名胜区旅游管理服务中心重视旅游安全文化的塑造，中心协同南平旅游委、武夷山旅游委、武夷山旅游公司等开展联席会议，强化武夷山旅游安全文化价值观的建设，用安全制度文化、安全观念文化、安全物质文化、安全精神文化来不断规范各级员工行为，实现了景区各层级人员安全意识的强化和固化。③景区全员重视。武夷山旅游公司积极推动各部门员工安全防范意识的建立。武夷山旅游公司以质量管理部为中心开展对景区安全护栏、竹筏、观光车等硬件设施的定期检测、修缮、加固，并对异常状况及时应对响应，注重增强“全员、全方位、全过程、全时段”的风险防控意识；公司各部门、各子公司因职责不同在旅游安全意识重心也有所差异。如公司监察大队、监票大队等行政执法部门强化了部门员工安全预防、安全治理等风险观念；智能化中心提升了员工信息安全意识和网络安全观念；竹筏分公司、观光车分公司等对客服务部门拓展了各层级员工的安全引导、安全救助、风险提示等安全意识。

2. 推动旅游安全工作的发展导向

在新时代要求、新发展理念、新发展模式和新发展目标的指引下，武夷山旅游安全治理工作不断打开新的局面，旅游安全治理体系也一直在旅游安全实践中不断优化，并持续推动安全治理理念、治理模式和治理体系的与时俱进。主要措施包括以下几点。①以全域旅游为导向推进旅游安全工作。武夷山旅游业发展实现了从景区旅游向全域旅游的模式转变，旅游安全工作也往全域化、体系化和制度化迈进。武夷山风景名胜区旅游管理服务中心在加强景区旅游安全建设的同时，将周边社区旅游安全治理纳入其中，推进区域内公共安全资源的整合和共享，横向联动企业景区、社区、高校、非政府组织等主体，实现了单一景点景区安全治理过渡到整个旅游地的统筹管理，推进了武夷山市全域旅游安全治理平台的建立。②以优质旅游为导向推进旅游安全工作。武夷山旅游业实现了从粗放旅游向优质旅游发展的观念转变，有效推动了景区旅游安全治理往模式创新、结构优化的方向转变。武夷山市逐步摒弃粗放型旅游的治理模式，旅游安全治理工作的开展不再局限于全员化、普适化和定点化的安全治理手段，而是借助于现代化智慧技术支持，实现重点区域、危险区域的精准化治理和不同级别危险区域的预防式治理模式，进一步提高了景区安全治理成效。③以大众旅游为导向推进旅游安全工作。武夷山旅游发展实现了小众旅游向大众旅游的规模转变，景区也建立了以武夷山旅游公司为中心的安全治理架构。公司高效整合各部门安全治理要素，对接景区管理服务中心的安全管理要求，实现了旅游安全管理中企业治理与景区监管的协调发展。④以休闲旅游为导向推进旅游安全工作。武夷山旅游发展实现了观光旅游向休闲旅游的目的转变，景区也逐步建立了专业化、现代化的旅游安全治理体系。武夷山旅游安全治理中坚持了“安全第一，预防为主，综合治理”的治理方针，组建区域旅游安全工作机构，实行分层管理、逐级负责、责任到人的全员安全生产责任制，将安全职责落实到每个部门、每个岗位、每个员工。⑤以文明旅游为导向推进旅游安全工作。武夷山旅游发展实现了一般旅游向文明旅游的行为转变，景区也设计了一套行之有效的文明旅游引导方案。景区自上而下建立了文明旅游督导小组，采取多种方式、多种途径，各部门利用本身的工作特点贴近旅游者开展文明旅游宣传活动，正确引导旅游者文明旅游，显著降低了景区的安全治理成本。

3. 推动旅游安全管理的专业化

武夷山风景名胜区重视旅游安全专业培训、强化旅游安全生产标准化、加强旅游安全的保险保障、建立旅游安全的专家队伍、提升旅游安全支撑要素的专业性，推动旅游安全工作往生产标准化、程序简易化以及管理专业化的方向发展。旅游安全管理主要表现在以下几个方面。①形成专业化的旅游安全培训体系。武夷山风景名胜区管理服务中心在不断完善内部安全培训机制的基础上，引入外部专业培训机构，如方圆标志认证集团、南平市红十字会、市120医疗急救中心等开展景区安全生产培训、安全素质拓展和应急救护教学，极大提高了员工的安全生产技能。②制定旅游安全生产培训制度。实现景区安全生产的标准化和程序化。景区管理服务中心对安全生产实行科学管理和质量审核。比如，武夷山旅游公司根据ISO9001：2015开展各职能部门的内部审核计划，强化公司的质量管理体系，形成了较为标准化、制度化和体系化的安全生产制度。③提升旅游安全支撑要素的专业性。武夷山积极开展旅游安全专家队伍建设、加大旅游安全保险保障力度，并积极推进安全管理体系的专业化和智慧化。风景名胜区全面推进了以全域管理、自主管理、智能防范、社会联动为主要管理模式的“四位一体”安全管理体系，将基层安全工作纳入安全管理体系，推动了互联网技术、物联网技术等新兴智慧元素在景区安全管理的全面覆盖。同时，风景名胜区积极融合商业救援机构、志愿救援队伍等各类专业社会机构，多角度、多方位地为景区安全稳定提供专业支撑。

三 武夷山风景名胜区的旅游安全治理投入

武夷山旅游公司树立了科学的投入理念，在旅游安全工作中有稳定的资金投入、重视各层级工作人员的旅游安全培训、重视对旅游者的保险保障和旅游安全宣传和警示教育，从而形成了资金投入、培训投入、保险投入、宣传教育投入等安全投入为一体的多元投入体系。

1. 武夷山风景名胜区的旅游安全资金投入

武夷山风景名胜区重视旅游安全领域的资金投入，主要投向以下三个方向。①景区安全采购经费投入。景区管理服务中心和旅游发展股份有限公司在公共服务设施、安全防护设备、安全救援设施、应急药品等设施设备的采购、维护和更新是景区和公司经费的重要支出方向。在5A级景区整改期间，武夷山累计完成10项公共设施整治工程，30万平方米的绿地管护，52项设备检修维护，极大地提高了景区设施设备的实用性和安全性。②景区应急准备资金投入。公司计划财务部设定了应急资金投入比例，一方面保证了景区在突发事件应急调动、纠纷处理、应急演练等安全治理活动时有充足的资金支持，另一方面也保证了景区紧急救援工作的有序开展。③景区旅游保险资金投入。为加大景区对旅游安全事件发生后的响应力度，武夷山不断扩大保险保障范畴，将旅游者、景区员工、景区设施设备、企业等诸多主体考虑其中，极大程度地加大了景区的保险保障强度。

2. 武夷山风景名胜区的旅游安全设施投入

旅游安全设施是安全治理工作开展的基础要素，武夷山风景名胜区管理服务中心联合旅游服务公司、武夷山旅游委、市消防、执法部门等多个机构，从旅游公共服务设施建设、专业化设施建设、智慧化设施建设，以及设施维护更新等多个层面打造了可靠的安全设施体系，为武夷山旅游安全治理提供了坚强有力的设施支撑。

武夷山旅游安全治理的设施体系如图 7-3 所示。

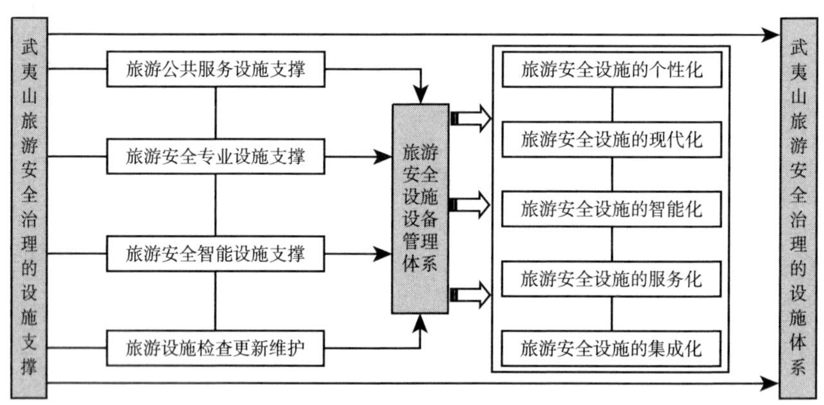

图 7-3　武夷山旅游安全治理的设施体系

(1) 武夷山风景名胜区的公共服务设施建设

武夷山风景名胜区的公共服务设施建设主要包括以下两个方面。①景区扎实推进公共服务设施建设。在景区 5A 级景区整改期间，武夷山完成了包括公路交通、景区道路、公共交通、环境卫生、景区绿化、休闲走道等多项公共设施建设，并在迎接省、市各级旅游局、督查组明察暗访期间，景区以质量管理部门为核心，对景区基础设施建设展开自查，适时整改零星项目 60 余处。②景区的旅游公共安全设施日趋完善。景区主张推进旅游接待设施、应急逃生通道、残疾人救助设施和医疗救护设施等的集中化建设，尤其在旅游接待设施中，景区目前已经完成南入口游客中心和生态停车场建设，新增生态停车场车位 510 个，外部公路交通组织进一步完善，增设地面标线、隔离带，实现公共设施整体安全品质的提升。

(2) 武夷山风景名胜区的专业化安全设施建设

武夷山风景名胜区的专业化安全设施建设主要包括以下两个方面。①武夷山风景名胜区安全预防设施。武夷山风景名胜区建设了专业化的安全预防设施，能够有效地将景区风险隐患在源头加以控制。景区的预防性设施设备可分为三类，一类是检测报警设施，如天气温度、旅游者流量、有毒有害气体监测等报警设施；二类是可用于安全检查和安全数据分析等检验、检测设施，如电气检测设备、危险化学物品检测设备等；三类是员工作业安全防护设施设备，将有害因素控制在安全范围内，如物业分公司针对高崖保洁员、水上保洁员所配置的护栏、安全带、安全绳索等。②武夷山风景名胜区应急救助设施。武夷山风景名胜区建设了专业化的应急救助设施，能够精准化应对各类旅游安全事件。首先，针对森林、景点等失火事件，景区备有火灾自动报警系统、烟雾传感器、自动灭火设施、防烟排烟设施、消火栓系统、防火墙等专业消防设施；其次，针对汛期、洪水、台风等气象灾害，景区备有大型运输设备、机械设施、照明设备、发电设施、抢险抢救器材、紧急救援设备等专业设施设备；最后，针对旅游者失足落水等突发事件，景区景点备有救生筏、救生圈、救生衣、救生艇、抛绳器等专业救生设备。各类专业化的设施设备保证了武夷山风景名胜区旅游安全工作得以有条不紊地展开。

（3）武夷山风景名胜区的智慧安全系统建设

武夷山旅游公司建立了智慧旅游管理系统，景区设施的智慧化应用主要包括景区物联网智能设施的建设、景区基础平台系统和综合应用系统的建设、景区智慧化风险预警系统的建设、景区旅游大数据平台系统的建设等四个方面。

第一，景区物联网智能设施的建设。基于旅游者需求和景区运营管理的需要，景区物联网技术在公共服务设施的建设中日臻完善，其中包括景点介绍、新闻公告、旅游论坛、交通线路等旅游者查询系统和景区线上自动订票、多种方式支付、“刷脸”检票等订票检票系统。另外，武夷山在诸多景区交通节点、景点入口设置二维码标识牌，将景点介绍、视频讲解、交通概况等信息录入资料库，形成二维码自助语音导览系统，推动了旅游公共服务体系的完善。

第二，景区基础平台系统和综合应用系统的建设。武夷山风景名胜区管理服务中心利用 IBM 小型机、服务器、orac 数据库等建立了云计算中心，在游客投诉处理、突发事件应急处置、游客冲突等方面均达到高效处理，初步建立了景区基础平台系统。另外，景区也不断与武夷山旅游投诉平台、中国消费者权益平台、全国旅游监管服务平台等实现监管对接，并高效衔接各级旅游管理平台和智慧系统信息接口，建立了景区综合应用平台系统。

第三，景区智慧化风险预警系统的建设。武夷山旅游公司借助各项信息技术、互联网技术、全球定位系统、风险信息数据库等，逐步建立了集风险监测、风险评价、风险预警和风险信息发布于一体的智慧化风险预警系统。另外，武夷山旅游公司通过重要风险节点视频监控、24 小时电子巡更等进行风险信息采集，并根据风险警戒值、电子算法和风险信息库展开风险评价，建立了集风险预警系统、广播系统工程、通信系统工程、卫星系统工程等于一体的景区智慧化风险预警系统工程体系。目前，这一预警系统工程已经在游客流量监控、景区承载量控制、应急资源调度中取得较好的安全成效；

第四，景区旅游大数据平台系统的建设。景区建立了以景区南入口指挥中心为核心的旅游大数据平台系统，具有信息汇总功能、指挥协调功能、资讯发布功能、应急响应功能等功能模块，能对景区的智能化管理、景区电子商务平台、西入口竹筏航空式购票、侯筏大厅项目、南入口指挥中心项目等四大项目开展实时监控、数据实时集成，并建立了可视化数据应用系统。

（4）武夷山风景名胜区的旅游安全设施管理

武夷山风景名胜区重视常规设施和专用旅游安全设施的日常检查与维护管理，主要工作包括以下几点。①景区常态化开展公共设施排查活动。根据景区旅游管理服务中心和公司的统一部署，按照公司质量管理体系要求，武夷山质量管理部定期对景区设施设备状况和安全服务质量开展生产大排查活动，对发现的老化设施、破损道路、错误标识、护栏故障等隐患设施进行综合监督管理，尤其是景区专用机动车、电梯、起重器械等特种设备开展专项检查。②子公司常态化开展设施自检活动。例如，竹筏分公司竹排检查、监察大队对景区基础设施检查、物业分公司对消防设施的全程监控、观光车分公司的车辆日检制度、智能化中心的监控系统维护，不仅取得了较高的部门安全成效，而且完成了公司制定的综治安全生产工作总体要求。③景区设施设备管理走向制度管理轨道。武夷山风景名胜区、旅游委、服务管理公司也相继制定了系列安全设施设备管理方案，如《消耗品管理办法》《公司章程》等，并强化了物业分公司、投建部和质量管理部门对景区设施设备的维护管理职能，以期为旅游安全治理提供坚强有力的设施设备支持。

3. 武夷山风景名胜区的旅游安全培训投入

安全培训能够提升员工的安全操作能力和安全素质，武夷山旅游公司和景区管理服务中心建立了规范化、标准化的完善的培训体系，主要包括以下五个方面。

第一，针对员工的不同工作职责开展相应的安全培训。武夷山旅游公司对不同工作内容的员工设计差异化、专业化和精准化的安全培训内容，如对物业分公司员工开展消防培训，对监察大队员工开展反恐培训，对观光分公司员工开展驾驶培训，对智慧化中心员工开展软件系统培训，并通过岗前培训和在岗培训的方式将安全操作技能传授给员工。

第二，重视员工安全意识和素质培训。武夷山旅游公司为了提高员工安全意识，改变员工对于风险的态度和认知，公司定期开展安全办公例会和全员安全生产动员大会，传输员工必备的安全知识，提升员工基本安全素质和安全辨识能力。同时，公司会根据近期突发安全事件和各部门工作职责对员工进行针对性培训，如反恐教育、网络安全、信息安全等，将关于旅游安全治理的新观念、新方法传输给员工。

第三，强化员工应急技能培训。应急技能培训是景区安全培训的重点内容，它能够强化员工在突发事件中的应急技巧和处置能力，景区管理服务中心相继颁发了《武夷山风景名胜区处置恐怖袭击事件应急预案》《景区道路交通维护工作方案》等应急操作方案，并以此展开覆盖投诉纠纷、恐怖袭击、台风汛期、假日高峰等多种突发事件的员工应急技能培训，如针对竹筏旅游服务的“1361”工作方法和应急救护救助操作技能展开的培训等。

第四，重视管理人员的安全培训。针对景区中高层管理人员，公司通过外出进修、学习或邀请专家讲座等方式提升专业知识和安全管理技能，提高了管理者的安全管理能力和安全事件应对能力。

第五，联合多部门开展安全培训。武夷山风景名胜区管理服务中心、武夷山旅游公司通过联合福建省立医院及武夷山分院、南平市旅游委、武夷山旅游委、市行政执法部门、消防部门等机构，共同开展救助救护培训、消防、恐怖袭击等主题的联合培训和综合演练，强化了员工的安全防范意识和风险辨识能力，提高了员工的突发事件响应能力、应急救援能力和自救互救能力，由此形成了系列化、常态化的培训体系。

4. 武夷山风景名胜区的旅游安全保险投入

保险是保证个人生命财产的重要方式，它是景区风险抵抗能力的重要表现。武夷山风景名胜区管理服务中心和旅游有限公司的保险投入主要包括以下五个方面。①游客保险保障。武夷山旅游公司为保障游客旅游活动安全，与福建中旅、武夷山中侨旅行社、中闽国际旅行社等展开合作，在旅行社责任险的基础上，为旅游者购买意外险和延误险，充分提高了旅游者的保险强度。②旅游者应急救援保障。景区与武夷山市平安保险、人寿保险等保险公司加大合作力度，以期在旅游者应急救援、医疗救助、后期补偿等服务中科学管理风险。③公司保险保障。武夷山旅游公司相继购买了企财险、雇主责任险、企业团体意外险等多类险种，为公司员工提供了相应的保障。同时，为高崖、水上保洁员工购买了人身意外保险，降低了公司在生产经营活动过程中自然灾害或意外事故引致的损失和费用。④员工保险保障。公司各部门、子公司根据本部门职责加大了保险的投入力度，如物业分公司的物业管理责任险、高风险工作人员的人身综合意外险、观光车分公司的驾驶员保险等，在一定程度上提高了武夷山风景名胜区的风险抵御能力。⑤景区灾害保险。景区管理服务中心针对台风、火灾、地震、洪水等自然灾害购买了相应的景区灾害保险，加大了景区灾害之后的保险救灾力度。

5. 武夷山风景名胜区的旅游安全宣传投入

武夷山风景名胜区不断加大宣传投入，积极拓展新思路新方法，形成多层次、多渠道、多形式的安全宣传教育，取得了较好的安全成效。宣传教育主要包括以下几点。①开展以创先争优为主题的安全宣传教育活动。武夷山旅游公司开展应急救援比赛、安全技能大赛、反恐教育演练、安全小贴士等系列安全实践技能大赛，评选了安全示范岗、安全模范、安全标兵等荣誉称号。据统计，2017 年累计通报表扬勇救游客、拾金不昧先进事迹 473 起，嘉奖优秀员工 69 人，充分展示了员工安全服务规范和景区平稳有序的安全形象。②依托智慧化技术，为旅游者提供安全服务和宣传教育。武夷山积极探索智慧化技术在宣传教育中的应用，其中以公司智慧化中心为支撑，加大与数字武夷、社会机构等第三方机构开展联合宣传，在景区南入口游客中心 LED 实现八大景区联播开启安全普及教育。③充分借助网络媒体开展线上宣传。景区管理服务中心重视与武夷山旅游委、政府门户网站、搜狐、武夷山新闻网等政府媒体、社会媒体的联合宣传，并加大与微信、微博、旅游社区等新媒体合作，建成了武夷山论坛、武夷山旅游等微信公众平台，通过不断创新宣传载体和覆盖范围，塑造了良好的旅游形象。④重视线下非网络媒体的安全宣传作用。目前，景区已经与闽北日报、武夷山报社、南平杂志等取得了较好的合作关系，更新增了主题鲜明的宣传内容、标语，打造了"清新福建，快乐武夷"旅游品牌。⑤积极拓展落地式安全宣传。按市政府标准在武夷山市区、乡镇、街道办事处、景区、景点等地增设了安全教育、旅游贴士、武夷山公共交通、行程导览等宣传资料取阅架，并完善景区内部的安全标识牌和大型指示牌，营造了良好有序的景区安全氛围。

四　武夷山风景名胜区的旅游安全治理格局

武夷山风景名胜区重视与所在地区旅游部门、所在社区和利益相关者、公司内部机构等各主体间的安全协调，建立了全面的内外协调治理机制，逐步强化了共建共治共享的旅游安全协同治理格局，为武夷山风景区的旅游安全发展提供了协调有序的治理形势，有效支撑了武夷山旅游安全工作的全面开展。

1. 武夷山风景名胜区的旅游安全上位响应治理

积极对接上级政府部门的安全监管、加强与市（县）旅游部门的协调合作。面向旅游政府机构，武夷山风景名胜区形成了有效对接上级部门监督、积极协同市（县）旅游部门的机制体系，形成了齐抓共管旅游安全的良性治理格局。例如，武夷山风景名胜区加强与市公安局、执法局、安监局、景区管理服务中心等联合打造区域安全平台，在景区风险防范、预警监测、应急响应、恢复重建、安全保障等实现全方位布局。管理服务中心经常联合南平市旅游委、武夷山旅游委、市工商局、安监局等管理部门对旅游公司、子公司、旅游项目的安全生产、应急管理、风险监测、游客服务管理等进行定期监督检查，针对景区安全治理中的缺陷进行指导和协调管理。

2. 武夷山风景名胜区的旅游安全共建共享治理

重视社区安全的共建共享，打造利益相关者协调共建的旅游安全治理局面。面向外部机构和利益相关者，武夷山风景名胜区实行公司负责、社会协同、社区参与的协同治理格局，形成了良好的社区安全氛围。武夷山风景名胜区管理中心和武夷山旅游公司积极与旅行社、保险机构、旅游行业协会、旅游组织等建立连接，创新协作模式、优化管理结构，为景区安全治理提供社会助力。武夷山风景名胜区还注重加强与周边社区合作，联合开展安全治理活动，推动景区安全治理和社区参与的协调发展，并推进了武夷山市全域旅游安全治理平台的建立。

3. 武夷山风景名胜区的上下协同治理

重视景区内部的协调治理，形成了上下协同、分工明确、各负其责、基层扎实的旅游安全治理格局。第一，武夷山旅游公司推行全员安全生产责任制，明确了部门负责人员、各职能负责人及各岗位工作人员在安全生产中应履行承担的职责，确立了全体员工的工作要求和考核办法，形成了公司全员、全过程、全方位、全时段、全天候的安全管理体制。第二，公司内的协同治理常态化进行。例如，公司质量管理中心，常态化开展景区日常安全工作，监督安全制度落实情况，并留存检查记录、安全资料搜集和汇总上报工作。武夷山旅游公司监察大队，全面负责景区秩序的监管整治和查处工作，并与公司监察大队、市执法大队、公安局联合，开展对景区中“黑社”“黑导”“黑车”乱象及周边环境的集中整治。第三，基层安全治理工作常态化开展。例如，公司各部门成立了自查小组，常态化针对各部门存在的风险隐患点、事故易发点开展自我排查，如观光车分公司车辆自查、物业分公司消防自查、竹筏分公司竹排自纠等。

第四节　研究小结

武夷山作为世界自然文化双遗产旅游地，积极贯彻习近平总书记提出的“管行业要管安全、管业务要管安全”的治理思想，重视旅游安全工作的开展，并围绕“适应国家要求、适应时代要求、适应全域旅游要求、适应自身特色需求”的旅游安全发展目标，并通过全方位投入形成了全面旅游安全治理格局。本研究经过参与式考察、访谈考察、文件分析和经验体系总结等四个研究阶段，对武夷山风景名胜区的旅游安全治理经验进行了归纳和总结，具体如下。

第一，建立健全的旅游安全管理体系。武夷山风景名胜区按照法律法规要求建立起旅游安全工作的“一案三制”体系，并建立了包括日常安全管理体系、节假日旅游安全管理体系、旅游应急管理体系和旅游安全保障体系等在内的工作体系和管理架构，为旅游安全工作的持续开展提供了稳定的系统和基础。在体制机制上，由武夷山风景名胜区管理服务中心的综合办公室具体负责旅游安全管理工作，成立了任务明确的突发事件处置应急指挥部，下属的武夷山旅游公司建立了由监察大队、质量管理部、文明景区创建工作组和黄金周紧急应对小组等组成的综合安全管理队伍、并实行分工明确的联合安全管理机制，竹筏公司等三级子公司则建立了以员工为执行主体的全员责任机制。在法制和预案体系上，武夷山风景名胜区建立了体系全、分类细、层级明确、上下贯通的旅游安全法律制度和预案体系，为旅游安全工作的开展提供了较好的法制预案基础。

第二，坚持正确的旅游安全治理方针。首先，武夷山风景名胜区积极贯彻习近平总书记提出的“管行业要管安全、管业务要管安全”的治理思想，强化景区内各层级人员的安全风险意识，建立起“发展靠安全、人人讲安全”的管理理念。其次，武夷山风景名胜区坚持在发展中推动旅游安全工作，顺应由景区景点旅游向全域旅游转变、从粗放旅游向优质旅游转变、从小众旅游向大众旅游转变、从观光旅游向休闲旅游转变、从一般旅游向文明旅游转变的时代背景，加大旅游安全创新的力度和深度。最后，武夷山风景名胜区重视旅游安全工作的专业化，重视旅游安全专业培训、强化旅游安全生产标准化、加强旅游安全的保险保障、建立旅游安全的专家队伍，强化了旅游安全工作的专业性和系统性。

第三，树立科学的旅游安全投入观念。武夷山风景名胜区重视旅游安全人力、物力和资金的投入，为旅游安全工作的开展提供了较好的资源基础。作为运营主体的武夷山旅游公司及其下属子公司在旅游安全工作中有稳定的资金投入，公司重视各层级工作人员的旅游安全培训，重视对旅游者的保险保障和旅游安全宣传和警示教育，从而形成了资金投入、设施投入、培训投入、保险投入、宣传教育投入等安全投入为一体的综合投入机制。其中，武夷山通过长期的努力打造了可靠的旅游安全设施体系，并通过智慧旅游系统的建设提升了旅游安全管理的智能响应水平。

第四，形成协调的旅游安全治理格局。武夷山风景名胜区建立了全面的内外协调治理格局。面向政府机构，武夷山风景名胜区形成了有效对接上级部门监督、积极协同市、县旅游部门共抓旅游安全的治理格局；面向外部机构和利益相关者，武夷山风景名胜区实行公司负责、社会协同、社区参与的协同治理格局；面向风景区内部机构，武夷山风景名胜区形成了上下协同、分工明确、各负其责、基层扎实的旅游安全治理格局。其中，景区的领导层、基层管理人员和一线人员都建立了对应的旅游安全责任体系，通过层层把控的旅游安全责任机制来夯实旅游安全工作。武夷山风景名胜区通过内外协调的综合治理方式、逐步强化共建共治共享的旅游安全协同治理格局，有效支撑了武夷山旅游安全工作的全面开展。

总体上，武夷山风景名胜区是兼具事业单位身份和企业经营主体的复合型基层机构，景区在发展中建立起典型的旅游安全行政治理体系。武夷山风景名胜区严格按照党和国家的基本要求，重视旅游安全工作的开展，并通过建立健全的旅游安全管理体系、坚持正确的旅游安全治理方针、树立科学的旅游安全投入观念、逐步形成协调的旅游安全治理格局，为武夷山旅游产业的健康发展提供了坚实的安全基础。

第八章

中国旅游安全行政治理的体系优化

从历史的视角来看，我国旅游安全行政治理体系是一个随着产业发展不断优化升级的体系。当前，统筹发展与安全成为我国的国家战略，推动旅游安全行政治理体系和能力现代化成为旅游产业安全发展的重要基础。因此，有必要从法治导向、体制机制导向、激励导向三个方面来持续优化我国的旅游安全行政治理体系。

第一节　法制导向的旅游安全行政治理优化

旅游安全法制建设既包括旅游安全法律规范的制定和修订，也包括旅游安全法律规范的实施和监督等行为过程。旅游安全法制建设和管理优化同时涉及中央层面和地方层面的法制建设与管理优化，需要不同层级行政主体的共同努力。

一　中央层面旅游安全法制建设与管理优化

1. 旅游安全顶层法律规范的优化

旅游安全顶层法律法规是由中央立法部门和行政管理部门建构的旅游安全法规的“基准线”，是旅游行政机构和旅游行政人员共同遵守的行动规范和制度准则。中央层面的旅游安全法制建设和管理优化应从旅游安全顶层法律法规入手，从战略高度和长远角度进行谋划和布局，不断完善现有旅游安全顶层法律体系，通过提升顶层法律法规的规范性、权威性、科学性和系统性，为遏制旅游安全事故、保障旅游者合法权益、推动旅游行政机构依法开展旅游安全治理活动提供根本性的法制保障。从旅游安全的治理实践来看，比较主要的矛盾焦点包括旅游主管部门和相关部门的旅游安全监管边界存在模糊地带且认知差异较大、高风险旅游项目和新兴业态的安全监管引起的争议较大、旅游经营者安全生产的主体责任履行不到位、在线旅游产品安全保障的范畴尚不明确，这严重制约了我国旅游安全治理工作的开展。

面对这些优化需求，旅游安全顶层法制的优化路径应从以下三个方面入手。第一，作为基础，需要巩固旅游安全在基础性法律规范中的立法地位。在中央法律层面，应坚持旅游安全在《旅游法》中的专章地位，并依托《旅游法》的修订进一步明确旅游主管部门和相关部门的旅游安全监管边界，消除旅游安全监管的模糊地带，优化旅游保险机制。第二，依托已有的法律规范进一步修订《旅游安全管理办法》，明确旅游主管部门的旅游安全监管边界，明确旅游安全治理的核心任务和机制，对旅游安全治理理念、治理手段、治理体制、治理机制、治理职能等进行清晰的界定和划分，明确旅游经营者的主体安全责任，规范旅游安全公共服务、旅游应急管理、旅游保险等相关工作，将在线旅游经营者纳入监管范畴。第三，与应急、公安、体育、交通、海事、民航等相关部门合作开展交叉业务领域的法制建设，针对高空、高速、水上、潜水、探险等高风险旅游项目和新兴业态的安全监管发布规范性文件，厘清跨部门监管的责任边界。

2. 顶层法律文件的配套制度建设

旅游安全顶层法律法规及其配套制度的建设是旅游行业发展的有力保障。目前，我国主要通过《安全生产法》《突发事件应对法》《旅游法》《旅游安全管理办法》等法律法规支撑旅游安全治理工作。其中，《旅游法》提出国家建立旅游目的地安全风险提示制度，并提出经营高空、高速、水上、潜水、探险等高风险旅游项目，应当按照国家有关规定取得经营许可。从实践来看，我国旅游目的地安全风险提示机制尚未完全形成，高空、高速、水上、潜水、探险等高风险旅游安全事故也频繁发生，且高风险旅游项目的安全监管一直存在边界争议。同时，我国旅游业的新业态、新业务、新产品不断涌现，其中也潜藏着不少安全隐患，相关的旅游安全事故也不断发生。因此，对于《旅游法》没有系统规范的旅游安全治理问题和具有重要发展潜力领域的旅游安全问题，应该通过完善配套制度或规范性文件来弥补法律空白，并使新出现的旅游安全议题能快速形成法制解决方案，实现对相关旅游安全问题的科学治理，这是保障旅游行业安全健康发展的重要基础。

3. 政府部门间的旅游安全法制协调

旅游业涉及住宿、餐饮、娱乐、交通、购物、旅行社等多种旅游经营者，旅游业安全监督管理涉及旅游主管部门、应急、交通、卫生、农业农村、质监等多个相关部门。因此，跨部门协作是旅游安全监管顺畅运作的基础，当前的主要需求在于积极推动建立部门间分工明确、职责清晰、协调有序的旅游安全监管体系，重点改善政府规章、规范性文件之间的交叉业务内容边界模糊、监管职责定位不明的情况，避免旅游安全治理在法律层面出现职责冲突、监管缺位。因此，应积极推动建立长效化的旅游安全法制建设的跨部门协调机制，及时推进监管缺位、边界模糊领域的旅游安全法制建设。比如，依托特定设备的水上项目、潜水摄影项目、玻璃栈道等，涉及体育活动、特种设备等多种要素和监管部门，其安全监管的部门归属存在一定的争议，需要通过部门间的法制协调来解决。

4. 旅游主管部门的普法宣传

普法宣传是旅游安全法制建设的重要环节。长期以来，我国社会公众、部分政府机构和部门领导对旅游安全的法律法规认知并不清晰，对旅游安全监管职责的认知存在巨大差异。这表明，我国旅游安全法律法规的普法宣传存在优化空间，主要包括以下几点。①加强旅游主管部门以旅游安全普法工作宣传的思想自觉性。旅游安全普法工作是提升游客旅游安全法制素养、厚植社会法制文化的重要抓手，政府旅游主管部门应坚持旅游安全法制保障的底线思维，将政府法制保障作为旅游安全行政治理工作顺利开展的生命线，认识到普法宣传工作的重要性和紧迫性，在思想上统一对旅游安全普法的重视，将旅游安全普法工作作为一项长期性、艰巨性的工作任务落到实处。②健全旅游安全普法责任制。实行旅游安全“谁执法谁普法”的普法责任制，建立普法责任清单制度。各部门应以旅游安全相关的法律法规为准则，针对不同管理对象、执法对象、服务对象，制定普法规划、明确普法任务和工作要求。建立健全各级普法宣传教育领导和工作机构，明确具体责任部门和责任人员，确定专人负责日常工作。③提高旅游安全普法宣传的频率并扩大覆盖面。政府行政部门的普法宣传活动不能只停留在旅游旺季或重要节点，要将旅游安全普法工作落实到各旅游事业单位工作的各个阶段。同时，扩大旅游安全普法的覆盖面，立足实际，坚持法制教育与法制实践相结合，做到普法工作面向旅游住宿、餐饮、娱乐、交通等各要素环节。④创新旅游安全普法宣传工作的形式方法。通过景区广播、宣传栏、电视、报刊等传统媒体平台和微信、微博、客户端等新媒体平台开展普法活动，构建多层次、立体化、全方位的旅游安全普法宣传网络，让旅游者容易接受、易于掌握，营造良好的知法、懂法的旅游安全活动氛围。

二　地方层面旅游安全法制建设与管理优化

1. 优化地方旅游主管部门的旅游安全法制体系

地方政府作为地方旅游综合监管体系的建设者和执行者，对于旅游地安全法制建设具有重要的引领作用。全国性旅游安全管理法律文件的颁布实施为各省、市、县等地方旅游安全相关规范性文件、标准等的制定提供了基础方向和指导依据。地方旅游主管部门法制建设的首要任务是贯彻实施中央颁布的旅游安全法律法规，并指导和督促下级旅游主管部门和旅游经营者贯彻实施中央颁布的旅游安全法律法规。在必要的情况下，旅游主管部门可以提请地方人民政府和人大加强地方旅游安全法规的立法工作，也可通过规范性文件治理特定类型的旅游安全问题。比如，北京市于2017年颁布的《北京市旅游条例》对旅游风险监测、突发事件后的旅游安全警示、景区安全标识建设、景区安全保障设施建设、旅游客运安全等进行了明确的规范，为北京旅游安全治理提供了地方层面的法规支撑。此外，地方人民政府也可以通过旅游主管部门的“三定”（定机构、定编制、定职能）方案来明确旅游主管部门开展旅游安全工作的体制、机制与职责。

2. 推动旅游经营者加强旅游安全制度与预案建设

地方旅游主管部门和负有安全生产监督管理职责的相关部门应加强旅游经营者的安全监督管理工作。旅游经营者是旅游安全生产的责任主体，是旅游活动最直接的组织者，也是旅游安全最基础的保障主体。旅游经营者按照根据《安全生产法》《旅游法》《旅游安全管理办法》等法律法规的要求，加强旅游安全“一案三制”体系建设，建立自身的旅游安全组织机构，建设旅游安全人才队伍，形成日常安全管理、节假日安全管理、旅游应急管理和旅游安全保障体系等核心机制，并以此为基础建立旅游安全的制度体系和预案体系，这是旅游经营者为旅游者提供安全保障的前提和基础。

作为基础工程，旅游主管部门和负有安全生产监督管理职责的相关部门应该着力推动旅游经营者加强旅游安全制度和预案建设，这是形成旅游安全能力、开展旅游安全工作的体系基础。对此，旅游主管部门可以在日常安全生产检查、节假日旅游安全督导中强化建设要求、明确检查重点，可以非常具体地检查旅游经营者的安全制度和预案建设，系统审查旅游经营者安全制度和预案文件的完整性、规范性、可行性，督促旅游经营者开展预案演练，通过多元化方式检验旅游经营者的安全应急能力。

3. 加强旅游经营者导向的旅游安全普法宣传

面向旅游经营者开展安全生产普法宣传，对于提升旅游从业人员的安全素养具有重要作用，是促进旅游经营者合法合规经营的重要基础。面对这一任务，旅游主管部门应督促旅游经营者构建长效化的普法宣传机制。督促旅游经营者从制度上落实普法教育，制订适合实际的普法工作计划，形成有规划、有反馈、有落实的普法工作体系，从而不断提升从业人员的学法意识。可指导其成立旅游经营者安全生产普法工作委员会，在基层单位选聘思想作风好、业务能力强、工作热情高的职工，分别担任普法宣传员、监督员和志愿者，建立一支专兼职结合、高素质的普法队伍，为普法工作提供坚实的人才保障。可推动旅游经营者探索实行普法教育学时和积分制度，将考核结果纳入旅游经营者目标责任考核。

同时，旅游主管部门督促旅游经营者提高一线从业人员的参与度。旅游行业是服务性行业，直接面对旅游者的一线从业人员占较大比重，旅游经营者既要加强管理层的普法培训，也要加强一线从业人员的普法培训，这是减少基层安全风险、降低安全事故的重要基础。一线从业人员工作强度大，参与培训的意愿通常不高，因此要通过多种方式激励员工提升普法培训的积极性。此外，要注重丰富旅游安全普法培训手段和内容。中小旅游经营者的法律意识薄弱甚至缺失，在组织普法培训时多为领导宣读上级下发的文件，普法培训多采取课堂式灌输方式，成效一般。旅游主管部门要利用自身优势，邀请专业人士提供专业培训，强化培训的系统性、逻辑性和条理性，优化普法培训方式，提升普法培训成效。

4. 加强各层级旅游主管部门的普法执法工作

各级旅游主管部门普法执法工作是国家权力机关立法工作的延续，是规范旅游活动、净化旅游市场、保障旅游安全的有效手段。首先，各级旅游主管部门在开展普法执法工作时要坚持“谁执法谁普法”的原则，在对旅游者和基层工作人员普法时要构建系列配套保障体系，创新旅游安全普法方式，确保国家机关普法责任制真正落实到位。其次，地方旅游主管部门在普法过程中要深入学习和贯彻落实《安全生产法》《旅游法》《旅游安全管理办法》等的指导意见，将国家对旅游安全的法制要求有效传达给各机关单位和基层工作人员。同时，各相关部门建立有效的合作机制，联合执行普法工作任务，将普法工作常态化。此外，针对旅游者的旅游安全普法工作要贯彻旅游活动的始终，通过广播、电视和互联网等新媒体传播渠道向旅游者宣传各类与旅游安全相关的法律法规，帮助其了解旅游投诉处理、旅游安全环境保护和文明旅游等方面的法律知识，提升旅游者的旅游安全法律素养。

第二节　体制机制导向的旅游安全行政治理优化

旅游安全治理行动是以旅游安全发展作为目标导向开展的各种行为活动行动的统称。从我国的旅游安全治理实践来看，旅游安全治理体制和治理机制在治理行动中发挥了关键作用，但也是具有优化空间、需要持续提升的行动任务。推动旅游安全治理体制和治理机制的持续优化，有利于提升旅游安全治理的效率和效果。

一　旅游安全行政治理的体制优化

1. 优化部门分工负责的旅游安全监管体制

建立旅游安全行政治理的职能机构、明确职能机构的旅游安全监管职责，是旅游安全行政治理体制建设的主要任务。旅游安全行政治理工作既涉及地方人民政府，也涉及人民政府的相关职能部门，包括文化和旅游部门、应急部门、市场监督部门、交通运输部门、体育部门、海事部门等。总体上，现有的法律法规确立了人民政府统一负责，职能部门分工监管的旅游安全治理体制。相关的职能部门按照性质可以划分为安全生产监督管理部门、负有安全生产监督管理职责的有关部门、其他行业领域主管部门、党委和政府其他有关部门等组织机构。虽然相关法律规范已强调要区分这些职能机构间的安全监管职责，但旅游安全治理实践表明这些部门间仍存在监管上的职能争议。因此，进一步明确县级以上人民政府和相关职能部门的旅游安全监管职责，消除旅游安全监管的模糊地带，是旅游安全行政治理体制优化的主要任务。

2. 优化旅游行政主管部门的安全职能机构

我国近年来大力强化旅游主管部门的安全治理体制建设。其中，文化和旅游部在市场管理司设置了安全与假日处，专门负责旅游安全综合协调和监督管理等工作。同时，我国部分省级旅游主管部门专门设置了旅游安全业务的主管机构，如北京市文化和旅游局、上海市文化和旅游局、重庆市文化和旅游发展委员会等专门设置了安全与应急处，天津市文化和旅游局、湖北省文化和旅游厅等设置了安全监管处，吉林省文化和旅游厅等设置了市场安全监管处，大部分省份则是依托市场管理处开展旅游安全协调和监督业务。此外，有部分省份将市场管理、行业管理和安全管理并列设置，如海南省旅游和文化广电体育厅设置了行业管理和安全监管处、四川省文化和旅游厅和江苏省文化和旅游厅设置了市场管理处（安全监管处）。市（县）旅游部门也通过单独设置机构、并列设置机构和依托相关处室开展旅游安全治理工作等三种方式开展旅游安全工作。

总体上，我国地方旅游主管部门单独成立旅游安全职能机构开展旅游安全工作的比例并不高，其中包括部分旅游安全事故发生水平较高的省份，这表明地方旅游主管部门对旅游安全监管工作的重视程度还存在差异，旅游安全治理体制建设仍具有较大的优化空间。对于旅游发展较为成熟、发生较大规模旅游安全事故的地区，应该强化旅游安全职能机构的建设，加强机构人员和职责的安排。条件成熟的地区可以建立省—市—县多层级的安全监督员、联络员管理制度，以及时了解和掌握旅游安全工作的基本情况，加强安全信息的通报与工作协调，保证信息的及时有效传达，实现旅游安全生产工作的规范化、制度化，建立良好的信息互动体系。

3. 优化多元主体参与的旅游安全治理体制

传统旅游安全治理主要以旅游主管部门等政府行政机构为主导，随着文旅融合的加深，旅游业态的丰富与旅游流的扩大，传统旅游安全治理模式已经难以适应新时代背景下社会公共安全面临的新挑战。因此，推动和建立多元主体共同参与的旅游安全治理格局，是破解新时代背景下旅游安全治理问题的重要手段。旅游主管部门应协调和整合行业组织、文旅企业、旅游保险与救援企业、旅游者、旅游从业人员、公益组织、当地居民等多元社会主体共同参与旅游安全治理，打造“共建共治共享”的治理格局，使更多的社会成员参与到旅游安全治理与决策，建立对应的旅游安全资源配置格局。例如，扶持和鼓励公益救援组织发展壮大，提升公益救援组织的专业力量，能为旅游突发事件后的紧急救援处置提供宝贵的救援资源，提升专业救援的规模和效率。鼓励商业救援组织的发展也有利于提供高品质的商业救援产品，通过与旅游保险的联动，能够最大限度地降低旅游安全损失。

二　旅游安全行政治理的机制优化

旅游主管部门的安全治理职责主要包括旅游安全综合监管、旅游经营者安全监管、旅游安全协同监管、旅游应急管理和旅游安全公共服务等职责任务。围绕这些核心治理任务，旅游主管部门需要建构对应的治理机制，持续优化相关职责的工作方式和行动路径，实现机制体系的改进和升级。

1. 优化旅游安全监管机制

（1）*旅游安全综合监管优化*

旅游安全综合监管机制是根据“谁主管、谁监管”的原则所确立的旅游主管部门的行业安全监管职责，主要包括旅游安全政策、法律规范的制定、修订与实施，旅游安全统计分析，旅游安全事故调查与处理等。其中，跨部门的旅游安全法制协调机制需要持续推动，这是厘清旅游安全监管职责、分担旅游主管部门安全监管压力的基础机制。掌握充分的旅游安全信息，并科学开展旅游安全统计分析，是优化旅游安全治理的信息基础；而推动旅游安全信息报送机制是优化旅游安全治理的重要任务。

（2）旅游经营者安全监管优化

旅游经营者安全监管的具体职责需要区分旅游经营者的属性。其中，旅游主管部门承担旅行社的安全监管责任，负责指导景区建立具备开放的安全条件和加强旅游人流管控，并负责星级饭店和A级景区的标准化审核。在治理实践中，关于旅游主管部门是否承担景区、饭店的安全监管责任一直存有争议，不同地方有不同的做法。因此，旅游经营者安全监管机制优化的方向包括：进一步明确旅游经营者分类监管机制，按照不卸责、不揽责的原则明确旅游主管部门的安全监管责任，同时持续优化旅游主管部门对传统旅行社的安全监管方式，并将在线旅游经营者纳入安全监管范畴。

（3）旅游安全协同监管优化

旅游主管部门需要协同相关部门实施旅游安全综合治理，包括配合有关部门加强旅游客运安全管理，推动协调相关部门加强对自助游、自驾游等新兴业态的安全监管，配合有关部门组织开展景区内游乐园安全隐患排查整治，配合有关部门共同开展安全生产重大宣传活动等。旅游安全协同监管机制的优化方向包括：与相关部门共同建立协同监管机制，以配合、推动、协同等职能身份与景区主管部门和公安、应急、交通等部门共同开展安全治理工作。

2. 优化旅游应急管理机制

（1）建立全过程导向的旅游应急管理机制

旅游行政主管部门和相关部门应推动建立全过程导向的旅游应急管理机制。旅游突发事件的应急管理是旅游主管部门的重要职责。从治理实践来看，旅游应急工作在政府应急体系中的重要性尚未凸显，所获得的应急资源还较为缺乏。因此，旅游主管部门应按照《旅游法》的要求，持续推动政府重视旅游应急工作，将旅游应急工作作为政府应急工作的重要组成部分，并根据旅游突发事件的应急过程和产业要素特点梳理应急需求，明确旅游应急责任归属，推动建立应急分工明确、责任分担有序、应急治理有效的应急管理体制。首先，针对旅游突发事件的应急过程，要面向突发事件的预防和准备、监测及预警、处置与救援、恢复与保障等过程要素加强旅游应急设施与管理机制建设，如应急监测平台、联合应急机制、应急救援力量等的建设，以保障全过程的应急治理效率。其次，要加强旅游要素场所和文化娱乐场所的专项应急治理，厘清不同要素场所的治理重点，形成分类场所的治理重心和治理方案，为全过程旅游应急治理提供基础。

（2）建立源头治理导向的旅游应急管理机制

旅游行政主管部门和相关部门应推动建立预防性旅游应急机制。要预防和减少旅游突发事件，源头治理是重要基础。要转变传统的安全与应急管理观念，由传统的“管事件”理念向“管源头”的风险治理理念转变，把旅游安全和应急工作的着力点放到强化源头防范、系统治理上，从事后查处向强化基础转变，把握旅游突发事件的风险源头，实现旅游安全的精准治理。但目前，地方普遍存在重突发事件事中处置、轻突发事件事前预防的观念，这是旅游突发事件频繁发生的重要原因。因此，有必要建立预防性的旅游应急治理机制，推动应急管理的关口前移，加强旅游突发事件风险的源头治理，强化对风险源的识别和控制，提升旅游应急预防能力。具体包括以下几点。①建立环境风险预防机制。环境风险主要来源于自然环境风险和社会环境风险，旅游地应从环境风险排查、识别、控制等环节建立环境风险控制机制，减轻环境风险给旅游行业带来的危害。②建立人员风险预防机制。对旅游者进行安全引导和安全技能培训；对旅游者身体进行适应性检查，甄别旅游者的体能、体质和安全能力与旅游项目的匹配性；利用手机短信、电子公告牌、宣传栏等手段和途径，向旅游者传递明确的风险警示信息；对旅游从业人员进行安全技能培训，并对其进行资质审查，对员工操作实施不定时检查等措施。③建立设施设备风险预防机制。相关设备责任人应从设备采购、运行、日常保养检查等业务环节建立设备风险防控机制，预防设施设备带来的安全隐患。④建立管理风险预防机制。旅游主管部门应从制度建设、经费安排、人员培训、奖惩管理等方面加强管理风险控制机制。

（3）明确行政区域内的旅游应急治理重点

旅游行政主管部门和相关部门应明确行政区域内的旅游应急治理重点，这是预防和控制旅游突发事件的关键任务。首先，建立旅游安全风险分区管理机制，重点关注旅游突发事件发生数量比较多的地区，明确重点区域的风险体系、成因，针对性地建立防控机制。其次，强化重点风险预控机制，对交通安全风险、涉水安全风险、踩踏挤压风险等频繁发生的风险、影响较为重大的风险建档立案，列入重点检查管控的范畴。再次，强化重点经营者重点管控机制，对于规模较大、产业链较长的旅游经营者、有新兴高风险业态的旅游企业、发生过重大安全事件的旅游企业等，要列入安全风险重点排查和预控范畴，强化日常的安全服务和治理。最后，要建立重点环节常态治理机制，对于应急预案缺失、应急组织不全、应急投入不足、应急机制缺乏的旅游企业，实施约谈、通报、警示等预控机制。排除旅游应急治理重点中的风险因素，有助于降低大部分旅游突发事件的发生概率。

（4）推动旅游经营者层面的应急机制建设

旅游行政主管部门和相关部门应督促旅游经营者建立科学务实的旅游应急机制。旅游经营者是旅游活动最直接的组织者，是旅游安全最基础的保障主体，在旅游经营者层面建立完善的旅游应急组织机构和职能机制，是提升旅游业整体应急能力的基本要求。当前，部分旅游经营者的应急意识较为薄弱、应急能力较为低下。因此，旅游主管部门和相关部门应推动旅游经营者重视安全应急工作，建立旅游经营者层面的安全应急体制、机制、制度和预案体系，尤其要推动旅游经营者重视岗位安全操作责任制的建立，提升应急预案的科学性、针对性，全面提升旅游经营者层面的综合应急能力。

3. 优化旅游安全公共服务机制

公共安全服务的提供是服务型政府转型发展的基本要求，也是旅游主管部门的重要职责。各级人民政府和旅游主管部门应根据旅游业的发展进程，发挥其在公共安全资源配置中的主导性作用，强化旅游安全公共服务职能，为旅游经营者和旅游者提供丰富的公共安全服务，建设人民满意的服务型政府。但是，我国旅游行政机构一直有重监管、轻服务的习惯。对于旅游者而言，安全行为引导、安全信息披露、安全风险预警、安全设施供给等公共服务产品更具价值性。因此，强化旅游安全公共服务机制的建设，丰富旅游安全公共服务产品，应该成为越来越重要的行动方向。国家旅游行政机关和地方旅游行政机关应该根据各自的职能职责，有针对性地提供旅游安全公共服务。

（1）中央层面旅游安全公共服务优化

文化和旅游部是国家旅游主管部门，是中央层级的旅游行政机构，担负着中国旅游安全行政治理的重任，也担负着建构旅游安全公共服务体系的职责。根据当前的需求，国家旅游主管部门应该进一步优化旅游安全风险提示机制、旅游救援机制、旅游保险机制等基础机制。

第一，优化旅游目的地风险提示机制。《旅游法》规定，国家建立目的地风险提示制度，由国务院旅游主管部门会同有关部门制定旅游目的地安全风险提示的级别划分和实施程序。从实践来看，国务院旅游主管部门针对九寨沟地震等国内重大安全风险作出过风险提示，也常态化转发外交部发布的出境旅游风险信息。但是，国家针对常态化国内旅游安全风险的提示机制还不够成熟，也缺乏针对不良旅游企业、不良旅游业务、不良旅游人员的信息披露平台。建议建立旅游安全白名单和黑名单机制，并通过信息披露平台及时披露相关信息，为旅游者和旅游经营者选择合适的产品与合作对象提供帮助。

第二，发展多元化的旅游救援力量。《旅游法》第 12 条对旅游者的应急救援进行了规定，“旅游者在人身、财产安全遇有危险时，有请求救助和保护的权利”。面向游客提供必要的救助是国家旅游安全公共服务的重要内容。目前，我国初步形成了公共救援、商业救援和公益救援相结合的旅游救援体系，但救援力量的规模、水平等还有待提升。其中，公共救援力量难以完全胜任复杂地形下的旅游专业救援，商业性的旅游救援力量还比较薄弱，公益性的旅游救援力量也比较分散。因此，国家旅游主管部门应该优化旅游救援力量的建设机制，推动三类救援力量的均衡发展，这是我国形成有效的旅游救援体系的基础。依托于这一基础，各地政府才能根据需要调用各类救援力量实施旅游救援服务。

第三，优化旅游保险机制。旅游保险是转移旅游安全风险、加大旅游保障力度的重要方式。经过多年努力，国家旅游主管部门推动建立了旅行社责任保险机制，为旅行社团队游客建立了基础性的风险分担机制。《旅游法》第 56 条规定："国家根据旅游活动的风险程度，对旅行社、住宿、旅游交通以及本法第四十七条规定的高风险旅游项目等经营者实施责任保险制度。"此外，旅游行政部门一直鼓励旅行社和游客购买旅游意外险，以增强旅游保险保障力度。但即使如此，旅游者的行程取消、出境旅游者的医疗支出等方面的矛盾依然突出，因此推动旅游者行程取消和终止险、旅游者出境游医疗救助险等险种进入责任险的呼声越来越高。当然，国家旅游主管部门也可鼓励地方旅游部门设立公众责任险，扩展旅游保险的保障范围和加大旅游保险的保障力度。加强旅游保险体系建设是政府履行旅游公共服务职能的重要体现。

（2）*地方层面旅游安全公共服务优化*

当代中国旅游正从"景点旅游"向"全域旅游"转变，游客对旅游地的体验不再限于景点、景区和饭店，更是对综合环境要素的体验。在大众旅游时代的背景下，我国旅游产业表现出旅游人次的快速增加与旅游市场的快速扩容等特点，旅游安全保障的难度进一步加大，这对基层旅游安全公共服务提出了新的要求，推动基层旅游安全公共服务的优化创新是新历史阶段旅游业发展的必然趋势。

第一，创新地方旅游安全公共服务提供的思维方式。在"全域旅游"时代，游客需要全方位和全空间的安全保障。基层旅游安全公共服务的嵌入要从全域发展的视角看待旅游者的多层次安全需求，既要在旅游者可触及的空间场所内尽可能保障其安全，也需要从人身安全、财产安全乃至心理安全等多个层面维护其安全，政府和具有行政职能的国有景区管理委员会要改变只重视景区安全不重视全域空间安全的传统观念。为此，地方政府应当研判旅游者的行为规律，在全域空间设置必要的公共安全设施、标识牌、导引信息，强化公共安全保障能力。

第二，创新地方旅游安全公共服务的供给类型和供给方式。地方旅游部门和相关部门应统筹规划旅游安全公共服务，根据必要性创新服务供给类型和供给方式，尤其要注重在安全信息服务、安全预防控制服务、安全预警服务、安全救援保障服务、安全应急响应服务、安全善后服务等服务链条进行创新优化，要注重整合区域内的各项旅游安全保障资源，构建类型完备、结构系统的基层旅游安全公共服务体系。有些旅游地根据全域旅游和信息化时代的特点大胆创新，不断创新基层旅游安全公共服务的供给方式，设立旅游警察、旅游巡回法庭以及工商旅游分局等，提高“一站式”专业安全服务能力和现场纠纷的处置成效，为游客的生命财产安全保驾护航。此外，越来越多的地方建立“一部手机游××”等信息服务平台，加入旅游安全提示信息，通过云服务提升公共安全服务成效。

第三，创新地方旅游安全公共服务的供给模式。旅游安全公共服务的需求越来越多样化，涉及的供给内容、服务对象、服务方式也越来越复杂，供给内容和供给模式需要与时俱进，仅靠基层政府机构难以完全满足旅游者在旅游安全公共服务上的需求。例如，公共安全救援就难以大规模承担直升机等高昂支出，因此需要通过保险手段、引入多元化的供给主体、采用多样化的供给方式，降低基层旅游行政机构的安全保障压力。又如，浙江省丽水市在推出的“安心游”防控传染病公众责任险，为新冠疫情造成伤害的团队游客和自助型游客提供保险保障。可见，发展公益救援、商业救援可以为旅游安全公共服务提供更多元的供给渠道。地方旅游部门需要持续地创新旅游安全公共服务的供给模式。

4. 创新文旅融合下的旅游安全治理机制

文化是旅游的灵魂，旅游是文化的载体。文旅融合不仅是发展旅游业、促进优秀文化传播的必然选择，也是时代发展的大趋势。文旅融合背景下的旅游安全治理需要根据文旅融合的新特点、新方向、新内涵形成新的安全管理模式，以促进文旅融合的健康发展。文旅融合不当或者不重视文旅融合中的风险因素，可能造成重大安全事故。例如，2022 年 10 月 29 日，大量民众涌入韩国首尔市梨泰院参加万圣节活动，因为人流管控不当造成 159 人死亡的大型踩踏事件。因此，重视文旅融合中的安全风险管理，面向文旅融合创新旅游安全治理机制，是文旅部门亟须解决的重要问题。文旅部门应着重把握文旅融合的过程特点，梳理文旅融合的要素环节和业态特点，厘清其安全治理重点，打造立足于文旅融合过程、要素、业态的安全管理机制。

首先，文旅融合过程是文化资源和旅游功能结合发展的过程，融合前的资源风险、融合中的运营风险、融合后的功能风险等，都是需要融合主体梳理和预防的风险要素。要基于文旅融合的过程特点及其风险要素进行预防机制建构，消除文旅融合的风险隐患。其次，文旅融合涉及文化街区、文博场馆、宗教场所、城市科技馆等各类文化场所，这些场所原本接待本地市民居多，新增游客后，人流压力必然加大，因此需要治理功能转换中的压力和风险因素。此外，夜间旅游、康养旅游、露营、剧本杀等文旅融合的新产品、新业态、新模式不断出现，它们的风险特点也不同于传统的旅游项目，需要针对性地加强风险梳理和安全治理。对此，有必要针对性地建构文旅融合过程风险治理机制、文旅融合要素风险治理机制、文旅融合业态风险治理机制。

三　旅游安全行政治理体制机制优化的路径策略

旅游安全行政治理工作既需要科学的体制、机制，也需要通过多元化的路径和工具来支撑体制机制的优化过程与成效。旅游主管部门不能单纯依靠自身的力量来完成所有的安全治理工作。因此，增加路径方式、优化策略工具、提升治理成效成为体制机制优化的重要导向。

1. 基于任务机制优化旅游安全治理

旅游安全工作的基础和关键在于旅游安全事件发生前的预防准备工作，也就是通过旅游经营者的日常督促指导和旅游者的公共服务来规避安全风险、减少安全事故和事件、降低安全损失。因此，优化日常的旅游安全治理任务和机制，从监管导向走向协调、指导和服务导向，应该成为旅游主管部门的重要路径方向。例如，加强旅游安全与应急体系建设、强化旅游安全风险排查、加强旅游安全宣传教育、推动旅游安全人才培养、加强旅游安全应急演练、储备旅游安全应急资源等，都应该成为旅游安全日常工作的常态任务要素。此外，旅游主管部门还应该进一步发挥保险手段在旅游安全风险管理中的重要作用，并积极推动民间救援力量和商业救援力量的发展，丰富旅游安全治理的利益主体，通过多元主体的共同努力来管控安全风险、降低安全损失。

2. 基于标准引导优化旅游安全治理

重视标准化手段在旅游安全治理中的引导作用。旅游安全标准包括国家标准、行业标准、地方标准、团体标准和企业标准等五个层级。其中，国家旅游局制定和颁布了行业标准《旅行社安全规范》（LB/T 028—2013）等，河北省质量技术监督局制定和颁布了地方标准《旅游景区安全服务通则》（DB13/T 5031—2019），黑龙江省质量技术监督局制定和颁布了地方标准《漂流旅游安全和服务规范》（DB23/T 1868—2017），吉林省质量技术监督局制定和颁布了地方标准《自驾游安全管理规范》（DB22/T 2751—2017），中国旅游饭店协会颁布了团体标准《中国饭店行业突发事件应急规范（试行）》。此外，我国有一定数量的旅游经营者编制了企业层面的岗位安全操作标准。但总体上，我国旅游安全标准的数量不足、层次不全、类型偏少，还不能完全满足我国旅游安全治理工作的需要。因此，加强旅游安全标准体系建设，通过标准化手段来规范旅游经营者的安全生产工作，是节省人力物力、实现治理机制优化、提升治理成效的重要策略手段。

3. 基于人才培养优化旅游安全治理

旅游安全人才是旅游安全体制机制建设的重要基础，但我国旅游安全人才的数量严重不足，具备旅游安全知识和操作技能的旅游人才少之又少。其原因在于我国开设旅游安全课程的院校较少，不利于旅游安全人才队伍的发展壮大。从民航、工矿等行业领域来看，这些相关行业领域都建立起丰富的专家队伍，积累了雄厚的行业安全知识体系，行业领域也大量使用安全科学与技术等专业的人才队伍。相较而言，旅游行业对旅游安全人才的重视程度不足，使用旅游安全人才的观念尚未形成。对此，旅游主管部门应该重视旅游安全人才队伍的培育，重视专家队伍的打造，并逐渐引导旅游经营者储备旅游安全人才队伍，通过旅游安全人才持续改善旅游行业的安全发展态势。

要建立旅游安全人才支撑体系，形成专业化的旅游安全人才队伍，旅游主管部门应推动建立文化旅游安全人才培养制度，督促旅游企业建设旅游安全人才队伍，充分发挥志愿者组织在安全工作中的作用，强化对旅游者的安全引导与公共宣传工作。同时，要加大旅游安全相关岗位资质的审核力度，对特殊岗位和专业应急人员的安全知识、专业技能、从业经历等严格执行资质要求，特种岗位必须持证上岗、定期开展年检，要定期加强人员资质审查和培训复训。此外，要落实旅游安全常态培训制度等，加强旅游管理人员和一线从业人员的安全培训，特别是针对重点风险岗位和重点岗位人员，应建立和健全长效培训机制和考核机制。

4. 基于信息平台优化旅游安全治理

随着5G、人工智能、大数据、云计算等技术的快速发展，社会和产业正逐渐进入数字化时代，旅游数字化发展理念深入人心，地方旅游部门广泛建设起信息化工作平台，以方便旅游统计分析和管理决策，这是优化工作机制的重要基础。但是，旅游安全信息化平台建设普遍没有引起地方旅游部门的重视，统一的旅游信息化平台也较为缺乏旅游安全应急信息的模块，或者具有相关模块但信息收集和支持决策的能力有限，因此阻碍了旅游安全治理信息化、智能化的发展进程。对此，旅游主管部门应该积极推动地方旅游部门重视旅游安全信息化平台建设，要鼓励建设能联通旅游经营者、服务旅游者和旅游政府机构的集成化旅游安全信息平台，实现旅游安全信息态势感知、报送采集、统计分析、智能预测、紧急响应等功能的一体化发展，为智能化、信息化时代的旅游安全治理提供平台基础。

具体而言，旅游主管部门应积极利用数字技术赋能旅游安全治理，加快推动旅游安全治理数字化转型升级，提升旅游安全治理水平和治理能力。特别是面对复杂的舆情治理需求，亟须提升旅游安全治理数字化水平。旅游安全治理数字化转型升级应从数字治理标准体系建设、数字治理平台建设以及数字治理应用与推广等方面着手。一是形成旅游安全数字治理标准体系，相关部门应出台旅游安全治理数字化标准体系建设方案，在术语定义、标准方法、应用范围等方面形成统一的标准和体系。二是建设旅游安全数字治理平台，做好基础数据、风险数据、业态数据、专题数据等基础信息的采集建库，打造具有集数据信息共享、风险隐患排查、动态风险评估、重点风险跟踪、风险隐患警示等于一体的数字治理平台。同时，利用大数据、物联网等技术手段强化对旅游舆情的监测，积极有效地做好旅游舆情引导，发挥数字治理平台的辅助决策作用，确保旅游舆情事件得到妥善解决。三是做好旅游安全数字治理的应用与推广，促进旅游安全治理数字资源的有序开发与利用，推动跨地域、跨部门的按需共享共用，提升旅游安全治理协作能力与效率水平，同时形成旅游安全治理数字服务端，满足旅游者风险信息查询、风险预防准备等服务需求，为旅游者旅游安全保障需求提供实时帮助。

第三节　激励导向的旅游安全行政治理优化

旅游安全治理是一个涉及政府机构、旅游经营者、旅游者、社会团体和社会大众等多元主体的系统工程，是以旅游者安全保障、旅游经营者安全运营、旅游产业安全发展为目标导向的工作体系，由于涉及民众的生命财产保障，因此它具有政治性、经济性和社会性。在具体工作行为上，它需要从业人员、社会大众等人员主体具有相应的安全观念、安全知识和安全技术能力，而激励引导则是达成这一目标的重要手段。

一　宏观愿景激励与旅游安全行政治理优化

我国有全球规模最大的国内旅游市场，2019 年的国内旅游人数已经突破 60 亿。同时，我国 2017 年旅游业直接从业人员已达 2825 万。要让如此规模的旅游者人群和从业人员建立科学的旅游安全素养，需要发挥宏观愿景激励等引导手段的功能作用。

1. 宏观愿景的设立

宏观愿景具体表现为激励和引导未来旅游产业发展及其治理方向的意象描绘，显示了旅游产业的总体发展方向和未来实践指南。其中，旅游安全治理的宏观愿景主要包括国家整体安全发展的战略愿景、国家旅游安全发展的战略愿景和地方旅游产业安全发展的战略愿景等三个层级，它们互为依托、紧密关联、相辅相成，共同构成了促进中国旅游安全行政治理的宏观愿景体系。

具体来看，国家整体层面已经将安全建设工作列入战略工程，提升旅游安全治理水平是旅游产业的战略任务。2014 年 4 月，习近平总书记在中央国家安全委员会第一次全体会议上首次提出了“总体国家安全观”的战略思想，强调要建构包括经济安全、社会安全、生态安全、资源安全和网络安全等在内的国家安全体系。作为一个具有原创性和时代性的新安全理念，“总体国家安全观”以统揽全局的视角在顶层上确立了维护国家安全的整体布局，是旅游安全行政治理在国家整体战略层面的宏观愿景。在国家旅游发展战略层面，国家旅游局在2015年提出了中国旅游“515战略”，重点围绕“文明、有序、安全、便利、富民强国”五大产业愿景目标推进旅游业转型升级和提质增效，致力于将旅游业建设成战略性支柱产业。2021年，国务院印发的《“十四五”旅游业发展规划》中也强调，要统筹发展和安全，在疫情防控常态化条件下促进旅游产业的有序恢复，实现旅游业更高质量、更有效率、更加公平、更加可持续和更为安全的发展。在地方旅游产业发展导向中，各省市基于自身旅游业的发展特征、资源条件和市场环境设立了差异化的愿景目标，以优化旅游安全行政治理体系。例如，海南省指出通过营造安全消费环境、放心消费环境、诚信消费环境和消费服务体系打造国际一流的消费环境，支撑国际旅游消费中心建设的发展目标；贵州省将安全发展理念贯穿于旅游产业发展的全过程，通过旅游安全行政治理体系和突发事件应急机制的建设助力多彩贵州民族特色文化强省和旅游强省等愿景目标的建设。

2. 宏观愿景的传播

宏观愿景的传播涉及政府行政部门、新闻媒体和社会公众三个主体。依据传播路径、传播方式和媒介渠道，旅游安全行政治理宏观愿景的传播主要包括行政系统内部传播、政策宣传与新闻发布、互联网和新媒体赋能传播三种模式。

第一，行政系统内部以科层制为依托的宏观愿景传播。政府和旅游行政系统内部的宏观愿景传播方式主要是依赖于行政部门内部组织结构和管理体制所形成的自上而下、层级递推的传播模式。一般来说，政府工作报告、政策文件、领导人发言、上级部门通知、重要会议文件和政府内网等都是行政系统内部传播、扩散宏观愿景的重要传播模式。依托于行政体制的高效传播模式，能够将国家整体战略层面的宏观愿景直接传达至各层级旅游行政管理部门、将旅游产业发展愿景高效传递至各层级旅游行政人员，在统一思想、政治动员、凝聚共识、形成共同目标和引领发展方向等方面具有关键作用。

第二，基于政策宣传和新闻发布的宏观愿景传播。大众媒体是促进宏观愿景在行政系统内部和外部传播的重要渠道，也是沟通行政部门和社会公众的重要纽带。具体来看，报纸、广播、电视和新闻媒体在宏观愿景传播过程中发挥宣传引导作用，通过对宏观愿景的提出背景、基本内涵、特征功能和战略价值等的详细报道和全面解读，可加深行政人员和社会公众对宏观愿景的参与和把握，为愿景目标的执行和行动奠定基础。此外，新闻发布模式强调了新闻媒体在促进行政部门与公众双向沟通过程中的中间者角色。据此，政府和行政部门所提出的宏观愿景可以准确地被社会公众了解、降低误读曲解并完善愿景内涵，甚至可以通过设置传播议程、运用传播技巧和发言人魅力诉诸理性和感性，获取社会公众的支持和参与。

第三，依托于互联网和新媒体赋能的宏观愿景传播。互联网技术和社交媒体的发展逐渐为社会公众参与传播赋权，并对政府部门现有的政策文件宣传体系和传播范围造成根本性的改变。为此，政府和行政部门开始调试宏观愿景的传播策略，并将新媒体吸纳进原有的传播体系中。在行政体系外部，通过政务微博、政务微信、头条号、门户网站和客户端等新媒体平台来宣传和扩散宏观愿景和战略目标，并与行政体系外部社会公众和新闻媒体实现直接、即时和双向沟通，形成宏观愿景传播的新媒体双向互动模式。对于行政体系内部而言，新媒体平台有助于突破科层制内部传播过程的层级限制，拓展传播和交流的渠道并提高效率，为包含多个层级、多个部门和多个主体的宏观愿景传播创造了条件。

3. 宏观愿景的维持

宏观愿景的维持和贯彻既需要国家顶层设计的支撑，更需要地方行政部门的行动自觉。从顶层设计支撑来看，一方面，需要不断结合旅游安全监管的时代背景、旅游安全事故的发生特征、旅游安全行政治理的资源条件和旅游行政管理部门的安全职责等不断丰富宏观愿景的基本内涵，保持愿景目标的鲜活性。在新冠疫情肆虐的近几年，国家安全形势也发生了深刻复杂的变化，“总体国家安全观”的内涵也在不断丰富和延伸。另一方面，要发挥宏观愿景的统领作用，将中长期的发展愿景分解成多个年度性目标和发展计划，并重点围绕法治规范、规划方案、政策机制等方面优化国家整体的旅游安全行政治理体系。文化和旅游部于 2021 年印发的《“十四五”文化和旅游发展规划》正是对国家整体战略层面宏观愿景的行动计划。

此外，地方旅游主管部门应当自觉响应，服务国家宏观愿景建设。具体来说，地方旅游主管部门需要加强对国家宏观愿景的学习、研究和解读，在观念上和行动上凝聚行政人员的力量，共同参与到整体宏观愿景和详细行动计划的建设当中。同时，地方旅游主管部门在对接和响应国家宏观愿景时，还应当结合地方旅游产业发展背景、旅游行政治理环境和安全治理资源条件，探索出具有地方特色和产业特殊性的治理模式。例如，云南省立足当地旅游市场乱象和供给侧结构矛盾，深入推进了包括整治旅游乱象、智慧旅游和提升品质在内的旅游革命“三部曲”，助力当地旅游产业高质量发展，自觉响应国家战略层面的宏观愿景。

二 职业前景激励与旅游安全行政治理优化

在旅游行政系统中，旅游安全管理岗位被认为是责任重大、工作辛苦但回报较小的工作岗位。近年来，部分从事旅游安全工作岗位的基层公务员因旅游安全监管不力被追究刑事责任，引起旅游安全行政系统的广泛讨论。受复杂因素的影响，我国旅游安全事故的规模较大，这对从事相关岗位的工作人员造成了很大的心理压力。因此，加强对旅游安全行政系统的职业前景激励，有助于激发其积极性和维持旅游安全行政人员队伍的稳定。

1. 职业前景的描述

职业前景取决于个人对行业和工作的感知，它是影响旅游安全行政人员职业承诺的重要因素，能够引导行政人员主动参与到旅游安全行政治理行动中。职业前景取决于旅游安全行政人员对自身未来职业成长、岗位晋升、社会地位提升、自我价值实现等职业属性的评估，而这些也是描述旅游安全行政人员职业前景的重要方面。因此，可以从以下几方面描述其职业前景。

第一，具有稳定的职业成长路径。政府公务员一共有 27 个级别、12 个职务层次，职业发展和成长的路径主要包括晋升制和选拔制。其中，晋升制一般有考试晋升、年资晋升、学历晋升和功绩晋升等路径，具体表现为通过竞争考试、工作年限、学历学位和工作绩效等去设定晋升提拔标准。选拔制将个人工作能力、贡献能力、政治立场和工作年限等作为评估指标，涉及发布公告、笔试、资格复查等系列详细过程。

第二，享有较高的社会地位。政府公务员将“为人民服务”作为宗旨，是服务于产业和公众的社会成员，并可通过国家赋予的权力和职业影响力来促进产业和某些群体的发展，需要行政审批并履行公共职能要求，因此得到社会的认可和欢迎。对于旅游行政人员来说，他们既需要面向旅行社、星级饭店和A级景区等旅游经营者提供安全监管或指导，也需要为广大旅游者提供服务保障，从而推进旅游产业的有序发展。

第三，具有稳定优厚的福利待遇。《公务员法》规定，公务员是指依法履行公职、纳入国家行政编制、由国家财政负担工资福利的工作人员。因此，作为国家公务员，旅游安全行政人员的工资、福利、保险及录用、奖励、培训、辞退等所需经费，均列入财政预算予以保障。

第四，实现个人价值和社会价值。当前，我国不同地区旅游产业的发展存在一些差距，地方旅游安全行政治理中还存在一些问题。为此，旅游行政人员可以通过自己的努力为促进国家和地方旅游产业发展、塑造安全有序的旅游市场环境、优化旅游安全行政治理体系等作出贡献，提升旅游部门的行政效能和治理水平。

2. 职业前景的维持

旅游安全治理工作需要承担较大的工作责任，也具有较强的专业性，需要了解旅游经营者的安全生产细节，也需要熟悉高空、高速、水上、潜水、探险等高风险旅游项目的运作特征，频繁的岗位变动不利于旅游安全治理工作的开展。因此，使旅游安全行政人员维持良好的职业前景预判，以维持旅游安全行政人员队伍的相对稳定，有利于旅游安全行政治理工作的有序开展。

对此，旅游部门应该对旅游安全行政人员形成稳定的职业前景激励，建立稳定有序的选拔和晋升机制，可以通过建立、健全职务与职级并重的“双梯制”晋升路径，多方位拓宽旅游安全行政人员的职业成长渠道，让他们通过职级上的晋升来获取成长和发展。同时，帮助旅游安全行政人员规划职业生涯和职业成长路径，可以引导他们对自身未来职业生涯发展目标的思考和重视，引导他们将个人职业发展和行政组织发展目标相结合，鼓励他们面向短期、中期和长期等不同发展阶段做好职业发展规划和成长目标，熟知达成这些职业发展路径所需要付出的努力，同时通过职业前景的中长期展望坚定他们的职业承诺和职业信念。

此外，要鼓励旅游安全行政人员在专业能力方面不断取得成长，要完善培训和学习管理制度，鼓励旅游安全行政人员自我成长。有必要结合当下旅游产业安全发展形势强化专业培训，以政策为准绳、以时代需求为方向、以行业发展为准则，探索、创新并培育旅游安全行政人员的专业技术能力。同时，要提供足够的资源和条件来支持旅游安全行政人员的学习成长，奖励和表彰不断提高自身专业技术能力的人员，以此营造学习型行政文化氛围，更好地服务群众、服务社会、服务旅游产业的安全发展。

三 现实激励与旅游安全行政治理优化

现实激励是与宏观愿景激励相对而言的激励方式，是旅游行政系统当下提供、近期就能兑现的物质激励和精神激励的统称，这是激发、引导和保持个体工作动力的重要激励方式。行政人员日常工作动力的维持也需要薪酬等现实激励因素的支撑。激励制度的建立和完善既是旅游行政部门加强对行政人员管理的重要内容，也是开展有效的公共管理、凝聚人员力量、发挥部门管理职能的基本手段。行政人员具有各种类别的需求，如薪酬、晋升、自我发展和实现自我价值等，而现实激励机制则肩负着满足行政人员需求的重要任务。通过有效激励制度的设计，能够促使行政人员发挥个人能动性去实现自身价值，自觉提高行政管理能力和行政服务质量，切实承担起政府和行政部门的公共管理职能。当前，旅游安全行政人员队伍中还存在办事效率低、责任心不强、业务素质较弱和服务态度差等现象，造成这些现象的重要原因是缺乏有效的激励制度。要提高旅游安全行政人员的工作积极性，应当建立完善的激励制度，加强对旅游安全行政人员的教育引导和激励推动，提高人员队伍的整体活力。

从政府行政机构工作人员激励机制的整体情况来看，我国在薪酬激励、绩效考核、人员针对性等方面还存在以下可以优化的空间。首先，政府行政人员薪酬激励的地区差异较大。我国政府行政机构工作人员的职务工资和级别工资全国基本一致、执行统一标准，各地区各部门繁多的津贴补助成为行政人员薪酬收入的重要来源，导致各地薪酬水平差距过大、又难以整体调控。尽管公务员工资的正常增长机制已经建立，但薪酬调整很大程度上受到政府财政状况和领导者重视程度的影响，导致行政人员薪酬水平地区差异较大。其次，部分地区绩效考核形式化，考核结果的可比性不强。不同职能部门在职业要求、工作职责、工作范围、自主程度等方面存在较大差异，因此难以制定统一的考核标准。例如，旅游安全行政人员的专业性要求较高、工作难度较大，但在绩效考核中并没有特别的权重因素，使绩效考核结果往往流于形式，容易产生趋中评级，导致平均主义盛行。高奉献的人员在薪酬上并未与其他人有太大区别，严重挫伤了积极工作人员的自主性和能动性。最后，新生代逐渐出现在政府行政系统中，他们对于社会舆论的洞察、社会发展趋向变化和职业发展倾向的变化敏感性更高，工作中也表现出更多明显的个性需求特征，并渴望在基层管理工作中获得成长。对此，政府系统普遍缺乏企业机构的灵活性，不能像企业机构一样灵活地挑战针对新生代人员的激励方式。

因此，消除薪酬水平悬殊的地区差异、建立科学的绩效考核机制、制订弹性可选的激励方案是政府行政机构工作人员激励的优化方向。激励效用的发挥需要有完善严密的综合配套制度予以保障。应当采用多样化的正向奖励手段激发行政人员的工作激情，充分贯彻物质激励和精神激励相结合的原则最大化激励成效。同时，结合负向激励手段警示行政人员，如对旅游安全治理工作进行绩效排序，利用荣辱感激发行政人员的工作积极性。此外，考核晋升制度还应当与教育培训制度相配套。在绩效考核中，针对安全责任较大、工作难度较高的旅游安全行政人员，应该给予适度的权重激励，以引导政府系统重视旅游安全生产工作。

第四节　面向重大危机的旅游安全行政治理优化

旅游业是我国的战略性支柱产业，同时也是五大幸福产业之一，它不仅在国民经济发展中处于重要地位，也是提高人民获得感、幸福感的重要抓手。旅游安全行政治理既需要立足于每个时代的安全形势，又需要坚持以旅游者需求为中心，不断推动旅游安全行政治理能力的革新与发展，以适应旅游安全形势的新变化，保障旅游业的平稳有序运行。

实践表明，当前是一个重大危机事件频发的时期，重大危机会对旅游产业及其发展的基础条件产生结构性影响。党的二十大报告明确提出要“统筹发展和安全”“坚持安全第一、预防为主，建立大安全大应急框架，完善公共安全体系，推动公共安全治理模式向事前预防转型”。可见，面向频发的重大危机事件强化旅游安全行政治理工作，不仅是我国旅游业安全发展的重要基础，也是我国公共安全治理的重要组成部分。总体上，面向重大危机事件优化旅游安全行政治理体系，促进旅游安全治理体系和治理能力的现代化，是中国式旅游现代化的应有之义，是旅游业高质量发展的重要前提。

一 重大危机对旅游安全行政治理的影响

重大危机事件会影响经济发展和社会稳定，并冲击旅游产业和市场平衡，危机期间旅游企业的人员、机制、管理、设备等会作出缩量调整，危机后客流的恢复发展不仅要求产品服务体系的恢复，也要求安全生产体系的健全与恢复。因此，重大危机事件会对旅游安全行政治理造成多阶段和全方位的综合性挑战，厘清这种挑战结构，对我国旅游产业科学应对重大危机事件具有重要的实践价值。

1. 重大危机冲击旅游业发展形势

全球性危机的爆发可能冲击全球旅游发展的整体环境，区域性危机的爆发则会对区域性旅游活动造成负面冲击，并可能蔓延影响其他区域的旅游活动，这会导致旅游经济受损、企业生存面临严重危机、旅游业各领域全面受损。例如，新冠疫情蔓延全球，影响了全球旅游业的发展，旅游活动的流动性在一定程度上助推了病毒传播，给旅游者人身安全和目的地旅游业的安全发展带来影响。如何助力旅游业安全稳定地恢复发展是危机后旅游安全治理面临的首要问题，特别是那些曾经遭遇严重危机影响，处于风险舆论中心的目的地，如何在后危机时代摆脱相关负面印象，实现旅游业恢复发展，是目的地旅游安全治理面临的重要考验。此外，在重大危机爆发期间，目的地的旅游客流一般规模较小，危机结束后目的地能否适应旅游人流剧增，是旅游安全治理需面临的重要挑战。同时，如何在重大危机后增强旅游者的安全感，是旅游安全治理迫切需要解决的问题。

2. 重大危机改变旅游者消费行为

受重大危机事件的影响，旅游者的消费行为与方式可能发生转变，背后潜藏的风险隐患可能给旅游安全治理带来挑战。例如，2020~2022 年，旅游者出行以省内游、短途游、近郊游为主，公共卫生危机助推了旅游者自助和自驾出游的潮流，这一行为习惯有继续强化的趋势，2023 年出游旅客流也呈现了这一特点。由于是自助出行、自己设计线路、自己完成旅游衔接，这一群体需要更多的安全资源来保障其旅游活动，这对旅游地和旅游景区企业等将带来更高的安全要求。在旅游活动形式上，旅游者更加追求个性化、定制化的旅游产品体验，对旅游产品的安全性提出了更高的要求。在目的地的选择上，旅游者更加关注风险程度较低的目的地。在后危机时期，如何有效降低旅游者对目的地的风险感知，提高旅游者的旅游意愿，是目的地旅游主管部门开展安全治理的重要内容。

3. 重大危机影响旅游系统使用负荷

后危机时期的客流恢复将增加旅游设施设备的使用负荷。旅游客流的快速恢复是行业期待的重大利好，但大规模客流的涌入对旅游经营者的设施设备使用负荷将带来巨大挑战，尤其是在宽松客流持续较长周期的背景下。对此，旅游经营者应该系统排查旅游设施设备的风险隐患，尤其要加大力度排查高空、高速、水上、潜水、探险等高风险旅游项目的风险隐患，确保设备负荷与旅游客流保持均衡，设备设施处于正常运行状态。同时，新兴业态需经受规模性客流的检验。重大危机期间，旅游行业为适应危机环境可能产生新的业态形式，拓展旅游发展的空间和时间。面对危机时期的规模性客流，这些旅游新业态和旅游新时空需要强化安全体系建设，提升安全耐受阈值，在人员、设备、管理等各方面要能经受规模性客流的检验，要有接待规模性客流的安全能力。

4. 重大危机加大旅游舆情管控难度

舆情是影响旅游安全事件处置的重要因素。抖音等短视频平台的迅速崛起，为网络舆情的表达提供了更方便的工具平台，其所传播的图片和视频更容易造成视觉冲击力，从而影响旅游安全事件的传播范围和效果。在重大危机中，民众常常积极参与网络舆情的表达。例如，疫情期间的

"钻石公主号邮轮事件"得到了广泛的传播，引起了众多网友的关注和比较，这给邮轮产业带来了致命影响。再如，韩国在疫情解封后发生了梨泰院踩踏事件，事件造成了159人伤亡，该事件以文字、照片和视频等形式在互联网平台进行了快速传播，引起了广大民众的同情之心和追责之态，给韩国官方造成了巨大的压力。可见，后危机时期的旅游主管部门常面对更为复杂的舆情形势，从而给旅游安全治理带来了更大挑战。

二　重大危机背景下旅游安全行政治理优化路径

旅游安全行政治理的目标是推动旅游安全治理体系和治理能力现代化，保障旅游业安全发展与有序运行，促进旅游高质量发展。重大危机发生后，旅游行政机构需要适应新的风险挑战，推动旅游安全行政治理体系转型升级，以有效保障广大旅游者安全，促进旅游业的快速复苏和安全发展。面向重大危机的旅游安全行政治理优化路径如图8-1所示。

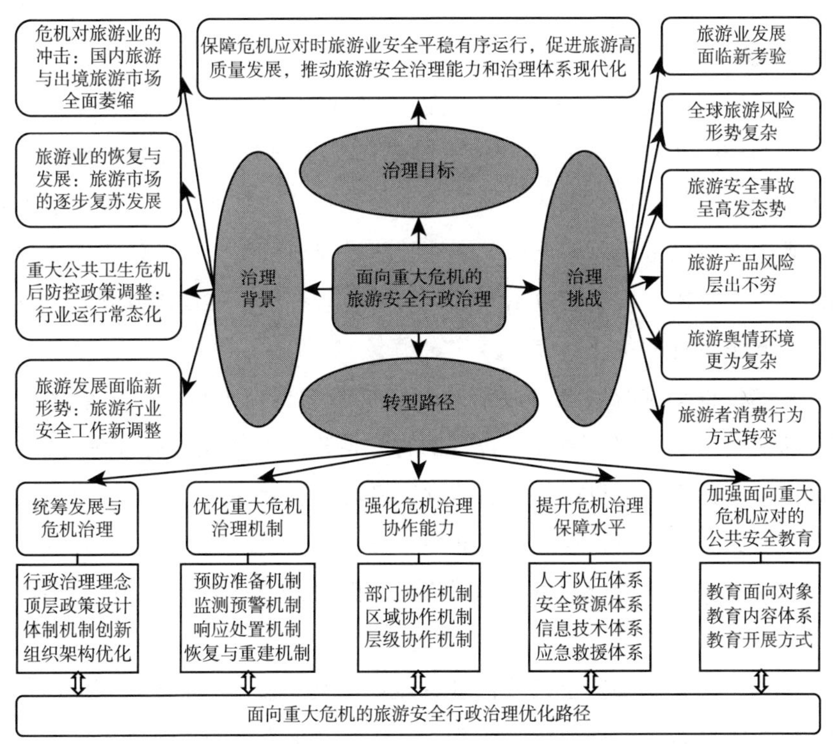

图8-1　面向重大危机的旅游安全行政治理优化路径

1. 提升统筹发展与危机治理的基础能力

安全是发展的前提，发展是安全的保障。重大危机带来外部风险的加速演化，同时也给旅游业的安全发展带来了更多不确定性因素，旅游安全行政治理面临更加复杂的内外部环境。在此背景下，只有统筹好发展与危机治理，将危机治理建设置于旅游危机发生的全过程，才能有效提升旅游安全行政治理能力。提升行动主要包括以下几点。

第一，形成系统全面的旅游安全行政治理理念。从发生频率和波及范围来看，重大危机事件的发生频率越来越高，影响地域范围越来越广，持续时间也越来越长。因此，面向重大危机的旅游安全行政治理应转变既有的单一线性治理思维，将旅游行业的安全风险认知置于全行业风险背景之下，面向重大危机调适旅游安全行政治理方向、谋划旅游安全行政治理内容，找准重大危机治理路径、协同推进重大危机治理策略，提升旅游安全行政系统应对重大危机的系统化思维。

第二，强化旅游安全行政治理的顶层政策设计。旅游安全行政治理的顶层政策设计需要紧跟旅游行业发展需求，系统认知行业内、外部可能出现的新风险与新挑战，面向重大危机治理健全法律法规和政策体系。例如，在2020~2023年，国家和地方政府围绕稳岗就业、税收优惠、租金减免、金融支持、信心释放、项目建设等发布了一系列支持政策，助力旅游企业应对疫情危机。将旅游安全法治建设与旅游安全行政治理能力提升相结合，总结旅游安全行政治理成果与经验，有利于推动旅游安全行政治理顶层政策设计的优化与完善。

第三，推动旅游安全行政治理体制机制的创新。重大危机事件发生后，旅游行政主管部门需要对自身的行政治理体制机制进行系统化审视，结合已发生的重大危机事件，从体制、机制、法制和预案等各层面对治理工作进行评估和分析，通过修正问题、弥补疏漏、改良要素、提升效率等方式来优化旅游安全行政治理体制机制，推动旅游安全行政治理体制机制的创新和迭代升级。

第四，优化旅游安全行政治理的组织架构。在重大危机发生前、中、后，旅游安全行政治理的职责任务、风险监测预警机制、重大危机事件应对机制、跨区域协作机制等方面会出现结构调整，治理工作的优先级别与权责体系呈现阶段性变化。因此，相关部门需要根据重大危机的发展阶段调整工作职责、任务及其优先级，有时需要建立专门的组织机构处置重大危机，加强治理统筹与协调，持续推动旅游安全行政治理体系和能力现代化。

2. 优化旅游重大危机事件的治理机制

重大危机事件对旅游行政主管部门的处置管理水平提出了更高的要求。面对频发的各类旅游危机事件，有必要进一步完善旅游危机管理体系，提升旅游主管部门和旅游经营者的危机管理水平。根据旅游危机的发生阶段，旅游危机管理机制可以分为事前预防准备机制、事发监测预警机制、事中响应处置机制以及事后恢复与重建机制等重要构成部分。优化行动包括以下几点。

第一，优化旅游重大危机事件的事前预防准备机制。旅游危机事件安全处置的关键在于预防，应做好旅游危机事件风险源的排查、识别、评估与建档，明确重大风险来源，细化重大风险类型，根据不同的风险特点制定针对性的危机预防管理措施，不断推动危机管理关口前移，尽最大可能将危机事件管控于摇篮当中。当然，为了有效应对难以避免的重大危机事件，需要据此建立危机应对体制、机制、法制和预案，打有准备的危机管理之战。

第二，优化旅游重大危机事件的事发监测预警机制。完善重大危机风险的监测预警体系，做好重大危机爆发前风险信息的收集、整理、识别，对潜在的危机风险进行跟踪监测，对已经形成的危机风险进行评价与分级，并预测危机风险的发展趋势，能快速形成旅游危机事件的风险分析报告、管控建议及应对方案。

第三，优化旅游重大危机事件的事中响应处置机制。重大危机事件的应对处置是危机管理的关键环节，是决定损失大小和危机持续时间的重要阶段。旅游行政部门既需要建立常态化的危机处置预案，也需要根据危机的发生情形开展灵活的响应处置，能快速调整政策与策略，从而达到快速消除危机、降低危机损失的目标。

第四，优化旅游重大危机事件的事后恢复与重建机制。互联网时代危机风险信息的传播速度日益快速化、传播渠道日益多元化，重大旅游危机事件的善后处理机制应更加关注目的地的危机风险信息传播、网络舆情走势以及旅游者心理恢复建设，并能根据危机损失的大小快速制订恢复重建方案，实现高效率的危机恢复与重建。

3. 强化旅游重大危机治理的协作能力

全球化时代，旅游危机事件涉及地域更广、发生频率更高、影响程度更深，旅游危机事件越来越呈现集群化、扩大化的发展趋势。在此背景下，旅游危机处置需要多主体共同协作才能有效完成，重大旅游危机事件更需要多主体、多区域的协作配合。因此，面向重大旅游危机的处理和应对，旅游行政部门需要提高旅游安全行政治理的协作能力。强化行动主要包括以下几点。

第一，强化跨部门旅游安全协作治理机制。复杂的旅游危机事件处理中往往需要多个行政主体间的共同协作，需要旅游行政部门与相关部门建立跨部门间的协作治理机制，例如，强化与应急、气象、消防、公安、卫生等部门的沟通协作，建立重大危机事件信息共享机制，明确责任分工，提高协作水平。此外，还应强化旅游行政部门的上下级协作治理能力，推动层级协作机制建设，完善上下级之间的沟通机制、反馈机制、协商机制，从组织层面提升重大危机事件治理的协作能力。

第二，强化区域性旅游安全协作治理机制。旅游活动具有跨区域的流动性，其影响范围常跨越事件发生的地理区域，因此，重大危机事件的处置需要跨区域政府机构之间的协作配合，形成跨区域的旅游安全合作机制，建立跨区域的旅游安全保障体系。对于出入境旅游而言，国家之间的旅游安全治理协作也显得越来越重要。例如，2017 年巴厘岛火山喷发后中国政府组织游客撤离行动，既凸显了中国政府对中国公民的安全承诺，也凸显了国际安全治理协作的重要性。

第三，优化跨区域旅游安全协作治理平台。应以区域一体化战略为依托，积极打造区域性乃至全国性的旅游安全行政治理协作平台，如依托长三角、京津冀、粤港澳大湾区等区域，打造区域性旅游安全行政治理协作示范平台，形成跨区域旅游安全救援力量的调度机制，提高旅游安全救援水平和效率，形成信息共享、资源共用、优势互补、区域联动的良好治理格局，从而提升旅游重大危机治理的协作能力。

4. 提升旅游重大危机治理的保障水平

旅游重大危机治理的保障体系建设是重大危机发生后旅游安全行政治理能力提升的重要环节，同时其建设过程也是一个系统性工程，需要人才队伍、安全资源、信息技术、应急救援等多方面要素的系统支撑。提升行动主要包括以下几点。

第一，加强旅游安全人才保障体系建设。重大危机的治理往往离不开数量充足、素质优良的人才队伍，应积极打造综合能力和专业能力相结合的旅游安全行政治理人才队伍体系，既要提升旅游行政部门人员的安全行政能力，也要夯实旅游企业的安全人才体系，形成类型丰富、结构齐全、素质全面的旅游安全人才队伍结构，以有效强化面向重大危机的旅游安全人才队伍保障体系。

第二，加强旅游安全资源保障体系建设。强大的资源保障是重大危机治理工作开展的基础。面对重大危机处置，旅游产业系统需要足够的旅游安全经费、先进的旅游安全技术、有效的旅游安全设备、可靠的旅游安全机制等，这是完成危机响应处置的资源基础。对此，旅游行政部门应该强化危机处置资源建设行动，重视安全与危机管理领域的经费投入，重视薄弱环节的资源投放，建立协调有效的安全保障资源供给调度机制，为旅游危机处置行动提供资源基础。

第三，加快旅游安全信息技术保障体系建设。5G、大数据、人工智能、云计算等现代技术在危机治理中的作用逐渐凸显。为此，旅游行政主管部门应加快建立旅游安全行政治理的数字化工作体系，做好基础数据收集与整合，建设旅游重大危机治理数字化平台以及大数据监测预警系统，推动重大危机事件的事前预防、事中干预以及事后评估的科学化和智慧化，发挥信息技术在风险识别、风险研判、治理决策等方面的应用，提升旅游安全行政治理的智慧化水平。

第四，完善旅游安全应急救援保障体系建设。旅游安全救援保障体系是开展旅游安全救援、降低旅游安全损失、完成旅游危机处置的重要手段。立足于当前的形势，我国应优化提升旅游公共救援力量，夯实旅游公共救援的保障基础。要大力发展商业救援力量，推动商业救援的市场化发展，为购买商业救援服务的游客提供高品质的商业救援服务。要积极发展公益救援力量，扩大公益救援机构的覆盖面，通过公益救援机构的专业化发展补充救援力量的不足。

5. 加强面向重大危机应对的公共安全教育

第一，旅游者、旅游从业人员等是引致旅游安全事故、诱发危机事件的重要因素。旅游者安全意识薄弱、追求刺激性体验、采取危险的旅游行为、缺乏足够的体能等情形容易诱发旅游者安全事故。旅游从业人员安全意识淡薄、缺乏安全技能、违规操作、攻击游客等情形也可能导致旅游安全事故的发生。要预防重大安全事故，防止安全事故向危机事件转化，应该从源头引导和管理好利益相关者。面向旅游者、旅游从业人员、社区居民等做好公共安全教育工作是政府部门、旅游企业的重要职责。

第二，面向重大危机的公共旅游安全教育应注重内容的针对性，应根据不同群体、不同旅游活动内容，梳理筛选教育培训内容，提升公共安全教育的有效性。面向旅游者可开展安全意识、风险识别、应急避险、紧急逃生、紧急求助、危机舆情判别等观念与技能的教育培训。面向旅游从业人员，可分类开展安全理念教育、安全知识教育、安全技能教育、岗位实操训练等培训，引导从业人员从“要我安全”向“我要安全”的方向转变。

第三，在公共旅游安全教育的渠道选择上，要结合报纸、电视、广播等传统媒体和抖音、微信、小红书等新型社交媒体的传播特点，依托多元化传播渠道开展公众安全教育，覆盖多元化的旅游者和旅游从业人员群体。在教育开展方式上，可通过知识传播、案例分享、知识竞赛、现场训练等多元方式开展公众安全教育，也可依托红十字会、医院等相关机构开展急救技能培训。要根据旅游者、从业人员、社区居民等不同人群的行为习惯，持续扩大公共旅游安全教育的渠道类型和依托机构，提升旅游安全公共教育的针对性和有效性。

总体来说，旅游行业的重大危机事件频发，面向重大危机优化旅游安全行政治理体系，是旅游行政部门的重要治理任务。在重大危机背景下，旅游行政部门既需要应对危机带来的存量风险，也需要应对环境体系中可能出现的增量风险，需要应对全球传统与非传统安全威胁、频发的旅游危机事件、旅游消费行为方式转变背后的潜藏风险等结构性挑战。为有效应对重大危机带来的挑战，旅游行政部门应该提升统筹发展与危机应对的能力，形成系统全面的治理理念，强化顶层政策设计，推动旅游安全行政治理体制机制创新。同时也要加快提升旅游危机管理水平，强化旅游安全行政治理的协作能力，大力开展面向旅游利益相关者的公共旅游安全教育，提升广大旅游者、旅游地居民及旅游经营者的安全意识。要从根本上提升我国旅游安全行政治理体系的危机应对能力，推动我国旅游安全治理体系和治理能力现代化，保障我国旅游业平稳有序运行，促进旅游业高质量发展，提升广大人民的幸福感、获得感和安全感。

第九章
研究结论与展望

本研究旨在系统地揭示中国旅游安全行政治理的实践体系及理论机制，以推动中国旅游安全行政治理的理论发展和实践进步。在结构上，本研究按照现状梳理、实证探索、策略建构和理论总结等四个阶段的总体逻辑进行系统探索，既深入分析了中国旅游安全行政治理的背景挑战、理论基础和发展结构，也全面考察和实证揭示了中国旅游安全行政治理的行动逻辑和成效机制、旅游安全顶层法制的治理作用及成效机制、旅游安全行政人员的动力结构及成效机制，并具体分析了旅游安全行政治理的基层样本及其经验体系。另外，本研究还系统阐述了旅游安全行政治理的优化路径和策略体系。以此为基础，本章将对研究中的理论发现和实践启示进行总结和提炼，以形成具有中国特色的旅游安全治理理论和实践体系。

第一节　研究结论与发现

一　研究结论

旅游安全行政治理是国家提供旅游公共安全服务职能、履行旅游公共安全治理职责的重要组成部分，是在突出旅游业自身特点和产业特殊性的前提下政府行业安全管理意识和治理模式的具体体现。旅游安全行政治理的背景挑战、发展结构、行动逻辑、法制作用、动力结构、优化路径等，是旅游安全行政治理理论和实践所关注的核心问题。为此，本研究综合采用了文献分析法、案例分析法、问卷调查法、结构方程模型、多元回归等方法，对中国旅游安全行政治理的理论体系和成效机制进行了较为系统的考察，主要研究结论有以下几点。

1. 中国旅游安全行政治理的实践背景和理论基础

中国旅游业经历了40多年的迅速发展和转型迭代，对旅游安全治理工作形成了深刻影响和多方面挑战。其中，我国旅游产业的市场规模、产业要素、产品体系、企业形态和旅游观念等发生了巨大的变化，旅游产业也由此面临着日益复杂化、多样化的安全风险体系，旅游安全主导风险呈现向社会性风险迁移的趋势，且影响范围在逐渐扩大。不仅如此，我国旅游保险出险事故规模庞大、类型庞杂、成因复杂，我国旅游安全事件则呈现重大旅游安全事件规模递增、业内外安全事件交错发展、旅游安全事件管控难度增大、旅游安全舆情影响复杂等特点。显然，这些都会对我国现有的旅游安全行政治理体系造成冲击，并需要有效的旅游安全制度、丰富的旅游安全人才、可靠的旅游安全技术、科学的旅游安全观念和完善的旅游安全资源等予以应对和支撑。

随着我国旅游产业的飞速发展，以总结我国旅游行政治理经验、解决旅游行政治理问题为导向的旅游行政治理研究逐渐受到关注。其中，以预防和解决旅游安全事故、强化旅游安全保障为导向的旅游安全行政治理研究也逐渐受到重视。在事件驱动和政策法规的引导下，国内的旅游安全行政治理研究形成了包括治理主体、治理对象、治理机制以及治理策略在内的较为完善的研究体系与研究框架。在英文文献中，旅游风险治理、旅游灾难治理以及旅游危机治理均需要政府的大力参与，相关研究成果也较为丰富，为旅游安全行政治理的具体实践提供了重要的参考与指导。研究表明，我国正由政府单一主体实施管理的“旅游管理”时代过渡到多主体共同努力的“旅游治理”时代，《旅游法》的出台及其所带来的重大调整则使我国旅游安全行政治理步入全新的轨道。研究还表明，旅游安全行政治理研究面临着全新的时代背景和理论议题，旅游安全行政治理的行动逻辑、法制成效、动力机制等需要系统揭示，这是推动旅游安全行政治理理论发展和实践进步的重要基础。

2. 中国旅游安全行政治理的发展结构

中国旅游安全行政治理的发展结构体现在目标框架、基础要素、模式特征、监管边界和职能任务等主要方面。从目标框架来看，在基础层面，旅游主管部门应致力于保障旅游者和旅游从业人员的综合安全，为旅游企业的安全运营创造条件。在过程层面，旅游主管部门应该致力于营造安全健康的旅游环境、降低旅游活动的安全风险、打造旅游地的安全形象、减少旅游发展的安全成本。在战略层面，旅游主管部门应该致力于实现旅游地的安全发展，并以此为基础提升旅游地的综合竞争力。旅游安全行政治理的基础体系包括旅游安全行政治理体制、机制、法制、预案等基础要素，“一案三制”是开展旅游安全行政治理工作的基础。

从治理模式来看，《旅游法》出台后形成了政府统一负责、旅游主管部门和其他相关部门依法监管、旅游经营者承担安全生产主体责任、旅游者自我保护和积极配合相结合的旅游安全行政治理模式，它突出了各级人民政府在旅游安全行政治理中的牵头作用，强调了其对所有为旅游者提供服务的旅游经营者实施安全治理。从监管边界来看，《行政许可法》和《安全生产法》确立了“谁审批、谁监管，谁主管、谁监管”的监管依据，《旅游法》明确了由县级以上人民政府统一负责旅游安全工作，我国还建立了“管行业必须管安全，管业务必须管安全，管生产经营必须管安全”的治理导向，并据此形成了“纵向到底、横向到边、政府有为”的治理边界。从职能任务来看，各级人民政府、旅游主管部门、安全生产监督管理部门、负有安全生产监督管理职责的有关部门、党委和政府其他有关部门等组织机构应该在法定职责内开展旅游安全治理工作。

3. 中国旅游安全行政治理的行动实践和成效机制

从行动框架来看，中国旅游安全行政治理的行动逻辑既有宏观愿景和法规努力等中央治理行动，也有工作激励和平台建设等地方治理行动。研究发现，基于旅游行政人员个体感知的视角，宏观愿景与计划行为理论中的态度要素具有性质上的一致性，顶层法律制度与主观规范要素具有性质上的一致性，对行政人员实施的工作激励、建设的工作平台与感知行为控制要素具有性质上的一致性，它们是旅游安全行政治理中面向行政人员个体的主要驱动因素。基于对中国 31 个省份（港、澳、台除外）旅游行政人员的问卷调查发现，中央治理行动对个体工作投入和组织绩效具有显著的促进作用，但对地区旅游安全事故的减缓作用存在治理漏洞。地方治理行动对组织绩效具有促进作用、对地区旅游安全事故水平具有减缓作用。宏观愿景导向下的综合治理有助于直接降低旅游安全事故的发生概率，工作激励、平台建设等地方治理行动则通过个体工作投入和组织绩效的中介效应来影响旅游安全事故的发生水平。由此可见，旅游行政人员的工作投入、组织绩效和地区旅游安全事故发生水平受到中央治理行动和地方治理行动的共同影响，且二者具有差异化的成效结果和成效机制。

从顶层法制建设来看，《旅游法》和《旅游安全管理办法》构成了中国旅游安全行政治理的顶层法律制度，它们为建设旅游安全治理平台和遏制旅游安全事故提供了制度基础。基于制度理论的观点，《旅游法》和《旅游安全管理办法》所形成的规制压力对于旅游行政机构设置、旅游安全治理任务等具有强制性影响作用，有助于旅游安全治理成效的实现。实证分析结果显示，《旅游法》和《旅游安全管理办法》等旅游安全顶层法律制度对地方旅游安全治理平台建设绩效、机构任务绩效等具有正向影响，《旅游安全管理办法》通过二者的完全中介作用对地方旅游安全事故的发生概率产生规制作用。同时，旅游安全顶层法律制度的响应程度存在地区差异，这表现在顶层法律制度对地方旅游安全治理成效呈现由东向西逐渐递减的特征。由此可见，旅游安全顶层法律制度对于地方旅游安全治理具有规制作用，且顶层法制成效在不同空间地域下存在明显的差异性。

从动力结构来看，现实激励、职业前景激励和宏观愿景是对旅游行政人员在短期、中期和长期等不同时期的激励因素。具体来说，现实激励反映了旅游行政人员具有薪酬提升、利益追求、职位晋升和精神表彰等短期期望满足，职业前景激励体现了旅游行政人员具有职业发展、社会地位提升和个人能力成长等中期期望满足，而宏观愿景则反映了激励行政人员具有追求社会价值、产业愿景和社会理想等长期期望满足。据此，基于波特—劳勒综合激励模型和实证检验结果发现，现实激励对工作投入和工作满意度有直接影响作用，对旅游行政人员工作绩效的影响作用最强烈。职业前景激励对工作投入和工作满意度具有直接促进作用，但其对工作满意度的影响更为强烈，且职业前景激励和现实激励均通过工作投入的完全中介作用影响工作绩效。宏观愿景有助于直接提升旅游行政人员的工作投入和工作绩效，对于工作绩效具有较强的影响作用，并通过两者的完全中介作用影响其工作满意度。由此可见，现实激励、职业前景激励和宏观愿景是行政人员在短期期望满足、中长期期望满足和长期期望满足三个方面的动力需求，它们在对个体工作投入、工作绩效和工作满意度的影响关系中具有路径差异和类型差异。

从基层案例实践来看，武夷山风景名胜区是兼具行政机构身份和企业经营职责的复合型基层治理机构，它既要履行旅游安全行政治理职责，也要积极响应上级旅游行政管理部门的旅游安全行政治理要求。在系统的文本分析和案例分析的基础上，武夷山风景名胜区的安全治理行动策略和经验体系主要体现在旅游安全治理体系、旅游安全治理方针、旅游安全治理投入和旅游安全治理格局四个治理维度。其中，在治理体系上，武夷山风景名胜区建立了旅游安全工作的“一案三制”体系，并建立了包括日常旅游安全治理体系、节假日旅游安全治理体系、应急治理体系和安全保障治理体系等在内的旅游安全管理架构和工作体系。在治理方针上，武夷山风景名胜区积极强化各层级人员的安全风险意识，并强化了旅游安全工作的发展导向和专业化。在治理投入上，武夷山风景名胜区重视旅游安全的资金投入、设施投入、培训投入、保险投入和宣传投入，树立了科学的旅游安全投入观念。在治理格局上，武夷山风景名胜区重视与所在地区旅游部门、所在社区和利益相关者、公司内部机构等各主体间的安全协调，建立了全面的内外协调治理机制，逐步形成了上位响应、共建共治共享和上下协同的旅游安全治理格局。

4. 中国旅游安全行政治理的体系优化和路径策略

中国旅游安全行政治理体系可从法制优化，体制机制优化和激励优化等三个层面实施优化工作，并应针对新时期的治理挑战优化旅游安全行政治理的转型路径。其中，法制建设和优化是旅游主管部门安全治理的战略保障，并主要涉及中央层面和地方省（市）层面旅游安全法制的建设和优化。从中央法制层面来看，旅游安全行政治理体系需要不断完善现有的旅游安全顶层法律制度，加快相关法律文件的配套、设计和更新，并推动旅游主管部门和相关职能部门的法制协调，以形成分工有序、齐抓共管的安全治理格局。从地方省（市）法制层面来看，旅游安全行政治理亟须优化地方旅游部门的旅游安全法制建设，推动旅游企业安全管理制度和应急预案的建设，并加强旅游经营者导向的安全普法宣传和各层级旅游主管部门的普法执法工作。在治理行动的优化上，旅游安全治理体制和治理机制在治理行动中具有关键作用，但也是具有优化空间、需要持续提升的行动任务。旅游主管部门应该重视专门的旅游安全管理机构的建设，重视旅游安全监管机制、旅游应急管理、旅游公共服务等核心任务机制的优化，并面向文旅融合建构针对性的安全治理机制。为支撑旅游安全治理体制机制的优化，应注重日常任务机制、标准引导、人才培养、信息平台等路径工具的使用和优化。面对重大危机带来的综合挑战，旅游行政部门应该提升统筹发展与危机治理的基础能力、优化旅游重大危机事件的治理机制、强化旅游重大危机治理的协作能力、提升旅游重大危机治理的保障水平、加强面向重大危机应对的公共安全教育。

二 研究的创新贡献

1. 探明了旅游安全行政治理中中央与地方的互动逻辑及其成效机制

第一，本研究拓展了计划行为理论的应用范畴，为分析旅游安全行政治理行动的互动逻辑和驱动机制提供了理论基础。本研究基于旅游安全行政人员个体视角，从态度、主观规范、感知行为控制等行为影响变量入手，识别了旅游安全行政治理中的个体驱动力量，为分析和检验中国旅游安全行政治理行动逻辑的成效结果和机制提供了理论基础。研究表明，提升旅游行政人员的个体动能，能够有效促进旅游安全治理行动成效转化，提升旅游安全行政机构的组织绩效，并实现旅游安全事故发生概率的降低，且影响过程受到中央治理行动与地方治理行动的共同驱动。本研究深化了对经典计划行为理论的应用和认识，揭示了中央治理行动和地方治理行动的协同逻辑。

第二，本研究根植于中国独特的政治结构和治理安排，揭示了旅游安全行政治理中中央治理行动与地方治理行动的协同治理成效，为理解旅游安全治理的绩效传导路径提供了理论依据。在中央治理行动中，宏观愿景对地方旅游安全事故具有直接的减缓作用，而顶层法律制度在整体模型中对旅游安全事故的直接效应和中介效应均不存在，这表明顶层法律制度在旅游安全治理中存在“成效漏损”现象。在地方治理行动中，工作激励和平台建设均需要通过工作投入和组织绩效的完全中介作用来降低旅游安全事故的发生概率。可见，中央治理行动与地方治理行动在旅游安全行政治理中具有差异化的成效结果和成效影响路径，两者分别通过直接效应和间接效应来达到治理目标，这是对中国旅游安全行政治理现状及其协同机制的理论呈现和实证探索，更是突破现有认识的重要理论发现。

2. 揭示了旅游安全顶层法制建设的安全治理成效及其区域差异

第一，基于制度理论，本研究揭示了旅游安全顶层法制建设的安全治理成效，并识别了旅游安全平台建设绩效和旅游行政机构安全绩效是旅游安全顶层法律制度产生规制作用的重要平台基础和组织基础。目前，尽管旅游安全顶层法制建设在遏制旅游安全事故、提高旅游安全行政治理效率时发挥了关键作用，但尚未有研究对其成效结构和成效传导机制展开实证检验。结合制度理论的观点，旅游安全顶层法律制度规制了旅游安全治理的平台建设和旅游行政机构的治理行动，并通过二者的支撑作用遏制地区旅游安全事故的发生。据此，本研究实证揭示了旅游安全顶层法律制度在平台建设和机构建设中的绩效结果，建构了“旅游安全治理平台建设绩效—旅游行政机构安全绩效—旅游安全事故水平”的成效传导机制。本研究的贡献在于推动了制度理论在旅游安全治理中的运用，丰富了旅游安全顶层法制的成效作用机制，为分析旅游安全顶层法制的治理成效提供了理论依据。

第二，根植于中国独特的旅游安全行政治理实践，本研究揭示了旅游安全顶层法制建设成效的地区差异，验证了其安全治理成效呈现由东向西逐级递减的演进关系。鉴于旅游产业发展环境、旅游安全事故特征、旅游安全治理行动和旅游安全政策在不同地区间存在差异，这也会使旅游安全顶层法制建设成效表现出明显的地区差异。研究结果显示，旅游安全顶层法制成效在经济较发达的东部地区和中部地区高于欠发达的西部地区。原因在于，东部地区和中部地区所具有的良好旅游市场环境、旅游社会环境和旅游制度环境为地区旅游安全治理行动提供了资源支持和环境保障、能够增强旅游顶层法制的规制压力，而西部旅游经济欠发达地区的旅游安全治理活动可能受到以旅游经济发展为主导任务的各种强制性因素和非强制性因素的约束。这一差异将促使旅游安全顶层法制建设在地区间呈现显著的成效差异。因此，本研究识别了顶层旅游安全行政治理行动对于制度压力的地区响应差异，这是对制度理论的应用和拓展。

3. 识别了旅游安全行政人员的动力结构及其作用机制

第一，基于期望理论，本研究首次区分了短期期望满足、中期期望满足与长期期望满足等三个期望时间尺度，并据此从现实激励、职业前景激励和宏观愿景激励等三个层次建构旅游行政人员的动力结构。目前，政府部门和旅游行政人员在旅游目的地发展的重要作用已经得到广泛关注，且政府部门员工所具有的层次性、复杂性动力结构和需求特征也频繁得到探讨。然而，旅游目的地行政人员的激励需求和动机结构仍未得到学界的关注。基于此，本研究认为旅游行政人员既存在追求利益回报、绩效奖金、娱乐休闲等短期期望满足，也存在追求职业发展、职业成长等中期期望满足，还存在追求社会发展、产业愿景和价值实现等长期期望满足。因此，本研究的贡献在于从期望理论出发构建了旅游行政人员的激励分析框架，这是一个包含短期期望满足（现实激励）、中期期望满足（职业前景激励）和长期期望满足（宏观愿景）等三个时间尺度的工作动力结构。本研究为旅游目的地行政人员激励研究提供了新的理论视角，也对期望理论作出了应用和拓展。

第二，基于波特—劳勒综合激励模型，本研究验证了旅游行政人员的激励成效，揭示了激励要素感知影响旅游行政人员工作满意度的多重中介机制，为旅游行政人员的激励管理提供了理论依据和实证案例。目前，由于研究的可进入性、数据获取难度等原因，旅游行政人员激励管理的实证研究较为有限。同时，波特—劳勒综合激励模型尚未在旅游领域经过实证检验，在旅游研究中也尚未有成熟的理论模型能够很好地揭示组织人力资源激励管理的成效和影响机制。因此，本研究基于波特—劳勒综合模型，率先检验了工作投入和工作绩效在旅游行政人员激励感知结构与工作满意度之间具有多重中介作用。本研究为分析旅游行政人员的激励效应提供了理论依据和实证支持，在旅游和行政管理领域验证并拓展了波特—劳勒综合激励模型。此外，了解中国旅游行政人员激励结构和效应对于中国目的地政府部门激励管理具有重要的促进作用，对于世界其他国家政府的旅游行政人员管理和目的地旅游发展等具有重要的借鉴意义。

4. 建构了旅游安全行政治理成效机制的理论分析框架

本研究对全国各省份旅游安全行政系统进行了广泛的问卷调查，并以此为基础，通过实证研究分别揭示了旅游安全行政治理的行动逻辑与成效机制、旅游安全顶层法制的治理作用及成效机制和旅游安全行政人员的动力结构及成效机制，研究还通过案例实证揭示了基层旅游安全行政治理的经验结构，这对于全面理解我国旅游安全行政治理体系及其成效机制提供了可靠的实证依据，也为旅游安全行政治理理论的建构提供了难得的案例样本。据此，研究建构了如图 9-1 所示的旅游安全行政治理成效机制的理论分析框架。中央行政机构和地方行政机构具有不同的治理行动和策略工具，但都具有凝聚、激励、规范、引导、调控、支撑、约束等安全治理功能，两者具有不同的作用路径，但都指向了旅游安全治理体系的完善和旅游安全治理成效的提升，都有助于旅游安全事故频率降低和旅游安全损失减少等目标的达成。

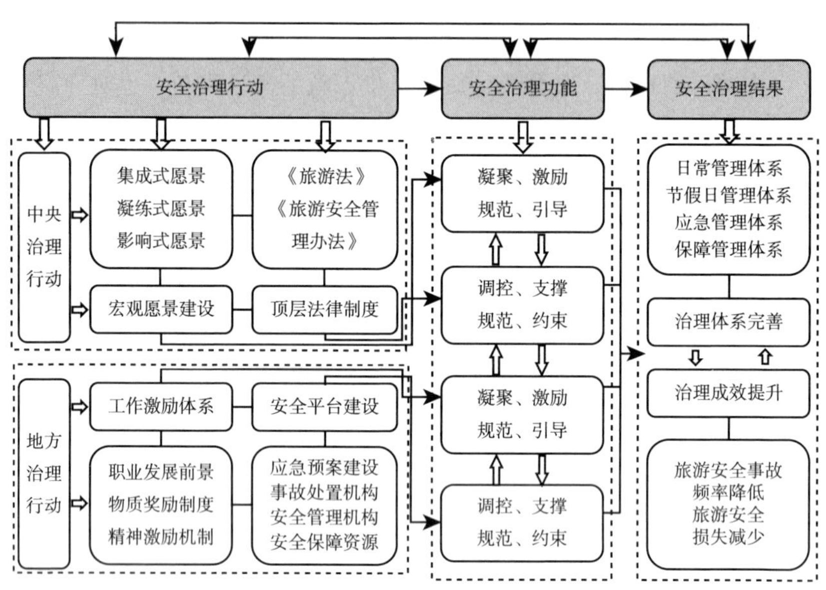

图 9-1 旅游安全行政治理成效机制的理论分析框架

三 管理启示

1. 建立开放和可持续发展导向的旅游安全治理体系

在旅游业转型发展过程中，旅游安全行政治理面临着来自制度、人才、技术、观念和资源等层面的挑战，亟须从传统相对孤立式和封闭式的治理体系向开放式和可持续发展导向的治理体系转型。其中，针对制度挑战，旅游安全行政治理工作既需要《突发事件应对法》《安全生产法》《旅游法》等法律文件的支撑，也需要《旅游安全管理办法》等部门规章的优化，要通过持续的旅游安全法制建设实现对新兴市场要素的安全治理，要强化旅游安全责任制度、优化旅游安全合作制度、完善旅游安全法律法规配套制度，为跨部门、跨地区和跨项目的旅游安全行政治理提供制度基础。针对人才挑战，旅游安全行政治理应当面向预防准备、监测预警、处置救援、善后恢复等全过程应急管理环节培养旅游安全服务人才、管理人才和技术人才，并针对高风险旅游项目管理、旅游安全救援、旅游风险提示等具体任务培育具有较高专业安全素质的旅游从业人员。同时，要积极开展面向公众的旅游安全教育，提升全民的旅游安全素质，为旅游安全发展提供个体素养条件。针对技术挑战，旅游产业应该加强高新科学技术的使用，积极引入旅游安全科技装备，强化人工智能技术的应用，提升旅游企业安全生产的智能化水平。政府要积极推动个体旅游者安全装备水平的提升，面向自助旅游者开发安全行为分析、活动轨迹分析、安全风险监测和安全信息预警等类别的技术产品和软件服务。针对观念挑战，旅游行政部门需要通过安全和风险教育提升旅游者的安全认知，帮助其建立科学的旅游安全观念，避免把“冒险”视为“探险”的行为观。同时，要引导旅游企业建立科学的安全投入观，引导其形成全方位旅游安全资源建设观，帮助其形成与当前社会环境、产业发展和公众旅游方式相称的安全观念。针对资源挑战，旅游行政部门应当建立和储备数量丰富、类型多元、质量可靠的旅游安全资源，建立与旅游产业需求相适应的旅游安全资源要素，并发挥政府、企业、社区和其他利益相关者的力量形成与时俱进、机制健全的旅游安全资源供给体系。

2. 建立多部门协同的旅游安全行政监管模式

旅游安全行政监管模式的建构需要坚实的法律基础。旅游安全顶层法律制度为旅游行政机构开展市场监管、公共服务、应急处置、风险提示等提供了规范性的制度文化，它对于旅游安全行政治理成效具有基础性的影响作用。在实践中，旅游安全行政监管包括法制建设、许可审批、风险排查、监测评估、专项治理、宣贯执法和应急管理等相关治理活动，它涉及文化和旅游部门、应急管理部门、安全生产监督管理部门、其他行业领域主管部门、党委和政府其他有关部门等多元化的治理主体，需要建立起以部门治理协作为基础、“纵向到底、横向到边”的安全监管模式。整体上，旅游主管部门与其他部门的安全监管职责与边界在法理上是清晰的，需要以具体法律法规为基础原则和导向，形成一个多部门联合、多业态联动、多主体互通的共建共治的监管体系。其中，旅游主管部门对自身实施许可的旅行社和导游应承担“谁许可、谁监管”的监督管理职责，旅游主管部门应全面监督旅行社企业加强安全生产管理，并会同工商部门、价格部门、市场部门、商务部门和外汇部门等对旅行社经营行为负有监管职责的部门按照各自的职责进行监督和管理。饭店、景区、游乐园和高风险旅游项目等相关旅游经营者，由其许可管理部门履行安全监管职责。旅游主管部门在职责范围内承担安全指导等相关职责，配合、支持并协调拥有许可权的主管部门开展监督管理工作。同时，旅游主管部门需要根据评定标准化的要求，对A级景区和星级饭店是否取得相应的安全资质进行审核，并可联合行业主管部门对相关经营行为开展安全检查和专项整治行动。此外，各地旅游主管部门也应当根据地方旅游安全形势、地方性法规要求和其他主管部门的需求，在职责范围内指导并督促旅游经营者的安全管理工作。

3. 建立涵盖中央治理行动和地方治理行动的协同治理框架

旅游安全行政治理是一个系统工程，需要基于中央治理和地方治理的互动逻辑和协同成效进行旅游安全行政治理体系建设。换言之，旅游安全行政治理工作需要中央政府和地方政府的协同努力，需要宏观愿景、顶层法律制度、治理平台建设和个体工作激励等多元化治理行动的协同驱动，应当致力于建立起一个涵盖中央治理行动和地方治理行动协同发展的完整治理框架。针对中央治理行动，应当以促进旅游产业安全健康发展作为战略目标，持续优化旅游安全行政治理的“一案三制”体系，通过理顺中央与地方的治理关系、治理秩序和协作机制，形成自上而下、体系完善的旅游安全行政治理格局。具体包括强化顶层法律法规建设、优化旅游安全法制环境，并从审批、监督、协调和服务等具体职能出发优化旅游安全行政治理的顶层架构和治理体系。针对地方治理行动，各地应该基于法律法规的要求、结合地区旅游安全形势，有针对性地开展“一案三制”的建设，并重点在旅游安全机构、旅游安全资源体系、旅游安全人员队伍、旅游安全工作机制、旅游安全操作制度和旅游应急预案等方面进行协同配套建设和智慧化转型，应致力于塑造健全的旅游安全治理平台，并形成体系化的旅游安全行政治理能力。此外，应当推动旅游企业安全生产主体责任制的落实，具体表现为督促旅游企业建立安全生产管理机构、健全安全生产管理制度、加强安全生产资源投入、开展安全生产教育培训、落实安全生产岗位职责，并通过建立科学准确的旅游企业安全检查机制和评价标准来治理和保障旅游企业的安全生产。

4. 重视旅游安全法制建设的顶层法律规范的支撑作用

旅游安全顶层法制建设具有复杂的成效结果和成效传导机制。总体上，我国的顶层旅游安全法律规范起到了积极的治理作用，对于减少旅游安全事件、降低旅游安全损失发挥了积极作用。但是，旅游安全法律规范在我国各地的实施成效具有显著的差异性，地方的旅游经济发展水平、旅游市场环境和旅游安全治理条件等对旅游安全法制的实施成效具有协同影响作用，在旅游各方面建设欠发达的西部地区，旅游顶层法制建设成效呈现削弱状态。因此，重视协同环境的优化是发挥顶层法律规范作用的重要基础。此外，大部分地方又根据顶层法律规范进行地方立法建设，有些地方性法规强化了中央法律规范的立法精神，有些地方性法规所确立的旅游安全监管边界与中央法律规范具有差异性，这使部分旅游安全行政人员对监管职责边界的认知存在差异性，而认知冲突导致的玩忽职守案例不断增多，这凸显了旅游安全法制的治理漏洞和实效。因此，地方的旅游安全法制建设既要考虑地方的实际需求，也要避免差异化导致的认知冲突和治理实效。对于地方而言，要立足于顶层法律规范去实现降低旅游安全事故发生概率的科学转化，需要建立科学合理的配套制度和运行机制，要为旅游安全法制的科学实施提供良好的环境条件。

5. 促进基层治理机构提高旅游安全行政治理能力

市、县等基层旅游行政机构是旅游安全行政治理的主要执行机构，需要从应急响应能力、综合协调能力、资源保障能力等方面全方位提高基层治理机构的旅游安全行政治理能力。针对应急响应能力，基层旅游行政治理机构应当形成以突发事件应急指挥部为核心的应急响应系统，同时下设以预防准备、监测预警、处置救援、善后恢复等为导向的任务响应中心及其专项领导和应对小组，从而针对行政区域内出现的自然灾害、环境污染、疫情传播、人流超载和犯罪暴力等各类突发事件展开快速预警和综合响应。针对综合协调能力，基层旅游行政治理机构需要形成有效对接和响应上级政府部门的安全监管要求、积极协同各级旅游主管部门和旅游相关部门的机制体系与制度方案，从而形成齐抓共管的旅游安全行政治理格局。同时，基层治理机构需要积极与旅游企业、社区、行业协会、旅游组织等机构外部利益相关者建立合作联系，通过创新协作模式、优化合作路径和营造良好氛围打造与外部利益群体协调共建的治理格局。针对资源保障能力，基层旅游行政治理机构既可从确立安全管理队伍、建立应急救援队伍、设置安全生产岗位、加强安全队伍协作联动等方式提供人力资源保障，也可以通过配备应急物资、维护更新安全服务设施、引入专业救援设备和建设安全防护设施等提供物资资源保障，还可以通过制定旅游安全管理规章、设立安全生产制度、签署安全目标管理责任书、设立安全生产委员会的方式提供管理资源保障。

6. 建立旅游安全行政人员的多层级激励体系

旅游主管部门应该高度重视旅游安全行政人员在旅游安全治理中发挥的关键作用。旅游安全行政人员是旅游安全治理的能动主体，其行政能力、行政动力和行政努力是影响旅游安全行政治理成效的重要因素。在实践中，旅游安全行政人员普遍面临工作压力大、工作责任大、扩展性业务过多、激励不足等工作困境。为全方位提升旅游安全行政人员的能力、动力和努力，旅游主管部门应该从短期激励、中期激励和长期激励等三个层次设立激励资源，并针对性地设计和提供激励方案，既重视绩效薪酬、工作条件等短期激励，也重视产业发展的中期激励，同时重视宏观愿景的引导激励。在具体工作中，旅游主管部门可从活力、奉献和专注等三个方面提升安全行政人员的工作投入，例如，加强人员技能培训和心理沟通，采用工作任务个性化、工作时间弹性化、工作流程简约化等措施，对实施有益于社会发展、无私奉献的旅游安全行政人员给予奖励和表彰，赋予旅游安全行政人员适当的工作自主性，减少对旅游安全行政人员过多地干涉和监管等。除了建立科学的激励资源体系，旅游安全行政部门应当在激励的各个环节加强细节管理，注重对激励效果的沟通、协调和反馈，营造良好的组织激励氛围。同时，旅游安全行政部门也应当持续关注旅游安全行政人员的工作需求和心理状态，识别能够长期激励旅游安全行政人员工作行为的激励因素，不断优化旅游安全行政人员的激励机制和模式。

7. 建立面向时代需求导向的旅游安全行政治理体系优化路径

旅游安全行政治理是社会治理体系的重要组成部分，也是国家治理体系和治理能力现代化的重要体现。从实践来看，旅游安全行政治理体系是一个随着社会环境变迁、旅游产业转型和旅游安全形势变化而不断升级优化的体系，应当结合时代需求积极探索现代化的旅游安全行政治理体系，使其既能满足国家治理的现实需求，又能切实保障人民群众的基本权益、满足人民群众对于美好生活的持续追求。其中，旅游安全行政治理体系的优化需要遵循旅游业发展的基本规律、认识旅游安全风险的历史性变迁并识别旅游安全治理的阶段性重点任务，在旅游产业高质量发展的战略背景下建构旅游安全行政治理体系，推进治理体系、治理框架、治理能力和治理格局的创新和优化。此外，现代化旅游安全行政治理体系的优化更需要信息技术的赋能和提质。具体而言，可利用物联网、移动通信、大数据、云计算等技术打造智慧行政治理系统，通过采集、甄别、分析、处理、评估和反馈各类旅游安全治理信息，实现监管在线、预警在线、响应在线和服务在线，提升旅游安全行政治理的智慧化和现代化水平。从当前的旅游安全治理重点来看，公共卫生危机加速了旅游安全行政管理体系的转型，建立与后期危机时代旅游产业安全发展形势相称的行政治理体系是其优化的重要方向。面对重大危机频繁的时代背景，旅游行政治理部门应该积极提升统筹发展与危机治理的基础能力，进一步优化旅游重大危机事件的治理机制，大力强化旅游重大危机的治理的协作能力，有效提升旅游重大危机治理的保障水平，全面加强面向重大危机应对的公共安全教育，要通过多元化的整体改革来促进新时期旅游安全治理体系的优化。

第二节 研究局限与展望

一 研究局限

第一，研究设计上的局限性。在实证研究的变量测量当中，本研究采用了不同学科和领域的量表并集成利用，这可能会造成一定的效度威胁。同时，工作激励、工作投入、组织绩效等变量的测量量表均是在西方情境下开发出来的，用来研究中国旅游安全行政治理成效可能会出现“水土不服”，从而对研究结论造成威胁。在问卷收集中，研究样本覆盖全国31个省份（不包括港、澳、台），包含省级、市级、县级等不同级别的旅游部门，具有较好的代表性。但是，中国具有复杂的国情，地区经济发展水平和行政管理体制也不尽相同，因此基于特定地区的具体分析可能得出具有差异性的研究结论。数据收集均采用便利抽样的方式，且来自静态的时间点、同一受访者的自我报告，这可能会造成数据的同源误差、降低研究结论的有效性。此外，本研究仅从旅游行政人员个体感知的视角对中国旅游安全行政治理体系展开理论探索和实证检验，这可能难以充分揭示其中的行动逻辑和成效机制。

第二，研究内容上的局限性。在行动逻辑识别中，本研究基于计划行为理论从行政人员个体视角识别了中国旅游安全行政治理的行动框架。然而，态度、主观规范和感知行为控制三个要素不能完全涵盖中国旅游安全行政治理的行动要素，且部分旅游安全行政治理行动也难以从行政人员个体视角进行感知和评价。同时，不同行动逻辑之间可能还存在相互影响关系，如宏观愿景和顶层法律制度等中央治理行动的建设能够影响和促进平台建设和工作激励等地方治理行动的开展。这表明中央治理行动与地方治理行动间的协同效应和互动逻辑还有待于进一步分析和检验。在顶层法制治理作用分析中，本研究基于制度理论将顶层法律制度作为推动旅游主管部门安全治理的规制压力，并据此检验了其治理作用。然而，除了规制压力外，制度所塑造的压力环境还包括规范压力和文化—认知压力，旅游安全法制还包括部门规章、规范性文件、推荐性标准等。因此，旅游安全法律制度的治理成效还有待于更多实证检验。

第三，研究发现上的局限性。在实证假设的不显著影响路径中，宏观愿景和顶层法律制度对旅游安全事故的中介效应不显著，即中央治理行动在地区旅游安全事故减缓中存在漏洞。从影响路径差异来看，旅游安全中央治理行动和地方治理行动对旅游安全事故的影响机制存在差异。同时，《旅游法》和《旅游安全管理办法》所产生的规制作用也存在差异，旅游安全顶层法制建设成效也呈现由东向西递减的地区差异。从激励因素来看，现实激励、职业前景激励和宏观愿景激励对旅游行政人员工作投入、工作绩效和工作满意度的影响作用也存在类型差异和路径差异。尽管本研究已经对这些不显著路径和差异化影响效应展开分析和讨论，但大多是基于个人的理论推测和理论分析，缺乏实证检验和数据支持，因此也是本研究的局限性。

二 研究展望

第一，基于多元研究设计来拓展和验证本研究的实证结论。从数据收集来看，未来研究可展开纵向研究设计、通过收集不同时间点的旅游安全行政治理数据来验证其成效机制。同时，未来研究也可面向不同行政管理层级展开跨层研究设计以验证本研究结论。从数据类别来看，未来研究可将问卷调查数据和旅游安全事故数量、绩效评估等其他数据相结合来实证检验旅游安全行政治理成效。从案例地选择来看，不同地区的旅游行政管理体制、旅游产业环境和旅游产业成熟度均存在差异，旅游安全行政治理模式、行动策略和治理成效也必然存在差异。因此，未来研究可面向更丰富的典型案例地对本研究实证结论进行验证和拓展。

第二，旅游安全行政治理体系的理论结构和成效机制有待于深入探索。旅游安全行政治理的实证研究还未得到足够的重视和分析，未来研究有待于结合我国旅游安全行政治理工作和治理经验，面向多个理论视角和行政层级识别旅游安全行政治理的行动逻辑和理论结构，并立足于中国旅游产业快速发展和旅游安全治理形势日益严峻的时代背景进行拓展和丰富，这是建构适应时代发展的旅游安全行政治理理论的重要前提。从成效机制来看，除了工作投入、工作绩效和旅游安全事故水平外，旅游安全行政治理成效还涉及旅游市场秩序、紧急救援效率、旅游者幸福感等多个层面，行政人员个体因素、组织因素、环境因素和任务因素等在促进旅游安全行政治理成效过程中的边界条件和调节作用也有待于进一步识别，以此丰富对旅游安全行政治理成效机制的认识。

第三，旅游安全行政治理的分析样本有待更丰富的拓展。中国旅游产业正面对复杂的安全发展形势，国际局势、区域环境、组织内部等众多因素都会影响旅游安全治理实践及其成效。旅游产业转型中的新业态、新产品、新群体、新场所、新时空和旅游发展中的环境、资源、技术和人员等基础要素，也会对旅游安全发展带来持续的挑战，对旅游安全行政治理产生综合性影响，并不断重新定义旅游安全行政治理的需求与方向。由此，无论是法制建设、体制建设、机制建设还是激励体系建设，都具有广泛的实践创新需求，也因此具有丰富的理论探索空间，需要旅游安全领域的学者持续的投入和探索。因此，旅游安全行政治理领域需要政策建构、案例总结、实证检验等形式丰富、科学严谨的理论探索，这是持续建构符合中国旅游产业安全发展需要的行政治理理论的重要基础。以此为基础，建立体系完备、系统健全、行动有效的旅游安全行政治理体系，是中国旅游业可持续发展的重要前提和基础。

参考文献

中文文献

[1] [美] W. 理查德·斯科特:《制度与组织——思想观念和物质利益》(第3版),姚伟、王黎芳译,中国人民大学出版社,2010。

[2] [美] 诺曼·R. 奥古斯丁等:《危机管理》,中国人民大学出版社,2001。

[3] 白如山、王晓文:《跨界区域品牌共享型旅游地冲突及其治理机制研究——以福建土楼为例》,《亚热带资源与环境学报》2012年第4期。

[4] 蔡礼彬、朱晓彤:《基于SCCT理论的网络舆情危机后旅游地形象修复策略研究——以"丽江打人毁容"事件为例》,《旅游导刊》2019年第1期。

[5] 蔡宁、沈奇泰松、潘松挺:《外部压力对企业社会绩效影响的机理与实证研究:新制度主义的视角》,《经济社会体制比较》2009年第4期。

[6] 查建平:《中国低碳旅游发展效率、减排潜力及减排路径》,《旅游学刊》2016年第9期。

[7] 昌晶亮、余洪:《旅游法对游客不文明行为全方位制约探讨》,《求索》2013年第12期。

[8] 陈芳:《旅游景区治理模式的选择——多中心治理视角的分析》,厦门大学硕士学位论文,2006。

［9］陈琦：《邮轮旅游经营者法律定位分歧的破解——以〈旅游法〉〈海商法〉的制度冲突为视角》，《法学》2020年第6期。
［10］陈涛、郭倓：《政府部门知识共享行为的实证研究》，《中国行政管理》2012年第5期。
［11］陈向红：《汶川地震重灾区旅游环境保护与旅游经济协调发展》，《国土与自然资源研究》2010年第2期。
［12］陈小平、肖鸣政：《公务员情绪智力与工作绩效关系及开发实证研究》，《中国行政管理》2011年第11期。
［13］陈晓芳、薛兵旺：《文旅融合背景下旅游市场协同治理研究》，《学习与实践》2022年第9期。
［14］陈岩英、谢朝武、张凌云、黄倩：《旅游危机中线上媒体声量信号对潜在旅游者安全沟通行为的影响机制》，《南开管理评论》2020年第1期。
［15］陈岩英、谢朝武：《常态化疫情防控下的旅游发展：转型机遇与战略优化》，《旅游学刊》2021年第2期。
［16］陈岩英、谢朝武：《全域旅游发展的安全保障：制度困境与机制创新》，《旅游学刊》2020年第2期。
［17］成汝霞、黄安民：《夜间旅游游客安全感的影响因素及生成路径研究》，《福建农林大学学报》（哲学社会科学版）2021年第5期。
［18］程励、赵晨月：《新冠肺炎疫情背景下游客户外景区心理承载力影响研究——基于可视化行为实验的实证》，《旅游学刊》2021年第8期。
［19］程民选、白晔：《旅游消费者产权遭受侵害的根源及其治理》，《河北经贸大学学报》2017年第6期。
［20］程云、殷杰：《中国旅游安全事件分布与引致因素》，《经济地理》2020年第11期。
［21］戴斌：《高质量发展是旅游业振兴的主基调》，《人民论坛》2020年第22期。
［22］戴斌：《论北京旅游产业安全与成长要素》，旅游教育出版社，2006。
［23］戴斌：《新冠肺炎疫情对旅游业的影响与应对方略》，《人民论坛·

学术前沿》2020 年第 6 期。
[24] 戴林琳:《出境旅游中危机事件的影响分析及其应对策略》,《旅游学刊》2011 年第 9 期。
[25] 戴学锋、杨明月:《全域旅游引领县域治理的实践探索——以江苏省溧阳市为例》,《云南民族大学学报》(哲学社会科学版)2021 年第 6 期。
[26] 戴学锋:《〈旅游法〉实施促进旅游团费理性回归问题的思考》,《价格理论与实践》2013 年第 9 期。
[27] 董斌彬、郑向敏、殷杰:《旅游警务服务管理模式的探索性构建——基于福建崇武的经验》,《旅游学刊》2018 年第 4 期。
[28] 董亚琦、李伟、郭铜樑等:《大数据助推体育旅游发展价值及路径研究》,《体育文化导刊》2020 年第 5 期。
[29] 窦梓雯:《关于制定旅游景区突发泥石流灾害应急对策的初步探讨》,《灾害学》2020 年第 1 期。
[30] 段文婷、江光荣:《计划行为理论述评》,《心理科学进展》2008 年第 2 期。
[31] 方旭红、戚丹丹:《大陆游客在台旅游安全问题引发因素研究》,《华侨大学学报》(哲学社会科学版)2011 年第 3 期。
[32] 方雪、谢朝武、黄锐:《扎根理论下国内漂流旅游安全事故成因机制》,《中国安全科学学报》2022 年第 4 期。
[33] 方叶林、黄震方、李东和:《中国省域旅游业发展效率测度及其时空演化》,《经济地理》2015 年第 8 期。
[34] 冯冬冬、陆昌勤、萧爱铃:《工作不安全感与幸福感、绩效的关系:自我效能感的作用》,《心理学报》2008 年第 4 期。
[35] 傅林放、阙杭平:《论包价旅游合同相关问题》,《旅游学刊》2015 年第 9 期。
[36] 傅林放:《论购物佣金的法律治理》,《旅游学刊》2012 年第 4 期。
[37] 傅蕴英、宋沁蓓、康继军:《自然灾害型重大危机事件对区域旅游业冲击的效果评估:基于合成控制法的量化研究》,《旅游学刊》2019 年第 6 期。

[38] 高小平、刘一弘：《应急管理部成立：背景、特点与导向》，《行政法学研究》2018年第5期。

[39] 郭昌滨：《基于旅游者权益保护视角的〈旅游法〉实施效果调查研究》，广西师范大学硕士学位论文，2021。

[40] 郭冬梅：《行政人格特质与激励机制研究》，《华东经济管理》2008年第12期。

[41] 韩学伟：《基于旅游云的景区户外安全救援体系的构建》，《安全与环境工程》2015年第6期。

[42] 韩月：《教育专项治理的行政化弊端及其应对——基于学校安全治理的分析》，《教育发展研究》2016年第22期。

[43] 何彪、张文、朱连心等：《旅游行业治理能力评价指标体系构建》，《海南大学学报》（人文社会科学版）2021年第5期。

[44] 何建民：《世界各国疫情防控主要模式及文化和旅游恢复发展路径》，《旅游学刊》2021年第2期。

[45] 何月美、邹永广、莫耀柒：《中国游客赴马来西亚的安全感知研究——基于网络文本分析》，《世界地理研究》2019年第6期。

[46] 何月美、邹永广：《旅游突发事件公共治理网络结构特征研究》，《旅游学刊》2019年第4期。

[47] 何战、张磊：《中越两国边境旅游开发合作研究》，《东南亚南亚研究》2016年第1期。

[48] 侯志强、殷杰：《中泰旅游市场合作：态势演变与发展反思》，《华侨大学学报》（哲学社会科学版）2019年第1期。

[49] 胡成：《旅游景区新冠肺炎传播风险点与管控对策》，《技术与创新管理》2020年第3期。

[50] 胡善风、王金莲、周晨峰、张俊香：《黄山风景区崩塌灾害危险性评估及防治对策》，《地理研究》2013年第10期。

[51] 胡少楠、王詠：《工作投入的概念、测量、前因与后效》，《心理科学进展》2014年第12期。

[52] 胡向东：《关于实行国家机关“谁执法谁普法”责任制的实践与思考》，《中国司法》2015年第11期。

[53] 黄健雄：《我们需要什么样的旅游法》，《旅游学刊》2011 年第 1 期。

[54] 黄倩、谢朝武、黄锐：《我国省域旅游地脆弱性对旅游突发事件严重性的门槛效应》，《经济管理》2020 年第 7 期。

[55] 黄锐、谢朝武、方雪：《中国冰雪旅游安全事故结构特征及引致因素》，《华侨大学学报》（哲学社会科学版）2021 年第 6 期。

[56] 黄锐、谢朝武、赖菲菲：《中国游客赴东盟地区旅游安全风险：特征、成因及治理路径》，《广西社会科学》2022 年第 5 期。

[57] 黄锐、谢朝武：《压力、状态与响应——疫情危机下酒店员工职业前景认知的组态影响研究》，《旅游学刊》2021 年第 9 期。

[58] 黄锐、谢朝武：《中国出境旅游安全事故时空分布格局及形成机制》，《人文地理》2019 年第 6 期。

[59] 黄锐、谢朝武：《中国赴东盟地区旅游安全事故风险因子的组态影响探测——基于 HEVP 框架的模糊集定性比较分析》，《经济地理》2021 年第 7 期。

[60] 黄伟林、何金桃、张源涛等：《中国县域旅游典范：阳朔现象》，漓江出版社，2007。

[61] 黄炜、孟霏、徐月明：《游客环境态度对其环境行为影响的实证研究——以世界自然遗产地张家界武陵源风景区为例》，《吉首大学学报》（社会科学版）2016 年第 5 期。

[62] 黄燕玲：《关于旅游安全救援服务系统建设的思考》，《旅游学刊》2012 年第 1 期。

[63] 贾斌韬：《“5·12”灾后重建中的羌寨奇葩——解读四川省茂县之“坪头模式”》，《中国民族》2010 年第 12 期。

[64] 贾海薇、周志忍：《地方政府治理变革的困境与行政体制创新的路径——基于广东省的分析》，《广东社会科学》2016 年第 2 期。

[65] 贾建中、邓武功、陈战是、高甲荣、赵廷宁：《汶川地震灾区风景名胜区灾后恢复重建研究（二）——恢复重建技术导则》，《中国园林》2008 年第 9 期。

[66] 姜科、程励、李仕明、杨再惠：《非常规突发事件对旅游城市的文

化影响及其重建》,《管理世界》2009 年第 12 期。

[67] 姜长云、姜惠宸:《新冠肺炎疫情防控对国家应急管理体系和能力的检视》,《管理世界》2020 年第 8 期。

[68] 蒋贵川:《旅游公路交通安全设施设计方法研究》,《公路》2008 年第 4 期。

[69] 蒋海萍、王燕华、李经龙:《基于社区参与的古村落型遗产地旅游开发模式研究——以皖南古村落西递、宏村为例》,《华东经济管理》2009 年第 8 期。

[70] 蒋硕亮:《国家公务员激励机制研究》,《中国行政管理》2003 年第 6 期。

[71] 焦玲玲、章锦河:《我国露营旅游发展与安全问题分析》,《经济问题探索》2009 年第 4 期。

[72] 赖思政等:《中国省际旅游安全合作网络结构特征研究——基于旅游政务官网的旅游安全合作信息》,《旅游学刊》2021 年第 12 期。

[73] 兰晓原:《海岛旅游公共服务体系:供给重点与模式创新》,《发展研究》2018 年第 2 期。

[74] 李柏槐:《论旅游统筹全域景区的建设和发展——以汶川县地震灾后重建发展文化旅游为例》,《中华文化论坛》2011 年第 4 期。

[75] 李东和、孟影、李经龙:《旅游目的地救援系统构建的初步研究——以黄山市为例》,《旅游学刊》2011 年第 9 期。

[76] 李锋、孙根年:《基于旅游本底线法(TBLM)的旅游危机事件研究——以 2003 年“SARS”事件为例》,《人文地理》2006 年第 4 期。

[77] 李建伟、王伟进:《理解社会治理现代化:内涵、目标与路径》,《南京大学学报》(哲学·人文科学·社会科学)2021 年第 5 期。

[78] 李建伟、王伟进:《社会治理的演变规律与我国社会治理现代化》,《管理世界》2022 年第 9 期。

[79] 李锦宏、曾雪、曹庆瑶、姬杨:《喀斯特山地旅游生态系统安全评价及趋势预测——以贵州国际山地旅游目的地为考察样本》,《生态经济》2022 年第 9 期。

[80] 李娟、赵峥：《中国绿色发展中的环境治理：成效评价与趋势展望》，《环境科学与管理》2011 年第 12 期。

[81] 李军鹏：《加快完善旅游公共服务体系》，《旅游学刊》2012 年第 1 期。

[82] 李敏、张捷、罗浩等：《基于旅游动机的旅游业灾后恢复重建研究——以“5·12”汶川地震后的九寨沟为例》，《旅游学刊》2012 年第 1 期。

[83] 李默涵、陈钢华：《与新冠肺炎疫情相关的旅游研究进展及学术贡献——基于 10 本英文期刊载文的分析》，《旅游学刊》2022 年。

[84] 李树民、温秀：《论我国旅游业突发性危机预警机制建构》，《西北大学学报》（哲学社会科学版）2004 年第 5 期。

[85] 李涛、林汉东：《中国-东盟旅游业的合作与发展——以公共卫生应急管理常态化为视角》，《社会科学家》2022 年第 4 期。

[86] 李蔚、杨洋：《自然灾害与旅游目的地恢复营销》，《旅游学刊》2022 年第 7 期。

[87] 李文中：《发展旅游保险是我国保险业务的新增长点》，《保险研究》2003 年第 4 期。

[88] 李细归、吴清、周勇：《中国省域旅游生态安全时空格局与空间效应》，《经济地理》2017 年第 3 期。

[89] 李向农、延军平：《汶川地震对区域旅游业的影响研究》，《资源科学》2014 年第 8 期。

[90] 李小宁：《组织激励》，北京大学出版社，2005。

[91] 李秀娜：《关于旅游服务和旅游经营者外延的法律探讨》，《旅游学刊》2011 年第 2 期。

[92] 李燕萍、孙红、张银：《高管报酬激励、战略并购重组与公司绩效——来自中国 A 股上市公司的实证》，《管理世界》2008 年第 12 期。

[93] 李怡娜、叶飞：《制度压力、绿色环保创新实践与企业绩效关系——基于新制度主义理论和生态现代化理论视角》，《科学学研究》2011 年第 12 期。

[94] 李宜聪、张捷、刘泽华等：《自然灾害型危机事件后国内旅游客源市场恢复研究——以九寨沟景区为例》，《旅游学刊》2016年第6期。
[95] 李映洲、房亮：《自助旅游安全问题探讨》，《社会科学家》2008年第7期。
[96] 李勇、蒋冠文、毛太田等：《基于情感挖掘和话题分析的旅游舆情危机演化特征——以“丽江女游客被打”事件为例》，《旅游学刊》2019年第9期。
[97] 李云鹏、段国强、沈华玉等：《对在线旅游市场监管政策的建议——基于主流旅游网站的调研》，《学术交流》2013年第S1期。
[98] 梁福兴、罗丹：《“一带一路”背景下中越两国骆越文化旅游产业合作发展研究》，《广西社会科学》2016年第6期。
[99] 廖玉环、范朋：《东南亚出境旅游中突发事件安全管理策略研究》，《东南亚纵横》2017年第4期。
[100] 林鸿潮、詹承豫：《非常规突发事件应对与应急法的重构》，《中国行政管理》2009年第7期。
[101] 林润辉、谢宗晓、王兴起等：《制度压力、信息安全合法化与组织绩效——基于中国企业的实证研究》，《管理世界》2016年第2期。
[102] 刘爱服：《严格导游准入制度与健全导游管理体制的探讨》，《旅游学刊》2011年第5期。
[103] 刘波：《〈旅游法〉在九寨沟景区的实施困境与改进措施研究》，广西师范大学硕士学位论文，2021。
[104] 刘大均、陈君子、朱爱琴：《“8·8”九寨沟地震冲击下区域旅游经济联系的格局及影响因素》，《经济地理》2021年第3期。
[105] 刘洪鹏：《关于我国旅游法基本原则的探讨》，《浙江树人大学学报》2006年第5期。
[106] 刘劲柳：《我国旅游法之路在何方?》，《旅游学刊》2006年第1期。
[107] 刘丽、陆林、陈浩：《基于目的地形象理论的旅游危机管理——以

中国四川地震为例》，《旅游学刊》2009 年第 10 期。
[108] 刘梦华、易顺：《从旅游管理到旅游治理——中国旅游管理体制改革与政府角色扮演逻辑》，《技术经济与管理研究》2017 年第 5 期。
[109] 刘明、赵永涛、于慧等：《汶川地震旅游资源的保护和利用》，《长江流域资源与环境》2010 年第 9 期。
[110] 刘明广：《旅游业突发性危机预警机制的构建》，《中国城市经济》2010 年第 9 期。
[111] 刘庆余：《从“旅游管理”到“旅游治理”——旅游管理体制改革的新视野》，《旅游学刊》2014 年第 9 期。
[112] 刘琼莲：《国家治理现代化进程中社会治理共同体的生成逻辑与运行机制》，《改革》2020 年第 11 期。
[113] 刘世明：《灾难遗址地旅游开发研究——基于汶川大地震的案例》，《河北大学学报》（哲学社会科学版）2009 年第 3 期。
[114] 刘霞、严晓：《我国应急管理“一案三制”建设：挑战与重构》，《政治学研究》2011 年第 1 期。
[115] 刘亦雪、姚延波：《共治共享视角下旅游市场秩序评价维度识别与评价指数构建——基于全国 31 个省、自治区、直辖市的调研》，《西南民族大学学报》（人文社会科学版）2021 年第 11 期。
[116] 刘逸、李源、纪捷韩：《地理学视角下旅游安全事故成因研究——以我国居民赴泰旅游为例》，《世界地理研究》2022 年第 2 期。
[117] 罗景峰：《旅游警务运行机理研究》，《重庆工商大学学报》（社会科学版）2017 年第 2 期。
[118] 罗正雄、董耀武：《联合体视角下“导游强迫购物”治理困境及破解路径研究》，《贵州社会科学》2020 年第 5 期。
[119] 吕晓俊、Mary E. Guy：《和谐关系导向的东方文化更促进情绪劳动吗？——一项基于中美公共部门雇员间的比较研究》，《中国行政管理》2018 年第 7 期。
[120] 马波、王嘉青：《常态化疫情防控下的旅游产业新走向》，《旅游学刊》2021 年第 2 期。
[121] 马超、张青磊：《“一带一路”与中国-东盟旅游安全合作——基

于亚洲新安全观的视角》，《云南社会科学》2016 年第 4 期。

[122] 马丽君、孙根年、王宏丹等：《汶川地震对四川及周边省区旅游业的影响》，《中国人口·资源与环境》2010 年第 3 期。

[123] 梅继霞：《公务员品德胜任力的结构及对工作绩效的影响》，《中国行政管理》2017 年第 1 期。

[124] 梅诗婧、李陇堂、石磊等：《沙漠型景区旅游安全风险评价——以宁夏沙坡头景区为例》，《中国沙漠》2019 年第 5 期。

[125] 孟维娜：《突发事件下旅游业的应对机制探讨》，《华东经济管理》2006 年第 2 期。

[126] 慕朝师：《论公共服务平台建立的必要性——以广西生产力促进中心综合性公共服务与管理平台建设为例》，《学术论坛》2008 年第 8 期。

[127] 牛玉、汪德根：《苏州市旅游安全救援系统构建研究——以苏州太湖快艇事件为视角》，《资源开发与市场》2013 年第 5 期。

[128] 潘瑞成、李斌：《大型体育赛事的治安防控威胁与情报机制研究》，《情报杂志》2019 年第 9 期。

[129] 彭荷芳、周健颖、陆玉梅：《制度压力、员工社会责任行为与民营企业绩效关系研究》，《宏观经济研究》2016 年第 11 期。

[130] 皮常玲、郑向敏：《基于域变视角的全域旅游安全管理体系研究》，《河南大学学报》（社会科学版）2018 年第 1 期。

[131] 戚建刚：《〈突发事件应对法〉对我国行政应急管理体制之创新》，《中国行政管理》2007 年第 12 期。

[132] 邱茜：《公务员公共服务动机对组织公民行为的影响——基于山东省 17 地市的实证研究》，《中国行政管理》2017 年第 6 期。

[133] 任学慧、王月：《滨海城市旅游安全预警与事故应急救援系统设计》，《地理科学进展》2005 年第 4 期。

[134] 闪淳昌、薛澜：《应急管理概论——理论与实践》（第二版），高等教育出版社，2020。

[135] 申光龙、袁斌：《企业愿景的效用及其创建流程》，《预测》2004 年第 3 期。

[136] 沈奇泰松：《组织合法性视角下制度压力对企业社会绩效的影响机制研究》，浙江大学博士学位论文，2010。

[137] 沈苏彦：《四川省旅游市场灾后恢复模式研究——基于尖点突变模型的分析》，《西南民族大学学报》（人文社会科学版）2012 年第 2 期。

[138] 沈阳、谢朝武：《内地游客赴香港旅游安全事件的时空分布——基于 2010~2014 年旅行社责任险统保案例的研究》，《福建农林大学学报》（哲学社会科学版）2016 年第 6 期。

[139] 石培华、张吉林、彭德成等：《“非典”后的旅游经济重建与风险管理》，《旅游学刊》2003 年第 4 期。

[140] 时训先：《完善旅游行业安全监管模式的对策研究》，《中国安全生产科学技术》2010 年第 5 期。

[141] 宋瑞、冯珺：《中国国内旅游市场复苏研究：潜力评估与对策建议》，《陕西师范大学学报》（自然科学版）2021 年第 6 期。

[142] 宋瑞、王瑞婷：《新冠疫情全球大流行背景下的城市旅游：挑战、应对与启示》，《价格理论与实践》2022 年第 3 期。

[143] 宋瑞：《数字经济下的旅游治理：挑战与重点》，《旅游学刊》2022 年第 4 期。

[144] 宋小龙、李陇堂、王艳茹等：《沙漠型景区旅游环境承载力预警研究——以宁夏沙坡头为例》，《中国沙漠》2019 年第 2 期。

[145] 宋旭光、庞明川、王晓玲：《汶川地震灾害对中国经济影响的分析与评价》，《财经问题研究》2008 年第 8 期。

[146] 宋振春、陈方英、李瑞芬：《政府行为效率与旅行社行业管理模式研究》，《中国行政管理》2004 年第 11 期。

[147] 孙柏瑛、蔡磊：《十年来基层社会治理中党组织的行动路线——基于多案例的分析》，《中国行政管理》2014 年第 8 期。

[148] 孙根年、周瑞娜、马丽君等：《2008 年五大事件对中国入境旅游的影响——基于本底趋势线模型高分辨率的分析》，《地理科学》2011 年第 12 期。

[149] 覃福晓：《建立出境旅游安全调查和公告制度》，《旅游学刊》2011

年第 2 期。

[150] 汤傅佳、黄震方、徐冬、陆婧：《水库型旅游地生态安全时空分异及其关键影响因子分析——以溧阳市天目湖为例》，《长江流域资源与环境》2018 年第 5 期。

[151] 汤静：《旅游法实施机制创新的理论逻辑与现实路径》，《吉首大学学报》（社会科学版）2020 年第 6 期。

[152] 唐承财、张宏磊、赵磊等：《新冠肺炎疫情对中国旅游业的影响及其应对探讨》，《中国生态旅游》2022 年第 1 期。

[153] 唐任伍、马宁、刘洋：《中国政府机构改革：元问题、元动力与元治理》，《中国行政管理》2018 年第 11 期。

[154] 唐勇、覃建雄、李艳红等：《汶川地震遗迹旅游资源分类及特色评价》，《地球学报》2010 年第 4 期。

[155] 田里、马玉：《常态化防控下的旅游业发展挑战与机遇》，《社会科学家》2021 年第 12 期。

[156] 田里：《边境旅游面临的国家安全问题研究》，《湖湘论坛》2022 年第 2 期。

[157] 汪传才：《关于旅游合同示范文本的法律思考》，《旅游学刊》2014 年第 7 期。

[158] 汪传才：《旅行社质量保证金制度的重构》，《旅游学刊》2006 年第 3 期。

[159] 汪全胜、张奇：《我国高危险性体育项目法律责任设置的问题与完善》，《北京体育大学学报》2019 年第 12 期。

[160] 王彩萍、徐红罡：《重大事件对中国旅游企业市场绩效的影响：以 2008 年为例》，《旅游学刊》2009 年第 7 期。

[161] 王大悟：《论羌文化保护与旅游发展的关系——北川羌族自治县旅游业灾后重建研究》，《旅游科学》2009 年第 1 期。

[162] 王华、郑艳芬：《社区参与旅游的权利去哪了？——基于我国旅游法律法规条文的内容分析》，《旅游学刊》2015 年第 5 期。

[163] 王惠静：《〈旅游法〉对“零负团费”的调控模式》，《法学杂志》2013 年第 10 期。

[164] 王惠静:《旅游“零负团费”问题法律规制再检审——兼论〈旅游法〉适用中的新问题》,《法学杂志》2016 年第 7 期。

[165] 王金莲、胡善风、刘安平、张俊香:《黄山风景区旅游气象灾害防御系统探析——以雷电监测预警系统为例》,《地理科学》2014 年第 1 期。

[166] 王静:《全域旅游背景下我国旅游行政管理体制改革研究》,安徽大学硕士学位论文,2018。

[167] 王珺、毛海峰、郭晓宏:《旅游景区安全风险评估与实证》,《统计与决策》2019 年第 22 期。

[168] 王莉霞:《我国旅游法体系构成初探》,《宁夏社会科学》1998 年第 2 期。

[169] 王璐、皮常玲、郑向敏:《中国海洋旅游安全事故时空特征分析》,《热带地理》2022 年第 7 期。

[170] 王湉、邝家麒:《社区参与何以影响高质量景区创建?——基于黄姚古镇创 5A 田野调查数据的质性分析》,《旅游科学》2022 年第 2 期。

[171] 王伟:《我国旅游突发事件应急管理模型的构建》,《中国安全生产科学技术》2015 年第 9 期。

[172] 王翔:《共建共享视野下旅游社区的协商治理研究——以鼓浪屿公共议事会为例》,《旅游学刊》2017 年第 10 期。

[173] 王新建、郑向敏、王晶晶:《祖国大陆居民赴台旅游安全现状、特征及应对策略》,《福建农林大学学报》(哲学社会科学版)2011 年第 3 期。

[174] 王延川:《自律与他律:旅游行业治理模式的创新——兼论西安地区旅游行业法律制度构建》,《理论导刊》2007 年第 7 期。

[175] 王雨磊:《缘情治理:扶贫送温暖中的情感秩序》,《中国行政管理》2018 年第 5 期。

[176] 魏冉:《“一带一路”背景下中国公民在东盟十国的安全风险和保护研究》,《东南亚研究》2019 年第 6 期。

[177] 魏小安、曾博伟:《汶川地震后中国旅游形势分析与判断》,《旅游

学刊》2008 年第 8 期。

[178] 魏小衬、李陇堂:《基于 DPSIR 模型的西北干旱风沙区旅游生态安全预警研究——以宁夏回族自治区中卫市为例》,《生态经济》2021 年第 6 期。

[179] 温忠麟、侯杰泰、张雷:《调节效应与中介效应的比较和应用》,《心理学报》2005 年第 2 期。

[180] 吴其付、庞君:《旅游与灾害规划——以四川汶川“5·12”地震灾后旅游恢复重建规划为例》,《国际城市规划》2011 年第 1 期。

[181] 吴巧红:《老年旅游安全保障体系的构建》,《旅游学刊》2015 年第 8 期。

[182] 吴仁献、谢朝武、谈天然:《突发事件政务舆情内部人际传播机制研究——以 8·8 九寨沟地震旅游政务微信传播为例》,《情报杂志》2019 年第 9 期。

[183] 吴艳、罗小燕:《〈旅游法〉对酒店经营行为的法律规制及其不足》,《人民论坛》2016 年第 5 期。

[184] 吴真松、谢朝武、郭志平:《〈旅游法〉与我国旅游行政治理体系的变革研究》,《旅游学刊》2014 年第 10 期。

[185] 武倩:《基层公务员组织支持感、组织气氛对工作绩效的影响研究》,西安建筑科技大学硕士学位论文,2012。

[186] 夏杰长、丰晓旭:《新冠肺炎疫情对旅游业的冲击与对策》,《中国流通经济》2020 年第 3 期。

[187] 肖华、李建发、张国清:《制度压力、组织应对策略与环境信息披露》,《厦门大学学报》(哲学社会科学版)2013 年第 3 期。

[188] 肖金明:《公共行政 平衡行政 法治行政》,《中国行政管理》2000 年第 12 期。

[189] 肖萍、杨彬:《食品安全风险治理之行政程序研究——以“第三代”行政程序的兴起为线索》,《法学论坛》2021 年第 6 期。

[190] 谢朝武、黄锐、陈岩英:《“一带一路”倡议下中国出境游客的安全保障——需求、困境与体系建构研究》,《旅游学刊》2019 年第 3 期。

[191] 谢朝武、黄锐：《"21世纪海上丝绸之路"旅游安全风险与合作治理》，《旅游导刊》2018年第5期。

[192] 谢朝武、黄锐：《目的地旅游安全事件集群：概念框架与测度体系研究》，《旅游学刊》2022年。

[193] 谢朝武、赖菲菲、黄锐：《疫情危机下旅游韧性体系建设与旅游高质量发展》，《旅游学刊》2022年第9期。

[194] 谢朝武、申世飞：《旅游地环境风险对中国旅游突发事件的影响及其区域分布研究》，《地理科学进展》2013年第3期。

[195] 谢朝武、杨松华：《大陆居民赴台旅游的安全挑战及两岸合作机制研究》，《华侨大学学报》（哲学社会科学版）2014年第4期。

[196] 谢朝武、张江驰：《中国旅游安全行政治理——国家与地方的互动逻辑及其成效》，《旅游学刊》2022年第1期。

[197] 谢朝武、张俊、陈岩英：《中国出境旅游安全风险的区域分布研究》，《中国安全科学学报》2018年第1期。

[198] 谢朝武、张俊：《我国旅游突发事件伤亡规模空间特征及其影响因素》，《旅游学刊》2015年第1期。

[199] 谢朝武、章坤：《中国内河游轮旅游安全事件的时空格局及结构特征》，《华侨大学学报》（哲学社会科学版）2020年第4期。

[200] 谢朝武：《海峡两岸暨港澳地区旅游应急合作研究》，社会科学文献出版社，2017。

[201] 谢朝武：《旅游应急管理》（第二版），中国旅游出版社，2022。

[202] 谢朝武：《旅游应急管理》，中国旅游出版社，2013。

[203] 谢朝武：《我国高风险旅游项目的安全管理体系研究》，《人文地理》2011年第2期。

[204] 谢朝武：《我国旅游安全预警体系的构建研究》，《中国安全科学学报》2010年第8期。

[205] 谢朝武：《我国旅游救援体系发展及推进策略研究》，《西南民族大学学报》（人文社科版）2010年第11期。

[206] 谢朝武：《业外突发事件与旅游业的应急管理研究》，《华侨大学学报》（哲学社会科学版）2008年第4期。

[207] 谢婷：《出境旅游安全保障的相关措施》，《旅游学刊》2011年第7期。

[208] 熊文钊、陈成：《京津冀协同发展视域下旅游区域协作的法制保障》，《旅游学刊》2014年第11期。

[209] 许家云、周绍杰、胡鞍钢：《制度距离、相邻效应与双边贸易——基于“一带一路”国家空间面板模型的实证分析》，《财经研究》2017年第1期。

[210] 许培源、刘雅芳：《“一带一路”沿线国家恐怖活动对旅游业发展的影响》，《经济地理》2020年第3期。

[211] 薛丽：《“互联网+旅游”背景下旅游业新型监管模式研究》，《中国行政管理》2018年第5期。

[212] 杨富斌：《〈旅游法（草案）〉：成就、问题及需要完善之处》，《旅游学刊》2012年第11期。

[213] 杨富斌：《〈旅游法〉的十大制度创新》，《法学杂志》2013年第10期。

[214] 杨馥萌、刘亚娜：《网络强国战略下意识形态安全新态势与治理策略》，《学术探索》2021年第10期。

[215] 杨兴柱、吴瀚、殷程强等：《旅游地多元主体参与治理过程、机制与模式——以千岛湖为例》，《经济地理》2022年第1期。

[216] 杨秀莉、马中飞：《浅论企业安全形象与企业安全文化的关系》，《中国安全科学学报》2006年第5期。

[217] 杨雪兰：《导游回扣问题及其治理研究——基于宁波市专职导游人员的调查分析》，《浙江师范大学学报》（社会科学版）2009年第2期。

[218] 杨勇：《我国旅游产业综合竞争力：理论分析、测度体系与实证评价》，《旅游科学》2012年第6期。

[219] 杨昀、保继刚：《旅游大发展阶段的治理困境——阳朔西街市场乱象的特征及其发生机制》，《旅游学刊》2018年第11期。

[220] 杨昀、保继刚：《治理模式分异对旅游地发展的影响机制研究——阳朔遇龙河景区个案分析》，《人文地理》2018年第6期。

[221] 杨振之、马琳、胡海霞:《论旅游功能区规划——以四川汶川地震灾后恢复重建为例》,《地域研究与开发》2013 年第 6 期。

[222] 杨振之、叶红:《汶川地震灾后四川旅游业恢复重建规划的基本思想》,《城市发展研究》2008 年第 6 期。

[223] 杨志义:《台湾旅游目的地之公共服务建设》,《旅游学刊》2012 年第 1 期。

[224] 叶鹏、丁鼎、张雪英:《大数据驱动的旅游突发事件应急管理体系研究》,《电子政务》2017 年第 8 期。

[225] 余斌:《旅游公共服务体系建设中的政府职能研究》,华南理工大学,2012。

[226] 俞金国、王丽华:《后 SARS 时期中国入境旅游人数恢复评估——基于 ARIMA 模型》,《统计与决策》2005 年第 14 期。

[227] 俞可平:《中国的治理改革(1978~2018)》,《武汉大学学报》(哲学社会科学版)2018 年第 3 期。

[228] 翟向坤、韩玉灵:《大学生旅游安全风险防控》,《人民论坛》2017 年第 35 期。

[229] 翟向坤:《从汶川地震反思我国的社会旅游救援机构》,《消费导刊》2008 年第 12 期。

[230] 翟向坤:《论中国旅游救援体系的构建》,《北京工商大学学报》(社会科学版)2008 年第 5 期。

[231] 詹丽、张小月、阚如良:《基于未确知测度的区域旅游风险危险性评价——以湖北省恩施土家族苗族自治州为例》,《地域研究与开发》2017 年第 2 期。

[232] 湛宇燕、夏文斌:《旅行社业务年检实行量化考核的尝试》,《旅游学刊》1996 年第 6 期。

[233] 张大伟、徐辉、李高协:《论法律评估——理论、方法和实践》,《甘肃社会科学》2010 年第 5 期。

[234] 张广瑞:《汶川大地震后关于旅游发展的战略思考》,《经济管理》2008 年第 17 期。

[235] 张宏博:《中国与日本旅游合作面临的问题与完善途径》,《对外经

贸实务》2018 年第 7 期。
[236] 张洪昌、舒伯阳:《大数据时代旅游协同治理的行为逻辑与路径探索》,《管理现代化》2018 年第 4 期。
[237] 张洪昌:《新时代旅游业高质量发展的治理逻辑与制度创新》,《当代经济管理》2019 年第 9 期。
[238] 张江驰、谢朝武、黄倩:《“恐怖邮轮”:旅游危机事件在社交媒体场域下的框架构建》,《旅游学刊》2022 年第 10 期。
[239] 张捷雷:《基于风险链分析的旅游安全风险预防与控制机制研究》,《浙江学刊》2019 年第 4 期。
[240] 张进福:《建立旅游安全救援系统的构想》,《旅游学刊》2006 年第 6 期。
[241] 张康之:《论行政人员的道德价值》,《东南学术》2001 年第 1 期。
[242] 张立荣、冷向明:《协同治理与我国公共危机管理模式创新——基于协同理论的视角》,《华中师范大学学报》(人文社会科学版)2008 年第 2 期。
[243] 张俐俐、刘丹萍:《旅游行政管理》(第二版),高等教育出版社,2007。
[244] 张俐俐:《旅游行政管理组织构建模式初探》,《社会科学家》2002 年第 3 期。
[245] 张伶、张正堂:《内在激励因素、工作态度与知识员工工作绩效》,《经济管理》2008 年第 16 期。
[246] 张凌媛、吴志才:《乡村旅游社区多元主体的治理网络研究——英德市河头村的个案分析》,《旅游学刊》2021 年第 11 期。
[247] 张美兰、车宏生:《目标设置理论及其新进展》,《心理学动态》1999 年第 2 期。
[248] 张楠:《中小学研学旅行应急管理平台的构建》,首都经济贸易大学硕士学位论文,2019。
[249] 张平、李静:《中国城市居民社区自治行为影响因素的访谈研究——计划行为理论的应用》,《社会主义研究》2010 年第 4 期。
[250] 张琪:《突发性自然灾害对旅游目的地影响机制研究》,《灾害学》

2019 年第 3 期。

[251] 张润彤、朱晓敏：《服务科学概论》，电子工业出版社，2016。

[252] 张绍琛：《乡村亲子旅游产品开发研究》，浙江师范大学硕士学位论文，2017。

[253] 张薇、史坤博、杨永春等：《网络舆情危机下旅游形象感知的变化及对出游意向的影响——以青岛"天价虾事件"为例》，《人文地理》2019 年第 4 期。

[254] 张新成：《中国乡村旅游公共服务水平时空演化及成因分析》，《旅游学刊》2021 年第 11 期。

[255] 张延黎：《论行政人员的服务意识》，《中国行政管理》1997 年第 7 期。

[256] 张毅、张一丁、刘维奇：《基于部门背景~计划行为理论改进模型的公务人员节能减排行为意图影响因素研究——以山西省为例》，《数理统计与管理》2017 年第 4 期。

[257] 张莹瑞、佐斌：《社会认同理论及其发展》，《心理科学进展》2006 年第 3 期。

[258] 张永领、周晓冰、王伟：《我国旅游突发事件应急管理机制构建研究》，《资源开发与市场》2016 年第 1 期。

[259] 张玉玲、张捷、张宏磊等：《文化与自然灾害对四川居民保护旅游地生态环境行为的影响》，《生态学报》2014 年第 17 期。

[260] 张增田、王玲玲：《基于计划行为理论的公务员参与廉政教育意向研究》，《中国行政管理》2015 年第 2 期。

[261] 赵磊、方成：《中国旅游发展空间非均衡与极化研究》，《中国人口·资源与环境》2014 年第 6 期。

[262] 赵林余：《旅游法调整对象研究》，《旅游科学》1997 年第 3 期。

[263] 赵琰、骆成凤、陈建国：《省级突发事件应急平台体系建设实践与思考》，《中国行政管理》2012 年第 5 期。

[264] 郑可君、李琛、吴映梅等：《云南边境山区景观生态风险时空演变及其影响因素》，《生态学报》2022 年第 18 期。

[265] 郑柳青、邱云志：《基于灾后旅游重建的"汶川模式"研究》，

《四川师范大学学报》(社会科学版) 2011 年第 3 期。
[266] 郑世卿、王大悟:《乌镇旅游发展模式解析》,《地域研究与开发》2012 年第 5 期。
[267] 郑向敏、范向丽:《论“女性经济”时代的女性旅游市场开发》,《旅游科学》2007 年第 3 期。
[268] 郑向敏、范向丽:《女性旅游安全研究进展与启示》,《人文地理》2008 年第 3 期。
[269] 郑向敏、林美珍:《论区域旅游发展中旅游区与行政区的矛盾与融合》,《人文地理》2006 年第 3 期。
[270] 郑向敏、卢昌崇:《论我国旅游安全保障体系的构建》,《东北财经大学学报》2003 年第 6 期。
[271] 郑向敏、谢朝武:《我国奥运旅游的安全保障体系研究》,《北京体育大学学报》2003 年第 6 期。
[272] 郑向敏、邹永广:《中泰旅游突发事件应急处置与合作机制研究》,《华侨大学学报》(哲学社会科学版) 2013 年第 2 期。
[273] 郑向敏:《旅游安全概论》,中国旅游出版社,2009。
[274] 郑向敏:《旅游安全学》,中国旅游出版社,2003。
[275] 钟开斌:《“一案三制”:中国应急管理体系建设的基本框架》,《南京社会科学》2009 年第 11 期。
[276] 周红云:《3P:公务员激励的关键——以期望理论为视角》,《中南财经政法大学学报》2007 年第 2 期。
[277] 周红云:《公务员激励:困境与对策——以综合激励模型为框架》,《兰州学刊》2007 年第 4 期。
[278] 周红云:《论公务员的组织公民行为管理》,《湖北社会科学》2011 年第 5 期。
[279] 朱雷、高文胜:《总体安全观下的中国重大疫情安全治理战略研究》,《华东理工大学学报》(社会科学版) 2020 年第 1 期。
[280] 朱润苗、陈松林:《1980~2020 年福建省景观生态风险与生态系统服务价值的空间关系》,《应用生态学报》2022 年第 6 期。
[281] 朱尧、邹永广、李强红等:《网络关系视角下中国公民出境旅游安

全感知事件时空分布特征——以“一带一路”沿线国家为例》，《世界地理研究》2020 年第 6 期。

[282] 邹巧柔：《区域旅游应急合作研究》，华侨大学硕士学位论文，2014。

[283] 邹统钎、陈芸、胡晓晨：《探险旅游安全管理研究进展》，《旅游学刊》2009 年第 1 期。

[284] 邹雅真、谢朝武：《大陆游客赴台旅游安全事件结果特征及其引致因素研究》，《旅游学刊》2016 年第 8 期。

[285] 邹永广、林炜铃、郑向敏：《“驴友”旅游安全事故成因机理研究——基于扎根理论范式的质性分析》，《旅游科学》2014 年第 3 期。

[286] 邹永广、林炜铃、郑向敏：《旅游安全网络关注度时空特征及其影响因素》，《旅游学刊》2015 年第 2 期。

[287] 邹永广、杨勇、李媛等：《出境旅游安全救援中华侨华人作用研究——以赴泰旅游为例》，《旅游学刊》2022 年第 5 期。

[288] 邹永广：《旅游安全管理的政府责任与使命》，《旅游研究》2018 年第 6 期。

[289] 邹永广：《旅游安全评价：研究现状与述评》，《旅游学刊》2020 年第 7 期。

[290] 邹永广：《意识与应景：中国旅游安全政策演进特征研究》，《旅游学刊》2018 年第 6 期。

英文文献

[1] Ahmad A., Jamaludin A., Zuraimi N. S., et al., Visit intention and destination image in post-Covid-19 crisis recovery [J]. Current Issues in Tourism, 2021, 24 (17): 2392-2397.

[2] Ahrens J., Rudolph P. M., The importance of governance in risk reduction and disaster management [J]. Journal of Contingencies and Crisis Management, 2006, 14 (4): 207-220.

[3] Ajzen I., The theory of planned behavior [J]. Organizational Behavior & Human Decision Processes, 1991, 50 (2): 179-211.

[4] Alegre J., Sard, M., When demand drops and prices rise? Tourist packages in the Balearic Islands during the economic crisis [J]. Tourism Management, 2015, 46: 375-385.

[5] Ali A., Innovation and tourism destination development [J]. European Planning Studies, 2016, 22 (8): 1659-1670.

[6] Anderfuhrenbiget S., Varone F., Giauque D., et al., Motivating employees of the public sector: Does public service motivation matter? [J]. International Public Management Journal, 2010, 13 (3): 213-246.

[7] Arian M., Soleimani M., Oghazian M. B., Job satisfaction and the factors affecting satisfaction in nurse educators: A systematic review [J]. Journal of Professional Nursing: Official Journal of the American Association of Colleges of Nursing, 2018, 34 (5): 389-399.

[8] Avraham E., Destination image repair during crisis: Attracting tourism during the Arab Spring uprisings [J]. Tourism Management, 2015, 47: 224-232.

[9] Baggio R., Scott N., Cooper C., Improving tourism destination governance: A complexity science approach [J]. Tourism Review, 2010, 65 (4): 51-60.

[10] Bakker A. B., Demerouti E., Brummelhuis L. L. T., Work engagement, performance and active learning: The role of conscientiousness [J]. Journal of Vocational Behavior, 2012, 80 (2): 555-564.

[11] Beaumont N., Dredge D., Local tourism governance: A comparison of three network approaches [J]. Journal of Sustainable Tourism, 2010, 18 (1): 7-28.

[12] Becken S., Hughey K. F. D., Linking tourism into emergency management structures to enhance disaster risk reduction [J]. Tourism Management, 2013, 36: 77-85.

[13] Behn, R. D., The big questions of public management [J]. Public

Administration Review, 1995, 55 (4): 313-324.

[14] Benedetto G., Carboni D., Corinto G. L., Governance of sustainable tourism in a vast area surrounding a national park [J]. Procedia Environmental Sciences, 2016, 32: 38-48.

[15] Bentley T. A., Page S. J., Decade of injury monitoring in the New Zealand adventure tourism sector: A summary risk analysis [J]. Tourism Management, 2008, 29 (5): 857-869.

[16] Bentley T. A., Page S. J., Scoping the extent of adventure tourism accidents [J]. Annals of Tourism Research, 2001, 28 (3): 705-726.

[17] Bentley T., Page S., Meyer D., et al., How safe is adventure tourism in New Zealand? An exploratory analysis [J]. Applied Ergonomics, 2001, 32 (4): 327-338.

[18] Bhaskara G. I., Filimonau V., The COVID - 19 pandemic and organisational learning for disaster planning and management: A perspective of tourism businesses from a destination prone to consecutive disasters [J]. Journal of Hospitality and Tourism Management, 2021, 46: 364-375.

[19] Blackley A. B., *Emergency preparedness and crisis management—an overview* [M]. United Kingdom: The SRD Association, 1994: 1-7.

[20] Blake A., Sinclair M. T., Tourism crisis management: US response to September 11 [J]. Annals of Tourism Research, 2003, 30 (4): 813-832.

[21] Blasco D., Guia J., Prats L., Emergence of governance in cross-border destinations [J]. Annals of Tourism Research, 2014, 49: 159-173.

[22] Boin A., Hart P., Kuipers S., *The crisis approach* [M]. Springer, Cham: Handbook of Disaster Research, 2018: 23-38.

[23] Braden B. R., Hyland S. L., Cost of employee compensation in public and private sectors [J]. Monthly Labor Review, 1993, 116 (5): 14-21.

[24] Bramwell B., Lane B., Critical research on the governance of tourism and sustainability [J]. Journal of Sustainable Tourism, 2011, 19 (4-

5): 411-421.

[25] Breier M., Kallmuenzer A., Clauss T., et al., The role of business model innovation in the hospitality industry during the COVID-19 crisis [J]. International Journal of Hospitality Management, 2021, 92: 102723.

[26] Britt T. W., Engaging the self in the field: Testing the triangle model of responsibility [J]. Personality & Social Psychology Bulletin, 1999, 25 (6): 698-708.

[27] Brown S. P., Peterson R. A., The effect of effort on sales performance and job satisfaction [J]. Journal of Marketing, 1994, 58 (2): 70-80.

[28] Buckley R., *Adventure tourism management*, London: Routledge, 2011.

[29] Buse K., Bilimoria D., Personal vision: Enhancing work engagement and the retention of women in the engineering profession [J]. Frontiers in Psychology, 2014, 5: 1400.

[30] Byrd E. T., Stakeholders in sustainable tourism development and their roles: Applying stakeholder theory to sustainable tourism development [J]. Tourism Review, 2007, 62 (2): 6-13.

[31] Callander M., Page S. J., Managing risk in adventure tourism operations in New Zealand: A review of the legal case history and potential for litigation [J]. Tourism Management, 2003, 24: 13-23.

[32] Camilleri E., Antecedents affecting public service motivation [J]. Personnel Review, 2007, 36 (3): 356-377.

[33] Cater C. I., Playing with risk? Participant perceptions of risk and management implications in adventure tourism [J]. Tourism Management, 2006, 27 (2): 317-325.

[34] Chang Y. C., Wang N., Legal system for the development of marine renewable energy in China [J]. Renewable and Sustainable Energy Reviews, 2016 (75): 192-196.

[35] Chatman J. A., Improving interactional organizational research: A model of person-organization fit [J]. Academy of Management Review, 1989,

14 (3): 333-349.

[36] Chen Z. X. G., Tsui A. S., Farh J., Loyalty to supervisor vs. organizational commitment: Relationships to employee performance in China [J]. Journal of Occupational and Organizational Psychology, 2002, 75 (3): 339-356.

[37] Chou S. Y., Pearson J. M., Organizational citizenship behaviour in it professionals: An expectancy theory approach [J]. Management Research Review, 2012, 35 (12): 1170-1186.

[38] Chua B. L., Al-Ansi A., Lee M. J., et al., Impact of health risk perception on avoidance of international travel in the wake of a pandemic [J]. Current Issues in Tourism, 2021, 24 (7): 985-1002.

[39] Ciobanu A. M., Androniceanu A., Civil servants motivation and work performance in romanian public institutions [J]. Procedia Economics and Finance, 2015, 30: 164-174.

[40] Clinch H., Filimonau V., Instructors' perspectives on risk management within adventure tourism [J]. Tourism Planning & Development, 2017, 14 (2): 220-239.

[41] Coombs W. T., *Ongoing crisis communication: Planning, managing, and responding* [M]. Sage Publications, 2021.

[42] Coombs W. T., Protecting organization reputations during a crisis: The development and application of situational crisis communication theory [J]. Corporate Reputation Review, 2007, 10 (3): 163-176.

[43] Coppola D. P., *Introduction to international disaster management* [M]. Elsevier, 2006.

[44] Coshall J., Spectral analysis of international tourism flows [J]. Annals of Tourism Research, 2000, 27 (3): 577-589.

[45] Cossens J., Gin S., Tourism and AIDS: The perceived risk of HIV infection on destination choice [J]. Journal of Travel & Tourism Marketing, 1995, 3 (4): 1-20.

[46] Cotter E. W., Fouad N., Examining burnout and engagement in layoff

survivors: The role of personal strengths [J]. Journal of Career Development, 2013, 40 (5): 424-444.

[47] Crewson P. E., Public-service motivation: Building empirical evidence of incidence and effect [J]. Journal of Public Administration Research & Theory, 1997, 7 (4): 499-518.

[48] Crouch G. I., Promotion and demand in international tourism [J]. Journal of Travel & Tourism Marketing, 1995, 3 (3): 109-125.

[49] Cruz-Milan O., Simpson J. J., Simpson P. M., et al., Reassurance or reason for concern: Security forces as a crisis management strategy [J]. Tourism Management, 2016, 56: 114-125.

[50] Csikszentmihalyi M., *Finding flow: The psychology of engagement with everyday life* [M]. Basic Books, 1997.

[51] Danish R. Q., Usman A., Impact of reward and recognition on job satisfaction and motivation: An empirical study from Pakistan [J]. International Journal of Business & Management, 2010, 5 (2): 159.

[52] Deci E. L., Ryan R. M., *Intrinsic motivation and self-determination in human behavior*, US: Springer, 1985.

[53] Deci E. L., Ryan R. M., The general causality orientations scale: Self-determination in personality [J]. Journal of Research in Personality, 1985, 19 (2): 109-134.

[54] Derham J., Best G., Frost W., Disaster recovery responses of transnational tour operators to the Indian Ocean tsunami [J]. International Journal of Tourism Research, 2022, 24 (3): 376-384.

[55] Dimaggio P. J., The iron cage revisited institutional isomorphism and collective rationality in organizational fields [J]. American Sociological Review, 1983, 48 (2): 147-160.

[56] Dredge D., Whitford M., Event tourism governance and the public sphere [J]. Journal of Sustainable Tourism, 2011, 19 (4/5): 479-499.

[57] Drydakis N., Trans employees, transitioning, and job satisfaction [J].

Journal of Vocational Behavior, 2017, 98: 1-16.

[58] Dube K., Nhamo G., Chikodzi D., COVID - 19 cripples global restaurant and hospitality industry [J]. Current Issues in Tourism, 2021, 24 (11): 1487-1490.

[59] Duignan R., Iaquinto A., Female managers in japan: Early indications of career progression [J]. Women in Management Review, 2005, 20 (3): 191-207.

[60] Eagles P. F., Governance of recreation and tourism partnerships in parks and protected areas [J]. Journal of Sustainable Tourism, 2009, 17 (2): 231-248.

[61] Edwin A., Locke E. A., What is job satisfaction? [J]. Organizational Behavior and Human Performance, 1969, 4 (4): 309-336.

[62] Eisenhardt K. M., Agency-and institutional-theory explanations: The case of retail sales compensation [J]. Academy of Management Journal, 1988, 31 (3): 488-511.

[63] Erkuş-Öztürk H., Eraydın A., Environmental governance for sustainable tourism development: Collaborative networks and organisation building in the Antalya tourism region [J]. Tourism Management, 2010, 31 (1): 113-124.

[64] Faulkner B., Towards a framework for tourism disaster management [J]. Tourism Management, 2001, 2 (22): 135-147.

[65] Fiedler A. M., The effect of vision congruence on employee empowerment, commitment, satisfaction, and performance [J]. Dissertation Abstracts International Section A: Humanities and Social Sciences, 1993, 54 (3-A): 1006.

[66] Fink S., *Crisis management: Planning for the inevitable* [M]. New York: American Management Association, 1989.

[67] Fishbein M. A., Ajzen I., Belief, attitude, intention and behaviour: An introduction to theory and research [J]. Philosophy & Rhetoric, 1975, (4): 842-844.

[68] Fong L. H. , Law R. , Ye B. H. , Outlook of tourism recovery amid an epidemic: Importance of outbreak control by the government [J]. Annals of Tourism Research, 2020: 102951.

[69] Fottler M. D. , Is management really generic? [J]. Academy of Management Review Academy of Management, 1981, 6 (1): 1-12.

[70] Gössling S. , Scott D. , Hall C. M. , Pandemics, tourism and global change: A rapid assessment of COVID-19 [J]. Journal of Sustainable Tourism, 2020, 29 (1): 1-20.

[71] Graham J. , Amos B. , Plumptre T. W. , *Governance principles for protected areas in the 21st century* [M]. Ottawa, ON, Canada: Institute on Governance, Governance Principles for Protected Areas, 2003.

[72] Granville F. , Mehta A. , Pike S. , Destinations, disasters and public relations: Stakeholder engagement in multi-phase disaster management [J]. Journal of Hospitality and Tourism Management, 2016, 28: 73-79.

[73] Gula H. , Usmana H. , Liua Y. , et al. , Does the effect of power distance moderate the relation between person environment fit and job satisfaction leading to job performance? Evidence from Afghanistan and Pakistan [J]. Future Business Journal, 2018, 4 (1): 68-83.

[74] Guyot J. F. , Government bureaucrats are different [J]. Public Administration Review, 1962, 22 (4): 195-202.

[75] Hakanen J. J. , Bakker A. B. , Schaufeli W. B. , Burnout and work engagement among teachers [J]. Journal of School Psychology, 2006, 43: 495-513.

[76] Hall C. M. , A typology of governance and its implications for tourism policy analysis [J]. Journal of Sustainable Tourism, 2011, 19: 437-457.

[77] Hall D. R. , *Tourism and transition: Governance, transformation, and development* [M]. Cambridge, MA 02139, USA: CABI Publishing, 2004.

[78] Hall P. , *The world cities* [M]. London: Weidenfeld and Nicoson, 1984.

[79] Heinrich H. W., *Industrial accident prevention: A scientific approach* [M]. New York: McGraw-Hill Book Company, 1931.

[80] Hitchcock M., Darma Putra I. N., The Bali bombings: Tourism crisis management and conflict avoidance [J]. Current Issues in Tourism, 2005, 8 (1): 62-76.

[81] Hodgkinson P. E., Stewart M., *Coping with catastrophe: A handbook of disaster management* [M]. Taylor & Frances: Routledge, 1991.

[82] Homans G. C., Social behavior as exchange [J]. American Journal of Sociology, 1958, 63 (6): 597-606.

[83] Hossain M. A., Community participation in disaster management: Role of social work to enhance participation [J]. Sociology, 2012, 159: 171.

[84] Houston D. J., Public-service motivation: A multivariate test [J]. Journal of Public Administration Research and Theory: J-PART, 2000, 10 (4): 713-727.

[85] Hu H., Yang Y., Zhang J., Avoiding panic during pandemics: COVID-19 and tourism-related businesses [J]. Tourism Management, 2021: 104316.

[86] Huan T. C., Taiwan's 921 earthquake, crisis management and research on no-escape natural disaster [J]. Crisis Management in Tourism, 2007: 170-185.

[87] Huang Y. H., Ho M., Smith G. S., et al., Safety climate and self-reported injury: Assessing the mediating role of employee safety control [J]. Accident Analysis & Prevention, 2006, 38 (3): 425-433.

[88] Huertas R. A., Oliveira A., Girotto M., Crisis communication management by the national tourist organizations of Spain and Italy in the face of Covid-19 [J]. El Profesional de la Informacíón, 2020, 29 (2): 1-18.

[89] Hystad P. W., Keller P. C., Towards a destination tourism disaster management framework: Long-term lessons from a forest fire disaster [J]. Tourism Management, 2008, 29 (1): 151-162.

[90] Islam M. W., Ruhanen L., Ritchie B. W., Adaptive co-management: A novel approach to tourism destination governance? [J]. Journal of Hospitality and Tourism Management, 2018, 37: 97-106.

[91] Islam R., Kamaruddin R., Ahmad S. A., et al., A review on mechanism of flood disaster management in Asia [J]. International Review of Management and Marketing, 2016, 6 (1): 29-52.

[92] Jamal T. B., Getz D., Collaboration theory and community tourism planning [J]. Annals of Tourism Research, 1995, 22 (1): 186-204.

[93] Jamal T., Camargo B. A., Tourism governance and policy: Whither justice? [J]. Tourism Management Perspectives, 2018, 25: 205-208.

[94] Johnson P., Gill J., Management control and organizational behaviour [J]. Journal of Tissue Engineering & Regenerative Medicine, 1993, 9 (3): 584-594.

[95] Jones P. S., Lee J. W., Phillips L. R., et al., An adaptation of Brislin's translation model for cross-cultural research [J]. Nursing Research, 2001, 50 (5): 300-304.

[96] Jung H. S., Yoon H. H., Understanding pay satisfaction: The impacts of pay satisfaction on employees' job engagement and withdrawal in deluxe hotel [J]. International Journal of Hospitality Management, 2015, 48: 22-26.

[97] Kahn W. A., Psychological conditions of personal engagement and disengagement at work [J]. The Academy of Management Journal, 1990, 33 (4): 692-724.

[98] Kankanhalli A., Tan B. C. Y., Wei K. K., Contributing knowledge to electronic knowledge repositories: An empirical investigation [J]. MIS Quarterly, 2005, 29 (1): 113-143.

[99] Kapuściński G., Richards B., News framing effects on destination risk perception [J]. Tourism Management, 2016, 57: 234-244.

[100] Ketter E., Avraham E., Stay home today so we can travel tomorrow: tourism destinations' digital marketing strategies during the Covid-19

pandemic [J]. Journal of Travel & Tourism Marketing, 2021, 38 (8): 819-832.

[101] Khoshnevis H., Tahmasebi A., The motivation system in a governmental organization [J]. Procedia-Social and Behavioral Sciences, 2016, 230: 212-218.

[102] Kim H., Park J., Lee S. K., et al., Do expectations of future wealth increase outbound tourism? Evidence from Korea [J]. Tourism Management, 2012, 33: 1141-1147.

[103] Kim S. S., Kim M., Park J., et al., Cave tourism: Tourists' characteristics, motivations to visit, and the segmentation of their behavior [J]. Asia Pacific Journal of Tourism Research, 2008, 13 (3): 299-318.

[104] Kristof A. L., Person-organization fit: An integrative review of its conceptualizations, measurement, and implications [J]. Personnel Psychology, 2010, 49 (1): 1-49.

[105] Kumar J., Stanley G., Disaster management and social development [J]. International Journal of Sociology and Social Policy, 2000, 20 (7): 66-81.

[106] Kusluvan S., Kusluvan Z., Perceptions and attitudes of undergraduate tourism students towards working in the tourism industry in Turkey [J]. Tourism Management, 2000, 21 (3): 251-269.

[107] Lam T. C. Y., Hsu C. H. C., Predicting behavioral intention of choosing a travel destination [J]. Tourism Management, 2006, 27: 589-599.

[108] Laws E., Richins H., Agrusa J., et al., *Tourist destination governance: Practice, theory and issues* [M]. Cambridge, MA 02139, USA: CABI Publishing, 2011.

[109] Le D., Phi G., Strategic responses of the hotel sector to COVID-19: Toward a refined pandemic crisis management framework [J]. International Journal of Hospitality Management, 2021, 94: 102808.

[110] Lepp A., Gibson H. J., Lane C. R., Image and perceived risk: A study of uganda and its official tourism website [J]. Tourism Management, 2011, 32: 675-684.

[111] Lepp A., Gibson H. J., Tourist roles, perceived risk and international tourism [J]. Annals of Tourism Research, 2003, 30: 606-624.

[112] Li F., Zhang L., The influence of COVID-19 on vocational hospitality and tourism students' career choices [J]. Journal of China Tourism Research, 2022: 1-18.

[113] Liu B., Pennington-Gray L., Krieger J., Tourism crisis management: Can the Extended Parallel Process Model be used to understand crisis responses in the cruise industry? [J]. Tourism Management, 2016, 55: 310-321.

[114] Locke E. A., Latham G. P., A theory of goal setting & task performance [J]. Academy of Management Review, 1991, 16 (2): 212-247.

[115] Lofquist, Lloyd H., *A psychological theory of work adjustment* [M]. Minneapolis: University of Minnesota Press, 1984.

[116] Luo Q., Zhai X., "I will never go to Hong Kong again!" How the secondary crisis communication of "Occupy Central" on Weibo shifted to a tourism boycott [J]. Tourism Management, 2017, 62: 159-172.

[117] Mackenzie S. B., Podsakoff P. M., Ahearne M., Some possible antecedents and consequences of in-role and extra-role salesperson performance [J]. Journal of Marketing, 1998, 62 (3): 87-98.

[118] Maingi S. W., Sustainable tourism certification, local governance and management in dealing with over tourism in East Africa [J]. Worldwide Hospitality and Tourism Themes, 2019, 11 (5): 532-551.

[119] Mäkelä K., Brewster C., Interunit interaction contexts, interpersonal social capital, and the differing levels of knowledge sharing [J]. Human Resource Management, 2009, 48: 591-613.

[120] Makikangas A., Job crafting profiles and work engagement: A person-centered approach [J]. Journal of Vocational Behavior, 2018, 106

(6): 101-111.

[121] Malek A., Costa C., Integrating communities into tourism planning through social innovation [J]. Tourism Planning & Development, 2015, 12 (3): 281-299.

[122] Manolopoulos, D., An evaluation of employee motivation in the extended public sector in Greece [J]. Union Medicale Du Canada, 1975, 104 (5): 763-767.

[123] Mansfeld Y., Pizam A., *Tourism, security and safety* [M]. New York: Routledge, 2006.

[124] Marsden D., The role of performance-related pay in renegotiating the "effort bargain": The case of the british public service [J]. Industrial & Labor Relations Review, 2004, 57 (3): 350-370.

[125] Mcgivern M. H., Tvorik S. J., Vision driven organizations: Measurement techniques for group classification [J]. Management Decision, 1998, 36: 241-264.

[126] McPheters L. R., Stronge W. B., Crime as an environmental externality of tourism: Miami, Florida [J]. Land Economics, 1974, 50 (3): 288-292.

[127] Michael S. C., John S. L., Jin-Feng U., Performance-based pay, procedural justice and job performance for R&D professionals: Evidence from the Taiwanese high-tech sector [J]. International Journal of Human Resource Management, 2010, 21 (12): 2234-2248.

[128] Mihalč T., Environmental management of a tourist destination: A factor of tourism competitiveness [J]. Tourism Management, 2000, 21 (1): 65-78.

[129] Mitroff I. I., *Managing crisis before happened* [M]. New York: American Management Association, 2001: 75.

[130] Moe T. L., Pathranarakul P., An integrated approach to natural disaster management: Public project management and its critical success factors [J]. Disaster Prevention and Management: An International

Journal, 2006, 15 (3): 396-413.

[131] Morgan D., Dimmock K., Risk management in outdoor adventure tourism [J]. Tourism in Turbulent Times, 2006: 171-184.

[132] Morgan D., Fluker M., *Risk management for Australian commercial adventure tourism operations* [M]. Routledge, 2006: 161-176.

[133] Munir R. I., Rahman R. A., Determining dimensions of job satisfaction using factor analysis [J]. Procedia Economics & Finance, 2016, 37: 488-496.

[134] Murphy P. E., *Tourism: A community approach (RLE tourism)* [M]. New York: Methuen Inc., 1985.

[135] Musavengane R., Siakwah P., Leonard L., The nexus between tourism and urban risk: Towards inclusive, safe, resilient and sustainable outdoor tourism in African cities [J]. Journal of Outdoor Recreation and Tourism, 2020, 29: 100254.

[136] Nicholls J. G., Achievement motivation: Conceptions of ability, subjective experience, task choice, and performance [J]. Psychological Review, 1984, 91: 328-346.

[137] Nordin S., Volgger M., Gill A., et al., Destination governance transitions in skiing destinations: A perspective on resortisation [J]. Tourism Management Perspectives, 2019, 31: 24-37.

[138] North D. C., Institutions, *institutional change and economic performance* [M]. Cambridge University Press, 1990.

[139] Novelli M., Burgess L. G., Jones A., et al., "No Ebola... still doomed" —The Ebola-induced tourism crisis [J]. Annals of Tourism Research, 2018, 70: 76-87.

[140] Nunamaker Jr J. F., Weber E. S., Chen M., Organizational crisis management systems: Planning for intelligent action [J]. Journal of Management Information Systems, 1989, 5 (4): 7-32.

[141] O'Brien G., O'keefe P., Rose J., et al., Climate change and disaster management [J]. Disasters, 2006, 30 (1): 64-80.

[142] Ouweneel E., Blanc P. M. L., Schaufeli W. B., et al., Good morning, good day: A diary study on positive emotions, hope, and work engagement [J]. Human Relations, 2012, 65 (9): 1129-1154.

[143] Oztekin C., Teksöz G., Pamuk S., et al., Gender perspective on the factors predicting recycling behavior: Implications from the theory of planned behavior [J]. Waste Management, 2017, 62: 290-302.

[144] Paraskevas A., Crisis management or crisis response system: A complexity science approach to organizational crises [J]. Management Decision, 2006, 44 (7): 892-907.

[145] Parsons T., A sociological approach to the theory of organizations [J]. in Structure and Process in Modern Societies, 1960: 16-58.

[146] Pearce L., Disaster management and community planning, and public participation: How to achieve sustainable hazard mitigation [J]. Natural Hazards, 2003, 28 (2): 211-228.

[147] Perry J. L., Porter L. W., Factors affecting the context for motivation in public organizations [J]. Academy of Management Review, 1982, 7 (1): 89-98.

[148] Perry J. L., Wise L. R., The motivational bases of public service [J]. Public Administration Review, 1990, 50 (3): 367-373.

[149] Podsakoff P. M., Mackenzie S. B., Moorman R. H., et al., Transformational leader behaviors and their effects on followers' trust in leader, satisfaction, and organizational citizenship behaviors [J]. Leadership Quarterly, 1990, 1: 107-142.

[150] Porter L., Lawler E., Hackman J., *Behavior in organizations*, New York: McGraw-Hill, 1975.

[151] Porter L., Lawler E., *Managerial attitudes and performance*, Irwin Dorsey, 1968.

[152] Prajogo D. I., Sohal A. S., The relationship between organization strategy, total quality management (tqm), and organization performance—The mediating role of tqm [J]. European Journal of

Operational Research, 2006, 168 (1): 35-50.

[153] Presenza A., Abbate T., Micera R., The Cittaslow movement: Opportunities and challenges for the governance of tourism destinations [J]. Tourism Planning & Development, 2015, 12 (4): 479-488.

[154] Presenza A., Cipollina M., Analysing tourism stakeholders networks [J]. Tourism Review, 2010, 65 (4): 17-30.

[155] Prideaux B., Thompson M., Pabel A., et al., Managing climate change crisis events at the destination level [J]. Journal of Hospitality and Tourism Management, 2021, 49: 451-459.

[156] Qian C., Sasaki N., Jourdain D., et al., Local livelihood under different governances of tourism development in China—A case study of Huangshan mountain area [J]. Tourism Management, 2017, 61: 221-233.

[157] Qu R., Ennew C., Sinclair M. T., The impact of regulation and ownership structure on market orientation in the tourism industry in China [J]. Tourism Management, 2005, 26 (6): 939-950.

[158] Rafferty A. E., Griffin M. A., Dimensions of transformational leadership: Conceptual and empirical extensions [J]. Leadership Quarterly, 2004, 15: 329-354.

[159] Rainey H. G., Reward preferences among public and private managers: In search of the service ethic [J]. American Review of Public Administration, 1982, 16 (4): 288-302.

[160] Rather R. A., Monitoring the impacts of tourism-based social media, risk perception and fear on tourist's attitude and revisiting behaviour in the wake of COVID-19 pandemic [J]. Current Issues in Tourism, 2021, 24 (23): 3275-3283.

[161] Rich B. L., Lepine J. A., Crawford E. R., Job engagement: Antecedents and effects on job performance [J]. Academy of Management Journal, 2010, 53 (3): 617-635.

[162] Ritchie B. W., Jiang Y., A review of research on tourism risk, crisis

and disaster management: Launching the annals of tourism research curated collection on tourism risk, crisis and disaster management [J]. Annals of Tourism Research, 2019, 79: 102812.

[163] Ritchie B. W., Chaos, crises and disasters: A strategic approach to crisis management in the tourism industry [J]. Tourism management, 2004, 25 (6): 669-683.

[164] Ritchie J. R., Crafting a value-driven vision for a national tourism treasure [J]. Tourism Management, 1999, 20 (3): 273-282.

[165] Rittichainuwat B. N., Tourists' and tourism suppliers' perceptions toward crisis management on tsunami [J]. Tourism Management, 2013, 34: 112-121.

[166] Roberts V., Flood management: Bradford paper [J]. Disaster Prevention and Management, 1994, 3 (3): 44-60.

[167] Robina-Ramírez R., Sánchez M. S. O., Jiménez-Naranjo H. V., et al., Tourism governance during the COVID-19 pandemic crisis: A proposal for a sustainable model to restore the tourism industry [J]. Environment, Development and Sustainability, 2022, 24 (5): 6391-6412.

[168] Ruhanen L., Scott N., Ritchie B., et al., Governance: A review and synthesis of the literature [J]. *Tourism Review*, 2010, 65 (4): 4-16.

[169] Saks A. M., Antecedents and consequences of employee engagement [J]. Journal of managerial psychology, 2006, 21 (7): 600-619.

[170] Samitas A., Asteriou D., Polyzos S., et al., Terrorist incidents and tourism demand: Evidence from Greece [J]. Tourism Management Perspectives, 2018, 25: 23-28.

[171] Sand M., Gross S., Tourism research on adventure tourism—Current themes and developments [J]. Journal of Outdoor Recreation and Tourism, 2019, 28: 100261.

[172] Schaufeli W. B., Bakker A. B., Salanova M., The measurement of

work engagement with a short questionnaire—A cross-national study [J]. Educational and Psychological Measurement, 2006, 66 (4): 701-716.

[173] Schaufeli W. B., Bakker A. B., Job demands, job resources, and their relationship with burnout and engagement: A multi-sample study [J]. Journal of Organizational Behavior, 2004, 25: 293-315.

[174] Schaufeli W. B., Salanova M., González-Romá V., et al. The measurement of engagement and burnout: A two sample confirmatory factor analytic approach [J]. Journal of Happiness Studies, 2002, 3: 71-92.

[175] Schwaiger K., Zehrer A., Braun B., Organizational resilience in hospitality family businesses during the COVID-19 pandemic: A qualitative approach [J]. Tourism Review, 2021, 77 (1): 163-177.

[176] Scott R. D., The application of porter and lawler's attitude-performance model to a population of disadvantaged trainees [D]. University of Tennessee, 1971.

[177] Scott R., Undergraduate tourism and hospitality students attitudes toward a career in the industry: A preliminary investigation [J]. Journal of Teaching in Travel & Tourism, 2008, 8 (1): 23-46.

[178] Scott W., *Institutions and organizations* [M]. Sage Publications, 2001.

[179] Seybolt J. W., Pavett C. M., The prediction of effort and performance among hospital professionals: Moderating effects of feedback on expectancy theory formulations [J]. Journal of Occupational & Organizational Psychology, 1979, 52 (2): 91-105.

[180] Shao Y., Hu Z., Luo M., et al., What is the policy focus for tourism recovery after the outbreak of COVID-19? A co-word analysis [J]. Current Issues in Tourism, 2021, 24 (7): 899-904.

[181] Shapoval V., Hägglund P., Pizam A., et al., The COVID-19 pandemic effects on the hospitality industry using social systems theory: A multi-country comparison [J]. International Journal of Hospitality

Management, 2021, 94: 102813.

[182] Sheridan J. E. , Slocum J. W. , The direction of the causal relationship between job satisfaction and work performance [J]. Organizational Behavior & Human Performance, 1975, 14 (2): 159-172.

[183] Shi W. , Li K. X. , Impact of unexpected events on inbound tourism demand modeling: Evidence of Middle East respiratory syndrome outbreak in South Korea [J]. Asia Pacific Journal of Tourism Research, 2017, 22 (3): 344-356.

[184] Shin H. , Kang J. , Reducing perceived health risk to attract hotel customers in the COVID - 19 pandemic era: Focused on technology innovation for social distancing and cleanliness [J]. International Journal of Hospitality Management, 2020, 91: 102664.

[185] Smith P. C. , Kendall L. M. , Hulin C. L. , *The measurement of satisfaction in work and retirement* [M]. Chicago: Rand McNally, 1969.

[186] Sofield T. , Li S. , Tourism governance and sustainable national development in China: A macro-level synthesis [J]. Journal of Sustainable Tourism, 2011, 19: 501-534.

[187] Sönmez S. F. , Apostolopoulos Y. , Tarlow P. , Tourism in crisis: Managing the effects of terrorism [J]. Journal of Travel Research, 1999, 38 (1): 13-18.

[188] Sonnentag S. , Frese M. , Performance concepts and performance theory [J]. Psychological Management of Individual Performance, 2002, 23: 3-25.

[189] Swarbrooke J. , Beard C. , Leckie S. , et al. , *Adventure tourism: The new frontier* [M]. Routledge, 2012.

[190] Tai G. K. , Horaung S. , Rousseau D. M. , Change-supportive employee behavior: Antecedents and the moderating role of time [J]. Journal of Management Official Journal of the Southern Management Association, 2011, 37 (6): 1664-1693.

[191] Tajfel H. , Social psychology of intergroup relations [J]. Annual

Review of Psychology, 1982, 33 (1): 1-39.

[192] Tajfel H., The social identity theory of intergroup behavior [J]. Psychology of Intergroup Relations, 1986, 13 (3): 7-24.

[193] Taylor, J., Goal setting in the Australian public service: Effects on psychological empowerment and organizational citizenship behavior [J]. Public Administration Review, 2013, 73 (3): 453-464.

[194] Taylor, J., Organizational influences, public service motivation and work outcomes: An Australian study [J]. International Public Management Journal, 2008, 11 (1): 67-88.

[195] Tingsanchali T., Urban flood disaster management [J]. Procedia Engineering, 2012, 32: 25-37.

[196] Tsai W., Ghoshal S., Social capital and value creation: The role of intrafirm networks [J]. Academy of Management Journal, 1998, 41: 464-476.

[197] Tversky K. A., Prospect theory: An analysis of decision under risk [J]. Econometrica, 1979, 47 (2): 263-292.

[198] Underwood M. B., Instrumental ideation in delay of gratification [J]. Child Development, 1974, 45 (4): 1083-1088.

[199] Volgger M., Pechlaner H., Requirements for destination management organizations in destination governance: Understanding DMO success [J]. Tourism Management, 2014, 41: 64-75.

[200] Vroom V. H., Yetton P. W., *Leadership and decision-making* [M]. University of Pittsburgh Press, 1973.

[201] Vroom V. H., Work and motivation [J]. Industrial Organization Theory & Practice, 1964, 35 (2): 2-33.

[202] Walle A. H., Pursuing risk or insight: Marketing adventures [J]. Annals of Tourism Research, 1997, 24 (2): 265-282.

[203] Wan Y. K. P., Wong I. K. A., Weng H. K., Student career prospect and industry commitment: The roles of industry attitude, perceived social status, and salary expectations [J]. Tourism

Management, 2014, 40 (2): 1-14.

[204] Wan Y. K., A comparison of the governance of tourism planning in the two special administrative regions (SARs) of China-Hong Kong and Macao [J]. Tourism Management, 2013, 36: 164-177.

[205] Wang J., Liu-Lastres B., Ritchie B. W., et al., Risk reduction and adventure tourism safety: An extension of the risk perception attitude framework (RPAF) [J]. Tourism Management, 2019, 74: 247-257.

[206] Wang J., Wu X., Top-down or outside-in? Culturally diverse approaches to hotel crisis planning [J]. Journal of Hospitality and Tourism Management, 2018, 36: 76-84.

[207] Wang Y., Bramwell B., Heritage protection and tourism development priorities in Hangzhou, China: A political economy and governance perspective [J]. Tourism Management, 2012, 33 (4): 988-998.

[208] Weber K., Outdoor adventure tourism: A review of research approaches [J]. Annals of Tourism Research, 2001, 28 (2): 360-377.

[209] Westley F., Mintzberg H., Visionary leadership and strategic management [J]. Strategic Management Journal, 1989, 10 (S1): 17-32.

[210] Whorton J. W., Worthley J. A., A perspective on the challenge of public management: Environmental paradox and organizational culture [J]. Academy of Management Review, 1981, 6 (3): 357-361.

[211] Wilks J., Watson B., Faulks I. J., International tourists and road safety in Australia: Developing a national research and management programme [J]. Tourism Management, 1999, 20 (5): 645-654.

[212] Williams L. J., Anderson S., Job satisfaction and organizational commitment as predictors of organizational citizenship and in-role behaviors [J]. Journal of Management, 1991, 17: 601-617.

[213] Wright T. A., Wright V. P., Ethical responsibility and the organizational researcher: A committed-to-participant research perspective [J]. Journal of Organizational Behavior, 1999, 20 (7):

1107-1112.

[214] Xanthopoulou D., Bakker A. B., Demerouti E., et al., Work engagement and financial returns: A diary study on the role of job and personal resources [J]. Journal of Occupational and Organizational Psychology, 2009, 82: 183-200.

[215] Xiao-Ming C., Junchen H., A literature review on organization culture and corporate performance [J]. International Journal of Business Administration, 2012, 3: 28-37.

[216] Xie C., Zhang J., Huang Q., et al., An analysis of user-generated crisis frames: Online public responses to a tourism crisis [J]. Tourism Management Perspectives, 2022, 41 (January): 100931.

[217] Xie C., Zhang J., Alastair M., Morrison, et al., The effects of risk message frames on post-pandemic travel intentions: The moderation of empathy and perceived waiting time [J]. Current Issues in Tourism, 2021, 24 (23): 3387-3406.

[218] Xie C., Zhang J., Huang S., Effect of risk message framing on tourists' travel intention: Roles of resilience and impulsivity [J]. Journal of Travel Research, 2022, 62 (4): 802-819.

[219] Xie C., Zhang J., Morrison A. M., Developing a scale to measure tourist perceived safety [J]. Journal of Travel Research, 2021, 60 (6): 1232-1251.

[220] Yeh C. M., Tourism involvement, work engagement and job satisfaction among frontline hotel employees [J]. Annals of Tourism Research, 2013, 42 (4): 214-239.

[221] Yu J., Park J., Hyun S. S., Impacts of the COVID-19 pandemic on employees' work stress, well-being, mental health, organizational citizenship behavior, and employee-customer identification [J]. Journal of Hospitality Marketing & Management, 2021, 30 (5): 529-548.

[222] Yu M., Li Z., Yu Z., et al., Communication related health crisis on social media: A case of COVID-19 outbreak [J]. Current Issues in

Tourism, 2021, 24 (19): 2699-2705.

[223] Yuen K. F., Hui S. L., Zhou Q., et al., Determinants of job satisfaction and performance of seafarers [J]. Transportation Research Part A Policy & Practice, 2018, 110: 1-12.

[224] Zhang C., Xiao, H., Destination development in China: Towards an effective model of explanation [J]. Journal of Sustainable Tourism, 2014, 22 (2): 214-233.

[225] Zhang J., Xie C., Chen Y., et al., The matching effect of destinations' crisis communication [J]. Journal of Travel Research, 2022, 1: 1-26.

[226] Zhang J., Xie C., Morrison A. M., et al., Incentives and motivations of Chinese destination management organization officers [J]. Tourism Review, 2021, 76 (6): 1197-1213.

[227] Zhang J., Xie C., Wang J., et al., Responding to a major global crisis: The effects of hotel safety leadership on employee safety behavior during COVID-19 [J]. International Journal of Contemporary Hospitality Management, 2020, 32 (11): 3365-3389.

[228] Zhang X., Yi L., Zhao D., Community-based disaster management: A review of progress in China [J]. Natural Hazards, 2013, 65 (3): 2215-2239.

[229] Zheng D., Luo Q., Ritchie B. W., Afraid to travel after COVID-19? Self-protection, coping and resilience against pandemic "travel fear" [J]. Tourism Management, 2021, 83: 104261.

[230] Zhong L., Sun S., Law R., et al., Tourism crisis management: Evidence from COVID-19 [J]. Current Issues in Tourism, 2021, 24 (19): 2671-2682.

后　记

旅游安全行政治理是一个越来越受到关注的重要议题。自 2013 年以来，旅游安全领域出现了两个标志性事件：一是 2013 年《旅游法》的颁布，该法明确了“县级以上人民政府统一负责旅游安全工作”；二是 2016 年《旅游安全管理办法》的颁布，旅游主管部门和旅游经营者的旅游安全职责得到了部分明确，旅游安全行政治理工作也因此逐渐走向规范化。但是，随着我国旅游业的快速发展，旅游者的探险需求不断高涨，悬崖秋千、玻璃栈道、步步惊心等新设施、新项目和新业态不断产生，但相关项目的旅游安全监管缺失却存在灰色地带，由此产生的监管真空和认知冲突影响了旅游新业态的健康发展，这是促使笔者开始从事旅游安全行政治理研究的重要动因。在此背景下，笔者以《中国旅游安全行政治理研究》为题，申请了国家社会科学基金后期资助项目，尝试探索和验证中国旅游安全行政治理的基础体系和机制成效，并尝试系统地建构和优化中国旅游安全行政治理体系，由此开始了长达多年的旅游安全行政治理研究历程。

文化和旅游部市场管理司安全和假日处是负责旅游安全综合协调和监督管理的职能机构，其对旅游安全行政治理的职责、边界和机制等问题一直较为关心，并持续推动地方文旅部门科学地审视旅游安全监管边界问题。旅游产业链条较长、新业态较多、地方法规的边界各不相同，由此导致的旅游安全行政治理难题不断增加，有多个地方文旅部门的旅游安全行政主管人员因安全事故造成伤亡被判玩忽职守罪，这些案例引起了全国旅游安全行政系统的高度关注。为了帮助地方文旅部门厘清旅游安全监管的职责边界，文化和旅游部市场管理司于 2019 年 4 月在江西举办了“全国旅游安全培训班”。笔者受邀以“旅游安全监管的边界与任务”为题在培训班上授课，并与地方文旅部门进行了交流。此后，文化和旅游部市场管理司开始启动《旅游安全管理办法》修订的基础研究工作，其中，厘清旅游安全行政监管的边界是其重要任务。

此后，文化和旅游部市场管理司又启动了“旅游安全公共政策优化”等课题的基础研究工作，试图进一步优化旅游安全行政治理的实践工作体系。这些课题的开展反映了文化和旅游部对旅游安全行政治理工作的思考和展望。同时，文旅部也尝试通过与相关部门联合发文来厘清部分高风险旅游项目和交叉业务领域的安全监管职责与边界。在此过程中，笔者多次参加文旅部在地方召开的旅游安全工作座谈会，发现地方文旅部门对旅游安全行政治理的职责边界和业务体系认知各不相同，也发现不同地方采用的工作方式具有巨大的差异性，但所面临的巨大压力是共同的。原因在于媒体和公众普遍认为旅游安全问题应该找文旅部门，相关领导也习惯于将旅游安全问题交由文旅部门办理，文旅部门安全职责边界与公众认知差异所造成的治理冲突一再涌现，这无疑加剧了旅游安全行政治理的复杂性和挑战性。由于工作的需要，笔者得以能直接接触旅游安全行政治理一线的案例、观念、态度、实践、创新乃至于冲突，这为本研究的开展提供了宝贵的素材和养分。

由于旅游安全行政治理的形势在不断变化，《旅游安全管理办法》等基础性法律文件需要做出调整，笔者持续参与了相关基础研究工作，本书的成稿时间也因此一再延后。在本研究开展过程中，文化和旅游部市场管理司司长侯振刚、副司长李晓勇等给予了热情指导，文化和旅游部市场管理司安全和假日处陶从瑞处长、陈晨处长等多任处长和刘锦宏调研员、苏卫华调研员等给予了关心帮助，福建、重庆、湖北、吉林、广东等地方文旅部门为课题的开展提供了调研条件和基础材料。同时，笔者的博士研究生张江驰、章坤在案例统计、资料分析上做了大量工作，硕士研究生李羽曦、李蓓蓓等协助开展了文字校对等工作。感谢他们的热情关心和辛勤付出！

雄关漫道真如铁，而今迈步从头越。中国的旅游安全行政治理体系正是在不断的变革中积蓄力量，在持续的创新中涅槃成长。中国的旅游安全行政系统必将为旅游业的安全健康发展提供有力支撑。

谢朝武

2024 年 5 月